AF532551

Kyriacos C. Markides

Der Fluss des Lebens

Kyriacos C. Markides

Der Fluss des Lebens

Das Geschenk der Wüste

Erlebnisse mit einem christlichen Meister

Aus dem Englischen von

Astrid Ogbeiwi

Aquamarin Verlag

Titel der Originalausgabe: *GIFT OF THE DESERT*

Image Book published by Doubleday
(Doubleday, Random House, Inc., 1540 Broadway,
New York, New York 10036)

Aus dem Englischen von Astrid Ogbeiwi

Deutsche Ausgabe:
1. Auflage 2020

Voglherd 1
85567 Grafing
www.aquamarin-verlag.de

Umschlaggestaltung: Annette Wagner

Druck: CPI • Birkach
ISBN 978-3-89427-863-2

Für Maroulla und Vassos

Inhalt

Vorbemerkung des Verfassers

Für das vorliegende Werk möchte ich einer ganzen Reihe von Menschen danken. Zuallererst bin ich Vater Maximos, der Hauptfigur dieses Werkes, dafür verpflichtet, dass er die Großherzigkeit besaß, meine Abenteuerreise zur mystischen Spiritualität des östlich-orthodoxen Christentums zu leiten. Dabei versteht sich von selbst, dass für alle Unzulänglichkeiten oder Ungenauigkeiten, die sich auf den folgenden Seiten finden mögen, allein ich verantwortlich bin.

Außerdem danke ich Bischof Kallistos Ware für seine sorgfältige Lektüre des ersten Entwurfs dieses Manuskripts sowie für seine unschätzbar wertvolle konstruktive Kritik. Vor allem aber danke ich ihm für seine Bereitschaft, sich an der Universität Oxford interviewen zu lassen, sodass seine Weisheit und seine profunde Kenntnis der östlichen Orthodoxie auf den Seiten eines zentralen Kapitels dieses Buches durchscheinen können.

Natürlich bin ich auch meinen Kollegen an der soziologischen Fakultät der University of Maine zutiefst dankbar für ihre jahrelange stetige Unterstützung meiner Forschungen und für ein Sabbatsemester im Frühjahr 2003. Außerdem danke ich dem Soziologen Peter Berger, Direktor des *Institute on Culture, Religion and World Affairs* an der Boston University, und der stellvertretenden Direktorin Elizabeth Prodromou dafür, dass sie mir im Sommersemester 2004 eine Gastprofessur an ihrem Institut angeboten haben, wodurch ich mich auf die abschließenden Arbeiten an diesem Manuskript konzentrieren konnte.

Meine Dankbarkeit gilt darüber hinaus den folgenden Freunden für die Rolle, die sie – direkt oder indirekt – bei der Erstellung dieses Werkes gespielt haben: Nikos und Dora Aivaliotis, Akis und Rodoulla

Lordos, Dafnis Panayides sowie allen anderen, die in diesem Buch vorkommen. Zutiefst dankbar bin ich Ashala Gabriel, seit über zwanzig Jahren meine Literaturagentin, für ihre beispielhafte Sachkompetenz und ihren Glauben an den Wert meiner Arbeit sowie für den Titel dieses Buches. Meine tief empfundene Wertschätzung möchte ich außerdem Eric Mayor, dem ehemaligen Cheflektor von Doubleday, dafür aussprechen, dass er mich ermutigt hat, dieses Buch zu schreiben, sowie ebenso seiner Nachfolgerin Michelle Rapkin und ihrem Stellvertreter Andrew Corbin. Ihre Herzenswärme und begeisterte Unterstützung für dieses Projekt waren von unschätzbarem Wert.

Mein Kollege und Freund Mike Lewis, Kunstprofessor an der University of Maine, hat jedes Kapitel unmittelbar nach Fertigstellung als Erster gelesen und mir unbezahlbares Feedback gegeben. Vor allem aber hat seine tief empfundene Wertschätzung für den Inhalt dieses Buches mich über all die Jahre getragen. Es ist ein besonderer Segen für mich, dass mein Büro direkt unter seinem Atelier liegt. Diese glückliche Fügung gestattet mir häufigen Kontakt mit ihm und macht mich bei unseren Gesprächen auf zahlreichen Spaziergängen durch den Universitätswald zum Nutznießer seiner Weisheit.

Inniger Dank geht an meine Freunde und Angehörigen auf Zypern, insbesondere an meine Schwester Maroulla und meinen Schwager Vassos für ihre Liebe und dafür, dass sie unsere Aufenthalte auf der Insel immer zu einem sehr erfüllenden Erlebnis machen. Ihnen widme ich dieses Werk.

Ohne die Liebe, beständige Unterstützung, Ermutigung und lebendige Präsenz meiner Frau Emily, unseres Sohnes Constantine und unserer Tochter Vasia hätte ich diese intellektuelle und spirituelle Odyssee nicht unternehmen können. Sie sind die Grundlage meiner Gesundheit und meines Wohlbefindens. Wie schon bei meinem letzten Buch hat unser Sohn Constantine, der Schriftsteller ist, die abschließende Lektüre des Manuskripts vor der Abgabe an den Verlag übernommen. Ich bin stolzer Nutznießer seiner überragenden, meisterlichen Beherrschung der englischen Sprache. Zu guter Letzt und vor allem anderen ist dieses Buch, wie alle, die ich bisher verfasst habe, dank Emily weitaus besser geworden. Sie ist nicht nur schon ein

Leben lang meine Gefährtin, intellektuelle Partnerin, beste Freundin und Vertraute, sondern außerdem bei allem, was ich geschrieben habe, meine inoffizielle, aber kritischste Cheflektorin.

Was die grammatische Form griechischer Männernamen bei direkter Anrede in Dialogen anbelangt, bin ich genauso verfahren wie in meinen früheren Büchern. Vater Maximos wird also zum Beispiel als »Vater Maxim*e*« angesprochen. Ein Mann namens Kyriacos, wird als »Kyriac*o*«, ein Andreas als »Andre*a*« und ein Lavros als »Lavr*o*« angeredet und so weiter. Bei weiblichen Namen stellt sich dieses Problem im Griechischen nicht.

In den meisten Fällen habe ich Pseudonyme verwendet, um die Anonymität der Beteiligten weitestgehend zu wahren. Aus denselben Gründen habe ich gelegentlich kleinere Veränderungen an Zeit und Ort der Ereignisse vorgenommen. Dies gilt nicht für historische Ereignisse und Persönlichkeiten der Zeitgeschichte. Wie schon das Vorgängerwerk *Der Berg des Schweigens* ist auch dieses keine Fiktion. Es basiert vielmehr auf persönlichen Erlebnissen und Begegnungen. Verschiedene Begriffe können die Leserinnen und Leser bei Bedarf gerne im Glossar am Ende des Buches nachschlagen.

1

Reise nach Sedona

Es war dunkel, als wir in Sedona eintrafen, jener Stadt, die nach der Ehefrau des Postmeisters benannt ist, der im 19. Jahrhundert dafür gesorgt hat, dass die Siedler Verbindung zum Rest der Welt halten konnten. Die vergleichsweise wenigen Neonlichter bezeugten Sedonas Ruf als »Mekka des New Age«, Zentrum für alternative Heilweisen und buntes Mosaik neuer religiöser Bewegungen. Als wir langsam durch die Innenstadt fuhren, um uns einen ersten Eindruck von dem Ort zu verschaffen, war mir einen Moment, als hätte ich soeben das Korinth zur Zeit des Apostels Paulus betreten.

Sämtliche Straßenlaternen waren ungewöhnlich schummerig und boten Fußgängern nur minimale Beleuchtung. Unsere Freundin Pat, die uns zusammen mit ihrem Mann Philip vom Flughafen abgeholt hatte, erklärte, der Stadtrat habe klugerweise eine Verordnung zum Schutz vor nächtlicher Lichtverschmutzung erlassen. So konnten die Menschen beim Blick nach oben trotzdem die Milchstraße bestaunen und die mächtige Präsenz der Berge spüren, die still und stumm die Wüstenstadt umstehen.

»Zu große nächtliche Helligkeit behindert unsere Fähigkeit zum Nachdenken und zur Kontemplation über unsere Beziehung zu Gott und unsere Stellung im Universum«, ließ Philip verlauten, während er vor einer Ampel auf der Bremse stand.

Seine Bemerkung rief mir ein gemeinsames Erlebnis mit meiner Frau Emily bei einem Besuch im Sivananda Yoga Retreat auf Paradise Island vor der karibischen Hauptstadt Nassau ins Gedächtnis. Ich war eingeladen worden, dort einen Vortrag über das Leben von Heiligen und Weisen der östlich-orthodoxen Kirche zu halten. Unter den weiteren Vortragsrednern war ein Astronom, der Bilder vom Weltraum zeigte, die vom Hubble-Teleskop aufgenommen worden waren. Was wir sahen, bewegte uns zutiefst und versetzte uns in Ehrfurcht vor der Schönheit und Herrlichkeit des physischen Universums. Ein atemberaubendes Foto zeigte eine unendliche Weite voller Galaxien, Milliarden wohl, die das Hubble-Teleskop hatte auf Film bannen können.

»Jetzt könnt ihr die Farben nicht sehen. Aber morgen, vor eurem Workshop, nehmen wir euch mit auf eine lange Wanderung«, versprach Pat. »Dann werdet ihr verstehen, warum wir beschlossen haben, uns hier niederzulassen.«

Als Mary und Joan, zwei ehemalige katholische Ordensschwestern, die erst vor Kurzem aus dem Nordwesten nach Sedona gezogen waren, mich einluden, einen Workshop zum Thema »Der vergessene Pfad des mystischen Christentums« zu halten, sagte ich sofort zu. Kollegen und Freunde, die diese Region im Südwesten kannten, versicherten mir, Sedona sei ein Traum und die Schönheit der Landschaft unbeschreiblich, wie »nicht von dieser Welt«.

Es gab noch einen weiteren Grund, ihre Einladung anzunehmen und von meinem Wohnort in Maine nach Arizona zu fliegen. Südöstlich von Phoenix, mitten in der Wüste von Arizona, lag das neu errichtete griechisch-orthodoxe Kloster St. Anthony. Es war benannt nach Antonius, dem ersten Einsiedler und Begründer des christlichen Mönchtums im 4. Jahrhundert. Über die Umstände, die zur Klostergründung geführt hatten, war mir Ungewöhnliches und Widerstreitendes zu Ohren gekommen, und als Liebhaber und Sammler außergewöhnlicher Geschichten beschloss ich, es mir mit eigenen Augen anzusehen. Das Kloster war Mitte der 90er-Jahre eingerichtet worden. Es war die Schöpfung eines hochangesehenen Altvaters vom Berg Athos, jener unzugänglichen Mönchsrepublik im Norden Griechenlands, die während der vergangenen zehn Jahre Gegenstand meiner Forschungen und meines Schreibens gewesen war.[1] Seit dem 9. Jahrhundert dient der Athos, jenes Überbleibsel des Byzantinischen Reiches, als Rückzugsort für Mönche und Eremiten, die auf dieser abgelegenen Halbinsel etwas bewahrt haben, was vielen als die heilige mystische Tradition des frühen Christentums gilt.

Die Einladung stellte daher für Emily und mich die einmalige Gelegenheit dar, unsere Reise nach Sedona mit einer sechstätigen Einkehr im Kloster St. Anthony zu verbinden. Häufige Klosteraufenthalte waren nicht nur notwendig für meine Forschung, sondern dienten mir auch als Quell spiritueller Erneuerung und Stärkung, ein Ausgleich zu einem ansonsten verkopften akademischen Leben. Wir hatten schon geraume Zeit mit dem Gedanken gespielt, das Kloster in Arizona zu besuchen, um aus erster Hand und in allen Einzelheiten zu erfahren, wie mitten in einer amerikanischen Wüste urplötzlich eine derart unwahrscheinliche Einrichtung entstehen konnte. Vor allem aber wollten wir seinen Gründer kennenlernen – nach all den Legenden, die wir über das Charisma und die außergewöhnlichen »Geistesgaben« dieses Altvaters vom Athos gehört hatten.

Ein weiterer Pluspunkt der Reise nach Sedona war die schöne Gelegenheit, unsere Freunde Philip und Pat wiederzusehen, boten sie doch an, uns vom Flughafen in Phoenix abzuholen und in zweistündiger Autofahrt nach Sedona zu bringen. Dank unseres gemeinsamen Interesses an spirituellen Fragen und an Zypern, wo sie aufgrund eines Fulbright-Stipendiums eine Zeit lang gelebt hatten, waren wir immer in Verbindung geblieben.

»Denkt daran, dass ihr in Arizona viel Flüssigkeit zu Euch nehmen müsst«, ermahnte uns Pat, nachdem Philip mit einem Stoßseufzer der Erleichterung aus dem Straßengewirr um den Flughafen heraus und auf die richtige Autobahn gefunden hatte. »Die Luft ist extrem trocken, und der Körper braucht Wasser, und zwar jede Menge. Ihr werdet bald merken, dass Arizona ganz anders ist als Maine oder auch Zypern.«

»Sedona«, sagte Philip und deutete in Richtung unseres Fahrtziels, »ist der spirituellen Arbeit förderlicher als alle anderen Orte, an denen wir bisher waren. Es ist wirklich mit heilsamer Energie aufgeladen. Ihr werdet es schon bald selber merken.« Nach einer kurzen Unterbrechung fuhr er fort: »Wir fühlen uns in Sedona wohl, weil es ein Zentrum ganz unterschiedlicher religiöser Strömungen ist.« Pat ergänzte, dass sich eigentlich ganz Arizona für die spirituelle Arbeit anbietet. »Man spürt es schon in seiner Landschaft.« Unsere Freunde waren zutiefst spirituell, aber nicht im konventionellen Sinne »religiös«.[2] Sie standen für eben jene Art von Menschen, die ich auch bei meinem bevorstehenden Workshop erwartete.

»In unserer momentanen Lebensphase brauchen wir einen Ort, an dem wir uns stärker auf unser spirituelles Wachstum konzentrieren können und weniger auf Karriere und weltlichen Erfolg«, sagte Philip. Im Laufe mehrerer Jahre war es ihm mit heldenhafter Anstrengung gelungen, ein Melanom zu besiegen, und zwar durch eine Kombination aus biologischer Ernährung, alternativen Behandlungsformen und systematischer tiefer Meditation. »Und wie du ja weißt«, fuhr er fort, »bieten sich Wüsten zur Meditation geradezu an. Stimmt's? Wenn wir dort sind, siehst du, was ich meine. Sedona pulsiert geradezu vor spiritueller Energie.«

Nach so einer Einführung waren wir nun noch gespannter, was uns da wohl erwartete. Als ich den Namen des Klosters St. Anthony erwähnte, war dies für Philip völlig neu. Allerdings fügte er rasch hinzu, es überrasche ihn überhaupt nicht, dass die Wüste von Arizona als passender Ort für ein Kloster ausgewählt worden sei: »Der Gründer muss gewusst haben, dass diese Gegend ein Strudel spiritueller Energie ist«, meinte er lächelnd. Und schon luden uns die beiden an einem gemütlichen Gasthof ab, der etliche Kilometer vor Sedona am Eingang zu einer üppig bewachsenen, kühlen Schlucht errichtet worden war.

Früh am nächsten Morgen nahmen uns Pat und Philip auf eine zweistündige Wanderung durch die Canyons mit. Wie die Freunde vorhergesagt hatten, machte mich die Exkursion nicht müde, sondern erfüllte mich mit neuer Energie. Nach ein paar Stündchen Erholung war ich bereit, den Workshop zu halten und mich vor 180 Menschen zu stellen, die aus allen Teilen des Landes hierher geflogen waren. Unter den Teilnehmern waren konventionelle Protestanten, desillusionierte Katholiken, ehemalige Kirchgänger aller Konfessionen, New-Age-Begeisterte, ganzheitlich arbeitende Heilpraktiker, Spiritualisten, Anhänger des Schamanismus der amerikanischen Ureinwohner, liberale Juden sowie östlichen Religionen wie Hinduismus, Tibetischer Buddhismus und Zen zugeneigte Menschen. Außer Emily und mir waren noch zwei weitere griechisch-orthodoxe Christen da, ein Vater und sein Sohn, der Songwriter war und es spannend fand, dass ich mit so völlig unterschiedlichen Suchenden die mystische Überlieferung des östlichen Christentums erforschen wollte.

Mit Ausnahme von Atheisten, Agnostikern und doktrinären Skeptikern schien die multi-ethnische und multi-religiöse moderne amerikanische Landschaft nahezu vollständig vertreten. Ich war fasziniert und auch etwas eingeschüchtert. Hier waren größtenteils Fachleute versammelt, die, zumeist desillusioniert vom vorherrschenden materialistischen Weltbild, aber auch von der organisierten Religion, auf der Suche nach »authentischer Spiritualität« waren. Bei all den immensen inneren und internationalen Problemen, die Amerika hat, kenne ich in der gesamten Weltgeschichte doch keine andere Gesellschaft, die derart günstige Parameter für die freie Entfaltung der Spiritualität bietet wie das heutige Amerika, dachte ich bei mir, als ich meinem Publikum gegenübertrat. Im Vergleich zu den religiös homogeneren Gesellschaften der Vergangenheit kann man im heutigen multikulturellen Amerika jeder beliebigen Religion angehören, ohne Angst vor Ausgrenzung haben zu müssen oder dem Risiko einer Ächtung als Ketzerin oder Ketzer ausgesetzt zu sein. Diese Gedanken teilte ich meinem aufgeschlossenen Publikum in meinen einführenden Worten mit. Das war ein guter Anfang.

Die Anwesenheit von Philip, Pat und Emily, die in der ersten Reihe saßen, sowie meiner beiden guten Freundinnen Joan und Mary, der beiden ehemaligen katholischen Ordensschwestern, die die Veranstaltung organisiert hatten, linderte die leichte Nervosität, die ich regelmäßig verspüre, wenn ich vor einem neuen Publikum stehe. Vor der offiziellen Einführung und bis alle Platz genommen hatten, spielte eine Musikerin aus der Region einige faszinierend schöne und beruhigende Eigenkompositionen auf der Harfe.

Nach ein paar scherzhaften Bemerkungen und bevor ich zum eigentlichen Inhalt des Workshops kam, bat ich die Teilnehmer, über eine ganz einfache Vorstellung nachzudenken. Ich bat sie, ein paar Sekunden lang über die unzähligen Zufälle zu kontemplieren, die uns präzise ineinandergreifend exakt zu dieser Zeit in diesem Hörsaal zusammengeführt hatten. Eine scheinbar unbedeutende Veränderung in unserem Leben, so führte ich ihnen vor Augen, hätte all die Wahrscheinlichkeiten, die unsere Zusammenkunft überhaupt erst möglich machten, völlig verändert.

Sowie ich in den Gesichtern der Teilnehmerinnen und Teilnehmer eine gewisse Aufgeschlossenheit erkennen konnte, machte ich eine einfache Übung mit ihnen: »Schreiben Sie in den nächsten fünf Minuten einmal alle Zufälle auf, die Sie als Wendepunkte in Ihrem Leben betrachten. Stellen Sie sich vor, wie Ihr Leben sich ohne diese Zufälle und Erlebnisse entwickelt hätte. Möglicherweise kommen Sie dann zu interessanten Schlüssen, nicht nur in Bezug auf Ihr Leben, sondern auch in Bezug auf das Wesen und die Struktur der Wirklichkeit.«

Mit Ausnahme einer älteren Dame waren alle bereit, an dieser einfachen und kurzen Übung zur Selbstreflexion teilzunehmen. Als die Zeit um war, fragte ich sie, ob es für sie in Ordnung wäre, etwa zwanzig Minuten lang mit zwei anderen, ihnen unbekannten Menschen aus dem Raum über das zu sprechen, was sie aufgeschrieben hatten.

Es brachte viel Unruhe mit sich, als die Leute auf der Suche nach Unbekannten ihre Stühle verrückten. Sie stellten sich einander vor und erzählten dann geradezu fieberhaft aus ihrem Leben. Ich gesellte mich zu der Gruppe, die am dichtesten bei mir stand. Lebhafte Energie erfüllte den Konferenzraum und riss alle Schranken der Unpersönlichkeit und Förmlichkeit ein. Am Ende der zwanzig Minuten kostete es mich einige Mühe, die Gruppe wieder zur Ruhe zu bringen. Dann fragte ich, welche Bedeutung der Übung wohl zugrunde gelegen haben könnte, außer einander kennenzulernen. Eine Frau nannte als mögliche Antwort, alle Zufälle in unserem Leben könnten nicht bloß willkürliche Vorkommnisse sein, sondern stünden untereinander in einem sinnvollen Zusammenhang, der das rationale Verständnis übersteige. So wie das Publikum zusammengesetzt war, erstaunte es mich nicht, dass andere Teilnehmer Ähnliches sagten. Einer fasste es in die Worte: »Wir müssen uns darüber im Klaren sein, dass unser Leben weder ein Versehen noch ein Zufall ist.«

»Ja, das ist eine spirituelle Maxime, die die meisten großen Menschheitslehrer so vertreten«, antwortete ich. »Es ist ein Antidot gegen das heutige Gefühl der Distanz, der Selbstentfremdung und der Sinnlosigkeit. Mit dieser Ur-Frage nach der Bestimmung des Menschen werden wir uns heute mithilfe der spirituellen Überlieferung und der Lehren der heiligen Altväter des östlichen Christentums beschäftigen.« Weiter führte ich aus, was für unser Leben gelte, gelte sehr wahrscheinlich auch für das Universum im Ganzen, und ich erwähnte den bekannten Aphorismus »wie oben, so unten«.

Ein Vietnam-Veteran (Kampfflieger, wie ich später erfuhr) bat mich zu erklären, was ich damit meinte. »Heute«, antwortete ich, »sind sich die Astrophysiker mehrheitlich einig, dass unser Universum durch eine Ur-Explosion entstanden ist, die vor etwa fünfzehn Milliarden Jahren stattgefunden hat. Dies ist die sogenannte Urknall-Theorie über die Entstehung des Universums. Außerdem sind sie sich einig, dass das uns bekannte Universum, hätte es während der Explosion auch nur eine winzig kleine Temperaturabweichung gegeben, gar nicht hätte entstehen können. Daher muss sich jeder denkende Mensch, der über die Schöpfung nachsinnt, fragen, ob nicht vielleicht überhaupt nichts im Kosmos ein willkürliches Zufallsergebnis ist. Wie der britische Kosmologe Fred Hoyle einmal sagte, ist die Wahrscheinlichkeit, dass das Universum ein solches Zufallsprodukt ist, in etwa so groß wie die, dass ein Tornado über einen Schrottplatz fegt und dadurch ein voll funktionstüchtiger Düsenjet entsteht.[3] Dies erinnert mich auch an etwas, was Ken Wilber, der führende Bewusstseinsphilosoph unserer Zeit, einmal gesagt hat – dass nämlich jeder vernünftige Mensch, der über die Erschaffung des Universums nachdenkt, gar nicht anders kann, als zum Idealisten zu werden. Damit meinte er, dass hinter der Erschaffung der Welt eine intelligente Realität stehen muss. Wie sonst, so seine Überlegung, sollten die Staubteilchen, die im Moment der kosmischen Explosion, vermutlich aus dem Nichts, entstanden sind, einander gefunden und ein so ausgeklügeltes und unendlich komplexes Universum geschaffen haben? Wilber kam zu dem Schluss, dass die mathematischen Formeln und die Naturgesetze bereits vor der Erschaffung der Welt existiert haben müssen – eine Auffassung, mit der Platon vollkommen einverstanden gewesen wäre. Wir dürfen daher nie vergessen, dass die materialistische Wissenschaft uns nur etwas darüber zu sagen hat, wie sich die Dinge vom Moment des Urknalls bis heute verhalten. Sie hat keinerlei Legitimität und ist nicht in der Lage, irgendetwas darüber auszusagen, wer oder was vor dem Urknall war. Schon gar nicht kann sie uns sagen, warum der Urknall stattgefunden hat. Dies ist die Domäne von Religion und Spiritualität, und die legitimen Experten auf diesem Gebiet sind die großen Heiligen und Propheten, und nicht spezialisierte Wissenschaftler, die über spirituelle Realitäten wahrscheinlich so gut wie nichts wissen.

Was also offenbar für das Universum gilt«, schloss ich, »muss auch für unser Leben gelten. Schließlich sind wir integraler Bestandteil dieses wunderbaren Universums. Basierend auf dieser Prämisse kann unser Leben kein Zufall sein, sondern es wird, wie die christlichen Altväter östlich-orthodoxen Glaubens mit Nachdruck behaupten, von spirituellen Gesetzen regiert, die in Ewigkeit von der Vorsehung festgelegt worden sind. Einigen dieser Gesetze werden wir heute durch das Studium von Leben und Lehre der Weisen und Heiligen auf den Grund zu gehen versuchen.«

Nachdem diese kurze Übung nun hinter uns lag, erzählte ich dem Publikum einige entscheidende Zufälle aus meinem eigenen Leben, die dazu geführt hatten, dass ich mich mit der christlich-mystischen Überlieferung, die wir nun gemeinsam untersuchen wollten, beschäftige und über sie forsche.

»Alles begann auf einer Reise zum Berg Athos im Frühjahr 1991. Wie einige von Ihnen vielleicht wissen, ist der Athos eine Halbinsel im Norden Griechenlands mit einer Länge von rund fünfundvierzig und einer Breite von etwa fünfzehn Kilometern. In den letzten tausend Jahren war er – und ist dies bis heute – eine Mönchsrepublik und ein Refugium für östlich-orthodoxe Mönche und Eremiten, die dort in der Stille eine uralte asketische Lebensweise pflegen, deren primäres Ziel die Vereinigung mit Gott ist. Nie hätte ich mir vorstellen können, dass eine Reise in eines dieser Klöster mein Leben so entscheidend und tiefgreifend verändern würde.«

Dann erzählte ich von meiner »zufälligen« Begegnung mit Vater Maximos, einem jungen Mönch, den ich vor dem Tor des ersten Klosters traf, das ich besuchte. »Wie die meisten Menschen in der modernen Welt, stand ich dem Mönchtum skeptisch gegenüber und betrachtete es als einen institutionalisierten Anachronismus, ein Relikt des finsteren Mittelalters. Die Reise zum Athos hatte ich ursprünglich aus reiner Neugier unternommen – und auf Drängen eines Freundes, der mich aufforderte, meine Vorurteile zu überwinden und ihn auf einer Pilgerreise zum Heiligen Berg zu begleiten, damit ich dort, wie er sich ausdrückte, wahre geistliche Altväter kennenlernte, aus deren leuchtendem Gesicht die Liebe Christi strahlte.

Die Begegnung mit Vater Maximos«, so fuhr ich fort, »war tatsächlich die empirische Bestätigung für das, was mein Freund Antonis versprochen hatte. Bald wurde mir klar, dass der damals dreiunddreißigjährige Athos-Mönch über eine ungewöhnliche Weisheit verfügte, die er, wie mir schien, nicht nur aus Büchern, sondern aus unmittelbarer Anschauung gewonnen hatte. Ich fühlte mich sofort zu Vater Maximos hingezogen, und seither ist er bei meinen Erkundungen der mystischen Überlieferung des östlichen Christentums mein wichtigster Mentor und Informant.

Schon bald nach unserer ersten Begegnung fand ich heraus, dass Vater Maximos trotz seines relativ jungen Alters im Ruf eines *Pneumatikos* stand, eines geistlichen Altvaters und Führers sowohl für Laien als auch für orthodoxe Priester und Mönche. Ich war zutiefst beeindruckt, nicht nur von seinen profunden Kenntnissen der geistlichen Überlieferung, die er vertrat, sondern auch von seinem Leben, das diese Tradition verkörperte. Ich lernte ihn als einen liebevollen und mitfühlenden spirituellen Führer kennen, als einen Beichtvater, der mit einem hochentwickelten und entwaffnenden Sinn für Humor gesegnet war.

Nach diesem ersten Besuch auf dem Athos beschloss ich, künftig nicht mehr über die Erforschung des Weltbildes von Laien-Mystikern zu schreiben, womit ich mich in den letzten zehn Jahren überwiegend beschäftigt hatte,[4] sondern über die geistliche Überlieferung, für die Vater Maximos stand. Möglich wurde diese Veränderung durch eine Reihe ungewöhnlicher Zufälle und nachdem Vater Maximos von seinen Altvätern gebeten worden war, in sein Heimatland Zypern zurückzukehren, um das christliche Mönchtum auf der Insel wieder aufleben zu lassen. Seit Anfang der 90er-Jahre besuche ich ihn dort regelmäßig im Sommer und während verschiedener Freisemester. Mit seiner Hilfe habe ich mich auf eine lebenslange Erkundungsreise zur mystischen Überlieferung des östlich-orthodoxen Christentums begeben.«

Weiter sagte ich, meine Verbindung mit Vater Maximos habe mir geholfen, meine gänzlich ablehnenden Ansichten über und meine Abneigung gegen organisierte Religion zu überwinden. Diese Negativität war das Vermächtnis meiner akademischen Ausbildung, die im Großen und Ganzen religionsfeindlich war. Bald nach meiner Begegnung mit dem Athos und Vater Maximos erkannte ich, dass sich im Aufbau der Kirche eigentlich tiefes Wissen und Weisheit verbergen. Dieses Wissen und diese Weisheit haben sich seit dem frühen Christentum in den Klöstern sowie in der Liturgie und den Gottesdiensten der Kirche, oder der *Ekklesia*, erhalten. Mit diesem Begriff meine ich nicht nur den Aufbau der Kirche, sondern die Gesamtsumme ihrer Praktiken, Methoden und heiligen Schriften, das Zeugnis der Heiligen und ihre Lehren über die empirische Gotteserkenntnis.

»Stellen Sie sich vor, wie fasziniert ich war«, fuhr ich fort, »als ich entdeckte, dass es innerhalb meiner eigenen kulturellen Tradition ein System des ›Altvater‹- oder ›Ältestenwesens‹ gibt, das ich bisher ausschließlich für ein Merkmal des Buddhismus und des Hinduismus gehalten hatte.«

Ich erklärte, dass ich mit Altvaterwesen ein System der Jünger- oder Mentorenschaft meinte, bei dem ein Altvater, der im Idealfall mit dem Heiligen Geist gesegnet ist, die spirituelle Entwicklung seiner Schüler beaufsichtigt. Ziel dieses *Mentorings* ist es, die Schüler zum unmittelbaren Erleben des Göttlichen und zur Vereinigung mit Gott zu führen, die in der östlichen Kirche als *Theosis* bezeichnet wird. An dieser Stelle hielt ich inne, um einige Fragen zu beantworten. Es wurde deutlich, dass die geistliche Überlieferung, die ich hier vorstellte, für mein Publikum völlig neu und unbekannt war.

»Die Lehre der heiligen Altväter des christlichen Ostens«, fuhr ich fort, »lässt sich im Grunde als der ›Dreifache Weg‹ zusammenfassen, als Reise der Seele zur Vereinigung mit Gott. Diese Reise vollzieht sich in drei belegbaren Stufen.«

Mit einem schwarzen Stift schrieb ich drei Wörter auf ein Flipchart: *Katharsis, Fotisis, Theosis.* »Lassen Sie mich erklären, was sie bedeuten. Den Altvätern des christlichen Ostens zufolge leben alle Menschen in *Amartia* oder Sünde, womit nicht die Verletzung moralischer Gebote gemeint ist, als die Sünde üblicherweise verstanden wird, sondern ein von Gott abgeschnittenes Leben. Nach der Erzählung in der Genesis lebten die ersten Menschen im Paradies in einem Zustand glückseliger Einheit mit Gott. Ihre vordringlichste Beschäftigung war die Kontemplation über ihren Schöpfer. Der Sündenfall kündet vom Zerbrechen dieser Einheit, was die Menschheit in einen Zustand der Distanzierung und Entfremdung von Gott gestürzt hat. Unsere Vertreibung aus dem Paradies bedeutet, dass wir unseren Ursprung aus den Augen verloren haben. Infolgedessen haben wir unsere Aufmerksamkeit ausschließlich der erschaffenen Welt zugewandt und unseren himmlischen Ursprung völlig vergessen. Im täglichen Überlebenskampf hat sich unser Herz verhärtet, und wir sind blind geworden für unser göttliches Erbe. Wir wissen weder, wer wir wirklich sind, noch kennen wir die Freude, die sich mit dem Zustand der Einstimmung auf das Göttliche und der ständigen Gemeinschaft mit dem Göttlichen verbindet. Die heiligen Altväter lehren, dass diese Ignoranz und diese Vergesslichkeit unsere grundlegende ›Krankheit des Herzens‹, das vorrangigste Problem unseres Daseins und der Ursprung all unseres seelischen und spirituellen Leids ist. Folglich konzentrieren wir uns ausschließlich und geradezu besessen auf die vergänglichen Freuden dieser Welt – Essen, Sex, materieller Besitz, Macht, Ruhm und so weiter. Kurzum, wir sind verlorene Söhne und Töchter geworden und verschwenden unser Leben. Je leidenschaftlicher wir diese Ziele verfolgen, desto größer wird die Distanz zwischen uns und Gott, dem wahren Quell unserer Erfüllung und endgültigen Erlösung.

Diese Daseinsform ist eine Existenz voller Schmerz und Leid. An einem bestimmten Punkt aber wird einem erschöpften verlorenen Sohn sein Elend bewusst, und er sehnt sich nach dem Haus seines liebenden Vaters, wo es sogar den Dienern, so heißt es im Gleichnis, besser geht als ihm. Da beschließt der verlorene Sohn, zutiefst demütig heimzukehren, im Vertrauen auf das unendliche Mitgefühl und die Vergebung des Vaters. Dies ist der Moment, in dem die Seele *Metanoia* durchläuft, Buße oder Umkehr, einen radikalen Wandel von Herz und Sinn. Oder, wie ein moderner Theologe und Autor zahlreicher Bücher es formuliert: ›Buße zu tun, heißt, aus dem Schlaf der Unwissenheit zu erwachen, die Seele wiederzuentdecken, in der Antwort auf die unvergleichliche Liebe des Einen, der »nicht von dieser Welt« ist, Sinn und Zweck des Lebens zu gewinnen.‹[5] Der mühevolle und schwierige Prozess der Rückkehr beginnt an diesem Wendepunkt der *Metanoia*.

Katharsis ist die Stufe, auf der die Menschen, nachdem sie ihr Dilemma erkannt haben, systematisch darum zu ringen beginnen, dass ihr Herz rein und zu einem Gefäß für den Heiligen Geist wird, damit sie Gott zu sehen und zu erleben vermögen. Diese Reinigung beinhaltet die Zurückweisung aller negativen Wünsche und destruktiven Leidenschaften. Dies ist die Bedeutung hinter der Seligpreisung Christi: ›Selig sind, die reinen Herzens sind, denn sie werden Gott schauen.‹ (Matthäus 5, 8) Die Altväter des Östlichen Christentums lehren, solange unser Herz noch eine Geisel weltlicher Leidenschaften und Wünsche ist, kann uns die göttliche Gnade nicht heimsuchen. Diese Gnade, so glauben sie, wohnt tief in uns, aber in unserer Blindheit bemerken wir ihre Gegenwart nicht.

Im Rahmen der östlich-orthodoxen geistlichen Überlieferung haben die heiligen Altväter eine Methodik zur Reinigung des Herzens entwickelt, damit es sich Gottes Gegenwart allmählich bewusst werden kann. Diese Methode heißt *Askesis,* was wörtlich eine Reihe geistlicher Übungen und Praktiken zur Überwindung von Egoismus und zur ›Erlangung des Heiligen Geistes‹ bedeutet. Von diesem Wort leitet sich übrigens der Begriff ›Asket‹ zur Bezeichnung eines Menschen ab, der dauerhaft *Askesis* übt. Ziel der *Askesis* ist die Überwindung der Reize der materiellen Welt und der Ersatz egoistischer Leidenschaften durch eine einzige, alles verzehrende Leidenschaft, die Leidenschaft, mit Gott eins zu werden. In der östlich-orthodoxen Spiritualität setzt *Askesis* Fasten voraus und Beichte, die heilige Kommunion, Selbstbeobachtung, die Ausrichtung von Denken und Handeln an den Geboten

Christi, das fortwährende Studium heiliger Schriften, einschließlich des Lebens der Heiligen, die regelmäßige Teilnahme am Gemeindegottesdienst und das ununterbrochene Gebet, das oft mit Niederwerfungen vor heiligen Ikonen verbunden ist. Neben dieser Arbeit an sich selbst beinhaltet die Katharsis des Herzens durch *Askesis* aber vor allem die systematische Entwicklung liebevollen Mitgefühls für den Nächsten, welches sich in praktischen Werken mildtätigen Dienens äußert. Die innere Arbeit muss durch äußeres Handeln zum Wohle anderer aufgewogen werden.

Im Idealfall beinhaltet *Askesis* auch den Aufbau einer Beziehung zu einem Altvater, der uns einen besonderen Plan mitgeben und unsere spirituelle Entwicklung beaufsichtigen kann, wie Lehrer die Bildung ihrer Schüler beaufsichtigen.

Zunächst haben mich diese Praktiken an die verschiedenen Yoga-Methoden der östlichen Religionen erinnert, von denen moderne Philosophen wie Ken Wilber glaubten, es gäbe sie nur dort. Für Wilber fehlte dem Westen eine Methode, mit der Gott empirisch erreichbar ist, stattdessen verlasse man sich ausschließlich auf den Intellekt. Eben diese Praxis zur Reinigung des Herzens hat der christliche Osten dem modernen Westen zu bieten, so meine ich, wo man solche Praktiken infolge der zunehmenden Säkularisierung des modernen Lebens in Verbindung mit der ausschließlichen Konzentration auf weltliche Ziele aus den Augen verloren hat. Diese Erkenntnis versetzte mich in helle Begeisterung. Es ist ein ›christliches Yoga‹ der *Hesychia* oder Stille, wie es auch von einer wachsenden Zahl westlicher Übender entdeckt worden ist, etwa dem gefeierten amerikanischen katholischen Mönch Thomas Merton.[6]

Das Wort *Fotisis,* die zweite Entwicklungsstufe der Seele, bedeutet wörtlich ›Erhellung‹ oder ›Aufklärung‹. Es ist die Erleuchtung der Seele. Sobald die Seele ihre Katharsis durchlaufen hat und von ihren negativen Leidenschaften gereinigt ist, können ihr *Charismata* oder Geistesgaben verliehen werden. Die größte dieser Gaben, so sagten die Altväter, ist die Erfahrung des ›Ungeschaffenen Lichts‹. Das gereinigte Herz kann Gott im Zustand mystischer Ekstase und innerer Erleuchtung unmittelbar schauen.«

Ich las meinem Publikum vor, wie einige Altväter diesen Zustand beschrieben, und erklärte dann, dass der Seele zusätzlich zum unmittelbaren Erleben Gottes weitere Gaben verliehen werden können, etwa die prophetische Schau und Heilkräfte sowie außergewöhnliche Fähigkeiten, die wir heute als »paranormal« bezeichnen. Dazu gehören Hellsichtigkeit, Telepathie, Teleportation, außerkörperliche Reisen und Ähnliches. Alle diese sogenannten paranormalen Phänomene sind Bestandteil der Kultur und der Legenden des Heiligen Berges.

»Augenzeugen haben mir von Altvätern berichtet, die im Zustand mystischer Ekstase vor dem Altar oder im Gebet vor der Ikone der Heiligen Jungfrau levitiert sind. Ich habe außergewöhnliche Geschichten über moderne Altväter wie Paisios und Porphyrios[7] gehört, die an zwei verschiedenen Orten zugleich gesehen wurden. Dies sind Geschichten, die man normalerweise in Lebensbeschreibungen indischer Yogis liest oder hört.[8] Für mich war es eine Offenbarung, dass das, was es meiner Meinung nach nur in Indien oder Tibet gab, ebenso Bestandteil der christlichen geistlichen Überlieferung ist.

Dabei sollte ich aber betonen, dass alle diese charismatischen Gaben der Seele erst nach ihrer Reinigung geschenkt werden. Es sind buchstäblich Geistesgaben, die sich an einem bestimmten Punkt in der spirituellen Entwicklung des Selbst ganz natürlich einstellen. Die Altväter mahnen allerdings, dass solche Gaben nicht zum Selbstzweck werden dürfen, weil solche Kräfte den Menschen auf Abwege führen können. Die Versuchung ist groß, diese Gaben zu missbrauchen. Deshalb stellen echte Altväter ihre geistigen Kräfte nie zum persönlichen Vorteil zur Schau, sondern setzen sie nur sehr sparsam ein, um anderen zur Gotteserkenntnis zu verhelfen. Zugleich bestreiten diese Altväter regelmäßig, dass sie mit solchen Gaben gesegnet sind. Geistesgaben direkt und ohne vorherige Katharsis von egoistischen Leidenschaften anzustreben, ist so, als wollte man Gott bestehlen.«

Zu diesem Punkt erhoben sich im Publikum etliche Fragen, insbesondere danach, ob es ratsam sei, Fähigkeiten wie außersinnliche Wahrnehmung (ASW) oder außerkörperliche Reisen überhaupt anzustreben. Ich erinnerte daran, dass es, wenn es nach den heiligen Altvätern geht, das wichtigste Ziel sein muss, an der Stufe der Katharsis zu arbeiten. »Hierauf müssen wir unser ganzes Bemühen und unseren Willen richten. Nach Gaben zu streben, bevor man die entsprechende Reife erlangt hat, bringt den Menschen spirituell nicht weiter. Es kann sogar kontraproduktiv sein. Statt auf dem Weg zur Vereinigung mit Gott weiterzuhelfen, kann es zu Narzissmus und damit noch stärkerer Entfremdung von unserem göttlichen Ursprung führen.

Die dritte Stufe in der spirituellen Entwicklung des Selbst schließlich ist das Erlangen von *Theosis,* die endgültige Bestimmung der menschlichen Seele. Wie die vorangegangene Stufe der Fotisis liegt auch sie vollkommen in der Hand der Vorsehung. Wir können uns nicht von uns aus wieder mit Gott vereinen. Um es noch einmal zu sagen, unser Wille muss nur auf der ersten Stufe zum Einsatz kommen, auf der Stufe der Katharsis. Die anderen beiden Stufen folgen ganz von selbst, sozusagen als Gottes Lohn für unsere Mühen, unser Herz rein zu machen.

Wenn *Theosis* erreicht wird, ist die ursprüngliche Spaltung zwischen dem Selbst und Gott endgültig überwunden. Dies ist wie die Rückkehr von Adam und Eva ins Paradies oder des verlorenen Sohnes ins väterliche Haus. Diese Einheit mit Gott übersteigt alle Worte und alles menschliche Fassungsvermögen.«

Eine junge Frau im hinteren Teil des Raumes, die zuvor angegeben hatte, sie sei praktizierende Zen-Buddhistin, fragte, ob die heiligen Altväter die Einheit mit Gott als Auflösung des einzelnen Selbst in der Gesamtheit des Göttlichen verstanden.

»In der christlichen Spiritualität«, so antwortete ich ihr nach einem Dank für diese wichtige Frage, »behält die Seele nach ihrer Vergöttlichung in der Einheit mit Gott ihre Autonomie. Das Selbst wird nicht im All aufgelöst. Vernichtet wird die Gesamtsumme unserer egoistischen Leidenschaften und Wünsche, nicht aber unsere Einzigartigkeit als Menschen, die auf ewig nach Gottes Bild geschaffen sind. Es besteht ein großer Unterschied zu bestimmten Auffassungen, wonach das endgültige Ziel der spirituellen Entwicklung die völlige Auflösung der individuellen Persönlichkeit ist. Heilige wie Seraphim von Sarow oder Maria von Ägypten und jeder Mensch, der diese Stufe der *Theosis* erreicht, behalten ihre Einzigartigkeit in Gott und arbeiten weiterhin als Heilige für die Erlösung anderer. *Theosis* kann man übrigens nicht erst erlangen, wenn man die Erde verlassen hat, sie ist auch möglich, solange man noch am Leben ist. Der paradiesische Zustand ist auch im Diesseits möglich.«

Daraufhin entspann sich eine lebhafte Diskussion über dieses Thema, an die sich eine neunzigminütige Mittagspause anschloss. Die meisten Teilnehmer fuhren in die umliegenden Restaurants, wo sich das Gespräch unweigerlich fortsetzte. Etliche Teilnehmer fragten mich in der Mittagspause, warum der Dreifache Weg nicht Bestandteil des westlichen Christentums geworden und nur im christlichen Osten an so abgeschiedenen Orten wie dem Athos zu finden sei. »Ich bin mir tatsächlich gar nicht sicher, ob er nur im Osten zu finden ist«, erwiderte ich. »Aber vielleicht ist es so, dass er dort besser erhalten geblieben und institutionalisiert worden ist. Um Ihre Frage zu beantworten, müssten wir uns eigentlich mit Kirchengeschichte befassen.« Da mir klar wurde, dass diese Frage die anderen Teilnehmer auch interessierte, verschob ich jede weitere Diskussion auf nach der Mittagspause. Dann setzte ich mir meinen Soziologenhut auf und referierte kurz die wichtigsten historischen Ereignisse, die dazu geführt hatten, dass der Dreifache Weg im Osten erhalten geblieben war, sowie die Gründe für seine relative Marginalisierung im Westen.

Mein kurzer Streifzug durch die Geschichte des Christentums löste eine lebhafte Diskussion aus, die sich über eine Stunde hinzog. Mein Publikum war hellwach und sehr belesen. Dann legten wir eine Kaffeepause ein und hörten von einer CD Gesänge der Mönche vom Athos sowie von Ordensschwestern aus den angeschlossenen Nonnenklöstern. Als wir uns schließlich zum abschließenden Teil des Workshops wieder versammelt hatten, berichtete ich weiter über die wesentlichen Lehren des östlichen Christentums, wie sie mir in erster Linie von Vater Maximos vermittelt worden waren. Wir deckten ein breites Themenspektrum ab, von den inneren Gesetzen, die unser Leben regieren, über die Rolle von Ikonen in der spirituellen Praxis bis zur Bedeutung des Denkens im Hinblick auf die Förderung oder Behinderung unserer Rückkehr zu Gott. Anschließend zeigte ich Bilder vom Athos und sprach weiter über die spirituelle Weisheit, die in seinen Klöstern bewahrt wird. Zum Abschluss hörten wir weitere Lieder und Gesänge aus dem christlichen Osten.

Gerade als ich den Teilnehmern für ihre Aufmerksamkeit danken und den Workshop beenden wollte, hob eine Frau, die sich zuvor als »wiedergeborene Christin« zu erkennen geben hatte, energisch die Hand.

»Christus hat gelehrt, dass man nur durch ihn zum Vater kommt. Wie sollen wir diesen Satz verstehen?«, fragte sie. Angesichts der Zusammensetzung meines Publikums bedeutete diese Frage die größte Herausforderung für mich.

Ich hatte den Eindruck, dass sie eine Bestätigung für ihre Überzeugungen brauchte und mich bewusst oder unbewusst zu der Erklärung drängen wollte, nur Christen könnten in den Himmel kommen. Leicht angespannt, dachte ich ein paar Sekunden nach. Egal, welche Antwort ich jetzt geben würde, irgendjemand würde sich immer vor den Kopf gestoßen oder ausgeschlossen fühlen, das war mir klar. Zu Beginn räumte ich daher ein, dass mir diese Frage tatsächlich zum ersten Mal gestellt wurde und ich nicht sicher sei, ob ich eine zufriedenstellende Antwort geben könne. »Außerdem«, fügte ich hinzu, »bin ich kein Bibelforscher, der eine maßgebliche Exegese der Schrift liefern kann. Ich bin ganz bestimmt kein Theologe.« Innerlich bat ich um Führung, steckte meine linke Hand in die Tasche und ließ ein Komboskini (eine schwarze Wollschnur mit zahllosen Knoten, die die Mönche auf dem Athos für das ständige Gebet benutzen) durch die Finger gleiten. Vater Maximos hatte es von seinem Handgelenk gezogen und mir geschenkt. In diesem Moment vermittelte es mir ein Gefühl der Sicherheit.

»Sehen Sie«, antwortete ich schließlich, »Ihre Frage lässt sich auf zweierlei Art und Weise beantworten. Zum einen kann man diese Passage aus dem Neuen Testament wörtlich deuten, wie es viele Christen tun würden. In diesem Sinne kann niemand erlöst werden, der nicht getaufter Christ ist. Einige Konfessionen würden sogar behaupten, dass der Mensch nur durch ihre bestimmte Gemeinschaft zur Erlösung findet. Dies ist, sagen wir einmal, eine ›exotische‹ Auffassung, wie sie viele fundamentalistische Christen teilen. Es ist allerdings eine

Auffassung, die die Menschen spaltet und aus der sich ernste Fragen nach Gottes Gerechtigkeit und Liebe zu allen seinen Geschöpfen ergeben. Der klassische Einwand dagegen lautet: Bedeutet dies, dass Milliarden Menschen, die nicht als Christen geboren werden und die vielleicht nie etwas von Christus hören, auf ewig verloren sind? Aus der Sicht eines etwas esoterischeren ›inneren Christentums‹ erscheint eine solche Schlussfolgerung irregeleitet, um es vorsichtig auszudrücken. Sie verweigert der überwältigenden Mehrheit der Menschheit die Möglichkeit zur Erlösung. Das kann Christus mit Sicherheit nicht gewollt haben, als er diesen Satz sagte.«

Durch das Mienenspiel der Teilnehmer ermutigt, fuhr ich fort: »Warum versuchen wir dann nicht, diese Aussage auf etwas inklusivere Weise zu deuten? Warum versuchen wir nicht, sie im Hinblick auf eine mögliche innere Bedeutung zu betrachten? Ich glaube, das Johannes-Evangelium bietet uns Anleitung, um Fragen wie die Ihre zu beantworten. Nach diesem Evangelium ist Christus ›das wahre Licht, das alle Menschen erleuchtet, die in diese Welt kommen‹ (Johannes 1, 9). Sind Sie einverstanden?« Sie nickte, und ich fuhr fort: »Nun, das sagt bereits alles. Jeder Mensch trägt den Christus in seinem innersten Wesen. Außerdem heißt es, Christus sei allumfassende und bedingungslose Liebe. Sollte man daher nicht vernünftigerweise schließen, dass alle, die zum Vater, also zu Gott, wollen, den Zustand allumfassender und selbstloser Liebe erlangen müssen, den Jesus verkörpert hat? Wenn Christus Liebe ist, dann kommt jeder, der diese Stufe der Reinigung erreicht, zum Vater. Daher kann also keiner zum Vater kommen ohne allumfassende und selbstlose Liebe. Es muss schon per definitionem so sein. Ein solches Verständnis würde die ganze Welt einschließen und niemanden außen vor lassen. Dies ist, so glaube ich, der wahre Geist der christlichen Botschaft, und dies haben meinem Verständnis nach auch die großen christlichen Heiligen gelehrt, entweder ausdrücklich oder sinngemäß.«

Im hinteren Teil des Raums hob jemand die Hand. »Muss Liebe«, so fragte er, »unbedingt mit dem Namen ›Christus‹ belegt werden? Können wir Christus auch anders nennen?«

»Ich weiß nicht. Ich finde, Namen haben Kraft und tragen eine sehr konkrete Bedeutung. Aber ich vermute, dies hängt zum großen Teil davon ab, in welcher Kultur wir uns befinden und welche Sprache wir sprechen. Wichtig ist meiner Auffassung nach die Bedeutung, die wir einem Wort beimessen, egal, welches wir verwenden. Wenn das Wort die absolute Liebe Gottes umfasst, dann habe ich persönlich kein Problem damit, Christus so zu benennen, wie es am besten zu den verschiedenen Völkern in ihrem jeweiligen historischen oder kulturellen Kontext oder von mir aus auch in ihrer jeweiligen Galaxie passt. Schließlich sind Geschichte, Kultur und Sprache, genau wie Galaxien, vergängliche und relative Realitäten. Christus ist der Absolute Gott und Logos, der alle vom Menschen konstruierten Realitäten übersteigt. Christus steht über Zeit und Raum. Deshalb liefern die mystischen Erfahrungen der großen Heiligen aus allen Zeiten meiner Meinung nach den stärksten empirischen Nachweis für die Realität des zeitloses Wesens des *Christos Logos,* der in der innersten Mitte eines jeden Menschen wohnt. Vielleicht hat Jesus als der historisch bekundete Christus nicht zugelassen, dass Paulus ihm im Fleisch begegnet ist, weil Paulus von der Vorsehung auf seine besondere historische Mission vorbereitet wurde. Das Erlebnis des Paulus unterstreicht die Realität des kosmischen Christus, der im Herzen eines jeden Menschen wohnt, und zeigt, dass jeder Mensch überall und jederzeit dem Christos Logos begegnen kann.«

Ich spürte verbreitete Zustimmung und Bestätigung für das, was ich gesagt hatte, und war zufrieden. Nicht sicher war ich mir jedoch, ob meine Antwort die Fragestellerin ebenfalls zufriedengestellt hatte. Dennoch beendete ich den Workshop und fühlte mich gestärkt durch die Ideen, denen ich mit diesem hellwachen Publikum gemeinsam nachgespürt hatte. Den Rest des Abends verbrachten Emily und ich zusammen mit unseren Gastgebern und Freunden in einem mexikanischen Restaurant, wo wir unser Gespräch fortsetzten. Am Ende des Symposiums versprachen wir, miteinander in Kontakt zu bleiben und von unserer bevorstehenden Pilgerreise zum Kloster St. Anthony zu berichten.

2

Geschenk der Wüste

Mit Freude erfuhr ich, dass es zwischen dem Flughafen in Phoenix und dem neugegründeten Kloster St. Anthony einen Zubringerdienst gab. »Was für eine Erleichterung!«, sagte ich zu Emily, als ich den Telefonhörer wieder auflegte. Wir waren beide nicht in der Stimmung, die Fahrt in die Wüste selbst zu wagen. Nicht einmal eine halbe Stunde nach meinem Anruf wurden wir abgeholt. Für 65 Dollar sollten wir zu unserem einwöchigen Aufenthalt vor den Toren der Eremitage in der Wüste abgesetzt werden.

Der Fahrer, ein freundlicher Herr in den Sechzigern, hatte eine ausgeprägte Vorliebe für ununterbrochenes Geplauder. Auf der anderthalbstündigen Fahrt erfuhren wir mehr über sein Leben in Arizona, seine Frau und seine vierzigjährige Ehe, seine Enkelkinder, seine Hobbies und seinen früheren Arbeitgeber als wir wissen wollten. Der pensionierte Handelsvertreter aus Connecticut war in erster Linie nach Arizona gezogen, um seiner Golf-Leidenschaft nachgehen zu können. Pilger nach St. Anthony zu fahren, bot ihm etwas Abwechslung und machte seinen Ruhestand etwas angenehmer und komfortabler.

»Ich spiele 365 Tage im Jahr Golf«, verkündete er zutiefst befriedigt darüber, wie gut es das Schicksal mit ihm meinte. »Hier scheint immer die Sonne, super für das Golfspielen.« Nach einigen kurzen Momenten der Stille schüttelte er den Kopf.

»Das sind schon echt merkwürdige Leute da draußen«, bemerkte er mit Bezug auf die fünfzig Mönche im Kloster.

»Ach ja?«, sagte ich etwas vage und nahm an, dass ein griechisch-orthodoxes Kloster einem angelsächsischen, Golf spielenden Ruheständler aus dem amerikanischen Nordosten kurios und mitten in Arizona völlig fehl am Platz vorkommen musste. Ein Kloster musste in seinen Augen verdächtig nach einer Art New-Age-Sekte aussehen, wie man sie überall in Amerika in Hülle und Fülle findet, so vermutete ich.

Aber der gute Mann dachte an etwas ganz anderes. »Das Essen dort ist schrecklich«, bemerkte er angewidert, als wolle er uns vor den kulinarischen Schrecken warnen, die uns erwarteten. »Ich kann nicht begreifen, wie Menschen ohne Fleisch leben können«, unterstrich er kopfschüttelnd. »Also ich brauche einfach mein tägliches Fleisch, sonst habe ich das Gefühl, ich habe gar nichts gegessen.

Übrigens«, beeilte er sich hinzuzufügen, »nicht weit von hier gibt es einen McDonald's. Ich könnte da kurz anhalten, damit Sie sich etwas holen können, bevor wir dort ankommen.« Im Rückspiegel warf unser geselliger Fahrer uns einen fragenden Blick zu und wartete auf unsere Antwort auf sein großzügiges Angebot.

»Nein, danke, wir haben gerade gegessen«, erwiderte ich.

Eine Minute lang herrschte Stille, und während wir an einer vereinzelten Ansammlung verfallener Häuser mit einem rostigen Pick-up am Straßenrand vorbeifuhren, ließen wir unsere Augen auf der Weite der Wüste ruhen. »Sehen Sie diese Kakteen?«, fragte unser Taxifahrer und selbsternannter Touristenführer und deutete auf eine Unmenge Gestrüpp mit zahllosen bedrohlichen weißen Stacheln. »Kommen Sie denen bloß nicht zu nahe. Die heißen nicht umsonst ›Jumping Chollas‹*. Kaum merken diese Blödmänner, dass man in der Nähe ist, schon schießen sie ihre Stacheln auf einen ab. Das ist wirklich wahr. Die ganze Wüste ist voll mit denen. Ich kann Ihnen sagen, wer sich hier nicht auskennt, kann ganz schön in die Bredouille kommen.«

»Danke für den Hinweis«, sagte ich. »Was müssen wir sonst noch über die Wüste wissen?«

»Gehen Sie nicht unvorbereitet auf eine Wanderung, besonders wenn Sie das Gelände nicht kennen. Da draußen lauern Gefahren. Wir hören jedes Jahr von Leuten, die an Dehydrierung gestorben sind. Sie können nicht genug Wasser mitnehmen. Dann verlieren sie die Orientierung und sterben.«

---

* springende Chollas, eine Opuntienart, Anm. d. Ü.

Mit gerunzelter Stirn betrachtete ich die kahle Mondlandschaft, die flache Weite. Vegetationslose, unwirtliche, zerklüftete Berge begrenzten ringsum den Horizont. Ich fragte mich, warum sich eine Gruppe orthodoxer Mönche mitten in einem so trostlosen Landstrich niederlassen sollte.

»So langsam kommen wir zum Kloster«, ließ unser Fahrer uns wissen und zeigte auf ein paar kaum auszumachende Gebäude in der Ferne. Je näher wir kamen, desto mehr staunten wir.

»Das ist wirklich außergewöhnlich!«, sagten wir zueinander, als wir aus dem Kleinbus stiegen und unser Gepäck entgegennahmen. Ich hatte schon gehört, dass das Kloster sehr ungewöhnlich war, aber in dieser Größenordnung hätte ich es mir niemals vorgestellt. Es stach heraus wie eine Oase inmitten der Sahara. Im weiten Umkreis des klösterlichen Besitzes fanden wir eine vielfältige Flora vor: Palmen, Orangenhaine, einen Obstgarten mit Olivenbäumen (in diesem Teil Amerikas sehr ungewöhnlich), Gemüsegärten, Reben und eine große Blumenvielfalt, von Jasmin bis zu jeder nur denkbaren Rosenart. Das Anwesen war gut gepflegt und in Stand gehalten. Über die Blumengärten verstreut standen Pavillons, der ideale Ort zum Lesen und für die Kontemplation. Ich staunte über dieses Paradies auf Erden und dachte an Jesajas Worte »und die Steppe wird blühen«. Der Gegensatz zwischen dem Land im Inneren des Klosterareals und der umgebenden Landschaft hätte größer nicht sein können. »Viel Spaß weiterhin beim Golf«, sagte ich zu unserem Fleisch verzehrenden Taxifahrer, als ich den Fahrpreis bezahlte. »Golf ist gut für ein langes Leben.«

Im Büro neben dem Eingangstor wurden wir von Vater Athanasios herzlich begrüßt. Der liebenswürdige schwarzbärtige Mönch Ende dreißig war für die Versorgung der ankommenden Pilger und den Empfang neugieriger Touristen zuständig, die oft in Gestalt ganzer Busladungen eintrafen.

»Ich bin als Besucher ins Kloster gekommen, wie jeder andere Tourist auch«, erzählte er mit breitem Lächeln, während er unsere Namen und Adressen in sein Register schrieb. »Aber wie Sie sehen, hatte Gott etwas anderes mit mir vor. In dem Moment, in dem ich durchs Tor trat, sagte ich mir: Hier gehöre ich hin; hier möchte ich mein weiteres Leben verbringen.«

Wir erfuhren, dass das Kloster St. Anthony nicht nur zum Pilgermagneten geworden war, sondern sogar bereits im Ruf eines Wahrzeichens von Arizona stand. Zusätzlich zu seinen geistlichen Aufgaben war Vater Athanasios das Amt des Türhüters übertragen worden, um die wachsenden Touristenströme zu lenken. Er war dafür verantwortlich, dass die Klosterregeln eingehalten wurden und die Privatsphäre der anderen Mönche gewahrt blieb. Dazu wies er Pilger und Touristen darauf hin, welche Teile des Klosters ihnen nicht zugänglich waren. Wir konnten die verschiedenen Kapellen und auch die Hauptkirche besuchen sowie uns frei in den Gärten bewegen, aber weder Pilger noch Touristen durften die Mönche fotografieren oder in der Nähe ihrer Wohnquartiere herumbummeln.

Vater Athanasios bot uns und den Touristen, die gerade angekommen waren, ein Glas kühles Wasser und ein Stückchen türkischen Honig an, eine Tradition, die die Mönche vom Athos mitgebracht hatten. Gemäß den streng traditionellen Regeln und um den Besuchern bewusst zu machen, dass sie heiligen Boden betraten, durften weder Männer noch Frauen in unangemessener Kleidung durchs Klostertor treten. Kurze Hosen waren nicht erlaubt. Um Besuchern jedoch entgegenzukommen, verteilte Vater Athanasios an alle, die es brauchten, ein breites buntes Tuch, das man sich um die Taille binden konnte. Frauen mussten außerdem den Kopf mit einem Schal bedecken, den er ebenfalls ausgab. In anderen Klöstern, die wir besucht hatten, war dies nicht nötig gewesen; daher fühlten wir uns zunächst ein wenig vor den Kopf gestoßen.

Nach diesen einleitenden Vorbereitungen führte Vater Athanasios uns durch die Gebäude und Gärten und berichtete, wie dieses Wüstenwunder vor gerade einmal sechs Jahren Gestalt angenommen hatte. Er vermied jedoch alle näheren Abgaben darüber, wie dieses Kunststück genau bewerkstelligt worden war. Ein wichtiger Wert des Klosterlebens ist Urteilsvermögen, was in diesem Fall bedeutete, Informationen, die Uneingeweihte schockieren könnten, wegzulassen. Also blieb Vater Athanasios im Allgemeinen und sagte nur, die Errichtung des

Klosters sei durch »die großzügigen Spenden frommer Pilger und die Gnade Gottes, der ständig Wunder wirkt«, ermöglicht worden.

Dieses »Wunder« war allerdings, wie ich später erfuhr, das Resultat außergewöhnlicher Zufälle. Das Kloster war das Werk von Vater E., einem charismatischen Mönch vom Athos. Altvater E., so erklärten meine Quellen, wurde von der Vorsehung mit der besonderen Mission betraut, das Klosterleben vom Athos nach Amerika zu bringen. Anfang der 1990er Jahre wurde der Altvater nach langen gesundheitlichen Leiden zur Behandlung nach Amerika geschickt. Hier kam er zum ersten Mal mit dem Westen in Berührung. Nach seiner Rückkehr zum Athos hörte er eines Tages tief im Gebet versunken Gottes Stimme in seinem Herzen, die ihm sagte, er müsse wieder nach Amerika und dort Klöster gründen. Es heißt, der Altvater habe sich dem widersetzt, denn er war bereits im fortgeschrittenen Alter und konnte kein Englisch. Tatsächlich war die Vorstellung, seinen geliebten Athos, wo er den größten Teil seines Lebens verbracht hatte, zu verlassen, einfach entsetzlich für ihn. Der Umzug in ein fernes Land, das er kaum kannte oder verstand, war eine zutiefst unliebsame Aussicht. Die Botschaft aber hielt sich hartnäckig, und gegen seinen Willen führten ihn die Umstände schließlich nach Kanada, wo er ein Frauenkloster gründete. Am Ende zwang ihn die dortige orthodoxe Kirche jedoch, das Land zu verlassen, denn sie fanden seine Variante des Christentums zu sektiererisch sowie zu streng und fundamentalistisch. Das war der Zeitpunkt, als er über die Grenze in die Vereinigten Staaten kam.

Altvater E. und eine Gruppe lokaler Sponsoren fuhren durch die Wüsten des Südwestens, um einen geeigneten Ort zu finden, wo sie Land kaufen und in Amerika ein athonitisches Kloster gründen konnten. Der Ort musste in ausreichender Entfernung von den Städten tief in der Wüste liegen, damit die für eine systematische geistliche Arbeit notwendige Stille gewährleistet wäre. Eines Tages hörten sie bei ihrer Suche Kirchenglocken läuten. Der Altvater betrachtete dies als ein Zeichen, dass sie den von Gott vorgesehenen Ort gefunden hatten. Er bat seine Begleiter und Unterstützer, an dieser Stelle Land zu kaufen. Die hatten allerdings schwerwiegende Vorbehalte. In der ganzen Gegend gab es keinen Tropfen Wasser. Aber Altvater E. blieb dabei, und schließlich erklärten sich seine Mäzene und Anhänger bereit, das Land zu erwerben, obwohl sie befürchteten, dass sie das Geld ebenso gut hätten zum Fenster hinauswerfen können. Menschliche Siedlungen in jeglicher Form erschienen dort geradezu unmöglich. Außerdem wussten sie, dass die Behörden niemals eine Baugenehmigung erteilen würden, wenn es am betreffenden Ort keine Wasserquelle gab.

Wie erwartet, lehnte der Bundesstaat Arizona das Baugesuch ab. Auch der Vorschlag, Wasser zuzuleiten, konnte die Verantwortlichen nicht umstimmen. Daraufhin fragte der Altvater an, ob sie für den Fall, dass sie Wasser fänden, eine Genehmigung erhalten könnten, mit dem Bau zu beginnen. Die Antwort lautete ja. Daraufhin zog sich Altvater E. drei Tage in die Wüste zurück, nahm weder Nahrung noch Wasser zu sich und tat nichts anderes als zu beten. Am Ende des dritten Tages verkündete er, tief unter ihrem Besitz in der Wüste gäbe es Wasser. Dann bezeichnete er die genaue Stelle, wo gegraben werden sollte. Sofort beauftragten die Sponsoren ein Unternehmen mit einer Probebohrung. Und siehe da, als sie bei einer Tiefe von dreihundert Metern angelangt waren, schoss unter hohem Druck Wasser heraus. Sie waren auf einen großen unterirdischen See gestoßen.

Diese Entdeckung, die sie einem Wunder zuschrieben, ermöglichte nicht nur die Gründung des Klosters St. Anthony, sondern führte auch zu Erweiterungsplänen, einschließlich der Gründung eines Frauenklosters ganz in der Nähe. Darüber hinaus gab es noch genügend überschüssiges Wasser, um es an Städte in der Umgebung verkaufen zu können.

Diese Ereignisse bekräftigten den Ruf von Altvater E. als außergewöhnlich begnadeter Altvater, in dem er bei seinen Anhängern stand. Mehrere Menschen, die ihn aufgesucht hatten, berichteten mir, wenn sie zur Beichte gingen, brauchten sie kein einziges Wort über sich zu sagen, denn »er kann in unserer Seele lesen wie in einem offenen Buch«. Ich bin sogar Pilgern begegnet, die aus voller Überzeugung behaupteten, sie hätten gesehen, wie der Altvater, tief ins Gebet versunken, levitiert sei – was er selbst stets bestreiten würde. Ihre Geschichten schrieb er Fantasievorstellungen und Täuschungen zu. Seinen Anhängern war diese demütige Haltung nur eine weitere Bestätigung für seine Heiligkeit. Für Kritiker waren solche Wundermärchen jedoch Kennzeichen einer Sekte Leichtgläubiger, was Altvater E. weitere Schwierigkeiten eintrug.

Ungeachtet der Authentizität der Wundergeschichten stand aber offenbar fest, dass die Ankunft von Altvater E. in Amerika einen Prozess der Gründung christlicher Klöster uralten Typs auf dieser Seite des Atlantiks in Gang gesetzt hatte. Er hat nicht nur das Kloster St. Anthony gegründet, sondern war in den ersten sechs Jahren seines Aufenthalts in den Vereinigten Staaten auch die treibende Kraft hinter der Gründung von sechzehn weiteren Einrichtungen dieser Art, sieben für Männer und neun für Frauen. Eine meiner Quellen wies darauf hin, dass sogar der Heilige Pachomios, der zusammen mit dem Heiligen Antonius als Gründervater des christlichen Mönchtums gilt, zu seinen Lebzeiten nur fünf Klöster gegründet hatte. Altvater E. hatte sich vorgenommen, in Nordamerika insgesamt zwanzig Klöster zu gründen, so viele wie auf dem Athos. Mittlerweile besuchte der Altvater von seinem Stützpunkt in St. Anthony aus regelmäßig die anderen Klöster und bot dort den Mönchen und Nonnen, aber auch einer wachsenden Anzahl von Pilgern, die ihn aufsuchten, geistlichen Rat. »Der Altvater«, so sagte mir Vater Maximos einmal, »ist der Apostel der Orthodoxie in Nordamerika. Du musst ihn unbedingt einmal besuchen.« Als Vater Maximos noch Abt im Kloster Panagia auf Zypern war, hatte ein großes Bild des siebzigjährigen Altvaters sein Büro geschmückt.

Meine Gedanken waren bei Altvater E., und ich fragte mich, wann ich wohl Gelegenheit bekäme, ihn kennenzulernen, als Vater Athanasios seinen Rundgang mit den Besuchern beendete. Er ließ die Touristen mehrere Kapellen besichtigen, die verschiedenen Heiligen geweiht waren, darunter die beeindruckende Kirche im russischen Stil, die dem Heiligen Seraphim von Sarow geweiht war, einem Lieblingsheiligen von Emily.

Vater Athanasios begleitete Emily und mich in unsere jeweiligen Zellen. Sie musste sich zusammen mit anderen Pilgerinnen in einem bestimmten Quartier, getrennt von den Männern, aufhalten. So lauteten die klösterlichen Unterbringungsregelungen für Besucher. Während unseres sechstägigen Aufenthalts sollten wir nur gelegentlich miteinander sprechen können. Während der Gottesdienste standen wir stundenlang schweigend auf gegenüberliegenden Seiten der *Katholike* (der zentralen Kirche für normale Gottesdienste). Eine ähnliche Regelung herrschte bei den gemeinschaftlich eingenommenen Mahlzeiten.

»Abendessen gibt es nach der Vesper«, informierte mich Vater Athanasios, während er mich in ein sauberes, spartanisch eingerichtetes Zimmer mit zwei einfachen Betten geleitete. Ich schloss die Tür und legte mich hin, um ein wenig auszuruhen und nachzudenken. Ein paar Minuten später bemerkte ich einen gedruckten Hinweis an der Innenseite der Tür. Ich stand auf und trat näher. Er war auf Griechisch und Englisch verfasst. Die griechische Version war etwas ausführlicher als die englische und lautete wie folgt:

Geliebte Pilger im Kloster St. Anthony,

im Namen Christi heißen wir Euch voller Liebe willkommen. Wir beten, dass Ihr hier, fern von den Problemen und Spannungen der Welt, an Körper und Seele Geborgenheit findet. Es ist unsere größte Hoffnung, dass Ihr Euch bei Eurer Rückkehr nach Hause von weltlichen Sorgen freier fühlt und von göttlicher Gnade erfüllt seid. Bitte verzeiht, wenn Ihr aufgrund unserer Nachlässigkeit etwas vorfindet, was Euch Unannehmlichkeiten bereitet. Seid versichert, dass wir uns stets sehr freuen, Euch immer wieder hier in unserem Kloster zu sehen. Wir betrachten Euch als unsere Brüder, Schwestern und Eltern in Christus und verstehen Euch als Teil von uns. Zögert nicht, uns um alles zu bitten, was Ihr braucht. Wir sind immer bereit, Euch um der Liebe Christi willen zu dienen.

Dieses heilige Kloster wurde von Gott erschaffen, um Euch, Seinen überlasteten Kindern, die Er so sehr liebt, zu dienen. Die Entstehung eines Klosters wie dieses ist ein eindeutiges Anzeichen für Gottes Gegenwart und Liebe zu allen Menschen. Verweilt geborgen und glückselig bis zu zehn Tage in unserem

Kloster. Wenn Ihr Euren Besuch über diese selige Zeit hinaus verlängern wollt, müsst Ihr um die Erlaubnis und den Segen des Abtes oder unseres Altvaters bitten. Bitte beachtet, dass Ihr Euren Aufenthalt nicht ohne ihre Zustimmung verlängern könnt. Noch einmal heißen wir Euch mit offenem und von Liebe erfülltem Herzen willkommen.

Die Bruderschaft des Heiligen Klosters St. Anthony

Nachdem ich mich eingerichtet hatte, wollte ich als Erstes ein Treffen mit Altvater E. arrangieren. Vater Maximos' Aufforderung nachzukommen, war schließlich der wichtigste Grund für meinen Besuch im Kloster. Ich äußerte meinen Wunsch gegenüber dem ersten Pilger, mit dem ich mich anfreundete, Stephen aus Toronto. Seine Zelle lag neben meiner, und wir entwickelten rasch eine freundschaftliche Beziehung. Zum ersten Mal waren wir uns in der kleinen Wohnküche neben unseren Zellen begegnet, als ich mir ein Glas Wasser holte. Er sagte mir, an den Altvater käme man nur durch ein vorheriges Gespräch mit dem Abt heran. Stephen erzählte mir einige Geschichten über Altvater E., dem er bei früheren Besuchen mehrfach begegnet war.

»Du musst ihn unbedingt aufsuchen«, betonte er. »Diese Erfahrung wird dein Leben verändern. Eines Tages hatte jemand zur Beichte eine Audienz bei dem Altvater. Danach rief er bei einem anderen Kloster an und erfuhr, dass Altvater E. zur selben Zeit auch dort gewesen war. Solche Geschichten über den Altvater gibt es in Hülle und Fülle.« Stephen machte sich keine Gedanken, welche Skepsis eine solche Geschichte bei jemandem auslösen konnte, der die Legenden vom Athos nicht kannte. Er sprach auch noch über weitere ungewöhnliche Phänomene, die dem Altvater zugeschrieben wurden.

Ich kam mir vor wie auf dem Athos, wo solche Wundergeschichten unter Pilgern und Mönchen regelmäßig die Runde machen und so normal sind wie die Abendnachrichten über das Auf und Ab an der Börse. Ich dankte ihm für die Informationen und den Rat und ging hinaus, um Emily zu suchen, in der Hoffnung, dass wir vielleicht noch am selben Abend gemeinsam beim Abt vorsprechen könnten.

Mir schwebte vor, dass der Abt für den folgenden Tag ein Treffen mit Altvater E. für uns arrangieren könnte. Ich wusste, dass der Altvater Vater Maximos besonders zugetan war, und wollte ihm seine Grüße überbringen. Nachdem ich nun von seinen Anhängern Geschichten über seine charismatischen Fähigkeiten und von seinen Gegnern Kritik an dem Altvater gehört hatte, wollte ich Gelegenheit erhalten, mir selbst ein Bild zu machen.

Zum Glück fand ich Emily sofort. Sie bewunderte gerade zusammen mit einer anderen Pilgerin, der Mutter eines hiesigen Mönchs, den Blumengarten. Emily wollte den Abt ebenfalls unbedingt kennenlernen, daher begaben wir uns rasch in den Umgang vor dem Beichtstuhl, wo der Abt Pilger in der Reihenfolge ihres Eintreffens empfing. Wir saßen draußen und warteten, bis wir an der Reihe waren. Wir waren an vierter Stelle. Der Abt hatte schon den ganzen Tag Pilgern zugehört, sie beraten und ihnen die Beichte abgenommen. Dies erinnerte mich an ähnliche Szenen aus den vielen Jahren meiner Bekanntschaft mit Vater Maximos auf dem Athos und in Zypern. Es gehört zur geistlichen Tradition des Athos, dass ein Hieromönch (ein zum Priester geweihter Mönch, der die Sakramente erteilen darf) seine geistlichen Dienste den Gläubigen umsonst und unermüdlich anbietet. Ich wusste aus Erfahrung, dass bei diesen Begegnungen oft echte Psychotherapie stattfand. Im Gegensatz zur katholischen Praxis sitzen Beichtvater und Beichtender einander ohne jegliche die Anonymität wahrende Abgrenzungen gegenüber. Und im Gegensatz zu säkularen psychotherapeutischen Sitzungen werden diese Gespräche kostenlos und ohne zeitliche Begrenzung angeboten. Die Bedürfnisse des Pilgers oder der Pilgerin bestimmen, wie lange die Beichte dauert. Unser Besuch diente jedoch einem anderen Zweck.

Als wir an der Reihe waren, war es fast 21 Uhr. Der überlastete Abt in seiner roten Stola wirkte erschöpft. Vater P. war als Sohn griechischer Eltern in Amerika geboren und hatte Jahre auf dem Athos verbracht. Nach Amerika war er nur zurückgekehrt, als Altvater E. ihn gebeten hatte, ihn bei seiner apostolischen Unternehmung zu begleiten. Wie sich herausstellte, war Vater P. schon seit ihrer gemeinsamen Zeit als Novizen auf dem Heiligen Berg mit Vater Maximos befreundet. Dies trug dazu bei, dass sofort eine Verbindung zwischen dem Abt und uns entstehen konnte.

»Vater, welcher Landschaftsgärtner hat die Gärten entworfen?«, fragte die leidenschaftliche Garten- und Blumenliebhaberin Emily.

Der Abt zuckte mit den Schultern. »Es gab keinen professionellen Landschaftsgärtner«, antwortete er etwas rätselhaft. Und nach einer Weile fuhr er fort: »Altvater E. hat uns beim Anlegen einfach Schritt für Schritt angeleitet, wo die verschiedenen Strukturen geschaffen, wo die Bäume gepflanzt werden sollten und alles.«

»Aber woher wusste er das?«

»Der Altvater hat einfach das Paradies heruntergeladen«, sagte der Abt und lächelte.

»Das Paradies heruntergeladen?«, wunderte sich Emily.

»Genau. Durch die Gnade des Heiligen Geistes hat der Altvater im Jenseits das Paradies geschaut und uns dann einfach in allen Einzelheiten instruiert, wie wir es im Diesseits nachbilden und rekonstruieren müssen.«

»Ach ja, ganz einfach«, brach es aus mir heraus. Etwas ernster fragte ich dann: »Vater, wann können wir den Altvater kennenlernen?«

»Aber hat Vater Athanasios euch das nicht gesagt?«, fragte der Abt überrascht.

»Uns was gesagt, Vater?« Nichts Gutes ahnend, wurde mein Gesicht lang und länger.

»Der Altvater ist heute Morgen nach San Antonio aufgebrochen.«

Bestürzt sah ich Emily an. »Es geschah völlig überraschend«, schob der Abt eilends hinterher. »Es gibt dort im neuen Kloster eine Feier anlässlich der Weihe der Hauptkirche. Er wird die Zeremonie leiten.«

Der fünfundvierzigjährige Abt sagte uns, auch er werde in drei Stunden abfahren. Er hatte vor, zusammen mit einem weiteren Vater um Mitternacht aufzubrechen, damit sie vor zehn Uhr morgens in San Antonio wären, um Altvater E. bei der Weihe zu assistieren. Ich wusste, dass ein solche Ritual anstrengend war und Stunden dauerte. Dem Abt blieben noch drei Stunden, um sich vor der langen Reise auszuruhen. Wir bekamen ein schlechtes Gewissen, weil wir ihm seine Schlafenszeit stahlen.

»*Nan evlogimeno* [Es möge gesegnet sein]«, sagte ich mit einem Seufzer. Das war eine übliche mönchische Redensart, wenn etwas schiefgeht und unseren Wünschen zuwiderläuft. Sie bedeutet, dass Gott sicher seine Gründe hat.

Der Abt erklärte weiter, am Sonntagabend wären der Altvater und er wieder im Kloster, vielleicht könnten wir ihn dann sehen. »Leider ist das der Tag unserer Rückreise nach Maine«, sagte ich und erklärte, dass wir wegen unserer Lehrverpflichtungen keinen Tag länger bleiben könnten. Wir würden ein anderes Mal wiederkommen müssen, um mit dem Altvater zusammentreffen zu können. »Die Vorsehung hat wohl ihre Gründe«, murmelte ich und zuckte resigniert die Schultern.

»Wenn es ein Trost ist«, sagte Vater P., »vielleicht könnt ihr so eine etwas ruhigere Zeit im Kloster genießen. Kaum dass Altvater E. hier ist, verbreitet sich die Nachricht wie ein Lauffeuer, und im Handumdrehen kommen Pilger von überallher, insbesondere aus Los Angeles und der Bay Area.« Nach diesen Worten wünschten wir dem Abt für seine zehnstündige Nachtfahrt nach San Antonio eine gute Reise und begaben uns in unsere jeweiligen Zellen, um etwas zu schlafen, bevor um halb vier Uhr die Glocken zum Morgengottesdienst läuten würden.

Da uns gar nichts anderes übrig blieb, folgten wir dem Rat des Abts und genossen die Ruhe. Die Glocken läuteten exakt um drei Uhr dreißig. Die Mönche waren bereits seit Mitternacht wach und beteten für sich in ihren Zellen, jeder nach Regeln, die ihm individuell vom Altvater auferlegt worden waren. Jetzt kamen sie in der Hauptkirche zum *Orthros* zusammen, dem Morgengottesdienst, der mit der eucharistischen Liturgie endet.

Ich überwand das Bedürfnis, noch ein bisschen liegen zu bleiben, zog mich rasch an und ging nach draußen. Bevor ich die Kirche betrat, blieb ich ein paar Minuten im Freien stehen und schaute zum Himmel. Unzählige Sterne leuchteten strahlend durch die klare Nacht. Nur das gelegentliche Heulen eines Kojoten durchbrach die Stille. Jetzt verstand ich, warum die ersten Kirchenväter die Wüste zu ihrer bevorzugten Bleibe erkoren hatten. Ohne Ablenkung durch den Lärm und die Belange der Welt ist es leichter, sich mit Gott zu verbinden, so dachte ich.

Abgesehen von ein paar Kerzen vor den Ikonen brannte in der Kirche kein Licht. In athonitischen Klöstern war dies ein vertrauter Anblick. »Dunkelheit«, so sagte mir Vater Maximos einmal, »fördert das tiefe Gebet.« Deshalb beten die Mönche einen Großteil der Nacht und essen und arbeiten am Tag. Ich konnte kaum irgendwelche Gesichter ausmachen. Wie Schatten huschten die schwarz gekleideten Mönche vorbei. Nicht einmal Emily konnte ich erkennen, die zusammen mit den anderen Pilgerinnen auf der linken Kirchenseite stand.

Der Gottesdienst und die Gesänge waren genau so, wie ich sie aus anderen Klöstern in Griechenland und Zypern kannte. Eine Sekunde lang vergaß ich, dass ich in Arizona war, und träumte mich in ein abgelegenes Kloster auf dem Athos. Mit Ausnahme der Anwesenheit von Frauen und der Besuche durch Touristen war St. Anthony eine exakte Replik eines athonitischen Klosters. Im Gottesdienst wurde nur Griechisch gesprochen, und er folgte bis in Kleinste demselben *Typikon* (derselben Ordnung). Zumindest in diesem Moment war klar, dass St. Anthony wenig geneigt war, sich an die Kultur seines Umfelds anzupassen. Vielleicht war dies einer der Kritikpunkte, die die Gegner gegen den Altvater vorbrachten. Die Mönche mussten nach einem strengen Lehrplan die griechische Sprache erlernen, damit sie dem Gottesdienst folgen, das Neue Testament in der altgriechischen Originalfassung lesen, die heiligen Schriften studieren sowie die Lebensbeschreibungen der Heiligen und die Homilien lesen konnten, die sie hinterlassen hatten.

Ich fragte mich, wie lange sich ein solcher Zustand wohl aufrechterhalten ließe angesichts der Kraft der amerikanischen Kultur, ethnische Enklaven zu assimilieren. Mir kam wieder in den Sinn, was Vater Maximos mir einmal gesagt hatte: »Wenn die orthodoxe geistliche Tradition in eine neue Gesellschaft kommt, ist es wichtig, dass sie sich irgendwann an diese neue Kultur anpasst, indem sie die dortige Sprache und die Gebräuche übernimmt, vorausgesetzt sie stehen nicht im Widerspruch zu den zentralen Lehren der *Ekklesia*. Sonst wird sie keine Wurzeln schlagen.« So hat sich die Orthodoxie unter den Russen und den Slawen verbreitet.

Zwei byzantinische Mönche, Kyrill und Methodios, haben die griechischen Schriften in das von Kyrill eigens entwickelte »kyrillische« Alphabet übersetzt, damit die Slawen, die damals noch nicht über eine Schriftsprache verfügten, die Schriften und die schriftlich niedergelegte spirituelle Überlieferung der Orthodoxie in ihrer eigenen slawischen Sprache lesen konnten. »Die amerikanische Gesellschaft«, sagte mir Vater Maximos, als ich die Frage nach der orthodoxen Spiritualität in Amerika anschnitt, »wird ihre eigenen, selbstgezogenen Heiligen hervorbringen müssen, die den Menschen geistliche Führung geben.«

Ich hatte das Gefühl, Altvater E. wollte dieser Möglichkeit den Boden bereiten. Vielleicht brachte er die Samen in der Wüste von Arizona aus, damit zu gegebener Zeit amerikanische orthodoxe Heilige daraus hervorgingen. Diese könnten dann die Schriften und Gesänge in ein spirituell sinnvolles Englisch übersetzen, gerade so wie die orthodoxen Missionare in Afrika, die ich in Zypern kennengelernt hatte, liturgische Schriften in mehrere afrikanische Sprachen übersetzt hatten. Dabei haben sie die Orthodoxie an die örtlichen Sitten und Gebräuche angepasst, so sehr sogar, dass ein Bischof während der Eucharistie zusammen mit der Gemeinde einen afrikanischen Tanz vollführt hat.

Die Stunden vergingen, allmählich wich die Dunkelheit, und schließlich konnte ich Emily auf der anderen Seite der Kirche erkennen. Wunderschöne, neu gemalte Ikonen in lebhaften Farben tauchten rings um uns herum auf, darunter auch die *Panagia Arizonitissa,* die Allerheiligste Mutter von Arizona, die bereits für ihre Wunder- und Heilkräfte berühmt war. Erst dann erkannte ich, dass der leitende Kantor, der mich mit seinem Bariton beeindruckt hatte, ein junger afroamerikanischer Mönch war. Außer griechisch-amerikanischen und griechischen Mönchen gab es auch eine Reihe von Mönchen und Novizen aus anderen ethnischen Gruppen. Ich erfuhr sogar, dass der drittwichtigste Mann im Kloster, ein vierzigjähriger schwarzbärtiger Hieromönch, der perfekt Griechisch sprach, Jude mit abgeschlossenem Philosophie-Studium in Harvard war. Er war für das Kloster verantwortlich, wenn sowohl der Abt als auch Altvater E. abwesend waren. Darüber hinaus bot er Pilgern seine Dienste als Beichtvater an und unterhielt sich mit ihnen entweder auf Griechisch oder auf Englisch.

Nach einer Begegnung mit dem Altvater hatte er noch als Student in Harvard die weitreichende Entscheidung getroffen, Mönch der östlich-orthodoxen Kirche zu werden. Als ich mich Vater Athanasios gegenüber deswegen überrascht zeigte, hielt er mir sogleich vor Augen, dass Jesus, genau wie alle seine Apostel und ersten Jünger, Jude war.

Der Gottesdienst endete um 7 Uhr. Die Mönche begaben sich in ihre Zellen, um bis um 11 Uhr zu schlafen, während die Pilger zum Frühstück in den Speisesaal gingen. Nach dem Wecken arbeiteten die Mönche bis 13 Uhr. Nach einem kurzen Gottesdienst wurde dann eine Mahlzeit serviert, die die Mönche und Pilger gemeinsam einnahmen. Anschließend kehrten die Mönche für den Rest des Tages bis zur Vesper am frühen Abend wieder an die Arbeit zurück. Danach nahmen sie ein leichtes Abendessen ein und zogen sich um 20 Uhr in ihre Zellen zurück, um noch einmal vier Stunden zu schlafen. Um Mitternacht standen sie auf, um einen neuen Zyklus aus Gebet und Arbeit zu beginnen. Ihr Kalender und ihr Zeitempfinden unterschieden sich radikal vom akademischen oder auch jedem anderen Kalender. Aufgrund meiner soziologischen Ausbildung wusste ich, dass unser Empfinden und unsere Vorstellung von Zeit und Raum in hohem Maße durch unsere Sozialisation in der Gesellschaft geprägt werden. Ein Bergmann hat ein anderes Zeitempfinden als ein Wissenschaftler oder ein Mönch, und ein Jäger oder Sammler im afrikanischen Ituri-Wald, der nie aus dem Regenwald herausgekommen ist, hat ein anderes Raumgefühl als ein Kameltreiber in der Sahara oder ein Taxifahrer in New York.

Nach dem Frühstück erkundete ich bei einem ausgedehnten Spaziergang das Klosterareal und kam aus dem Staunen nicht mehr heraus. Auf einzigartige und unaufdringliche Weise verband sich in den Gebäuden der byzantinische Baustil mit dem der amerikanischen Ureinwohner im Südwesten.

In einem verborgenen Winkel des Gartens entdeckte ich eine Bank, setzte mich und hielt meine Eindrücke von diesem Wüstenparadies in meinem Notizbuch fest: »Das Phänomen eines athonitischen Klosters in den Weiten der Wüste von Arizona hätte zu keinem anderen Zeitpunkt in der Geschichte Amerikas entstehen und Wurzeln schlagen können. Die Einzigartigkeit des modernen Amerika könnte sehr wohl in seiner beträchtlichen Toleranz, Diversität und Offenheit liegen. Die Leichtigkeit, mit der neue Religionen ohne sonderliche Angst vor Verfolgung entstehen können, ist durchaus nicht selbstverständlich.« Während ich rasch meine Gedanken skizzierte, kam Vater Athanasios mit einer neuen Touristengruppe vorbei. Ein Mönch goss den Garten und rezitierte dabei das Jesus-Gebet. »Herr Jesus Christus, erbarme dich meiner«, sprach er immer wieder vor sich hin, ohne irgendetwas in seiner Umgebung Aufmerksamkeit zu schenken.

»Die strikte Trennung von Kirche und Staat, welche die Gründerväter der amerikanischen Republik klugerweise als das Recht des Landes festgelegt haben«, schrieb ich weiter, »schuf den Rahmen für den Erhalt der Religionsfreiheit in Amerika. Ihre Intention war eine spirituelle: Die Würde und Freiheit des Einzelnen, Gott nach seinem persönlichen Verständnis anzubeten, zu bewahren. Es lag nicht in ihrer Absicht, Gott aus dem öffentlichen Leben zu verbannen, wie es in der heutigen Politik fälschlicherweise verstanden wird.[1] Die verfassungsrechtlichen Grundlagen zum Schutz der Religionsfreiheit in Verbindung mit der zunehmenden Multiethnizität der amerikanischen Gesellschaft bildeten das Fundament, auf dem Altvater E. seine Klöster errichten konnte. Eben diese Religionsfreiheit machte es möglich, dass sich die Transzendentale Meditation wie ein Lauffeuer verbreiten und in ganz Nordamerika buddhistische Zentren, hinduistische Ashrams und Baha'i-Tempel entstehen konnten. In homogeneren Gesellschaften, die gegenüber der Ansiedlung anderer Religionen häufig intolerant sind, ist die Wahrscheinlichkeit, dass solche Entwicklungen auftreten, deutlich geringer.« Mein stilles Selbstgespräch endete, als ein weiterer Pilger kam und sich mir gegenüber auf eine andere Bank setzte.

»Mannomann, ich kann das alles gar nicht glauben. Echt nicht!« Nach ein paar weiteren erstaunten Ausrufen stellte er sich als Andrew vor, griechischstämmiger Amerikaner und Geschäftsmann Mitte dreißig. Er fragte sich, wie man eine solche Einrichtung an einem derartigen Ort schaffen konnte. Es war sein erster Besuch im Kloster. Andrew erklärte, er habe schon viel über St. Anthony gehört und sei deshalb hergekommen. »Aber nie hätte ich mir vorstellen können, dass das solche Ausmaße hat.« Als erfahrener und erfolgreicher Geschäftsmann schätzte er, dass das gesamte Kloster mit seinen modernen Gebäuden und aufwändigen Gartenanlagen »bestimmt über dreißig Millionen Eier wert ist«.

»Wo hat er den ganzen Schotter nur aufgetrieben?«, fragte er sich.

»Das weiß ich nicht. Die Mönche behaupten, das Kloster sei ein Geschenk Gottes«, erwiderte ich.

»Das muss es wohl«, sagte Andrew in einem Tonfall, bei dem ich mir nicht sicher war, ob er es auch so meinte.

»Genau dasselbe habe ich den Abt gefragt. Er sagte, es sei durch ›fromme Pilger‹ möglich gemacht worden. Als Mönch hatte Altvater E. ja offenbar keinen Cent.«

Andrew war ein sehr umgänglicher Mensch, und im Laufe unseres einwöchigen Aufenthalts wurden wir miteinander vertraut. Er war tiefreligiös, aber nicht auf fundamentalistische Weise. Mir gefiel sein kritisches und praktisches Denken, wenn er während seines Aufenthaltes seiner eigenen Spiritualität auf den Grund ging. Er beklagte die fehlende Spiritualität in den Kirchen seiner Heimatstadt, äußerte sich aber wiederholt angetan von St. Anthony und der tiefen Spiritualität, die er hier vorfand. Seine Ehrfurcht vor dem Kloster war so groß, dass er zum ersten Mal überhaupt zur Beichte gehen wollte. Sein Beichtvater war der jüdische Hieromönch aus Harvard.

Während wir plauderten, kamen Mönche vorbei, die ihre Erledigungen machten und dabei ständig das Jesus-Gebet rezitierten. Für einen Außenstehenden, der die athonitische spirituelle Praxis nicht kennt, muss es völlig neu gewesen sein, Menschen beim Blumengießen, Geschirrspülen, Kartoffelschälen oder Bäumepflanzen beten zu hören. Doch bei einem Mönch und jedem ernsthaft spirituell Suchenden sollte kein Augenblick an Müßiggang verschwendet werden, sondern immer von Gebet erfüllt sein.

Während meiner Unterhaltung mit Andrew kam ein weiterer Pilger vorbei. Es war Stephen, der Mann aus Toronto, dem ich zuvor schon begegnet war. Er wirkte verstört und aufgewühlt, ja geradezu verzweifelt. Stephens Schuhe, Hose und Hemd waren mit Hunderten winziger Stacheln übersät. Ohne jegliche Kenntnis der Bedingungen in der Wüste hatte er die Klosteranlage verlassen, um sich mit den sechs Schäferhunden anzufreunden, die am Rande des Klosterareals an langen Ketten gehalten wurden, um die Kojoten abzuwehren. Leichtsinnigerweise aber hatte er sich ein wenig weiter in die Wüste hinausgewagt und war von einem Kaktus angegriffen worden, einem Jumping Cholla.

Eine geschlagene Stunde lang halfen wir dem armen Stephen, sich von den Stacheln zu befreien. Dabei erfuhren wir viel über sein Leben. Er war einst in der Absicht ins Kloster gekommen, Mönch zu werden. Er wollte aus einer unglücklichen Ehe flüchten. Aber der Altvater hatte ihn als Novizen abgelehnt und ihm stattdessen geraten, in die Welt zurückzukehren und die Beziehung zu seiner katholischen Frau, mit der er seit fünfundzwanzig Jahren verheiratet war, in Ordnung zu bringen.

»Der Altvater hat mir gesagt, ich solle aufhören, sie ändern zu wollen und mich stattdessen darauf konzentrieren, mich selbst zu ändern und ein besserer Mensch zu werden. Er riet mir, zum Diener meiner Frau zu werden und den Rest Gott zu überlassen.«

Stephen entschied sich damals, den Rat des Altvaters zu befolgen. Um mit seiner Aufmerksamkeit bei der Sache zu bleiben, besuchte er das Kloster regelmäßig und hoffte, dass seine Frau ihn eines Tages begleiten würde. Wir erfuhren, dass die Beziehung zu seiner Frau sich bereits verbesserte.

In all den Jahren, die ich ihn kenne, hat Vater Maximos mir immer wieder gesagt, die Entscheidung für das Klosterleben sollte nicht dem Wunsch entspringen, der Welt und ihren Problemen zu entfliehen. Novizen, die mit dieser Absicht kommen, werden in der Regel schlechte Mönche und daher regelmäßig weggeschickt. Der einzig annehmbare Grund, Mönch oder Nonne zu werden, ist der Antrieb durch eine innere Berufung und der unwiderstehliche Wunsch, mit Gott eins zu werden. Andernfalls würde der Mensch einen falschen Weg einschlagen, mit potenziell schädlichen psychischen Folgen.

An jenem Nachmittag machte ich mich zur körperlichen Ertüchtigung zusammen mit Andrew auf einen flotten Spaziergang. Wir wagten uns vor die Klosterpforte, blieben aber auf der schnurgeraden, endlosen Asphaltstraße, die das Wüstenparadies mit dem Rest der Welt verband. Wir ließen uns nicht zu einem Abstecher auf einen Feldweg verleiten. Nachdem wir mitbekommen hatten, was Stephen passiert war, wollten wir nicht so dumm sein; denn auf eine Begegnung mit einem Jumping Cholla waren wir beide nicht erpicht.

Andrew wollte unbedingt etwas über meine Arbeit erfahren und zeigte großes Interesse am orthodoxen Mönchtum. Er war zwar religiös, aber einer von der liberalen, kritischen Sorte und daher ein guter Gesprächspartner, mit dem man ohne Vorbehalte oder Angst vor Missverständnissen Gedanken austauschen konnte. Religiöse Menschen sind oft notorisch intolerant gegenüber Ideen, die ihre eigenen Überzeugungen nicht bestätigen. Eine solche Einstellung setzt einem Gespräch enge Grenzen.

Der leicht untersetzte Andrew klagte über seinen sitzenden Job als Computer-Experte. Seine Kenntnisse hatten ihm ein Vermögen an der Börse eingetragen, sodass er bereits mit Mitte dreißig nicht mehr zu arbeiten brauchte. Jetzt wandte er sein Interesse von Computern ab und dauerhaften Werten zu. Die Jagd nach dem Geld, so vertraute er mir an, hatte einen solchen Tribut von ihm gefordert, dass er kurz vor dem Zusammenbruch gestanden hatte. Als er bereits psychiatrische Unterstützung erwog, empfahl ihm ein Freund einen Besuch im Kloster St. Anthony zur heilsamen Einkehr. Das war die beste Entscheidung, die er je in seinem Leben getroffen hatte, versicherte er mir.

Völlig ins Gespräch vertieft, stellten wir plötzlich fest, dass wir uns mehrere Kilometer vom Kloster entfernt hatten. Ohne es zu merken, waren wir über eine Stunde lang vom Kloster weggegangen. »Komisch«, sagte Andrew und deutete auf ein paar verdächtige Häufchen Tierkot mitten auf der Straße. »Gibt es hier Hunde?«

»Hunde? Diese frischen Haufen können nicht von Hunden stammen. Hier gibt es keine Hunde, mein Freund. Machen wir uns lieber schnell auf den Rückweg, bevor die Kojoten uns wittern.«

Wie zwei schwerfällige Witzfiguren aus einer italienischen Komödie erreichten wir schließlich keuchend und schwitzend wieder die

Klosterpforte. Auf ihren Stock gestützt, stand dort eine ältere Frau und sah uns neugierig an. »Na ihr zwei, wo wart ihr denn?« Als wir es ihr erzählten, schüttelte sie missbilligend den Kopf. »Neulich konnte ich nachts nicht schlafen vor lauter Kojotengeheul und Hundegebell. Es war ein echter Höllenlärm. Habt ihr sie denn nicht gehört?«

»Nein, ich habe überhaupt nichts gehört«, antwortete ich.

Sie sagte uns, wie unklug es sei, ohne Ortskenntnisse und ohne die *Evlogia* (den Segen) der Väter in die Wüste zu gehen. »Hier gibt es nicht nur Kojoten und Klapperschlangen, sondern auch Berglöwen (Pumas).«

Die Großmutter war offensichtlich häufiger Gast im Kloster und erzählte uns noch mehr Geschichten über lauernde Gefahren. »Als ich letztes Mal hier war, wurde ein Berglöwe gesehen, der in den Gärten umhergestreift ist.«

»Nicht Ihr Ernst!«, rief Andrew aus.

»Oh doch! Es kommt sehr selten vor, dass man hier in der Wüste einen Berglöwen sieht, aber es war so. Die Mönche haben die Kirchenglocken geläutet und auf Pfannen und Töpfe aus der Küche geschlagen. Als die Hunde anfingen zu bellen, ist er schließlich abgehauen.«

Andrew machte eine besorgte Miene. »Danke. In Zukunft denken wir daran«, sagte er zu der Großmutter. Dann gingen wir in unsere Zellen, um vor der Vesper noch schnell zu duschen.

»Ist es nicht spannend«, sagte ich, »auf dem Athos wurden die Klöster wie uneinnehmbare Festungen auf unzugänglichen Klippen und Berggipfeln erbaut, um die Mönche vor Feinden zu schützen. In früheren Jahrhunderten saß immer jemand in einem Turm und hielt Ausschau nach Piratenschiffen, angreifenden Armeen oder marodierenden Truppen. Immer wieder wurden Mönche in diesen Klöstern von solchen Eindringlingen massakriert.« Ich unterbrach mich einen Moment. »Merkst du, worauf ich hinauswill?«

»Was meinst du?«

»Nun ja, hier kommen die einzigen Probleme, die die Mönche haben, von Kojoten oder hin und wieder mal von einem Berglöwen, den sie mit Lärm vertreiben können. Schau mal, selbst das äußere Tor steht Tag und Nacht offen. Der amerikanische Westen ist heute für ein athonitisches Kloster vielleicht sicherer als es der Athos in all den Jahrhunderten, die es ihn schon gibt, je war.«

»Ich verstehe, was du sagen willst«, sagte Andrew und lächelte breit, als wir unsere Zellen betraten. »Aber kann es sich vor den Touristen schützen?«

»Das muss sich weisen.«

Nach der Vesper nahmen wir ein leichtes Abendessen ein. Andrew und ich meldeten uns freiwillig zum Küchendienst und halfen den Mönchen beim Abwasch. Den Rest des Abends genossen wir auf einer Bank im Garten, während die Mönche sich in ihre Zellen begaben, um ihre geistliche Praxis und das Gebet fortzusetzen und sich ein wenig dringend benötigten Schlaf zu verschaffen.

Ein großer, sportlich wirkender Mann Anfang vierzig mit buschigem schwarzen Schnurrbart und breitem Lächeln gesellte sich zu uns. Er stellte sich als Stavros vor, griechischstämmiger Amerikaner und ehemaliger Mönch. Er war gerade erst vom Athos nach Amerika zurückgekehrt.

Stavros war der erste Ex-Mönch, dem ich begegnete, daher war ich sehr gespannt auf seine Geschichte. Vier Jahre war er als Novize in einem führenden Kloster auf dem Athos gewesen. Schließlich kam er jedoch zu dem Schluss, dass er nicht geschaffen war für das mönchische Leben. »Ich war froh, als mein Altvater mir seinen Segen gab, in die Welt zurückzukehren. Und hier bin ich.«

Stavros, der sehr unbeschwert und gut geerdet wirkte, hatte nach seiner Rückkehr in die Staaten Probleme, in der Welt wieder Fuß zu fassen, daher suchte er sich schließlich psychologische Hilfe. Erst allmählich erholte er sich von dem Kulturschock, und er rechnete damit, dass er wohl noch ein paar Jahre brauchen würde, um in seinem Leben zu einem neuen Gleichgewicht zu finden. Er erzählte uns, wie erleichtert und glücklich er war, als er das Kloster St. Anthony entdeckte. Sein Bedürfnis, die Verbindung zum athonitischen Klosterleben aufrechtzuerhalten, war so groß, dass er von New Jersey nach Tucson, Arizona gezogen war, um näher beim Kloster zu sein, dieses häufig besuchen zu können und Altvater E. zu seinem geistlichen Führer zu haben.

Während der nächsten Stunde berichtete Stavros uns von seinem Leben auf dem Athos und den Schwierigkeiten, die er dort hatte. »Soweit es mich anging, war das Hauptproblem, dass ich griechischstämmiger Amerikaner bin und daher das *Katharevousa*-Griechisch (das archaischere, byzantinische Griechisch, wie es in Gottesdiensten und Gebeten zur Anwendung kommt) nicht sehr gut beherrsche«, sagte er. »Ich hatte das Gefühl, ich würde noch weitere zehn Jahre brauchen, bis ich als Mönch vollständig integriert wäre. Das war sehr frustrierend.«

Er unterbrach sich, als Stephen zu uns kam. »Seht ihr, das Leben auf dem Athos ist hart. Es erfordert außerordentliches Durchhaltevermögen. Mir wurde klar, dass ich für ein so raues Leben nicht geschaffen bin. Wer aber für dieses Leben berufen ist und es schafft, entwickelt eine außergewöhnliche Konzentrationsfähigkeit. Sie leben in einer radikal anderen Welt, und ihre Gebete sind extrem wirkmächtig. Sie können Menschen tatsächlich heilen. Ich habe das immer wieder beobachtet.«

»Warum bist du nicht früher gegangen, sondern so lange geblieben?«, fragte Andrew.

Stavros lächelte und erwiderte, seine *Diakonia* (von Gott zugewiesene Aufgabe) sei es gewesen, sich um drei hochbetagte Mönche zu kümmern, zu denen er eine sehr starke Verbindung aufgebaut hatte. »Tag und Nacht überschütteten sie mich mit ihrem Segen. Wie hätte ich sie verlassen können? Ich beschloss, ich würde den Heiligen Berg erst verlassen, wenn sie gegangen wären. Ohne sie wäre ich wesentlich früher in die Welt zurückgekehrt.

Das Schwierigste am Mönchwerden ist nicht das, was die Leute im Allgemeinen für das Hauptproblem halten, nämlich das zölibatäre Leben. Nein. Das Schwierigste kommt, wenn du dein altes Ich aufgeben musst. Mit der Zeit erlebst du, wie alles von dir abgewaschen wird, was dein Denken zugemüllt hat: Filme, Fernsehen, Hobbies, materielle Annehmlichkeiten, dein Selbstbild und so weiter. All das wird fortgespült. Manche Menschen, wie ich auch, bewältigen diese Herausforderung nicht und gehen. Wenn du es schaffst, erhältst du eine völlig neue Identität. Du bist nicht mehr der Mensch, der du warst. Dieser Mensch ist tot. Du bist jetzt in einer anderen Welt.

Ich muss sagen«, fuhr Stavros fort, »dass es die Mönche hier in Arizona wesentlich schwerer haben als die auf dem Athos.«

»Inwiefern?«, fragte ich verwundert. »Ich dachte, hier wäre es viel leichter.«

»Nein, nein, es ist sehr viel schwerer. Es gibt hier zu viele Versuchungen. Eine davon ist die Anwesenheit von Frauen. Das Kommen und Gehen von Touristen ist eine weitere. Physisch gesehen, sind sie der Welt nicht fern. Das Bemühen, sich von der Welt fernzuhalten, ist sehr viel schwieriger, wenn man sich mitten in ihr befindet. Der Athos hilft in dieser Hinsicht, weil er so abgelegen und isoliert ist.«

»Doch selbst auf den Athos finden die Pilger zu Tausenden«, wandte ich ein. »Hätten sie ihn nicht entdeckt, hätte es den Aufschwung nicht gegeben, der dort in den letzten dreißig Jahren stattgefunden hat.«

»Dieser Ort hier«, sagte Stavros, »ist trotz aller weltlichen Ablenkungen und Versuchungen eine wahre *Philokalia* (Verkörperung spiritueller Schönheit), die die Menschen zu echter Vereinigung mit Gott führen kann. Aber der Weg dahin ist nicht einfach.«

Im weiteren Verlauf drehte sich unser Gespräch mit Stavros um die Bemühungen des Papstes, Einheit unter den christlichen Kirchen zu schaffen, und die Rolle, die der Athos in dieser Richtung spielen könnte. Auch der Patriarch von Konstantinopel arbeitete unermüdlich daran, das Zerwürfnis zu kitten, welches das Christentum im 11. Jahrhundert gespalten hatte. Auch er unterstützt den anhaltenden Ost-West-Dialog zur Versöhnung. Doch obwohl athonitische Mönche den Patriarchen von Konstantinopel in ihren Gottesdiensten als ihren geistlichen Oberhirten und obersten Bischof preisen, stehen sie einer Öffnung eher distanziert und oft sogar argwöhnisch gegenüber. Aus früheren Begegnungen mit Mönchen vom Athos wusste ich, dass die ökumenische Bewegung unter ihnen keineswegs auf Begeisterung stößt. Daher fragte ich Stavros, der dieser Gemeinschaft angehörte und anscheinend intime Kenntnisse über das Denken seiner ehemaligen Mitbrüder besaß, nach seiner Meinung in dieser Sache.

»Schau«, sagte er nach ein paar Minuten des Nachdenkens, »ich persönlich halte diesen Papst für einen guten Menschen und glaube, dass ihm der Wunsch nach Versöhnung ein echtes Anliegen ist, auch wenn viele Athos-Mönche Vorbehalte hegen. Meine Sorge gilt eher einem möglichen Nachfolger. Um ehrlich mit euch zu sein, ich kann mir nicht vorstellen, dass der Athos je um der Einheit willen zu Kompromissen mit der Katholischen oder auch mit der Protestantischen Kirche bereit wäre. Den athonitischen Mönchen geht es in erster Linie um den Erhalt der inneren Spiritualität der christlichen Religion. Sie empfinden sich als deren Hüter. Daher haben sie keinerlei Interesse an der Pflege von Beziehungen oder der Beteiligung an einem Prozess des Gebens und Nehmens um der Versöhnung willen. Sie verstehen jedoch, dass die äußere Kirche, wie sie vom Patriarchen vertreten wird, sich notwendigerweise öffnen muss. Es ist für sie allerdings undenkbar, eine Einheit der Kirchen unter dem Papst zu akzeptieren. Jeder Versuch in dieser Richtung wird zu einem weiteren Schisma innerhalb der Ostkirche führen. Nach Ansicht der Mönche sollte die Westkirche in die ursprüngliche Kirche zurückkehren, von der sie sich im Jahr 1054 unserer Zeitrechnung abgespalten hat. Sie sind fest davon überzeugt, dass ihr Weg derjenige ist, den Christus vorgegeben hat, und sie glauben, dass es in ihrer Verantwortung steht, alles ihnen Mögliche zu tun, um diesen Weg für künftige Generationen und zum Wohl der Welt zu erhalten.

Als ich auf den Athos ging, war ich von einer derart rigiden Einstellung zunächst vor den Kopf gestoßen«, fuhr Stavros fort. »Später habe ich die Position der Väter aber verstehen können. Der Athos ist der Berg, der an vorderster Stelle Heilige hervorbringt. Da athonitische Mönche außerhalb dieser Welt leben, ist ihnen nicht danach zumute, Kompromisse mit der Welt einzugehen. Ich habe dies bei meinen Altvater erlebt. Sie sprechen gerne mit jedem, der aufrichtiges Interesse an dem Thema hat, über die Orthodoxie, aber an eitlem Netzwerken liegt ihnen nichts. Sie haben definitiv nicht das geringste Interesse daran, jemanden zu bekehren. Dazu haben sie auch einfach nicht die Zeit.«

»Jetzt, da du wieder in der Welt bist, was hast du da vor, Stavro?«, fragte Stephen. »Möchtest du eine Familie gründen?«

»Darüber mache ich mir am wenigsten Sorgen«, erwiderte Stavros. »Erst muss ich mich wieder in der Welt zurechtfinden und dann überlegen, was ich aus meinem Leben machen soll. Weißt du, ich war schon einmal siebzehn Jahre verheiratet. Nach meiner Scheidung bin ich auf den Athos gegangen.«

Wir kehrten wieder in unser Zimmer zurück, und ich nahm mir noch etwas Zeit für einige Notizen über unser Gespräch in dem Pavillon. Ganz offensichtlich, so schrieb ich, war Stavros für das mönchische Leben nicht »gemacht«. Das Bedürfnis, aus der Welt zu flüchten, ist keine tragfähige Grundlage für eine solche Lebensweise. Früher oder später finden die Betroffenen das heraus und kehren in die Welt zurück. Nur eine überwältigende, leidenschaftliche Suche nach Gott kann das Klosterleben attraktiv machen, wie Vater Maximos nachdrücklich betonte.

Während ich noch über Stavros' Fall nachdachte, kam mir ein Gespräch zwischen einem Eremiten und Dr. Constantine Cavarnos in den Sinn (in einem Buch über den Athos, das ich gerade las, wurde darüber berichtet), als dieser Ende der 1950er Jahre den Heiligen Berg besuchte.

> »Du wirst mich fragen, warum ich hierher gekommen bin«, sagte der Eremit namens John. »*Um der Ewigkeit willen.* Unser Leben hier auf Erden, ganz gleich ob wir nun einfache Leute, Wissenschaftler oder Professoren, Fürsten oder Könige sind, wird unweigerlich zu Ende gehen. Wenn wir sterben, bedeuten diese Titel und Fähigkeiten nichts mehr, absolut gar nichts. Das Einzige, was dann zählt, ist die Qualität unserer Seele, ob sie gut oder schlecht ist, ob wir sie gerettet oder verloren haben, Himmel und Hölle währen ewig, unser irdisches Leben hingegen ist unbedeutend kurz.«[2]

Die Antwort des Eremiten ähnelte den Antworten, die auch ich erhielt, wenn ich Mönchen, die ich im Laufe der Jahre kennengelernt hatte, eben diese Frage stellte. Der Entschluss, Mönch zu werden, kann allerdings plötzlich und unerwartet kommen, wie im Falle des jüdischen Harvard-Absolventen, der Altvater E. begegnet war. Ich hatte von anderen gehört, die als neugierige Touristen zum Athos gekommen waren und am Ende den Talar überstreiften. Die Altväter vom Athos betonen, dass die persönlichen Motive beim Eintritt in die Gemeinschaft irrelevant sind. So sagte mir einmal ein Altvater: »Der Mensch hat seine Gründe, warum er den Athos besucht, aber Gott hat vielleicht andere.« Vater Maximos erzählte mir zum Beispiel einmal von einem deutschen Geistlichen, der den Athos während der Großen Fastenzeit besuchte. Nach einer Vigil, die die ganze Nacht und mithin achtzehn Stunden gedauert hatte, verkündete er während der *Trapeza* (dem gemeinsamen Mahl), er wolle orthodox werden. Zur Begründung gab er an, nur ein Wunder könne bewirken, dass er so lange ermüdungsfrei und ohne Langeweile in der Kirche stehen könne. Dieser Besucher wurde schließlich Mönch und blieb auf dem Athos in einem der Klöster.

Ich legte mein Notizbuch neben mein Bett, und bevor ich das Licht ausschaltete, zog ich ein Buch über Einsiedler aus meiner Tasche und schlug es willkürlich auf einer Seite auf. Auf dieser Seite ging es um eine Geschichte über das Leben eines Wüstenvaters:

> Eines Tages kam ein Bruder zu Abbas Macarius und fragte, wie er gerettet werden könne. Der Abbas sagte ihm, er solle auf den Friedhof gehen und die Toten beleidigen. Das tat er, brüllte Beleidigungen und warf mit Steinen nach den Gräbern. Als er wiederkam, fragte Macarius ihn, ob sie geantwortet hätten, und der Bruder antwortete, sie hätten nichts gesagt. Also wies Macarius ihn an, er solle noch einmal hingehen und die Toten preisen. Er ging zum Friedhof und sang Loblieder auf die dort beerdigten Menschen. Bei seiner Rückkehr fragte Macarius ihn, wie die Toten seine Glückwünsche aufgenommen hätten, und der Bruder antwortete, sie hätten nichts gesagt. Daher sprach der Abbas: »Du weißt, welche Beleidigungen du ihnen entgegengeschleudert hast, und sie haben nichts gesagt. Auch du, wenn du gerettet werden willst – sei ein Toter und beachte weder die Ungerechtigkeiten der Menschen noch ihre Lobhudeleien. Verhalte dich wie die Toten, und du wirst gerettet werden.«[3]

Als Emily und ich uns am Sonntagmorgen von unseren neuen Freunden verabschiedeten, versprachen wir wiederzukommen. Auf unserer Rückreise nach Maine tauschten wir unsere Notizen über unsere separaten, aber gleichermaßen profunden Erfahrungen im Kloster St. Anthony aus. Emily halfen ihre Erlebnisse, ihr Verständnis von »Öko-Friedens-Gemeinschaften« zu schärfen, eine Idee und ein Phänomen, das sie in ihrer Lehre und durch ihr gesellschaftliches Engagement zu fördern versuchte.

3

Pilgerreise in der Ägäis

Anfang Mai, am Ende des akademischen Jahres, reichte ich mit großer Erleichterung meine Benotungen ein. Jetzt war ich frei, über meine bevorstehende Reise nach Zypern nachzudenken, wo ich wieder Verbindung mit Vater Maximos aufnehmen konnte, und Pläne zu schmieden. Mit seiner Unterstützung wollte ich meine Erforschung der geistlichen Tradition des östlichen Christentums voranbringen, die er nach vielen Jahren als Mönch auf dem Athos so meisterlich durchdrungen hatte. Mir war klar, dass ich viel von ihm lernen konnte.

Vieles hatte sich verändert, seit ich Vater Maximos zum letzten Mal gesehen hatte. Damals war er noch Abt des Klosters Panagia hoch oben im kiefernbestandenen Troodos-Gebirge im Zentrum der Insel gewesen. Höchst überraschend und unerwartet war er mittlerweile zum Bischof der Kirche von Zypern gewählt geworden. Ich wusste, dass weder die Rückkehr nach Zypern vom Athos im Jahr 1993 noch sein Aufstieg auf den Bischofsstuhl zu den Lebenszielen von Vater Maximos gehört hatten. Sein Herzenswunsch war es gewesen, auf dem Athos bei seinen Altvätern zu bleiben, in der Stille auf seine Erlösung hinzuarbeiten und sich ausschließlich auf jenseitige Dinge zu konzentrieren. Aber seine Altväter hatten andere Pläne mit ihm. Sie baten ihn, den Heiligen Berg zu verlassen, weil sie, so sagte man mir, vorhergesehen hatten, dass er für eine besondere Mission in der Außenwelt bestimmt war. Trotz seines mit vierundvierzig Jahren noch relativ jungen Alters galt Vater Maximos bereits als Altvater, also als ein Mensch, der mit der Gnade des Heiligen Geistes begabt ist und andere zu geistlicher Vervollkommnung und Gotteserkenntnis führen kann.

Es war später Nachmittag, als ich am 20. Juni 2001 nach einer Reise über elftausend Kilometer von Bangor in Maine über Boston und London in Zypern eintraf. Ich war erschöpft von der langen Reise, konnte aber wegen des Zeitunterschieds von sieben Stunden und des damit verbundenen Jetlags nicht schlafen. So rief ich Emily zu Hause in Maine an, damit sie wusste, dass ich gut angekommen war, und setzte mich dann auf den Balkon unserer Wohnung in Limassol. Sie lag im vierten Stock, unmittelbar neben dem Zoologischen Garten und ging aufs Meer hinaus. Ich liebte den abendlichen Wind vom Meer, der nach der Hitze des Tages, die im Sommer in unangenehme Höhen klettert, stets willkommene Erleichterung bringt.

In einer Art Dämmerzustand sah ich dem Mond zu, wie er aus dem Mittelmeer aufstieg, da hörte ich auf der Straße unter mir plötzlich Lärm und Unruhe. Ich schaute nach unten und sah Fußgänger, die in dicht gedrängter Menge zur Freilichtbühne im keine fünfzig Meter entfernten Stadtpark von Limassol strömten. Der sorgfältig gepflegte und mit einem reichen Baumbestand, darunter ausladenden Kiefern, ausgestattete Park war eine kleine Oase in der früher malerischen, inzwischen aber überentwickelten und zubetonierten Stadt. Meine Ankunft fiel offensichtlich mit einem großen kulturellen Ereignis zusammen, wie es in den Sommermonaten häufig vorkommt.

Die Musik von *La Traviata* setzte ein, und meine Müdigkeit war verflogen. Kein Gedanke mehr an Schlaf, stattdessen blieb ich wie angewurzelt auf dem Balkon sitzen und summte die bekannten Arien mit, die so laut und klar zu vernehmen waren, als säße ich in der ersten Reihe des überfüllten Freilichttheaters.

Nach der Vorstellung dachte ich über meine Pläne für den kommenden Tag nach. Zwar wollte ich mich unbedingt am Bischofssitz mit Vater Maximos in Verbindung setzen, doch ich beschloss, zuerst meinen alten Freund und Vertrauten Stephanos zu besuchen, der sich gerade von einer Operation am offenen Herzen erholte. Ich war unruhig und wollte erfahren, wie es ihm gehe. Unmittelbar vor meiner Abreise aus Maine hatte Erato, seine Frau, uns am Telefon erklärt, dass sie ihn beinahe verloren hätten. Die neunstündige Notoperation war äußerst heikel gewesen. Weil die Operation völlig neuartig und hochkomplex war, mussten die in Amerika ausgebildeten Chirurgen während der Operation in Zypern in ständigem telefonischen Kontakt mit Spezialisten in New York stehen. Erato vertraute uns an, dass die Chirurgen Stephanos' Überlebenschancen für vernachlässigbar gehalten hatten. Zum Glück aber überlebte der 66-jährige Stephanos die Tortur und befand sich allmählich auf dem Weg der Besserung.

Ich war sehr erleichtert. In den zwanzig Jahren meiner Abenteuer mit Mystikern, Eremiten und Mönchen waren mir Stephanos und Erato die engsten Vertrauten und Ratgeber gewesen. Stephanos war für mich darüber hinaus wie ein älterer Bruder, ein sehr enger Freund. Durch einen bemerkenswerten Zufall war er außerdem ein enger Mitarbeiter und Vertrauter von Vater Maximos. Für meine Arbeit war dies enorm hilfreich.

»Dass ich überlebt habe, schreibe ich einem Wunder zu«, erklärte der erschöpft wirkende Stephanos, als wir am Vormittag bei einem Eistee in ihrem Wohnzimmer saßen. »Meine Ärzte waren großartig«, sagte er, »aber wäre Vater Maximos nicht gewesen, hätte ich es wohl nicht geschafft.«

Erato ergänzte, dass Vater Maximos an dem Abend, an dem der nahezu bewusstlose Stephanos mit dem Rettungswagen ins Krankenhaus gebracht worden war, notfallmäßig eine Vigil organisiert hatte, die die ganze Nacht über andauerte. Während und nach der Operation war er an der Seite ihres Mannes und betete. »Die Energie dieses Gebets war so stark«, behauptete Stephanos, »dass ich buchstäblich spüren konnte, wie sie in jede Zelle meines Körpers drang. Ganz besonders«, fuhr er fort, »als Vater Maximos mir kurz nach der Operation seine Stola und seine rechte Hand auf den Kopf gelegt und spezielle Heilgebete gemurmelt hat.«

Stephanos erzählte, Vater Maximos habe ihn am Montag vor der Operation ermahnt, er solle sich emotional und spirituell vorbereiten, denn obwohl die Ärzte seine Operation eigentlich erst zwei Wochen später angesetzt hatten, würde er am Freitag operiert werden. Und genauso geschah es. Am Freitag brach Stephanos zusammen und musste auf dem schnellsten Weg ins fast hundert Kilometer nördlich von Limassol gelegene Allgemeinkrankenhaus in Nikosia gebracht werden.

Für Stephanos und Erato war dies ein weiteres Anzeichen und eine Bestätigung dafür, dass Vater Maximos, den sie als ihren Altvater und geistlichen Führer angenommen hatten, mit Geistesgaben gesegnet war. »Ich bin mir sicher«, sagte Stephanos mit seiner müden Stimme, »dass die Verlängerung meines Lebens das Resultat eines Gnadenaktes ist, den ich dem Einschreiten von Vater Maximos zu verdanken habe.

Weißt du«, fuhr er nach einem tiefen Atemzug fort, »ich habe nachgedacht und bin zu dem Schluss gekommen, dass ich keine Zeit mehr zu verlieren habe. Mir ist überdeutlich klargeworden, dass ich jede Sekunde, die mir auf Erden noch bleibt, für geistliche Arbeit nutzen muss. Jede andere Beschäftigung ist für mich inzwischen trivial.«

Ich blieb den ganzen Tag bei meinen Freunden. Einmal begleitete ich Stephanos auf einem vorsichtigen und langsamen Spaziergang um den Block – Bewegung, die ihm die Ärzte verschrieben hatten. Während Stephanos vorsichtig Fuß vor Fuß setzte, unterhielten wir uns über unser Lieblingsthema, Vater Maximos. Niemand in Zypern besaß intimere Kenntnisse über den ehemaligen Athos-Mönch als Stephanos, der bei seiner Wahl zum Bischof der notleidenden Kirche Zyperns eine entscheidende Rolle gespielt hatte. Um meinen Freund nicht zu ermüden, bedrängte ich ihn nicht mit Fragen nach den Einzelheiten dieser Entwicklung. Mir war es lieber, wenn sich unser Gespräch in erster Linie um seine Genesung drehte.

»Hattest du Angst vor dem Sterben?«, fragte ich bei unserem Spaziergang beiläufig.

»Durch Vater Maximos' Hilfe war ich von dieser Angst befreit.« Mühsam holte Stephanos tief Luft.

»Wie das?«, fragte ich.

»Weißt du, was er mir unmittelbar vor der Operation ins Ohr geflüstert hat? ›Wünsche dir gar nichts. Wünsche dir nicht, dass du wieder gesund werden sollst. Wünsche dir nicht zu leben. Wünsche dir nicht zu sterben. Unterwirf dich ganz dem Willen Gottes.‹ Dieser Rat hat mich tatsächlich von aller Angst und Anspannung befreit. Ich habe mich entspannt und ganz in die Hand der Vorsehung begeben.« Stephanos schwieg einen Moment. »Im Nachhinein betrachtet, war das ziemlich nahe am Zen, was er mir gesagt hat, findest du nicht?«

»Ja. Es ist eine paradoxe Belehrung«, gab ich zu. »Außerdem ist es psychologisch ziemlich clever.«

Was ich an Stephanos besonders schätzte, waren seine Erfahrungen mit spirituellen Traditionen außerhalb der östlichen Orthodoxie und seine umfassenden Kenntnisse darüber. Diese Vielseitigkeit seines Denkens machte unsere Freundschaft zu etwas Besonderem, weil wir einander gut verstehen konnten. Auch ich hatte Erfahrung mit anderen Traditionen aus dem Fernen Osten, darunter mit Transzendentaler Meditation, die ich vor meiner Begegnung mit dem Athos sieben Jahre lang gewissenhaft praktiziert hatte.

Wir kehrten von unserem nachmittäglichen Spaziergang zurück, und Stephanos ließ sich in einen Lehnsessel fallen. »Hast du gewusst«, fragte Erato, »dass Vater Maximos in drei Tagen eine Pilgerreise auf die Ägäis-Inseln leitet? Sie haben ein Schiff gechartert, und soweit ich weiß, gibt es noch freie Plätze. Möchtest du mitfahren?«

»Mitfahren«, murmelte ich unentschlossen. Ich wusste nicht recht, was ich sagen sollte. Aber natürlich war ich nach Zypern gekommen, um mit Vater Maximos zusammen zu sein. Doch ich wollte nur ungern schon die nächste Reise planen, wo ich mich noch kaum von meinem langen Flug erholt hatte.

»Eine solche Gelegenheit würde ich mir nicht entgehen lassen«, meinte Stephanos traurig, als er meine Zurückhaltung bemerkte. »Das ist doch wichtig für deine Arbeit. Ich wünschte nur, ich wäre in der Lage, dich zu begleiten.«

Seinen Rat konnte ich nicht ausschlagen. Noch bevor ich überhaupt Gelegenheit hatte, Vater Maximos zu treffen und ihm zu seinem Aufstieg zum Bischof zu gratulieren, schmiedete ich Pläne, mich mit ihm und fünfhundert weiteren Pilgern auf eine siebentägige Kreuzfahrt durch die Ägäis zu begeben. Zur Reiseroute gehörten Besuche heiliger Stätten auf mehreren griechischen Inseln, darunter auch Patmos, die Insel der Apokalypse des Johannes, wo ich immer schon einmal hinwollte. Auch den Athos würden wir umfahren.

Erato kannte die Veranstalter, telefonierte ein wenig herum, und wenige Minuten später hatte ich eine Kabine reserviert, die bequemerweise auf derselben Schiffsetage lag wie die von Vater Maximos.

Nun, da mein Entschluss gefasst war, freute ich mich darauf, ihn während der Pilgerreise vielleicht einmal informell sprechen zu können.

Angesichts Vater Maximos' veränderter Stellung wurde mir klar, dass ich jede Gelegenheit zum Zusammensein mit ihm nutzen musste. Der Luxus eines täglichen Kontakts mit dem Altvater vom Athos konnte für mich nun keine Selbstverständlichkeit mehr sein. Im Frühjahr 1997 hatte mir meine Universität ein Sabbatsemester gewährt, und ich war ständiger Besucher und Gastwissenschaftler im Kloster Panagia gewesen. Meine Zelle hatte neben seiner gelegen. Die neue Position von Vater Maximos veränderte die Rahmenbedingungen meiner Bekanntschaft mit ihm dramatisch.

Diese unvorhergesehene Entwicklung war eingetreten, als einer der örtlichen Bischöfe wegen einer Reihe angeblicher Skandale, zu denen auch Finanzbetrug im großen Stil zählte, zum Rücktritt gezwungen wurde. Die Vorgänge hatten sogar das Interesse von Interpol geweckt, das seine Spürhunde nach Zypern schickte, um die umstrittenen Finanzgeschäfte des ehemaligen Bischofs, die internationale Investoren Millionen gekostet hatten, zu entwirren.

Der vakante Bischofsstuhl musste mit einem neuen Bischof besetzt werden. Gemäß dem einzigartigen Ernennungsverfahren von Bischöfen in Zypern mussten alle Gläubigen wählen und so einen Nachfolger bestimmen. Vater Maximos, der auf der Insel inzwischen als charismatischer Abt und geistlicher Berater von Tausenden bekannt und beliebt war, stand ganz oben auf der Liste möglicher Nachfolger. Seine Anhänger forderten ihn auf, seiner Ernennung zum Kandidaten zuzustimmen. Eine Schlüsselrolle in dieser Richtung spielten meine Freunde Stephanos und Antonis, die beiden Unternehmer, die mich bei unserem gemeinsamen Besuch auf dem Athos Vater Maximos vorgestellt hatten. In einer gemeinsamen Aktion gelang es ihnen, den Altvater dazu zu überreden, die schwere Aufgabe auf sich zu nehmen – »zum Wohl der Kirche«, die von einer Kette sexueller, finanzieller und politischer Skandale erschüttert wurde. Sie betrachteten Vater Maximos als eine potenziell erneuernde Kraft in den höheren Rängen der kirchlichen Hierarchie. Die heiß umkämpfte Wahl führte zu einem Erdrutschsieg für die Kräfte, die Vater Maximos unterstützten, und löste öffentliche Begeisterung aus. Als die Ergebnisse bekanntgegeben wurden, strömten Tausende auf die Straßen und feierten.

Innerhalb der Kirche löste diese Wahl allerdings einen schweren Konflikt aus. Einige Bischöfe und Archimandriten betrachteten Vater Maximos' Wahl als Tragödie. Er brachte ein asketisches Modell von Kirche auf die Insel, das ganz offensichtlich im Gegensatz zum Status quo stand, der sich durch eine üppige Zurschaustellung kirchlichen Wohlstands und chronische Korruption auszeichnete, fast wie in der Katholischen Kirche im ausgehenden Mittelalter. Einige seiner Kollegen in Christus haben sich daher angeblich bereits vom ersten Tag seines Aufstiegs auf den Bischofsstuhl an gegen Vater Maximos verschworen, so sagte man mir, und führten nun einen skrupellosen Guerillakrieg gegen ihn, um ihn zum Rücktritt und zur Rückkehr auf den Athos zu zwingen. Einer der Bischöfe weigerte sich eine Zeit lang sogar, am gemeinsamen Gebet mit ihm teilzunehmen, so groß war die Abneigung gegen den bischöflichen Bruder.

Diese Gruppe Geistlicher warf Vater Maximos bald nach seiner Wahl vor, er sei ein »Agent vom Athos« und habe vor, die autokephale Kirche Zyperns zu unterwerfen. Dazu verführe er junge Männer und Frauen zum Klosterleben und schaffe sich so »Gefolgsleute« und »Anhänger«. Außerdem warf man ihm vor, er sei nicht nationalistisch und patriotisch genug, wie Bischöfe es zu sein hätten. Man behauptete sogar, er brächte die Saat des religiösen Fanatismus auf die Insel. Ein Bischof echauffierte sich ganz besonders, als er erfuhr, dass Vater Maximos kein Fleisch isst – und dies in einer Gesellschaft, in der Lamm am Spieß zum Kulturgut gehört. Solche kulinarischen Präferenzen aufseiten des Mönchs vom Athos waren exzentrisch und inakzeptabel.

Als diese Tricks nicht aufgingen, tauchte eine neue Anschuldigung auf – einer der Altväter von Vater Maximos sei ein Frauenheld und treibe regelmäßig Unzucht mit Ordensschwestern. Vater Maximos sollte dafür in Sippenhaft genommen werden. Dieser Vorwurf löste allerdings bestenfalls Heiterkeit aus, denn die Öffentlichkeit war überzeugt, dass er jeder Grundlage entbehrte. Der beschuldigte Altvater war Ende achtzig.

Dann »spielten sie ihre letzte Karte aus«, wie Antonis es formulierte. Dieselben Leute warfen Vater Maximos vor, er sei homosexuell. In einer homophoben Gesellschaft war dies das größte Stigma. Allen im Umfeld von Vater Maximos war klar, dass auch dieser Vorwurf nur ein Manöver war, um den Altvater von der Insel zu vertreiben. Seine Gegner gingen sogar so weit, zwei falsche Zeugen zu benennen, die bereit waren, vor einem kirchlichen Tribunal auszusagen, Vater Maximos habe sich sexuelle Eskapaden mit ihnen erlaubt. »Die Machenschaften gegen Vater Maximos gäben einen Roman über Korruption in der Kirche ab, der noch viel spannender wäre als Umberto Ecos *Der Name der Rose*«, sagte Vater Nikodemos, ein Freund von Vater Maximos, der mit ihm an den Bischofssitz gekommen war, einmal scherzhaft, als wir uns in seinem Büro begegneten.

Der alternde Erzbischof, der von Vater Maximos' Unschuld überzeugt war, ordnete eine offene Untersuchung an und berief eine *Mezon* Synode (Größere Synode) der orthodoxen Kirche ein, der nicht nur die regionalen Bischöfe, sondern auch Bischöfe aus anderen orthodoxen Kirchen angehörten. Ein Schachzug, der Vater Maximos' Feinde erzürnte, schmälerte er doch ihren Einfluss und ihre Macht. Im Verlauf der dramatischen Untersuchung, die sich über mehrere Tage hinzog, wurde Vater Maximos entlastet, und zwei seiner Ankläger wurden zum Rückzug gezwungen. Einen Höhepunkt erreichte das Verfahren, als die beiden Betrüger, die man aus Griechenland angekarrt hatte, gebeten wurden, unter den Bischöfen, die der Untersuchung beiwohnten, Vater Maximos zu identifizieren. Bei diesem Test fielen beide unabhängig voneinander durch, weil sie auf den falschen bärtigen Würdenträger zeigten. Vater Maximos war gar nicht anwesend.

Als die Nachricht durchsickerte, dass die Synode Vater Maximos für unschuldig befunden hatte, läuteten in seiner Diözese die Kirchenglocken, und seine Anhänger strömten zu Tausenden auf die Straßen von Limassol, um ihn bei seiner Rückkehr aus Nikosia, wo das Verfahren stattgefunden hatte, zu begrüßen. Dem Mönch vom Athos, der nun zum Bischof der weltlichen Kirche geworden war, wurde ein triumphaler Empfang bereitet, und seine Position war nun in einem solchen Maße gefestigt, dass schon bald das Gerücht umging, er sei der wahrscheinlichste Nachfolger des alternden Erzbischofs. Besonders beeindruckt hatte die Frommen, dass er während dieser Feuerprobe in geradezu erhabener Weise gelassen geblieben war und sich geweigert hatte, zum Gegenschlag auszuholen oder öffentlich gegen seine Ankläger Stellung zu beziehen. Er hatte sich stattdessen lieber auf verstärkte Formen des Fastens und Betens zurückgezogen. Der bescheidene Mönch vom Athos, den ich zehn Jahre zuvor bei meiner Pilgerreise dorthin kennengelernt hatte, war nun nur noch um Haaresbreite vom erzbischöflichen Stuhl entfernt.

Nach meinem Aufenthalt bei Stephanos und Erato begab ich mich gleich am nächsten Morgen zur Bischofsresidenz, um mich mit Vater Maximos zu treffen, den ich seit Januar nicht mehr gesehen hatte. Wie immer fühlte ich mich durch die Herzenswärme seiner Freundschaft und Gastlichkeit sofort zu Hause, und er freute sich zu hören, dass ich an der Pilgerreise durch die Ägäis teilnehmen würde. Allerdings war es an jenem Tag kaum möglich, ein Gespräch mit ihm zu führen. Es herrschte große Unruhe, da mehrere Polizeibeamte zu einer dringenden Besprechung der Verkehrsregelungen während des bevorstehenden offiziellen Besuches des Patriarchen von Georgien und seiner Begleitung ins Büro kamen. Die Georgier weilten als Gäste der Kirche von Zypern zu einem besonderen Besuch auf der Insel. Da viele Zuschauer erwartet wurden, wollte die Polizei die Straßen um die größte Kathedrale in Limassol, in der die Zeremonien stattfinden sollten, für den motorisierten Verkehr sperren. Formellen Anlässen und religiösen Ritualen vorzustehen, gehörte nun zu Vater Maximos' neuen Aufgaben. Der offizielle Besuch war für den nächsten Morgen geplant, und obwohl die beiden Hierarchen der Sprache des jeweils anderen nicht mächtig waren, sollten sie gemeinsam einen Gottesdienst halten.

»Als ich im Kloster war, Kyriaco, da wusste ich genau, wann ich schlafen, wann ich arbeiten und wann ich beten sollte«, beklagte sich Vater Isaak, der ihm aus dem Kloster Panagia hierher gefolgt war. »Aber das war einmal. Jetzt ist alles anders.«

Ich saß vor Vater Maximos' Büro, während Vater Isaak sich einem Strom von Besuchern zuwandte, die alle um eine Audienz bei dem neuen Bischof ersuchten, welcher sich wiederum mit den Polizisten beriet. Die beiden Telefone klingelten ununterbrochen. Mehrfach sprach Vater Isaak auf beiden Leitungen gleichzeitig. Was für eine radikale Veränderung gegenüber dem Leben im Kloster, dachte ich, während ich ihn in seiner neuen Rolle beobachtete. Es zeigte sich deutlich, dass eine rationellere Terminplanung nötig war.

Vater Isaak gestand mir, wie holprig für ihn der Übergang vom Kloster in seine neue Position als Vorzimmer von Vater Maximos' Büro verlaufen war. Darüber hinaus war er mittlerweile zum Priester geweiht worden und diente zusammen mit Vater Nikodemos in der Kathedrale neben der Bischofsresidenz. »Ich bekomme kaum noch Schlaf, und wie du siehst, bin ich ständig am Telefon«, beklagte er sich und legte den Hörer auf, bevor bereits der nächste Anruf kam.

»Ich bin beeindruckt, wie gut Sie das schaffen, Vater Isaak«, sagte ich.

»Zum Glück bin ich an zwei Tagen pro Woche im Kloster. Dabei tanke ich wieder auf. Sonst wäre ich schon durchgedreht.«

Vater Isaak sprach mit einer derart theatralischen Komik, dass ich mir trotz meines Mitgefühls für seine schwierige Situation das Lachen verkneifen musste. Zugleich genoss er es offenbar, dass er nun das Privileg hatte, seinem geistlichen Altvater so nahe zu sein. Ich war mir sicher, dass diese Chance den Neid seiner Brüder im Kloster geweckt haben musste.

»Warum bleibst du nicht zum Mittagessen, Kyriaco?«, schlug Vater Maximos vor, als die Polizeibeamten gegangen waren und wir Gelegenheit hatten, uns ein paar Minuten in seinem Büro zu unterhalten.

»Sehr gerne!«, antwortete ich und folgte ihm und Vater Isaak erfreut in den Speisesaal der Bischofsresidenz zu einer schmackhaften vegetarischen zypriotischen Mahlzeit mit gefüllten Paprika, Tomaten und Kürbis. Der überarbeitete Vater Maximos kämpfte noch mit den Resten einer Kopfgrippe, was mitten im Sommer besonders unangenehm war. Er musste unbedingt wieder gesund werden, denn bis zur Pilgerreise durch die Ägäis waren es nur noch wenige Tage. Doch angesichts der Überfülle seiner geistlichen wie administrativen Aufgaben verweigerte er seinem Körper die notwendige Ruhe. »Ich muss dem Patriarchen ein guter Gastgeber sein«, erklärte er. »Der Mann hat jahrzehntelang unsägliche Verfolgung durch die Kommunisten erduldet. Da geht es einfach nicht, dass ich im Bett bleibe.«

Vater Maximos wischte sich den Mund mit einer weißen Serviette ab, dann erhoben wir uns zum Segen der Reste. Mir fiel auf, dass sein Bart einen ersten Anflug von Grau zeigte und er etwas Gewicht zugelegt hatte. Den Luxus der Bergwanderungen wie noch auf dem Athos und im Kloster Panagia hatte er nun nicht mehr. Als ich sein Martyrium mit der Kirche ansprach, seufzte er und lächelte.

»Als junger Mönch auf dem Athos«, erzählte er, »habe ich einmal über eine Stelle im Evangelium gerätselt und bin zu meinem Altvater gegangen, damit er sie mir erkläre. Ich fragte ihn: ›Vater, das Evangelium fordert uns auf, unsere Feinde zu lieben, aber wie soll ich das anstellen, wo ich doch gar keine Feinde habe?‹ Weißt du, was er mir gesagt hat? ›Nur nicht so eilig. Mit der Zeit wirst du noch reichlich Feinde kriegen.‹« Ich freute mich, dass Vater Maximos trotz seines neuen formellen Status seinen Humor nicht verloren hatte.

Wir beendeten das Mittagessen kurz vor 14 Uhr, dem Beginn der Mittagsruhe, die im Sommer in Zypern unbedingt notwendig ist. Ich wusste, dass Vater Maximos diese Zeit brauchte, um sich auszuruhen, und wollte daher gerade gehen, als er mich bat, ihn am nächsten Tag zu einem Besuch im Kloster Panagia zu begleiten. Ich sagte sofort zu. »Sei morgen Abend um sieben hier. Bis dahin sind die Formalitäten mit dem Patriarchen sicher erledigt, und wir können aufbrechen in die Berge«, sagte er. »Ich muss im Kloster noch ein paar Dinge erledigen, und zwar bevor wir nach Griechenland fahren. Kannst du über Nacht bleiben?«

»Wunderbar«, antwortete ich und freute mich darauf, die Zeit im Frühjahr 1997, als ich im Kloster Panagia sein inoffizieller Chauffeur war, noch einmal nachzuerleben, wenn auch nur kurz. Vater Maximos hat nie Autofahren gelernt. Die Rolle als sein Fahrer übernahm ich nur zu gerne, weil sie mir die Gelegenheit bot, mit ihm allein zu sein und mich zwanglos über christliche Spiritualität zu unterhalten. Ich sollte ihn, wie früher, ins Kloster fahren, wodurch wir ein paar gemeinsame Stunden ohne störende Eindringlinge von außen hätten.

»Wie kommt es, dass Sie nie Autofahren gelernt haben, Vater Maxime?«, fragte ich, als wir in Richtung Kloster abfuhren. »Auf dieser ganzen Insel gibt es doch keinen, der nicht Autofahren kann«, fuhr ich absichtlich übertrieben fort. »Warum nur Sie nicht?«

»Die Vorsehung hat mich davon abgehalten, Kyriaco, die Vorsehung!«, antwortete Vater Maximos mit breitem Grinsen. »Meine Unwissenheit auf diesem Gebiet hat womöglich verhindert, dass ich meines Amtes enthoben wurde.«

»Was hat das eine denn mit dem anderen zu tun?«

»Bei der *Mezon* Synode letztes Jahr hat einer der beiden Zeugen, die man aus Griechenland angekarrt hatte, vor dem Kirchentribunal unter anderem behauptet, er und ich würden gemeinsam ein Nudisten-Camp besuchen. ›Sind Sie mit dem Auto dorthin gefahren?‹, wurde er gefragt. ›Ja‹, antwortete er. Dann fragten sie weiter: ›Ist er mit seinem eigenen Wagen gefahren?‹ Wieder antwortete er ›ja‹ und erklärte dann des Langen und Breiten, wie ich ihn immer aus seiner Wohnung abgeholt hätte und wir dann an abgelegene Strände gefahren wären, wo uns keiner sehen konnte.«

Es war bekannt, dass Vater Maximos nicht Autofahren konnte, aber der Zeuge war nicht gut vorbereitet worden. Dieses Fiasko und die Tatsache, dass andere Zeugen Vater Maximos nicht identifizieren konnten, war der Tropfen, der das Fass zum Überlaufen brachte und zu seinem Freispruch führte – zum Leidwesen seiner Gegner.

Ich ließ einfließen, dass viele sich fragten, wie Männer Gottes so etwas tun konnten. Wie konnten sie als Vermittler des Heiligen Geistes sich so eklatant böse verhalten? Vater Maximos erklärte, es sei ihnen nicht bewusst gewesen, dass ihr Verhalten böse ist. Wahrscheinlich waren sie irregeleitet und glaubten, zum Wohle der Kirche zu handeln. Dann erinnerte er mich daran, dass derartige Vorfälle in der Kirchengeschichte häufig vorkommen. Er betonte jedoch, dass wir uns von solchen Entwicklungen nie schockieren lassen sollten. Die *Ekklesia* steht über den Angehörigen der kirchlichen Hierarchie.

Als Soziologe fiel es mir natürlich nicht schwer zu erklären, warum es zu solchen Phänomenen kommt. Die institutionalisierte Religion trägt, wie jede andere Organisation auch, unweigerlich die Saat der Zwietracht und des Konkurrenzdenkens um Status und Macht in sich. Institutionalisierung ist in einer religiösen Bewegung eine unvermeidliche und notwendige Entwicklung, wenn eine Religion Jahrzehnte und Jahrhunderte überdauern soll. In dieser Zeit können aber natürlich Menschen in die kirchliche Hierarchie eintreten und darin aufsteigen, die nicht nur rein geistliche Motive hegen. Die Soziologen haben für diese Entwicklungen einen besonderen Begriff: das »Dilemma gemischter Motive«.[1]

Vater Maximos hatte kein Interesse an soziologischem Theoretisieren und wies darauf hin, dass viele christliche Heilige über die gesamte Kirchengeschichte hinweg von Menschen verfolgt worden sind, die Kleriker waren wie sie. Als Beispiel nannte er St. Nektarios, einen griechisch-orthodoxen Heiligen aus dem 20. Jahrhundert, der von seinen Feinden in der Kirche der Verkommenheit bezichtigt wurde und dem man vorwarf, er sei der Vater Dutzender illegitimer Kinder. St. Nektarios, ein charismatischer Priester und geweihter Bischof von der Insel Aegina, der dafür bekannt war, dass er Menschen an Körper und Seele heilte, hielt der Erniedrigung durch solche Vorwürfe mit Geduld und unablässigem Gebet stand. Er verteidigte sich nie und starb mit dem Stigma des Schürzenjägers. Erst nach seinem Tod erwies sich seine Unschuld. Als Heilungswunder auftraten, die Altvater Nektarios zugeschrieben wurden, sprach ihn die orthodoxe Kirche heilig. Ich hatte den Eindruck, dass Vater Maximos sich in Bezug auf das, was er durchgemacht hatte, mit St. Nektarios identifizierte. Daher verwunderte es mich nicht, dass die Route der bevorstehenden Pilgerreise auch einen Zwischenhalt auf der Insel Aegina vorsah, um ihrem Schutzheiligen zu huldigen.

»Ich freue mich wirklich auf die bevorstehende Reise«, sagte ich und wechselte damit das Thema, als wir nach Platres kamen, einem touristischen Bergdorf unmittelbar unter dem Troodos-Gipfel. »Ich bin mir sicher, dass sie sehr schön wird.«

»Das ist aber nicht der Grund, weshalb man auf Pilgerreise gehen sollte«, ermahnte mich Vater Maximos mit gespieltem Ernst, als ich gerade um eine scharfe Kurve bog.

»Ja, natürlich. Aber ich hoffe doch, dass eine Schifffahrt in der Ägäis im Juni nicht gerade zur Qual wird.« Etwas ernster fragte ich dann, was er für den geistlichen Gewinn einer solchen Pilgerreise hielt. Schweigend dachte Vater Maximos über meine Frage nach.

»Erinnerst du dich«, sagte Vater Maximos dann, »wie das Alte Testament den Moment beschreibt, als Moses vor sein Volk tritt, nachdem er die Zehn Gebote erhalten hat und vom Berg Sinai wieder herabgestiegen ist?«

»Er war von einem Strahlen umgeben?«, antwortete ich, unsicher, worauf er hinauswollte.

»Genau. Die Menschen konnten ihn nicht ansehen. Moses' Gesicht leuchtete so stark, dass er seinen Kopf bedecken musste, um mit seinem Volk sprechen zu können.«

»Wie erklärt die *Ekklesia* ein solches Phänomen?«, fragte ich und dachte dabei an ähnliche Geschichten, die ich auf dem Athos über Heilige gehört hatte, deren Aura sogar in finsterer Nacht hell erstrahlte.

»Siehst du, Kyriaco, immer wenn ein Mensch mit Gott in Berührung kommt, strömt unmittelbar göttliche Energie in ihn ein. Dies löst es aus.«

»Aber nicht jeder hat die Chance, auf den Sinai zu steigen und Gott zu finden.«

»Mit Gott kann man auf ganz unterschiedliche Weise in Berührung kommen. Dazu muss man nicht nach Ägypten reisen.«

»Wie dann?«, fragte ich.

»In Berührung mit Gott kommen wir durch die göttliche Liturgie, durch Gebet, durch Pilgerreisen, durch das Studium, durch alles Mögliche.«

»Gott ist unendlich, und es gibt unendlich viele Möglichkeiten, mit ihm in Berührung zu kommen.«

»Genau. Deshalb sollten wir wissen, dass immer dann, wenn wir uns bemühen, Gott zu erreichen, von Gott unmittelbar eine Energie ausgeht, die uns zuströmt. Gott ist das Licht, das jeden Menschen erhellt, der auf diese Erde kommt.«

»Aber nicht jeder, der mit Gott in Berührung zu kommen versucht, leuchtet wie Moses.«

»Nicht alles ist für das Licht gleichermaßen empfänglich«, erklärte

Vater Maximos. »Der eine Stein nimmt Unmengen Licht in sich auf, ein anderer weniger oder sogar gar nichts und ein dritter wirft das Licht hell strahlend zurück. Genauso ist es bei den Menschen. Manche sind mit einer stärkeren Reflexionsfähigkeit für Gottes Licht begnadet als andere. Aber es ist eine geistliche Lebenstatsache, dass wir immer dann, wenn wir uns darum bemühen, Gott zu erreichen – egal wie – in den Genuss der Energie des Heiligen Geistes kommen. Wie stark der Glanz ist, den wir reflektieren, hängt von der Intensität und Aufrichtigkeit unseres Bemühens, vom Stand unseres spirituellen Wachstums und von unserer Lichtempfänglichkeit ab. Um nun deine Frage zu beantworten: Der Zweck einer Pilgerreise liegt in erster Linie darin, in uns die Voraussetzungen dafür zu schaffen, dass wir für das Licht, für die Energien des Heiligen Geistes, empfänglich werden.«

Ich erzählte, dass ich in meiner Kindheit in Zypern Geschichten gehört hatte, wonach Menschen nach einer Pilgerfahrt nach Jerusalem hoch angesehen waren. Zur Zeit meiner Großeltern galt es als großes Unterfangen, ein Schiff zu besteigen und dreihundert Kilometer nach Südosten ins Heilige Land zu reisen. Bei ihrer Rückkehr wurden die Pilger oft von der ganzen Gemeinde mit einer besonderen Prozession begrüßt. Die Gemeinde sang Loblieder, die Priester trugen Kreuze und Ikonen und segneten die Pilger mit Weihrauch. Von diesem Tag an wurden die Pilger mit dem Ehrentitel *Hadschi* oder »Pilger« angesprochen.

»Diese Tradition geht auf die Anfangsjahre des Christentums zurück« ergänzte Vater Maximos. »Aus den Lebensbeschreibungen von Heiligen erfahren wir zum Beispiel, dass sie trotz ihres abgeschiedenen und bewusst ereignislosen Lebens häufig über Monate oder sogar Jahre hinweg weite Strecken zu Fuß zurückgelegt und dabei alle möglichen Strapazen auf sich genommen haben, um heiligen Orten zu huldigen, an denen Jesus gelebt hatte. Solche Pilgerreisen betrachteten sie als Notwendigkeit in ihrem geistlichen Leben.«

»Im Gegensatz dazu sind Pilgerreisen heute ja ziemlich locker«, sagte ich. »Binnen weniger Stunden können wir bis ans andere Ende der Welt gelangen. Schauen Sie nur mich an. Wo liegt Maine und wo liegt Zypern? Vor zwei Tagen habe ich in meinem Garten noch den Rasen gemäht. Und heute fahre ich mit Ihnen zum Kloster Panagia.«

Ein paar Minuten später fügte ich an, dass Menschen, denen die Kultur der *Ekklesia* fremd ist, den Sinn solcher Pilgerreisen vielleicht nicht ohne Weiteres verstehen. »Außenstehende betrachten Pilgerreisen womöglich als Vorwand für einen Urlaub«, sagte ich und versuchte damit absichtlich, Vater Maximos zu einer geistlichen Erwiderung zu provozieren.

Er machte eine wegwerfende Handbewegung. »Unsere Pilgerreise wird kaum etwas vom weltlichen Komfort einer touristischen Kreuzfahrt haben. Auf dem Schiff gibt es keine Unterhaltung, kein Radio oder Fernsehen und keinen Nachtclub. Der zentrale Saal, in dem normalerweise Abendveranstaltungen stattfinden, wird zu einem Raum für Andachten und Gottesdienste umgestaltet. Gesang wird ausschließlich kirchlicher Natur sein, und es gibt ganz bestimmt keinen Tanz.«

»Klasse! Das klingt nach dem perfekten Urlaub«, sagte ich scherzhaft.

»Das wird nicht jeder so sehen«, meinte Vater Maximos lachend. »Aber solche Maßnahmen sind notwendig, wenn wir die Vorteile einer Pilgerreise voll ausschöpfen wollen. Schließlich müssen wir uns geistlich vorbereiten, wenn wir für die Gnade in den heiligen Stätten, die wir besuchen, empfänglich werden wollen. Es ist sehr wichtig, dass wir uns nicht mit Herz und Verstand von äußeren Ereignissen und den Versuchungen der Außenwelt ablenken lassen. Damit wir geistlich von einem solchen Unternehmen profitieren können, müssen wir uns so sehr wie nur irgend möglich nach innen richten.« Er schwieg ein paar Sekunden lang und fuhr dann fort: »Das erinnert mich an eine Pilgerreise, die wir vor vielen Jahren mit unserem Altvater zur Insel Tinos unternommen haben [die für ihre wundertätige Ikone der Heiligen Jungfrau berühmt ist]. Die achtstündige Schifffahrt von Piräus zu dieser heiligen Insel verbrachten wir in völliger Stille. Auf der Reise gestattete der Altvater uns weder, etwas zu essen oder zu trinken noch mit jemandem zu sprechen. Es war eine Reise des Fastens und des Schweigens.«

»Ein Außenstehender könnte solche Entbehrungen kaum nachvollziehen.«

»Wir haben uns an diese Regel gehalten, nicht weil wir nicht essen, trinken oder miteinander sprechen wollten, sondern weil wir verstanden hatten, wie wertvoll diese Übung zum Schutz und Erhalt der Dynamik des Herzens ist, damit es sich mit der Gnade verbinden kann, die dem heiligen Ort innewohnt, den wir besuchen wollten. Es war wichtig, dass wir unsere Ausrichtung nach innen beibehielten.«

»Bitte sagen Sie jetzt nicht, dass wir auf dieser Pilgerreise ähnliche Regeln einhalten werden«, witzelte ich und warf Vater Maximos einen strengen Blick zu.

»Immer mit der Ruhe, Kyriaco«, erwiderte Vater Maximos mit leicht ironischem Unterton, »solche Erfahrungen sind etwas für Mönche und Nonnen. Aber egal ob Mönch oder Laie, wichtig ist, dass man sich stets das Prinzip vor Augen hält, nur gut vorbereitet auf eine Pilgerreise zu gehen, um ihren geistlichen Wert zu maximieren.«

»Haben Sie deshalb in Ihrer Diözese die Regelung eingeführt, dass jeden Samstagabend die Vesper gehalten wird?«

»Ja, wenn du bestmöglich von der Sonntagsmesse profitieren willst, musst du dich am Vorabend darauf vorbereiten. Das bedeutet, dich in die richtige Geisteshaltung für die sonntägliche Eucharistie zu versetzen. Weißt du, wenn wir uns nicht vorbereiten, dann sind wir weniger gut in der Lage, uns mit den heiligen Energien zu verbinden, die im Sonntagsgottesdienst entstehen.

Selbstverständlich«, ergänzte Vater Maximos nachdenklich, »sollte unser ganzes Leben eine ununterbrochene Vorbereitung auf einen anhaltenden Dialog mit Gott sein.«

»Wenn wir also unvorbereitet auf diese Pilgerreise gehen, dann haben wir in geistlicher Hinsicht nichts davon?«

Vater Maximos nickte: »Dann ist es ein angenehmer Urlaub, aber keine Pilgerreise.« Zur Veranschaulichung erzählte er eine Geschichte aus dem *Gerontikon* (einer mehrbändigen Geschichtensammlung aus dem Leben heiliger Altväter) über das Leben eines Altvaters namens Abbah Jesaja, der geistlicher Führer einer Gruppe von Mönchen war. »Einer seiner Schüler hatte Schwierigkeiten mit den anderen Mönchen. Er war reizbar, ständig mürrisch und wütend. Zugleich war ihm aber bewusst, dass er ein Problem hatte, und er wollte es überwinden. Eines Tages ging er zu seinem Altvater und sagte: ›Ich bin sicher, wenn ich auf Pilgerfahrt ins Heilige Land gehe, werde ich die Gnade, die von den heiligen Stätten ausgeht, in mich aufnehmen können. Das wird mir helfen, mich von der Wut zu befreien und ein guter Mönch zu werden.‹ Der Altvater riet ihm dringend, an Ort und Stelle zu bleiben und weiter mit sich zu ringen, es sei nicht notwendig, so sagte er, den weiten Weg bis ins Heilige Land auf sich zu nehmen. Die Umstände im Kloster könnten ihm besser helfen, seine Unzulänglichkeiten zu überwinden, legte der Altvater ihm nahe. ›Wenn du ehrlich darum ringst, deine Probleme zu überwinden‹, sagte der Altvater, ›dann bin ich fest davon überzeugt, dass Gott dir helfen wird. Was du brauchst, ist keine Pilgerreise, sondern der Kampf gegen deine Leidenschaften.‹

Aber der Mönch bestand darauf, den Segen seines Altvaters für diese Pilgerreise zu erhalten«, fuhr Vater Maximos fort. »Schließlich erteilte ihm der Altvater die Erlaubnis. ›Nun gut‹, gab er nach, ›wenn du so sehr darauf bestehst, dann mache dich ruhig auf den Weg.‹ Ausgelassen begann der Schüler mit den Vorbereitungen für die lange Reise, die damals zu Fuß und mit Packtieren unternommen wurde und sich über Monate hinzog. Bevor er das Kloster verließ, ging er zum Altvater und warf sich, wie es damals der Brauch war, vor ihm nieder, um seinen Segen entgegenzunehmen. Der Altvater überreichte ihm ein kleines festes Bündel, das er auf die Reise mitnehmen sollte. Darin hatte er eine Knolle Knoblauch, eine Zwiebel und ein Stück getrocknete scharfe Chilischote verschnürt. ›Bitte tu mir einen Gefallen‹, sagte er dem Schüler, ›mache überall, wo du hinkommst, das Kreuzzeichen und streiche dann mit dem Bündel über alle heiligen Stätten, die du besuchst. Dann bringe es wieder zurück. Ich möchte, dass es so viel Gnade wie möglich aufnimmt, damit ich es als Talisman nutzen kann.‹ Der Mönch war hocherfreut. Er dachte, er täte seinem Altvater einen Gefallen.

Etliche Monate später kehrte der Mönch von seiner Pilgerreise zurück und fühlte sich ganz erfüllt von göttlicher Gnade. Er wirkte demütig und friedlich. Aber dies hielt nur zwei Monate an. Bei der kleinsten Provokation verfiel er sofort wieder in sein altes Verhalten und sorgte erneut für Probleme in der Gemeinschaft. Irgendwann bat der Altvater ihn, ihm das Bündel auszuhändigen, und rief dazu alle Mönche zusammen. Dann öffnete der Altvater es. Er hob die Knoblauchknolle hoch und sagte: ›Du bist als Knoblauch gegangen und als Knoblauch wiedergekommen.‹ Er griff zu der Zwiebel und sagte: ›Du bist als Zwiebel gegangen und als Zwiebel wiedergekommen.‹ Er deutete auf die Chilischote und sagte: ›Du bist als Chilischote gegangen und als Chilischote wiedergekommen.‹ Jerusalem hatte keinerlei Auswirkung auf sie gehabt«, sagte Vater Maximos und lachte.

»Daran werde ich auf unserer Reise denken«, sagte ich und öffnete das Fenster ein wenig, um die frische Bergluft hereinzulassen.

Nun stellte ich eine Zeit lang keine Fragen mehr, weil ich mich auf die Straße vor mir konzentrieren musste. Erschöpft von der Kopfgrippe und dem langen Tag, nickte Vater Maximos ein. Ich versuchte, ihn nicht zu stören, bis ich schließlich vor den Toren des Klosters Panagia den Motor abschaltete. Es war nach 21 Uhr, und die meisten Väter schliefen entweder oder waren in ihr individuelles Gebet versunken. Um halb vier würden die Glocken zum Frühgottesdienst läuten.

Etliche Mönche warteten auf unsere Ankunft, darunter auch Vater Arsenius, der neue Abt. Die Freude stand ihnen ins Gesicht geschrieben, als sie Vater Maximos begrüßten, der weiterhin ihr Altvater und Beichtvater war. Sobald ein Altvater die geistliche Entwicklung eines Schülers übernimmt, wird ein heiliger Bund geschmiedet, der nie gebrochen werden darf. Hauptsächlich aus diesem Grund war Vater Maximos an zwei Tagen pro Woche im Kloster Panagia. Es geschah, um die geistliche Verpflichtung zu erfüllen, die er eingegangen war, als er sich bereit erklärt hatte, für die rund dreißig Mönche, die dort lebten, die Rolle des Altvaters zu übernehmen. Darüber hinaus war er trotz seines neuen Status als Bischof nach wie vor der inoffizielle Abt und beaufsichtigte nicht nur den geistlichen Fortschritt seiner Mönche, sondern auch die gesamte Entwicklung der klösterlichen Gemeinschaft. Mir war klar, dass praktisch nichts unternommen wurde, ohne ihn vorher zurate zu ziehen. Das innere geistliche Band, das zwischen den Mönchen im Kloster Panagia und ihrem Altvater geknüpft worden war, blieb trotz der äußeren Veränderungen seines Status und seiner gesellschaftlichen Umstände ungebrochen.

Um acht Uhr am folgenden Abend waren wir wieder in Limassol. Als ich den Wagen vor der Bischofsresidenz anhielt, bat mich Vater Maximos, am nächsten Morgen um neun wieder da zu sein, damit wir zusammen mit Vater Isaak und Vater Nikodemos zum Hafen fahren könnten, um das gecharterte Linienschiff *Calypso* zu besteigen, das während unseres einwöchigen Abenteuers in der Ägäis vorübergehend unser Zuhause wäre. Vater Isaak und Vater Nikodemos trafen bereits die notwendigen Reisevorbereitungen. Sie hatten mehrere Ikonen zusammengetragen und zwei Koffer mit religiösen Gegenständen für die an Bord des Schiffes geplanten Gottesdienste gefüllt. Außerdem waren da noch knapp fünfzig Liter Commandaria-Wein (süßer Portwein, eine zypriotische Spezialität) als Geschenk für das Kloster Vatopedi zur Verwendung bei der Kommunion. Auf unserer Reiseroute war ein kurzer Zwischenstopp in Vatopedi vorgesehen, dem florierenden Athos-Kloster, in dem Vater Maximos seine klösterliche Laufbahn begonnen hatte.

Als wir am nächsten Morgen etwa um zehn Uhr an Bord der *Calypso* gingen, entstand ein buntes Durcheinander aus Mönchen, Nonnen und Pilgern. Außer den Pilgern, den wenigen Ordensschwestern und den Mönchen, die Vater Maximos begleiteten, waren keine weiteren Touristen an Bord. Der Kapitän und alle Offiziere des Luxusliners einer griechischen Reederei waren Griechen. Die einfachen Seeleute aber, die den Motor ölten, die Reling strichen, die Decks schrubbten und die Festmacherleinen lösten, waren hauptsächlich Asiaten, Männer von den Philippinen, aus Sri Lanka und Bangladesch. Die Reinigungskräfte hingegen kamen durchweg aus Osteuropa (überwiegend Frauen), und die Tänzerinnen, die auf dieser speziellen Reise Pause hatten, waren große Frauen aus Russland und Rumänien; sie blieben unter sich, rauchten und freuten sich über ihre Freizeit. »Die Zusammensetzung der Crew auf unserem Schiff ist ein Spiegel des Stratifizierungssystems der Welt«, dachte ich bei mir, als ich meine Kabine betrat.

Der Wind frischte auf, als wir den Hafen von Limassol verließen, und einige Pilger, die Seereisen nicht gewohnt waren, wirkten beunruhigt. Ihre Angst legte sich ein wenig, als Vater Maximos mit Unterstützung seiner Assistenten im großen Saal ein kurzes *Deises* (Gemeindegebet) um gutes Wetter abhielt. Während des Gebets stand die Ikone von St. Nikolas, dem Schutzpatron der Seefahrer, neben Christus und der Heiligen Jungfrau. Als wir eine Stunde später die sagenumwobene Felsformation Petra Tou Romiou (den Geburtsort der Aphrodite) im Südwesten Zyperns passierten, legten sich die Winde und damit auch die Ängste der unerfahrenen Reisenden.

Gleich nach dem *Deisis* sprach Vater Maximos kurz über den Zweck der Reise. Er erinnerte uns daran, dass wir auf einer Pilgerfahrt und nicht auf einer Vergnügungsreise waren und es deshalb keinerlei weltliche Unterhaltung gebe. Dies wäre dem Ziel der Pilgerreise zuwidergelaufen. »Ich bitte euch inständig«, fügte Vater Maximos hinzu, »euch den Umständen anzupassen. Wenn es Schwierigkeiten gibt, betrachtet sie als eine Form der *Askesis.*

Der Teufel«, sagte er mit einem Augenzwinkern, »ist ganz versessen darauf, als ungeladener Gast, umsonst und ohne Fahrkarte an Bord zu kommen. Er wird nach Kräften versuchen, Schaden anzurichten. Er wird uns dazu verleiten, wegen Kleinigkeiten Theater zu machen. ›Mir schmeckt das Essen nicht‹ oder ›Mir gefällt meine Kabine nicht‹ oder ›Ich komme mit der Person nicht zurecht, mit der ich mir die Kabine teilen muss‹ und so weiter.«

Wenn ich Vater Maximos so zuhörte, hatte ich den Eindruck, dass er es bereits auf früheren Pilgerreisen mit solchen Problemen zu tun gehabt hatte. Durch seine aufmunternden Worte erstickte er möglichen Ärger im weiteren Verlauf der Reise von vornherein klug im Keim. St. Nikolas half mit seinem kleinen Wunder, sodass alle glücklich und zufrieden waren. Bis Zypern außer Sicht geriet und wir in ägäische Gewässer einfuhren, hatte sich die See vollkommen beruhigt.

Die Pilger nutzten die ruhige See, saßen auf Deck und genossen die Frische des offenen Meeres. Ich machte mir rasch ein paar Notizen und brach dann mit Antonis und Vater Nikodemos zu einem Rundgang über das Schiff auf, um den Sonnenuntergang zu genießen.

»Stellt euch einmal vor«, erzählte Vater Nikodemos kopfschüttelnd, »einer der Bischöfe hat vor Wut geschäumt, weil Vater Maximos kein

Fleisch isst. Ist das zu glauben? Von einem anderen heißt es, er habe sich beklagt: ›Wenn ich einen Vortrag halte, kreuzen kaum zwanzig Leute auf, aber wenn Vater Maximos einen Vortrag hält, kommen sie zu Tausenden. Wie kommt das bloß?‹«

»Eifersucht ist eine sehr menschliche Schwäche, Vater Nikodemos«, sagte Antonis, während wir, die Arme auf die Reling im Bug des Schiffes gestützt, zusahen, wie die Sonne im Meer versank.

»Und ob!«, sagte Vater Nikodemos. »Weißt du, welche Herausforderung für uns Mönche am schwersten zu bewältigen ist?«, fragte er und beantwortete sich die Frage gleich selbst: »Nicht Sex oder Völlerei oder Geld, sondern der Ehrgeiz, insbesondere der Ehrgeiz in der geistlichen Entwicklung. Da findet der Teufel ein Einfallstor in unser Herz. Die größte Gefahr für einen Mönch ist die Eifersucht: ›Warum er und nicht ich?‹«

4

Wut ohne Sünde

Die Ägäis schimmerte im hellen Licht des Vollmondes, während wir an Insel um Insel vorüberglitten. Ich saß alleine vor meiner Kabine und betrachtete die Weiße der Schaumkronen auf den Wellen, die von der Schiffsschraube hervorgerufen wurden, welche beständig die ruhige See durchpflügte. Ich dachte über die Ereignisse der letzten Tage nach und notierte ein paar Eindrücke. Vor einer Stunde hatte das Abendessen stattgefunden, gefolgt von einem kurzen Vortrag von Vater Maximos, und nun waren die meisten Pilger in ihren Kabinen. Am kommenden Nachmittag sollten wir auf der Insel Tinos anlegen, um der wundertätigen Ikone der Heiligen Jungfrau zu huldigen, der orthodoxen Entsprechung Unserer *Lieben Frau von Guadalupe und der Madonna von Lourdes.*

Die Insel Patmos, auf der wir tagsüber zwei Klöster besucht hatten, ein Männer- und ein Frauenkloster, hatten wir bereits wieder verlassen. Am wichtigsten für unsere Pilgerreise aber war gewesen, dass wir die legendäre Höhle besucht und dort Kerzen angezündet hatten, wo Jesu Lieblingsjünger Johannes einem treuen Schüler im Zustand der Ekstase die Apokalypse diktiert haben soll, das letzte Buch des Neuen Testaments. Diese starken Eindrücke noch lebendig vor Augen, wollte ich mir schnell ein ruhiges Plätzchen suchen, um Notizen zu machen, bevor sie von neuen Geschichten und Ereignissen in die hinteren Winkel meines Gedächtnisses gedrängt würden.

Vater Maximos hatte eine besondere Liebe zu Patmos, nicht nur wegen Johannes' ehrfurchtgebietender Vision in der berühmten Höhle, sondern wegen der Einfachheit und heiteren Gelassenheit der Insel, die man auf den kommerzielleren und stärker vom Tourismus beherrschten griechischen Inseln nicht findet. Die heitere Ruhe dieses Ortes beeindruckt die Besucher schon, sobald sie einen Fuß auf die Insel setzen. Dies konnte mich jedoch nicht von dem Unbehagen ablenken, das ich verspüre, wenn ich über die ekstatische Vision des Johannes nachdenke. Bereits in früheren Gesprächen mit Vater Maximos hatte ich meine ambivalenten Gefühle gegenüber der Apokalypse mit ihren Bildern vom massenweisen Abschlachten, von Marter und Pein zum Ausdruck gebracht. Anders als die anderen Schriften des Neuen Testaments lässt die Apokalypse groteske Deutungen zu, die bei weniger kritisch veranlagten Gläubigen häufig irrationale Reaktionen und Massenhysterie auslösen. Einmal ging ich sogar so weit, ihm zu sagen, ich wünschte, die Kirchenväter hätten dieses Buch nicht in den neutestamentlichen Kanon aufgenommen.

Für Vater Maximos liegt die Bedeutung der Apokalypse jedoch in der Mahnung zur notwendigen *Metanoia,* zur radikalen Umkehr unseres individuellen wie kollektiven Bewusstseins zu Gott. In dem Moment, in dem wir diese Erde verlassen, erleben wir unweigerlich unsere persönliche »Apokalypse«, so sagte er, und dieser Moment kann jederzeit da sein.

Diese Gedanken beschäftigten mich, als ich plötzlich Vater Maximos' beruhigende Stimme vernahm. »Na, noch ein wenig den Abend genießen, Kyriaco?« Er trat aus seiner Kabine, lehnte sich über die Reling, ließ den Blick über den Horizont schweifen und atmete ein paar Mal tief durch.

»Unbedingt«, antwortete ich, glücklich über sein unerwartetes Erscheinen. Auf besondere Momente wie diesen hatte ich mich gefreut, als ich mich zur Teilnahme an der Pilgerreise entschlossen hatte. Da die meisten Pilger spirituelle Anhänger von Vater Maximos waren, waren Momente und Gespräche ganz mit ihm allein eine Seltenheit. An Bord war er praktisch ständig von Pilgern, Mönchen und Nonnen umlagert.

»Ich hoffe, Sie finden auf dieser Reise auch ein wenig nötige Ruhe«, sagte ich leichthin. Er setzte sich auf einen Liegestuhl neben mich.

»Wahre Ruhe, Kyriaco, ist für mich, wenn ich allein in einer Eremitage bin«, erwiderte er in einem Ton, der etwas Klagendes hatte.

Sein neuer Rang als geistliche Berühmtheit hatte einen hohen Preis, insbesondere, da er eigentlich nie mehr sein wollte als Mönch auf dem Athos.

»Ich verstehe, was Sie meinen.« Seit er zum Bischof gewählt worden war, hatte er kaum noch Gelegenheit zum Alleinsein, das doch wesentlicher Bestandteil des mönchischen Lebens ist.

Wir hatten erst wenige Worte gewechselt, da tauchten Antonis und seine Frau Frosoula in Begleitung zweier Kusinen auf, Maria und Eleni. Wir baten sie zu uns, und sie nahmen die Einladung gerne an. Mit seiner ungezwungenen und informellen Art wirkte Vater Maximos wie ein menschlicher Magnet. Wirklich allein mit ihm zu sein, war nur im Rahmen einer Beichte möglich.

»Vater Maxime«, sagte ich, »in Ihrer Rede heute Abend haben Sie gesagt, dass ein Mensch wütend sein kann, ohne damit eine Sünde zu begehen. Was haben Sie damit genau gemeint? Wie ist das möglich? Ich habe immer geglaubt, ein authentisches geistliches Leben bedeute inneren Frieden und Freiheit von Wut.«

»Da hast du natürlich recht. Aber als ich von Wut ohne Sünde gesprochen habe, stand mir ein Zitat aus Psalm 4 vor Augen, in dem der Prophet David im Namen Gottes spricht und uns auffordert, unsere Wut von Sünde zu befreien.«

»Ist das nicht paradox, ein Widerspruch?«

»Das klingt doch doppelzüngig«, stichelte Antonis.

»Nicht ganz«, erwiderte Vater Maximos. »Schau, die heiligen Altväter sind sich da absolut einig. Wut ist integraler Bestandteil des menschlichen Wesens. Ein Gottesgeschenk.«

»Ein Gottesgeschenk?«, rief Maria verdutzt aus. »Ich habe immer geglaubt, Wut bringt uns nur Schwierigkeiten ein.«

»Ich will es erklären. Gott hat uns die Fähigkeit zur Wut geschenkt, stimmt's? Sie gehört zu den Seelenkräften, genau wie Gerechtigkeit, Weisheit und Mut. Allerdings missbrauchen wir diese gottgegebenen Kräfte zumeist. Sie wirken in uns nicht so, wie Gott es im Sinn gehabt hat.«

»Aber inwiefern missbrauchen wir die Wut?«, fragte ich.

»Ganz einfach. Wir missbrauchen sie, wenn wir sie gegen Mitmenschen richten, wenn wir zum Beispiel jedes Mal einen Groll entwickeln, wenn wir uns ungerecht behandelt fühlen. Wir missbrauchen sie, wenn wir uns von dem Gefühl der Ablehnung leiten lassen und deshalb auf Menschen in unserem Umfeld losgehen. Wir missbrauchen sie auch, wenn wir unsere Wut zum Einsatz für unsere vermeintlichen Rechte instrumentalisieren, also im weltlichen Sinne des Wortes.«

»Manche werden sagen, was Sie da vorschlagen, Vater Maxime, ist ein Rezept für Passivität und lädt andere zum Missbrauch geradezu ein«, entgegnete ich. »Moderne Coaches trainieren ihre Klienten, für ihre Rechte einzustehen.«

»Nur nicht so voreilig, Kyriaco«, erwiderte Vater Maximos und forderte mit einer Geste seiner Rechten zur Geduld auf. »Wut wirkt nicht richtig in uns, wenn sie mit Egoismus vermischt wird, das ist alles. Die heiligen Altväter lehren: Wenn man herausfinden will, ob man von Egoismus getrieben ist, kann man sich fragen, ob man wütend wird oder nicht, und warum. Wird man wütend, braucht man gar nicht mehr darüber zu spekulieren, ob man nun ein egoistischer Mensch ist oder nicht. Wut im Herzen ist ein Anzeichen dafür, dass es einem an Demut fehlt.«

»Das ist doch der Normalzustand, in dem wir uns alle befinden«, betonte ich. »Wenn unsere Wünsche ausgebremst werden, werden wir wütend. Man könnte sagen, das ist nur natürlich.«

»Es ist nicht natürlich«, entgegnete Vater Maximos. »In unserem gefallen Zustand ist es natürlich, ja. Aber in unserem eigentlichen Wesen ist es nicht natürlich. Unser natürlicher wesenhafter Zustand ist der, den die Heiligen erlangen.«

»Dies ist der Zustand jenseits aller Wünsche und weltlichen Belange«, sagte Antonis. Er hatte eingehend über die Lehren der heiligen Altväter nachgelesen und ließ mir regelmäßig Bücher zukommen, die er für »Pflichtlektüre« hielt.

»Genau. Der wütende, streitsüchtige Mensch, der sich aus diesem oder jenem Grund oder wegen dieser oder jener Sache aus der Ruhe bringen lässt, hat ein geistliches Problem. Er wird beherrscht von einer destruktiven Leidenschaft, ob wir sie nun Egoismus, Selbstsucht,

Narzissmus oder Stolz nennen. Suchen wir also keine Ausflüchte. Wir werden wütend, weil wir meinen, jemand habe uns Unrecht getan oder versucht, uns übers Ohr zu hauen oder etwas Gemeines über uns gesagt, uns beleidigt, uns zu bestehlen versucht oder was auch immer.«

Vater Maximos lächelte geheimnisvoll und fügte dann hinzu: »Es wird immer Menschen geben, die versuchen, uns Unrecht zu tun. Heißt das, wir sollten ständig wütend sein? Heißt das, dass wir nie inneren Frieden finden, sondern immer anderen die Schuld an unserer Wut zuschieben sollten?«

»Genau in diesem Zustand befinden wir uns häufig. Waren Sie schon einmal in Athen?«, fragte ich rein rhetorisch und spielte damit auf die sprichwörtlich ungeduldigen und explosiven Athener Fußgänger an.

»Was also sollen wir tun?«, fragte Eleni, die hier zum ersten Mal eine Begegnung und einen Austausch mit Vater Maximos erlebte.

»Wir müssen erkennen, dass wir uns in einem Zustand innerer Ruhe und Gelassenheit mit allen diesen Problemen auseinandersetzen können. Der Wütende leidet an Egoismus, egal, was die Ursache seiner Wut ist.

Dazu fällt mir eine Geschichte aus dem *Gerontikon* ein«, sagte Vater Maximos nach einer kurzen Unterbrechung, in der ein weiterer Pilger sich zu uns gesellte. »Es gab da einen Mönch, der immer wütend war, der bei anderen immer einen Fehler fand und ihnen die Schuld für seine Unzulänglichkeiten und Probleme zuschob. Er führte seine Wut auf die Lebensweise in der Gemeinschaft zurück. Im Kloster gebe es zu viele Menschen mit ungleichen Interessen und unterschiedlichen Charakterzügen. Deshalb wollte er sich in die Wüste zurückziehen und dort alleine als Eremit leben. Die ersten drei Tage war er dort ruhig und friedlich. Am vierten Tag wollte er seine Tasse mit Wasser füllen (in der Wüste ein kostbares Gut), verschüttete es aber versehentlich auf den Boden. Er versuchte es noch einmal, aber wieder stieß er seine Tasse um. Er platzte vor Wut, trat gegen den Stuhl, auf dem er saß, und zerbrach ihn. In diesem Augenblick sah er den lachenden Teufel vor sich. Da wurde ihm klar, dass das Problem bei ihm lag und er ausschließlich sich selbst die Schuld an seinen Ausbrüchen geben konnte. Dieser Mönch begriff, dass er an sich arbeiten musste, um die Leidenschaft der Wut, die ihn beherrschte, zu bekämpfen; und dass er aufhören musste, anderen die Schuld an seinen Unzulänglichkeiten zuzuschieben. Die Wüste war ihm keine Hilfe.«

Durch unser Gespräch sichtlich angeregt, sprach Vater Maximos weiter, während zugleich in unserer Nähe zwei Ordensschwestern an Deck erschienen, Athanasia und Ioanna. Vater Maximos bedeutete ihnen, zu unserem ständig größer werdenden Kreis hinzuzukommen. Strahlend zogen die beiden Schwestern zwei Stühle herüber und setzten sich schüchtern zu uns. Dann erzählte er eine weitere Geschichte. »Ich möchte gerne, dass ihr das Verhalten dieses Mönchs mit dem eines Altvaters vom Athos vergleicht, den ich gekannt habe, und der als *Salos* (Narr in Christus) galt. Wir haben ihn immer den *Jacobaki* genannt (sein richtiger Name war Jacob). Sommers wie winters streifte *Jacobaki* barfuß über den Heiligen Berg. Er hatte keine feste Eremitage oder Bleibe und war fast nackt. Wo man ihm zu essen gab und Gastfreundschaft anbot, blieb er immer nur für eine Nacht und zog dann weiter. Sein Talar war in den vielen Jahren, die er ihn schon trug, ganz grau geworden und so voller Flicken, dass man nicht mehr sagen konnte, was einmal der ursprüngliche Stoff gewesen war. Eines Tages beschlossen ein paar Brüder, ihn mit einem neuen Talar einzukleiden, aber er weigerte sich hartnäckig, den alten auszuziehen. Da packten ihn die Brüder und zogen ihm den Talar gewaltsam über. Dabei wiederholte er unablässig: »Gleich werde ich wütend auf euch. Jetzt werde ich wirklich gleich wütend.« Aber er konnte nicht wütend werden, so sehr er auch provoziert wurde und so sehr er es auch versuchte.

Erkennt ihr, was da vor sich ging? Jemand wie *Jacobaki*, der Demut in einer solchen Tiefe erlangt hatte, trägt in seinem Herzen keinen Platz mehr für Wut, so sehr er es auch versucht.«

»Andererseits werden wir, die wir in der Welt leben, sogar im Schlaf wütend«, sagte Antonis.

»Das liegt daran, dass wir keinen Frieden in uns haben. Wir haben Wünsche und Begierden und einen eigenen Willen, aber wir haben keinen echten Frieden«, klagte Vater Maximos. Dann stand er auf, um sich die Beine zu vertreten und den Mond zu betrachten, der sich in dem ungewöhnlich ruhigen Meer spiegelte.

»Um auf meine ursprüngliche Frage zurückzukommen«, sagte ich, »wann kann man wütend sein, ohne dass man dabei sündigt?«

»Gott hat uns die Macht der Wut geschenkt«, sagte Vater Maximos und nahm wieder Platz, »damit wir sie im Einklang mit unserem wahren Wesen nutzen.«

»Aber wann? Warum? Und wie sollen wir sie nutzen?«

»Wir sollten sie nutzen, wenn wir wütend werden auf unsere Leidenschaften, gegen die Dämonen, die sich alle Mühe geben, uns von Gott fernzuhalten, gegen die Sünde. Häufig ist der Druck unserer Leidenschaften so groß, dass wir unsere ganze Kraft aufbringen müssen, um uns ihnen zu widersetzen. Wut ist die Energie, die uns befähigt, uns unseren Leidenschaften entgegenzustellen, den Umständen und Versuchungen zu widerstehen, in denen wir uns womöglich befinden. Wenn wir weich und schwach sind, erliegen wir allen möglichen Versuchungen.«

»Ich vermute, Sie meinen, wir sollten genügend Stärke in uns haben, um nicht gegen unser Gewissen zu verstoßen. Das meinen Sie vermutlich mit natürlicher Wut.«

»Genau. Ist es nicht bewundernswert, dass die heiligen Väter, die der Inbegriff der Milde waren, eine so große Widerstandskraft gegen das Böse bewiesen haben? Der Heilige Chrysostomos ermahnt uns, uns alle Welt zum Freund zu machen, aber auch bereit zu sein, uns um der Liebe Christi willen Feinde zu machen. Das ist unvermeidlich, wisst Ihr.«

»Ich glaube, das verstehe ich nicht ganz«, sagte Maria.

»Stelle dir einmal vor, eine Freundin kommt zu dir und bittet dich, bei etwas mitzumachen, das deinem Gewissen widerstrebt. Dann musst du die Kraft der Wut aufbringen und Nein sagen. Und zwar sogar dann, wenn es dich die Freundschaft kostet.«

»Ich vermute, es ist eine Frage, wie viel uns unsere Werte bedeuten und welche Werte wir verfechten«, sagte ich.

»Das gilt für alles, was wir tun. Erst neulich kam jemand zur Beichte und sagte mir, er habe eine außereheliche Affäre gehabt. Damit habe er einer Freundin aus ihrer Depression heraushelfen wollen, weil sie in ihrer Ehe so unglücklich war. Ihr Mann war ihr gegenüber gleichgültig und konnte sie sexuell nicht befriedigen. Ich frage euch: Hilft man so einem anderen Menschen?« Vater Maximos verschränkte die Arme und lehnte sich in seinem Stuhl zurück.

Als wir uns wieder beruhigt hatten, berichtete ich von dem Fall eines Psychiaters, zu dessen »therapeutischen« Interventionen bei depressiven Patientinnen auch gehörte, dass er mit ihnen schlief, um ihnen bei der Überwindung ihrer Probleme zu helfen. Vater Maximos schüttelte ungläubig den Kopf, die anderen lachten.

»Ein Mensch Gottes ist weder leichtgläubig noch beeinflussbar. Er weiß, wann er sich im Angesicht einer Provokation zurückziehen muss und wann er Widerstand zu leisten hat. Ganz bewusst und wissentlich lässt er zu, dass er gedemütigt wird, und schweigt dazu. Aber es gibt Zeiten, in denen er seine Wut zusammennehmen und kämpfen muss.«

»Genau wie Jesus, der auf die Händler losgegangen ist und sie aus dem Tempel vertrieben hat«, sagte Antonis.

»Sehr gut. Genau da hat Jesus seine Wut gezeigt …«

»Vater Maxime, ich muss gestehen, dass ich mit dieser Stelle im Neuen Testament meine Schwierigkeiten habe«, warf ich ein. »In der Geschichte ist sie immer wieder als Ausrede für religiös motivierte Gewalt benutzt worden, etwa wenn Abtreibungsgegner in den USA Kliniken in die Luft sprengen oder wenn heilige Krieger im Namen Christi kämpfen. Im Islam ist es dasselbe Problem, wenn extreme Fundamentalisten behaupten, ihr Dschihad sei von Allah abgesegnet. Schließlich habe auch Mohammed zum Schwert gegriffen und seine Armee gegen seine Feinde geführt.«

»Ganz offensichtlich sprechen wir hier von verschiedenen Dingen«, erwiderte Vater Maximos. »Jesu Wut entsprang seinem tiefsten Wesen. Diese natürliche Kraft der Wut hat er dazu genutzt, im Hause Gottes wieder Gerechtigkeit herzustellen. Und beachte bitte, dass weder Jesus noch seine Apostel das Schwert erhoben haben, um Krieg gegen Ungläubige zu führen. Wenn sich später irgendwelche Leute ein christliches Mäntelchen umgehängt und im Namen Christi Kreuzzüge geführt haben, so ist das etwas anderes.«

»Ich erinnere mich an einen zypriotischen Diakon«, fügte ich hinzu, »der seine Beteiligung an der Guerilla-Bewegung gegen die Briten als eine von Gott geheiligte Frage der Gerechtigkeit rechtfertigte. ›Christus hat uns gezeigt, wie man das macht‹, sagte er mir und führte zur Rechtfertigung für seine Beteiligung an der gewaltsamen Untergrundbewegung zur Vertreibung der Briten aus Zypern eben dieses Beispiel an, wie Jesus die Geldverleiher aus dem Tempel vertrieben hat.«

Vater Maximos entgegnete, dies seien die Folgen menschlicher Schwächen und geistlicher Unzulänglichkeiten. Mit Christi Lehre und Botschaft habe das nichts zu tun. »Christus ist unser Archetyp«, erklärte er weiter, »und die Herausforderung an uns lautet, diesem Archetyp so nahe wie möglich zu kommen. Jesu Wut war ebenso wenig die Folge einer irdischen Leidenschaft wie ein Resultat von Egoismus. Jesus war vollkommener Gott und vollkommener Mensch. Als Jesus seinen Jüngern sagte, er müsse nach Jerusalem, sich den Römern ergeben und schließlich hingerichtet werden, war Petrus außer sich. Er rebellierte gegen diese Aussichten und erklärte, er werde das nicht zulassen. Da wies Jesus ihn scharf zurecht. Er sagte Petrus, er spreche mit der Stimme Satans. Das sagte er seinem führenden Jünger! Wisst ihr, Jesus hatte alle seine Seelenkräfte vollkommen im Gleichgewicht.«

»Ähnlich hat Jesus reagiert«, fügte Antonis hinzu, »als Satan ihm weltliche Macht angeboten hat. Er wurde wütend und züchtigte ihn.«

»Jesus hat die Wut nur dazu genutzt, der Versuchung zu widerstehen. Dies ist das Beispiel, das er uns geben wollte, und dazu sind wir aufgefordert«, sagte Vater Maximos. »Ich werde nie vergessen, wie Altvater Paisios mit derartigen Fällen umgegangen ist, obwohl er durch Fasten und nächtliche Vigilien geschwächt war. Manchmal konnte er sich sogar kaum aufrecht halten. Doch wenn es um das Gewissen ging und darum, sich dem Bösen entgegenzustellen, verwandelte er sich in einen Krieger. Bei aller Zerbrechlichkeit hatte der alte Paisios in seinem Kampf gegen das Böse nicht die geringste Angst.«

»Haben Sie ihn unter solchen Umständen je in Aktion gesehen, Vater Maxime?«, fragte ich.

»Sehr oft. Einmal habe ich beobachtet, wie er mit einem Kerl aus Kreta umgegangen ist, der anscheinend unter dem Einfluss dämonischer Energien stand. Er war groß und kräftig und bat den alten Paisios um eine Privataudienz. Dann fing er an, Unsinn zu reden. Irgendwann verlangte er, der Altvater solle niederknien und ihn anbeten, denn er sei ›Gott‹, wie er behauptete. Ganz offensichtlich hatte er den Verstand verloren. Der alte Paisios stand auf, stieß ihn weg und sagte: »Du bist nicht Gott, du bist ein Esel.« Daraufhin warf der Kreter den Altvater zu Boden. Wieder stand der alte Paisios auf, wies mit dem Finger auf den wild aussehenden Kerl und warnte ihn: »Heute Nacht mache ich dich fertig.«

»Hat er ihm wirklich so gedroht?«, fragte ich und lachte.

»Aber ja! Es war natürlich der Teufel, dem er so gedroht hat, nicht dem armen Kerl selbst. Damit hat Altvater Paisios gemeint, dass er in der Nacht für den Kreter beten würde, um ihn von den Dämonen zu befreien, von denen er besessen war. Der junge Mann wusste nicht, was er tat oder sagte. Als er hörte, dass Altvater Paisios ihn fertigmachen würde, trat ihm Schaum vor den Mund, und er warf sich auf den alten Paisios, um ihn zu zerreißen.«

»Und, haben Sie ihn gerettet?«, fragte ich nur halb im Ernst.

»Er hat gar keine Hilfe gebraucht. Ein anderer Mönch und ich waren an dem Tag dabei, und wir haben alle geglaubt, wir würden sterben. Alles ging so schnell, dass uns kaum Zeit zum Reagieren blieb. Bevor wir auch nur die Chance hatten einzugreifen, war der Altvater, zerbrechlich wie er war, wieder auf den Beinen und verpasste ihm eine derart heftige Ohrfeige, dass er beinahe zu Boden ging. Dann fing der Kreter an, nicht nur den Altvater, sondern auch die Heilige Jungfrau zu verfluchen. In dem Moment versetzte ihm der alte Paisios einen derart heftigen Schlag auf den Mund, dass ich dachte, ihm fallen die Zähne aus.«

»Hatte er keine Angst, dass dieser Mensch ihn umbringen könnte?«

Vater Maximos verwarf diesen Gedanken mit einer Geste. »Der alte Paisios hatte keine Angst vor der Besessenheit durch Dämonen. Er hatte keine Angst vor dem Satan. Er war ein Meister-Exorzist. Der Kampf spielte sich damals nicht mit dem armen Kerl ab, sondern mit dem Dämon, der in ihm war und ihn immer wieder quälte.« Altvater Paisios, so erzählte uns Vater Maximos weiter, betete die ganze Nacht für den Mann, dessen psychische Gesundheit schließlich wiederhergestellt wurde.

Vater Maximos fiel noch etwas ein, und er lächelte. »Wisst Ihr, im Leben der Heiligen gibt es viele Geschichten, die diese Wut und Missachtung gegenüber weltlicher Macht und Ungerechtigkeit veranschaulichen. Als Kaiser Julian der Apostat [römischer Kaiser aus dem 4. Jahrhundert, der das Christentum bekämpfte und die heidnische Religion wiederherstellen wollte], in Caesarea vorbeikam, wo der Heilige Basilius lebte, wurden ihm allerlei kostbare Geschenke überbracht, wie sie für einen mächtigen Kaiser standesgemäß sind. Die Menschen waren diplomatisch und versuchten, sich bei ihm einzuschmeicheln. Auch Basilius der Große, der in der Philosophenschule in Athen ein Kommilitone und Freund von Julian gewesen war, schickte ihm ein Geschenk. Es war ein Laib Gerstenbrot. Als er dem Kaiser überreicht wurde, warf er ihn wütend und angewidert zu Boden. »Schämt er sich nicht, mir dies zu senden. Dem werde ich's zeigen!«, polterte er. Julian befahl seinen Dienern, Basilius ein Bündel Heu zu senden, mit dem üblicherweise die Esel gefüttert wurden. Als Basilius es erhielt, lachte er und sagte: »Ich habe ihm einen Laib Gerstenbrot geschickt, weil Gerstenbrot das ist, was ich esse. Und nun schickt er mir, was er isst.«

So sind Heilige nun einmal. Wenn es um grundlegende Glaubensprinzipien geht, sind sie furchtlos und können außergewöhnliche Kraft aufbringen, egal, wer ihre Gegner sind. Bei all ihrer Freundlichkeit und Demut handeln sie gegenüber den herrschenden Mächten doch oft provokativ. Wenn es um Ungerechtigkeit geht, um Kulanz gegenüber der Sünde und um Glaubensdinge, dann sind sie kompromisslos und unbeugsam. Sie sind echte Kämpfer.«

»So waren auch die Propheten im alten Israel«, sagte ich. »Sie wetterten gegen Ungerechtigkeit und hatten keine Angst vor den herrschenden Mächten.«

»Männer Gottes haben nie Angst vor weltlicher Macht«, ergänzte Vater Maximos. »Da fällt mir ein, was ich einmal über das Leben des großen Antonios [des Heiligen Antonius, des Begründers des christlichen Mönchtums im 4. Jahrhundert] gelesen habe. Er lebte alleine in der Wüste. Doch als er erkannte, dass die *Ekklesia* wegen der arianischen Häresie [von einem Priester namens Arianus angeführte innerkirchliche Bewegung, die die Göttlichkeit Christi infrage stellte] in Gefahr war, verließ er die Wüste und machte sich eilends auf in die Stadt, um dort seinen Glauben zu bezeugen. Ihr seht also, Auseinandersetzungen und Konflikte innerhalb der *Ekklesia* sind nichts Ungewöhnliches oder Neues. Es hat sie im Laufe der Geschichte immer wieder gegeben. Wenn nötig, sind wir gezwungen zu kämpfen, aber immer mit Umsicht und Urteilsvermögen.«

»Aber ist das nicht ein schwieriges Argument, Vater Maxime?«, wandte ich ein. »Das kann doch zu Religionskriegen führen.«

»Solche Entwicklungen treten ein, wenn Menschen aus egoistischen Wünschen und Eigeninteresse handeln.«

»Aber man kann argumentieren, dass die heutigen islamischen Selbstmordattentäter selbstlos und aus Liebe zu ihrer jeweiligen Gruppe und Religion handeln«, hakte ich nach.

»Schau! Wir dürfen immer nur im Rahmen des Geistes Gottes und mit Liebe zu allen Lebewesen kämpfen. Im Mittelpunkt unserer Motivation muss immer das Wohl anderer stehen. Heilige wie Altvater Paisios bieten uns ein gutes Beispiel. Wir dürfen niemals aus Motiven heraus handeln, die mit weltlichen und persönlichen Überlegungen kontaminiert sind. Wenn die Heiligen für Gerechtigkeit und für den Erhalt grundlegender Glaubensprinzipien kämpfen, dann tun sie dies nie, um ihre Karriere oder ihre eigenen Interessen zu fördern oder eine bestimmte Gruppe zu begünstigen. Sie verlangen nichts für sich, weder Ruhm noch Lohn noch irgendeine andere Form menschlicher Anerkennung. Sie tun alles zum Ruhme Gottes und aus Liebe zu ihren Mitmenschen, zu allen Menschen. Dann ist Wut notwendig und ohne Sünde. Aber noch einmal, diese Form der Wut können Menschen erst dann zum Ausdruck bringen, wenn sie einen Punkt erreicht haben, an dem sie, wie die Heiligen, ihrem Wesen entsprechend handeln.«

»Man kann glauben, man handele selbstlos, aber in Wirklichkeit trifft das gar nicht zu. Man kann zum Beispiel für seinen Gott oder für sein Land töten und sich einbilden, man handele selbstlos.«

»Das stimmt«, antwortete Vater Maximos. »Geistliche Reife ist die Voraussetzung.«

»Können Sie diese Idee von der Wut ohne Sünde bitte etwas konkreter fassen?«, bat Eleni. »Sie ist mir nicht ganz klar.«

»Du bist Mutter, nicht wahr?«

»Ja.«

»Nun ja, wie du aus Erfahrung weißt, muss eine Mutter oft Wut zeigen, wenn sie ihrem Kind etwas beibringen will. Eine Mutter, die auf ihr Kind wütend wird, dabei aber nur das Wohl ihres Kindes im Sinn hat, ist ein Beispiel für Wut ohne Sünde.«

Eleni nickte.

»Natürlich sollte man sich stets vor Augen halten, dass dies ein sehr subtiles Prinzip ist. Es ist sehr schwierig, zwischen einem Zustand, in dem man wütend ist und nicht sündigt, und einem Zustand, in dem man wütend ist und damit eine Sünde begeht, zu unterscheiden. Wenn wir überlegen, wo wir im Vergleich zu den Heiligen stehen, müssen wir davon ausgehen, dass wir einfach unser egoistisches Ich zum Ausdruck bringen, wenn wir wütend sind. Tatsächlich können nur sehr wenige wütend sein, ohne dabei zu sündigen.«

»Wenn wir uns also sagen würden, ›ich bin jetzt zwar wütend, aber ich sündige nicht, weil meine Wut ohne jede Selbstsucht ist‹, dann wäre dies überheblich und eine eigennützige Rationalisierung und damit selbst wiederum eine Sünde«, fügte ich hinzu.

»Ganz recht. Selbst Heilige erliegen oft der Versuchung der Wut. Ich denke dabei an Abba Makarios. Eines Tages wurde er wütend, als ihn eine Mücke stach, und tötete die Mücke. Danach reute es ihn so sehr, dass er ein halbes Jahr lang nackt neben einem Sumpf lebte. Er wurde von Mücken und anderen Insekten förmlich aufgefressen. Als er wieder ins Kloster zurückkehrte, war er so zugeschwollen, dass ihn niemand mehr erkannte. Erst anhand seiner Stimme fand man schließlich heraus, wer er war.«

»Er hat sich selbst bestraft, bloß weil er eine Mücke getötet hat?«, fragte Antonis erstaunt.

»Nein, nicht weil er eine Mücke getötet hat, sondern weil er wütend geworden ist. Wir töten ständig Mücken, und auch Abba Makarios hatte dies schon oft getan. Diese Buße hat er sich zur Strafe dafür auferlegt, dass er der Versuchung der Wut nachgegeben hatte.«

Vater Maximos bemerkte die Skepsis, die diese Geschichte bei uns auslöste (mit Ausnahme der Ordensschwestern, die schweigend und lächelnd zuhörten) und betonte daher, dass das Allerwichtigste im Leben eines Heiligen wie Abba Makarios seine Beziehung zu Gott sei. »Er war ein mit dem Heiligen Geist begnadeter Heiliger. Wut hat ihn von der Gnade abgeschnitten. Deshalb war er so streng mit sich. Wie ein Lichtschalter hat seine Wut den Strom der Gnade, die ihm zufloss, unterbrochen. Allen, die nicht in der bewussten Kommunikation mit göttlichen Realitäten und Erfahrungen stehen, muss Abba Makarios' Verhalten grotesk und unbegreiflich erscheinen.«

»Ein solches Verhalten bezeichnen wir heute als eine Form psychischer Erkrankung«, sagte ich.

»Verzeihen Sie mir, wenn ich eine naive Frage stelle«, warf Eleni ein, »aber woher wissen wir, ob wir mit dem Heiligen Geist begnadet sind? Gibt es Kriterien, anhand derer wir eine solche Erfahrung erkennen können?«

Nachdenklich schwieg Vater Maximos eine Weile. »Mit dem Heiligen Geist begnadet zu sein, bedeutet, die Reinigung des Herzens von egoistischen Leidenschaften erlangt zu haben. Man kann sich selbst überprüfen und herausfinden, ob man ein sauberes Herz hat oder nicht.«

»Aber wie?«

»Das ist ganz einfach. Erforsche die Früchte des Heiligen Geistes und sieh, ob du sie hast. Christus sagt, dass man den Baum an seinen Früchten erkennt. Möchtest du wissen, ob ein Baum gute Früchte trägt? Pflücke eine und koste sie. Der Apostel Paulus sagt: ›Brüder, die Früchte des Geistes sind folgende‹ und dann führt Paulus Charakterzüge auf wie Liebe, Freude, Frieden, Freundlichkeit, Geduld, Güte, Ehrlichkeit, Treue, Sanftmut und Demut. Nimm diesen Katalog, den er uns anbietet, und analysiere dich selbst. Sind diese Eigenschaften in dir vorhanden? Wenn ja, dann ist der Heilige Geist in dir aktiv. Wenn nicht, dann bedeutet dies, dass die Früchte des Heiligen Geistes in deinem Leben noch nicht offenbar geworden sind. Es bedeutet, dass die Früchte deines Herzens andere sind. Wenn wir in unserem Herzen Finsternis, Verwirrung, Aufregung, Verzweiflung, Böswilligkeit, Feindseligkeit, Rachsucht, Hass, Genusssucht, Geiz, Narzissmus, Egoismus und ähnliches vorfinden, dann sollte für uns feststehen, dass der Heilige Geist inaktiv ist. Dies bedeutet, dass wir von diesen Leidenschaften, die den Heiligen Geist fern oder vor uns verborgen halten, beherrscht werden. Es bedeutet, dass wir *Metanoia* brauchen und hart daran arbeiten müssen, unser Herz zu reinigen.«

Eine ganze Zeit lang dachten wir über die Bedeutung von Vater Maximos' Worten nach. Ich bin mir sicher, dass sich jeder sofort einer Selbstanalyse unterzogen hat. Schließlich brach Antonis das Schweigen. »Um noch einmal auf das Thema Wut zurückzukommen, ich vermute, als allgemeine Regel könnte für uns gelten, dass wir sie vermeiden sollten. Punkt.«

»Das wäre sicher klug. Uns bewusst in Demut zu üben, hilft uns, die Wut zu überwinden und unser Herz von allem zu reinigen, was den Geist Gottes im Ruhezustand hält, statt ihn in uns aktiv werden zu lassen. Wir müssen nur lernen, unsere Wünsche und unseren eigenen Willen im Zaum zu halten, indem wir den Bedürfnissen anderer mehr entgegenkommen als unseren eigenen. Versteht ihr, was ich meine?«

»Ein solches Prinzip ist schwer zu befolgen, Vater Maxime«, sagte ich. »Modernen Menschen stößt ein solches Rezept ziemlich bitter auf. Es richtet sich gegen den Keim des Individualismus, der vom modernen Leben sehr gefördert wird. Eine solche Regel kann vielleicht in einem Kloster funktionieren, aber in der sogenannten realen Welt ist sie schwer umzusetzen.«

Vater Maximos schüttelte den Kopf und behauptete mit Nachdruck, eine solche Regel sei umsetzbar, egal ob man als Mönch in einem Kloster oder in der Welt lebe. Er gab jedoch zu, dass es eine größere Herausforderung darstelle, eine solche Haltung in der Welt zu bewahren.

»Ich erinnere mich an einen Abt, der sagte, in seinem Kloster gebe es einige Mönche, die anderen gegenüber nicht sehr zuvorkommend seien. Sie seien sehr schwierig. ›Da sie‹, so überlegte er, ›sich uns gegenüber nicht gut benehmen können, müssen wir uns ihnen gegenüber gut benehmen.‹ So wurde der Frieden in dem Kloster gewahrt.«

»Aber noch einmal, Vater Maxime«, hakte Antonis ein, der Geschäftsmann, der sich oft über das Fressen und Gefressenwerden auf dem freien Markt beklagte, »wie können wir, ausgehend von dem, was Kyriacos gerade gesagt hat, eine solche Regel außerhalb des Klosters in der Welt umsetzen? Die klösterliche Umgebung ist einer solchen Haltung viel förderlicher.«

»Ich will dich Folgendes fragen«, antwortete Vater Maximos und ließ sein Komboskini, das er stets in der Hand hielt, durch die Finger gleiten. »Nimm an, du hast ein Problem mit deiner Frau, deinem Arbeitgeber, deinen Angestellten. Nimm weiter an, du bist dir mit ihnen nicht einig. Gut, warum tust du dann nicht den ersten Schritt und kommst ihnen mit deiner Position ein Stück entgegen? Nimm ihnen gegenüber die richtige Haltung ein. Akzeptiere andere so, wie sie sind, ohne dich davon beunruhigen zu lassen. So beseitigt man die Ursache der Wut. Ist das schwer? Unbedingt! Aber wer geistliche Ambitionen hat, dem müssen solche Provokationen willkommen sein, und er muss sie als Wachstumschance begreifen.«

»Aber was, wenn man die Ursache seiner Wut nicht beseitigen kann, Vater Maxime?«, fragte ich. »Was dann?«

»Schlucke die Wut hinunter. Lasse sie nicht heraus.«

»Aber das könnte verheerend sein«, entgegnete ich. »Schlagen Sie allen Ernstes vor, dass wir unsere Wut verdrängen und in unserem Unbewussten speichern sollen, wo sie vor sich hin köchelt und zur Zeitbombe wird?«

»Nein, Kyriaco! Du kennst doch die Antwort. Weißt du noch, was ich dir neulich gesagt habe? Unser Altvater lehrte, wir sollten bereit sein, unsere Wut so sehr zu unterdrücken, dass Rauch aus unseren Nasenlöchern kommen könnte, wie er es ausdrückte. Warum sollte er so etwas sagen? Weil die Wut wie ein mächtiger Strom ist, der dich einfach mitreißen kann. Du verlierst die Beherrschung und sagst Dinge, die du später bereust.«

»Aber wie kann man seine Wut kontrollieren, ohne sie ins Unbewusste zu verdrängen?«

»Das ist ganz einfach. Du unterdrückst deine Wut, wirfst dich dabei nieder und bittest um Gottes Hilfe: ›Gott, erbarme dich meiner. Befreie mich von dieser Wut.‹ Dann wirst du wahrhaft Frieden in dir finden. Wenn du lernst, dies so zu machen, dann kommt die Gnade Gottes über und in dich und befreit dich von dieser Leidenschaft.«

»Der entscheidende Schritt, um zu vermeiden, dass sich die Wut im Unbewussten aufstaut, besteht also darin«, sagte ich, »dass man seine eigene Schwäche erkennt und Gottes Hilfe sucht. So lernt man, mit Wut umzugehen.«

»So lehren es die heiligen Altväter, und so haben wir es aus eigener Erfahrung erlebt. Sie lehren, wenn wir wütend werden, sollten wir schweigen. Dann müssen wir sofort um Gottes Erbarmen und Hilfe bitten, damit wir unsere Wut loswerden können.«

»Was ist, wenn wir die Beherrschung verlieren und zurückschlagen und einem anderen gegenüber ausfällig werden oder ihn körperlich angehen? Was dann?«, fragte ich.

»Das Heilmittel gegen eine solche Schwäche besteht dann darin, zu diesem Menschen hinzugehen und ihn um Verzeihung zu bitten.«

»So etwas ist aber schrecklich schwer«, klagte Antonis und schüttelte den Kopf, weil er vielleicht an die Probleme denken musste, die er einmal mit einem seiner Geschäftspartner gehabt hatte. »Es ist ein besonders demütigender Akt, insbesondere wenn man glaubt, dass das Verhalten des anderen einem selbst gegenüber nicht zu rechtfertigen ist.«

»Aber gerade die Demut nimmt deiner Wut die Energie«, betonte Vater Maximos. »Sie ist das notwendige Heilmittel, und wir müssen sie als solches erkennen. Ich sollte noch hinzufügen, dass dieses Heilmittel nur dann wirken kann, wenn wir aufrichtig und aus eigenem Antrieb auf den anderen zugehen und nicht gezwungenermaßen oder scheinheilig.«

»Und wie?«, fragte Antonis.

»Sage zum Beispiel nicht: ›Wenn ich dir etwas angetan oder dich traurig gemacht habe, dann bitte ich um Verzeihung.‹ Eine derart oberflächliche Wischi-Waschi-Einstellung bringt niemanden weiter. Sei tapfer, gehe einfach zum anderen hin und sage: ›Bruder oder

Schwester, es tut mir leid, dass ich dir Kummer bereitet habe. Bitte entschuldige. Ich bin schuld daran.‹ Gehe nicht auf den anderen zu und fange an, dich zu rechtfertigen und Ausreden zu suchen wie etwa ›Nun ja, es tut mir leid, aber ich war eben wütend‹ oder ›was du gesagt hast, hast mich traurig gemacht‹ und so weiter.«

»Zumindest könnte es ein erster Schritt sein! Es ist immerhin besser, als gar nichts zu sagen«, wandte ich ein.

»In Ordnung, das kann ich akzeptieren, Kyriaco. Wenn du nicht zu völliger Demut bereit bist, dann tue wenigstens das. Wenn wir es aber ernst meinen mit der geistlichen Arbeit, dann müssen wir streng mit uns sein. Ich erkenne an, dass es sehr schwierig ist, auf jemanden zuzugehen und zu sagen: ›Bitte verzeih mir, dass ich dir Kummer bereitet habe‹, aber auf eben diese Weise machen wir geistliche Fortschritte. Ich weiß noch, wie schwer es mir als junger und unerfahrener Mönch gefallen ist, als ich zum ersten Mal vor diesem Problem stand. Mein Altvater verlangte von mir, dass ich einen Bruder um Vergebung bitte, mit dem ich ein Problem hatte. Die Schwierigkeit für uns Mönche ist dabei, dass von uns nicht nur erwartet wird, dass wir um Verzeihung bitten, sondern auch, dass wir den Boden berühren und uns vor dem anderen niederwerfen.«

»Ich fürchte, ich bin noch nicht so weit«, sagte Antonis mit einigem Unbehagen. »Für mich wäre so etwas praktisch unmöglich.« Wir übrigen brachen in Gelächter aus.

»Stellt euch vor, ich würde zu einem Kollegen an der Universität gehen«, sagte ich, »vor ihm auf die Knie fallen und um Verzeihung bitten. Der würde postwendend zum Telefon greifen und die Sanitäter rufen.«

»Es ist ganz bestimmt nicht leicht«, räumte Vater Maximos ein. »Natürlich fallt ihr in einem solchen Fall nicht auf die Knie, aber im Geist dieses Prinzips demütigt ihr euch, indem ihr euch beim anderen aufrichtig entschuldigt. Wenn euch wirklich am geistlichen Leben liegt, dann ist dies unbedingt erforderlich.«

Ich erinnerte mich, dass ein junger Mönch im Kloster St. Anthony in Arizona eines Tages mitten in der Kirche niederkniete und seine Brüder beim Hinausgehen vor allen Pilgern und Mönchen um Verzeihung bat. Sein »Vergehen« war, dass er verschlafen hatte und zu spät zum *Orthros* gekommen war. Eine solche Demonstration der Reue war mir jedoch eher als eine spirituelle Übung denn als Bestrafung für mangelnde Pünktlichkeit erschienen. Als Soziologe deutete ich diese Szene natürlich auch im Sinne der unvermeidlichen Notwendigkeit in allen sozialen Gruppen, um der »Grenzwahrung« willen »Abweichler« erzeugen zu müssen. Wenn keiner gegen die Regeln verstößt, weiß niemand, was die Regeln sind, und ohne Regeln kann es keine soziale Gruppe geben.

In seiner üblichen zwanglosen Art erzählte uns Vater Maximos eine weitere Geschichte. »Als ich im ersten Jahr Mönch auf dem Athos war, gab es ein Missverständnis zwischen einem jungen Hieromönch und seinem Altvater. Der junge Hieromönch war sehr aufgebracht, weil er gerüchteweise gehört hatte, der Altvater wolle seinen Dienstplan ändern. Jung und unerfahren wie er war, fing er an, über seinen Altvater herzuziehen. Wir übrigen, die wir noch jünger und naiver waren als er, zögerten keine Minute, gingen schnurstracks zum Altvater und verpetzten ihn. Der Altvater antwortete: ›Bei der Vesper werde ich's ihm zeigen. Ich werde dafür sorgen, dass er sich so sehr schämt, dass er nicht weiß, wo er sich noch vor uns verstecken soll.‹ Wir glaubten, er würde ihn tatsächlich abkanzeln.

Ich weiß, es war Samstag vor der Vesper. Der Altvater kam aus seiner Zelle im zweiten Stock die Treppe hinunter und rief den Hieromönch zu sich. ›Komm in den Altarraum, ich habe mit dir zu reden‹, verkündete er düster. ›Heilige Mutter Gottes‹, murmelten wir anderen bei uns. ›Weh ihm!‹ Der Altvater würde ihn sich direkt im Altarraum zur Brust nehmen. Wir waren alle angespannt und wollten wissen, wie es wohl weiterginge. Wir rechneten damit, dass wir gleich erhobene Stimmen und scharfem Tadel vernehmen würden, wenn der Altvater ihn zurechtwies. Zufällig war ich im Altarraum und half bei den Gottesdienstvorbereitungen, da ich gerade erst zum Diakon ernannt worden war. Und was, glaubt ihr, habe ich gesehen? Als sie in den Altarraum kamen, fiel der 65-jährige Altvater vor dem 25-jährigen Mönch auf die Knie, küsste ihm die Füße und bat um Vergebung. ›Es tut mir leid, Bruder‹, sagte er zu dem jungen Mönch. ›Ich muss etwas getan haben, was dir Kummer bereitet hat. Bitte verzeih mir.‹ Der andere war natürlich völlig niedergeschmettert, schluchzte und bat den Altvater um Vergebung. Durch die Gnade Gottes war die Ruhe im Kloster wiederhergestellt, und wir alle hatten eine wertvolle Lektion gelernt.«

Schweigend hing Vater Maximos seinen Erinnerungen nach. »Die Geschichte geht aber noch weiter, wisst ihr. Am darauffolgenden Montag besuchte ich Altvater Ephraim [einen weiteren charismatischen Altvater und geistlichen Führer von Vater Maximos] in Katounakia. Seine Einsiedelei lag mehrere Stunden Fußweg von unserem Kloster entfernt. Kaum dass er mich sah, wurde er neugierig. ›Was ist denn am Samstagabend im Kloster passiert?‹, fragte er mich. ›Was meinst du?‹, erwiderte ich und tat so, als wüsste ich von nichts. ›Im Gebet habe ich gesehen, wie ein Engel deinem Altvater einen goldenen Kranz über den Kopf gehalten hat. Irgendetwas muss geschehen sein.‹«

»Wie konnte er das wissen, Vater Maxime?«, fragte Eleni verwundert. »Hat es ihm jemand erzählt?«

»Nein, es konnte ihm niemand erzählt haben. Altvater Ephraim war ein Heiliger. Durch die Gnade des Heiligen Geistes hat er solche Szenen auf besondere Art und Weise gesehen. Jetzt fragt ihr euch vielleicht, worauf ich hinauswill. Wut erfordert, dass man sich ihr sofort stellt. Lasst nicht zu, dass sie sich in euch aufstaut. Vor allem aber, rechtfertigt euch nie, wenn ihr wütend seid. Selbstrechtfertigung ist eine Schwäche und kontraproduktiv für unsere geistliche Entwicklung. Vergesst das nie.«

»Weh uns, Vater Maxime. Was Sie uns raten, ist extrem schwer. Wir werden doch alle oft schon bei der kleinsten Provokation wütend«, murmelte Antonis und seufzte.

»Natürlich werden wir wütend. Wir sind doch alle Menschen. Aber wir müssen nach und nach lernen, unsere Wut nicht gegen andere zu richten, sondern gegen unsere egoistischen Leidenschaften.«

»Psychologen würden jetzt mahnen, dass eine solche Einstellung uns alle zu schweren Neurotikern machen könnte«, sagte ich mit gespieltem Ernst.

»Tatsächlich kann man dies auch ohne Neurosen, Ängste oder Depressionen erreichen«, erwiderte Vater Maximos. »Immer, wenn wir uns dabei erwischen, dass wir Wut im Herzen hegen, müssen wir zu erbarmungslosen Richtern unserer selbst werden. Wir müssen uns demütigen, indem wir lernen, ›es tut mir leid‹ zu sagen. Wisst ihr, wie viel schöner das Leben wäre, wenn wir uns diesen Satz angewöhnen könnten?

Das erinnert mich an ein Erlebnis des Heiligen Antonius, als er sagte: ›Ich sah die Fallstricke des Teufels um die ganze Erde gewickelt.‹ Entsetzt seufzte er auf und fragte verzweifelt: ›Wie kann man diesen Stricken entkommen?‹ Und Gott antwortete: ›Die Demut ist es, die Satan besiegt.‹ Beachtet, dass er dem Heiligen Antonius nicht gesagt hat, der Teufel könne durch Fasten oder nächtliche Vigilien, ja noch nicht einmal durch Gebet besiegt werden. Nein, nichts von alledem. Nur durch Demut.

Glaubt mir, es ist wahr, nur Demut kann Satans Fallstricke zunichtemachen. Warum? Weil der Teufel unser Stolz und unser Egoismus ist. Ihr Symbol und praktisches Resultat ist die Wut. Deshalb wird die Wut durch Demut zunichte. Ihr seht, ernsthafte geistliche Arbeit setzt voraus, dass wir es uns zur Gewohnheit machen, uns absichtlich zu erniedrigen, unsere Wünsche zu beschneiden und unsere eigene Meinung zu verwerfen: ›Ich denke so …‹ oder ›Ich bin überzeugt, dass …‹ oder ›Ich halte dieses und jenes für gut …‹. Geht über diese persönlichen Behauptungen hinaus. Überwindet euch und macht euch leer, so wie Christus sich für uns leer gemacht hat. Auf diese Weise erfahren wir das Christus-Geheimnis. *Kenosis,* die Ablehnung unseres Willens und unserer Wünsche, wird uns wieder zu Gott führen.

Es gibt eine Ikone, die *Akra Tapinosis* [Absolute Demut]«, fuhr Vater Maximos fort. »Sie stellt Christus im Grab dar, nackt und tot. Dies ist das Sinnbild der vollkommenen Demut. Sind wir fähig, auf diese Art und Weise in der Welt zu sein? Wenn ja, dann wird das Geheimnis der Auferstehung in uns mit Leben erfüllt. Ein Mensch in diesem Zustand erfährt Frieden, Freude und Freiheit. Ich werde nie jene heiligen Altväter auf dem Athos vergessen, die in den koinobitischen oder Gemeinschaftsklöstern lebten, wie glücklich und zuvorkommend sie waren. Wenn man sie bei irgendetwas fragte, was ihnen lieber wäre, so lautete ihre Standard-Antwort: ›Wie du möchtest.‹ Sie waren mit jeder Lösung einverstanden, die man für ein Problem vorschlug. Sie waren immer fröhlich, und was immer auch geschah, ihr Standardspruch war ›*Nan evlogimeno*‹ [es sei gesegnet].«

»Stellt euch vor, die Menschen würden in der Ehe so miteinander umgehen«, sagte ich leichthin. »Sie würden bei jeder Meinungsverschiedenheit *Evlogison* [zu deinem Segen] zueinander sagen und den Wünschen des anderen nachgeben.«

»Das gäbe lauter glückliche Ehen«, erwiderte Vater Maximos. Wenn es Ehegatten in erster Linie darum geht, dem anderen Gutes zu tun, statt sich selbst, dann herrschen in der Ehe Frieden und Liebe.«

»Sie meinen, man soll jeder Laune und Bitte seiner Frau oder seines Mannes nachgeben?«, fragte Antonis mit erhobenen Augenbrauen.

»Natürlich muss eine solche Einstellung mit Urteilsvermögen gepaart sein«, beeilte sich Vater Maximos hinzuzufügen. »Solange wir die Kunst der Selbstüberwindung nicht erlernt haben, werden wir niemals wirklich glücklich, das dürfen wir nicht vergessen. Wir sind dann nie zufrieden, ganz gleich, was andere für uns tun. Wisst ihr, ich habe immer geglaubt, dass das, was im *Gerontikon* über das Leben der heiligen Altväter geschrieben steht, in erster Linie Mönchen nützt und nur für sie gilt. Aber jetzt, da ich in der Welt lebe und von allen möglichen Schwierigkeiten und Tragödien erfahre, die die Leute in ihrer Familie und im Alltag haben, bin ich überzeugt, dass jeder etwas davon hat, wenn er sich mit dem *Gerontikon* beschäftigt und erfährt, wie die heiligen Altväter dem Leben gegenüberstanden. Die Auseinandersetzung damit kann uns helfen, mit unseren weltlichen Problemen besser fertig zu werden, und sie kann uns auf den Weg zur Vervollkommnung führen. Als verheiratete oder unverheiratete Männer und Frauen, die ein ganz normales, weltliches Leben führen, können wir ebenso vervollkommnet werden wie wenn wir im Kloster leben.«

Bevor wir an jenem Abend auseinandergingen, fasste Vater Maximos die wichtigsten Punkte unseres Gesprächs noch einmal zusammen. »Wut ist eine natürliche Seelenregung, die uns helfen kann, dem

Bösen und der Sünde zu widerstehen. Wir dürfen unsere Wut immer nur gegen die Sünde richten, nie gegen Menschen. Dies ist ein unumstößliches Gesetz. Wir können wütend sein auf die Ungerechtigkeit, aber nie auf den ungerechten Menschen. Wir sind aufgefordert, noch nicht einmal die Dämonen zu hassen. Heilige haben Dämonen nicht gehasst. Dämonisches Handeln allerdings sehr wohl. Ob ihr es glaubt oder nicht, die Heiligen haben sogar die Dämonen geliebt. Ihr Herz war in Liebe zur ganzen Welt entbrannt. Abba Isaak der Syrer schrieb, das Herz der Heiligen sei in Liebe zur gesamten Schöpfung entbrannt, einschließlich der Dämonen. Heilige vermöchten unmöglich zu akzeptieren, dass es Wesen geben sollte, die von Gott abgeschnitten sind. Wenn wir einen solchen Zustand erreichen, dann können wir, wie der Prophet David sagt, wütend sein, ohne zu sündigen.«

Vater Maximos stand auf. »Es ist schon nach Mitternacht, und morgen wird ein langer Tag«, sagte er und streckte die Arme. Vor dem Schlafengehen drehte ich mit Antonis ein paar Runden über das Schiff und dachte darüber nach, was Vater Maximos gesagt hatte, wie über die Wut, den Ursprung aller unserer persönlichen und kollektiven Probleme, zu denken sei. Seit jenem Abend hat sich mein Verhältnis zur Wut völlig geändert. Immer wenn ich mich dabei erwischte, dass es in mir zu brodeln beginnt, fallen mir Vater Maximos' Worte wieder ein, und ein Gutteil meiner Wut verpufft.

5

Ein Krankenhaus der anderen Art

Wir erreichten Tinos bei Sonnenuntergang und selten ruhiger See. Die Insel war nicht nur für die hochverehrte wundertätige Ikone der Heiligen Jungfrau bekannt, die sie beherbergte, sondern auch für die berüchtigt rauen Gewässer, die sie umgaben. Die friedliche See bildete ein wohltuendes Gegengewicht gegen den Aufruhr, der sich gerade an Bord ereignet hatte. Ein Mann in den Siebzigern wäre beinahe an einem Stück Brot erstickt, das ihm beim Mittagessen im Hals stecken geblieben war.

»Wäre der Schiffsarzt nur ein paar Minuten später gekommen, wäre es um den alten Mann geschehen gewesen«, sagte Antonis mit einem Seufzer der Erleichterung. »Er wurde ohnmächtig und lief im Gesicht ganz blau an. Ich war zutiefst erschrocken und hielt ihn schon für tot. Er hat keinerlei Lebenszeichen mehr von sich gegeben.«

Antonis, der zu Hilfe geeilt war, obwohl er auch keine Ahnung hatte, was man tun musste, vertraute mir an, dass er sich nicht nur um das Leben des Mannes sorgte, sondern auch um die möglichen negativen Konsequenzen für Vater Maximos' Ruf, wenn der Pilger gestorben wäre. »Für seine Feinde in Zypern wäre das eine willkommene Gelegenheit gewesen, zu einem schweren Schlag gegen ihn auszuholen.«

»Vielleicht«, so vermutete ich, »wollte die Heilige Jungfrau ihre Gegenwart mit einem kleinen Wunder demonstrieren.« Antonis nickte, als sei dies eine Erfahrungstatsache und verstünde sich von selbst.

Die Kirche mit der wundertätigen Ikone lag drei Kilometer vom Hafen von Tinos entfernt auf einem Hügel. Wir legten die Distanz in einer meditativen Prozession, bei der wir Marienlieder sangen, langsam zu Fuß zurück. Vater Theophilos [Freund Gottes], ein junger Diakon, rezitierte auswendig Verse aus dem Marienlob. Am Ende jedes Verses sangen Vater Maximos und seine Begleiter rhythmisch *Chere Nymphe Anymphefte* (frohlocke, oh unvermählte Braut). Ich ging in unmittelbarer Nähe von Vater Maximos und hatte das unbestimmte Gefühl, dass die Väter in ihrer feierlichen Prozession buchstäblich einen Dialog mit der unsichtbaren Gegenwart der *Theotokos*, der Schutzheiligen der Insel, führten.

Sei gegrüßt, Himmelsleiter, darauf Gott herniederstieg;
Sei gegrüßt, unsere Brücke von der Erde zum Himmelreich …
Sei gegrüßt, die der Weisen Weisheit übertrifft;
Sei gegrüßt, die der Gläubigen Glauben vertieft …
Sei gegrüßt, solchen Reichtum des Erbarmens ziehst du auf deiner Flur.[1]

Bis wir die etwa hundert Stufen zu der auf dem Hügel gelegenen Kirche erreicht hatten, hatten wir alle Stanzen abgedeckt, die üblicherweise im Gottesdienst zu Ehren der *Theotokos* gesungen werden.

Als wir die Treppe hinaufstiegen, wichen wir einer jungen Frau aus, die langsam und unter Tränen auf den Knien die Stufen hinaufrutschte, in ihrem Gebet immer wieder unterbrochen von unbeherrschbarem Schluchzen. »Nur Gott weiß«, flüsterte Antonis mir zu, »welche Tragödie sie gerade durchmacht.«

In der Kirche roch es stark nach Weihrauch und Bienenwachskerzen. Sie war übervoll mit Pilgern, die dicht gedrängt in der Schlange standen und warteten, bis sie an der Reihe waren, der wundertätigen Ikone zu huldigen. Zugleich erfüllte ein Nonnenchor den Raum mit perfekt intonierten Gesängen. Es war eine emotional aufgeladene Atmosphäre, die meinem Empfinden nach eine ganze Kette von Heilungswundern auslösen konnte. Die berühmte Ikone der *Theotokos* war von oben bis unten mit teuer wirkendem Schmuck behängt, von Brillantringen bis zu goldenen Kreuzen. Die Leute hatten sie zum Dank für ihre Genesung von teils unheilbaren Krankheiten hinterlassen. Unzählig waren die Geschichten, die wir hörten, über Menschen, die mit einer körperlichen Behinderung auf die Insel gekommen waren und sie vollständig geheilt wieder verlassen hatten. Ihren Rollstuhl oder ihre Krücken ließen sie zurück. Solche Geschichten sorgen dafür, dass die Pilger nach wie vor zu Tausenden auf die Insel strömen.

Wenn die Menschen vor die Ikone traten, zündeten sie ihre Kerze an, warfen sich nieder, bekreuzigten sich mehrfach und küssten dann die Ikone an einer Stelle, die von Schmuckbehang freigehalten wurde. Danach wischte eine Bedienstete die Stelle rasch mit einem weißen, in Rosenwasser getränkten Tuch ab und bereitete sie so für den nächsten Pilger oder die nächste Pilgerin vor. Während wir in der Schlange warteten, zwinkerte Antonis mir zu und deutete mit dem Kopf auf den älteren Herrn, der vor wenigen Stunden fast erstickt wäre. Eingequetscht im dichten Gedränge wie alle anderen wartete der Mann geduldig, bis er an der Reihe war, der Heiligen Jungfrau seine Verehrung zu erweisen. Von der Tortur, die er überstanden hatte, war keine Spur mehr zu sehen.

Gegen Mitternacht, gleich nach der abendlichen Gebets-Vigil, kehrten wir auf das Schiff zurück. Die Mannschaft machte sich bereit zum Ankerlichten für die Nachtfahrt nach Lesbos, das die westliche Welt als die Insel der Sappho kennt, der antiken Dichterin und modernen Ikone der Emanzipationsbewegung. Für orthodoxe Pilger aber ist Lesbos die Insel außergewöhnlicher Wundergeschichten, die dem Heiligen Raphael dem Archimandriten[2] sowie Erzengel Michael zugeschrieben werden, den die Einheimischen *Taxiarchis* nennen, was wörtlich »Brigadegeneral« bedeutet. Um diese heiligen Stätten zu besuchen, legten wir früh am nächsten Morgen in Mytilini, dem wichtigsten Hafen von Lesbos, an.

Im Gegensatz zu Tinos ist das wenige Seemeilen vor der türkischen Küste gelegene Lesbos eine der größten Inseln in der Ägäis. Die Pilgerstätten des Heiligen Raphael und des *Taxiarchis* liegen auf entgegengesetzten Seiten der Insel. Um beide zu besuchen, braucht man einen ganzen Tag. Ich achtete darauf, im selben Bus wie Vater Maximos zu sitzen, der vorne neben Vater Theophilos und Vater Isaak Platz genommen hatte. Auch die beiden Ordensschwestern vom Kloster St. Anna in Zypern saßen vorne im Bus.

Die Dame, die uns auf unserer Pilgerreise begleiten sollte, war eine griechisch sprechende deutsche Reiseführerin, die mit einem Mann aus Mytilini verheiratet war. Wie diese Reiseführerin auf die Idee kommen konnte, dass sich ganz normale Touristen im Bus befänden, war mir ein Rätsel. Über den Lautsprecher erzählte sie uns in ihrem Griechisch mit deutschem Akzent etwas über die Insel und ihre Geschichte, wobei sie sich besonders über ihre reiche heidnische Frühzeit sowie Einzelheiten aus dem Leben der Sappho erging. Für europäische Touristen war der Vortrag sicher passend, aber wohl kaum das, was Mönche, Nonnen und Pilger hören wollten. Beim nächsten Halt nahm sich Antonis, der im hinteren Teil des Busses neben mir saß, die Freiheit, unsere kundige und beredte Reiseführerin beiseite zu nehmen und sie freundlich aufzuklären. Das Missverständnis war ihr äußerst peinlich, und sie brach in Tränen aus, während Antonis versuchte, sie zu trösten.

Die Atmosphäre im Bus wurde angenehmer, als die Reiseführerin wiederkam und die Schwerpunkte ihres Vortrags auf die Legenden um die Ortsheiligen und die ihnen zugeschriebenen Wunder verlagerte. Das heidnische Griechenland rückte in den Hintergrund, und an seine Stelle trat die byzantinische Wunderkultur, was ich höchst amüsant fand. Es erinnerte mich an meinen Cousin Hector, einen führenden zypriotischen Architekten und Dichter, der lange in Paris gelebt hat. Hector liebt das antike Griechenland und hat daher Vorbehalte gegen »die Herrlichkeit von Byzanz«. Als passionierter Hellenist konnte er sich nie mit der Ablösung der klassischen griechischen Kultur und ihres freien, schöpferischen Geistes durch die konservative byzantinische Theokratie abfinden. Dies sorgt für lebhafte Gespräche, wann immer wir einander begegnen. Er glaubt, ich neigte eher Byzanz zu, wohingegen seine Vorliebe uneingeschränkt Homer und dem Goldenen Zeitalter des perikleischen Athens gilt.

Vater Maximos freute sich über den Themenwechsel und trug auch selbst zum Repertoire der Legenden um den Heiligen Raphael und den *Taxiarchis* bei. »Es gibt unzählige Wunder, die die Leute dem Erzengel Michael zuschreiben«, warf er ein, als die deutsche Reiseführerin sichtlich erleichtert das Mikrofon an ihn weiterreichte. »Ich möchte euch eines erzählen, von dem ich selbst eben erst erfahren habe. Vor ein paar Jahren nahm ein Pilot aus Lesbos einige Grundschulkinder mit auf einen Rundflug über die nördliche Ägäis. Zunächst war es ein schöner Tag. Aber plötzlich änderte sich das Wetter, und bei heftigem Regen, Donner und Blitz verlor der Pilot die Orientierung. Die Navigationsinstrumente fielen aus. Als der Pilot sah, dass der Treibstoff nur noch für zwei Minuten reichte, war er verzweifelt. Den sicheren Absturz ins Meer vor Augen, rief er den *Taxiarchis*, seinen persönlichen Schutz-Erzengel, um Hilfe an. In diesem Moment erhellte ein Blitz den Himmel, und durch eine Wolkenlücke konnte er erkennen, dass sie sich genau über dem Flughafen befanden. Er brachte das Flugzeug sicher zu Boden.«

Es folgten weitere Geschichten über das heilsame Eingreifen von Erzengel Michael in das Leben von einheimischen Gläubigen und auch von Pilgern aus ganz Griechenland. Bis wir unsere Kerzen anzündeten und der Ikone des *Taxiarchis* huldigten, hatten uns die Legenden über seine wundertätigen Interventionen in die angemessen andächtige Stimmung versetzt. In Anbetracht des Zwecks unseres Besuches auf der Insel war es sicher sinnvoller gewesen, über die Wunder des Heiligen Raphael und des Erzengels Michael zu sprechen als über die erotischen Gedichte der Sappho oder die sinnliche Lyrik von Odysseus Elytis, dem modernen griechischen Literaturnobelpreisträger aus Lesbos.

Von Lesbos ging es nach Norden zum Athos. Wir umfuhren den Heiligen Berg, und Vater Maximos erzählte weitere Geschichten aus seiner Zeit dort. Fünfhundert Meter vor der Küste des Klosters Vatopedi im Nordosten der Halbinsel ging der Kapitän mit der *Calypso* vor Anker. Daraufhin kam der Abt des Klosters in Begleitung einiger Mönche an Bord. Sie brachten heilige Reliquien mit und hielten einen Gottesdienst. Danach entluden wir die Fässer mit dem Süßwein, die Vater Maximos als Geschenk an seine »Alma Mater« mitgebracht hatte. Nach einem kurzen Besuch im Kloster, wo ihm seine ehemaligen Mitbrüder und Freunde einen triumphalen Empfang bereiteten, kehrten wir auf das Schiff zurück. Anschließend nahmen wir die lange Fahrt nach Ägina auf, jener direkt neben Salamis gelegenen Insel, die durch den endgültigen Sieg der Griechen über die persischen Invasoren in der Schlacht bei Salamis im 4. Jahrhundert v.u.Z. berühmt ist.

Mit unserem Besuch auf Ägina wollten wir aber natürlich nicht Kerzen zu Ehren des Themistokles entzünden, der den Persern in der Seeschlacht eine clevere Falle gestellt hatte. Durch diesen Sieg wurde die westliche Kultur gerettet, sodass sie nicht nur zur Wiege der Demokratie, sondern auch des Christentums werden konnte. Ziel unserer Reiseetappe war vielmehr, St. Nektarios, dem Schutzheiligen von Ägina, zu huldigen. Am Grab dieses modernen Heiligen kniete Vater Maximos nieder, nahm das silberne *Enkolpion* (eine Kette mit einer Ikone, die Bischöfe tragen) von der Brust, legte es als symbolisches Geschenk über die marmorne Grabplatte und machte dann schluchzend seinem Herzen Luft.

Ich stand dabei zu weit hinten, um die Szenerie beobachten zu können, aber andere Pilger, die sich in Vater Maximos' Nähe befanden, berichteten mir davon. Für Vater Maximos war es eine emotionale Katharsis nach der außerordentlichen Belastung durch die Feindseligkeit einiger seiner Kollegen in der Kirche und ihre unablässigen Versuche, seinen Ruf zu zerstören und ihn aus Zypern zu vertreiben. Vater Maximos identifizierte sich mit dem Heiligen aus Ägina und bezog von ihm Inspiration und Kraft.

Anfang des 20. Jahrhunderts war der Heilige Nektarios geweihter Bischof. Wie Vater Maximos war auch er ein sehr beliebter, charismatischer Geistlicher, an den sich die Menschen in Scharen wandten, um Trost und Heilung zu finden. Auch er sah sich Neid und Feindseligkeiten aus dem griechischen Klerus ausgesetzt, wurde als Frauenheld diffamiert und beschuldigt, mit unzähligen Nonnen Unzucht zu treiben, die ihm daraufhin viele illegitime Kinder gebaren. Wegen der üblen Nachrede gegen ihn hatte er keine Diözese. Obwohl er unschuldig war, verteidigte sich Altvater Nektarios nie. Stattdessen hielt er buchstäblich die andere Wange hin und starb in Schande. Ein klerikales Tribunal erklärte den demütigen Bischof schließlich posthum für unschuldig. Da um sein Heim und Grab bis heute immer wieder Wunder geschehen, hat ihn eben jene Kirche, die versucht hatte, ihn seines Amtes zu entheben, inzwischen heiliggesprochen, und er ist einer der meistverehrten modernen griechisch-orthodoxen Heiligen. Kein Wunder, weinte Vater Maximos über dem Grab von St. Nektarios.

Die Nachricht über den Moment in Ägina verbreitete sich rasch. Bei vielen löste dies bohrende Fragen danach aus, welcher Art eine Kirche sein könne, die ein derart schäbiges Verhalten ihrer Hüter zuließ. Kirchenhistoriker oder Religionssoziologen wären aber leider wenig erstaunt über das wiederholt auftretende Phänomen kirchlichen Macht- und Autoritäts-Missbrauchs.

Dennoch drängte Vater Maximos seine Anhänger immer wieder, nicht dem Negativen nachzuhängen und am Verhalten einzelner Priester oder Bischöfe Anstoß zu nehmen, sondern sich auf den geistlichen Auftrag der *Ekklesia* zu konzentrieren. Für ihn steht und fällt die *Ekklesia* nicht mit den Taten einzelner Mitglieder, aus denen sie besteht. Oft sagte er, als geistliche Institution sei die *Ekklesia* eine Realität an und für sich, die über dem einzelnen religiösen Funktionär steht. Deshalb, so argumentierte er, ist es unerlässlich, dass man ein klares Verständnis ihrer wahren Aufgabe hat.

Der Vorfall in Ägina bot Gelegenheit, auf dem Weg zu unserem nächsten und letzten Ziel, zur Insel Kos, der Heimat des Hippokrates, des antiken Vaters der modernen Medizin, über dieses Thema zu sprechen. Nach dem Mittagessen saß eine kleine Gruppe in einem schattigen Bereich vor Vater Maximos' Kabine um ihn herum, während das Schiff, verfolgt von Hunderten Möwen, Fahrt aufnahm. In wenigen Stunden würden wir in Kos einlaufen, wo die Pilger einen Tag zur freien Verfügung hatten – zum Einkaufen und zum Besuch der archäologischen Stätten, deren bedeutendste die Ruinen der Medizinschule des Hippokrates sind. Passenderweise drehte sich die Diskussion um die potenziell heilsame Rolle der *Ekklesia* in der modernen säkularen Welt.

»Wenn wir uns nicht völlig im Klaren darüber sind, wofür die *Ekklesia* eigentlich steht, könnte das katastrophale Folgen haben«, erklärte Vater Maximos und beantwortete damit eine Frage von Marina, Ärztin und Freundin von Stephanos und Erato. »Dann könnten wir uns vom Verhalten Einzelner allzu leicht schockieren und verstören lassen oder sogar an den Punkt kommen, an dem wir bereit sind, die *Ekklesia* gänzlich abzulehnen.«

»Das sind starke Worte, Vater Maxime«, sagte ich.

»Aber Kyriaco«, erwiderte er, »ein irregeleitetes Verständnis der *Ekklesia* könnte zu einer verfälschten Beziehung zu Gott führen und damit auch zu einer falschen Beziehung zu uns selbst und unserer Umwelt.«

»Ich bin mir nicht sicher, ob ich da eine Verbindung erkennen kann«, wandte Marina ein und fasste damit in Worte, was wir alle empfanden. Vater Maximos strich sich über den Bart und dachte einige Sekunden nach.

»Ich möchte es anders formulieren, damit ihr verstehen könnt, was ich meine. Es gibt zwei vorherrschende Perspektiven, aus denen man die *Ekklesia* und ihre Lehren betrachten kann. Die erste versteht sie einfach als Religion, die darauf abzielt, die Menschen fromm und gefügig zu machen. Die zweite Sichtweise betrachtet die *Ekklesia* als eine Art religiöser Philosophie und die Gründer der *Ekklesia* als religiöse Philosophen und Kontemplative. Als solche haben sie sich mit philosophischen Systemen, mit Ideen und Werten zu befassen, sehr edlen und lohnenden Werten. Meinetwegen. Man kann sagen, das ist in Ordnung. Wenn wir aber ernsthaft untersuchen wollen, wie die heiligen Altväter, etwa der Heilige Nektarios, also die wahren Deuter der *Ekklesia,* sie gesehen haben und auch heute noch sehen, erkennen wir eine andere Realität, und es zeigt sich uns ein überraschendes Bild. Wir stellen fest, dass die heiligen Altväter der Auffassung waren, dass die *Ekklesia* wenig mit Religion im herkömmlichen Sinne zu tun hat.«

Ich schaute mich um und blickte in viele verdutzte Gesichter. Vater Maximos erklärte: »Viele heilige Altväter haben unter Religion die Methode verstanden, mit der die Menschen versuchen, einen allmächtigen und furchterregenden Gott, der die Welt und sie selbst erschaffen hat, durch unterschiedliche Rituale und Zeremonien zu besänftigen. Diese Einstellung war das Markenzeichen dessen, was sich der Durchschnittsmensch unter Religiosität vorstellte.«

»Und Sie sagen, Vater Maxime«, mischte Antonis sich mit zweifelndem Blick ein, »dass die heiligen Altväter dieses Religionsverständnis und diesen Umgang mit Gott abgelehnt haben?«

»Ganz entschieden. Aber sie haben auch die rationale Philosophie als wichtigstes Instrument der *Ekklesia* abgelehnt. Das heißt, sie haben die Philosophie als Methode zur Suche nach Gott und zur Erkenntnis Gottes abgelehnt.«

»Warum?«, fragte Marina.

»Die Philosophie basiert auf der intellektuellen Kontemplation, auf der Entwicklung von Hypothesen und Lehrsätzen.«

»Was soll daran falsch sein?«, fragte Antonis.

»Nichts ist falsch daran. Philosophie ist gut, soweit ihr Geltungsbereich reicht. Aber sie ist immer noch eine Schöpfung des Menschen, ein Produkt des menschlichen Geistes und der menschlichen Vorstellungskraft.«

»Das verstehe ich nicht ganz, Vater Maxime«, beklagte sich Marina, die in Vater Maximos' geistlichem Umfeld noch neu war. »Wenn die wahre Lehre der *Ekklesia* weder auf Religion noch auf Philosophie beruht, worauf beruht sie dann?«

Vater Maximos lächelte. Er wandte sich dem Horizont zu, wo sich allmählich die berühmte Insel des Hippokrates abzeichnete. »Die *Ekklesia* muss richtigerweise als Teil der Medizin betrachtet werden. Eigentlich ist sie ein geistliches Krankenhaus. Versteht ihr, was ich meine?« Es war offensichtlich, dass kaum jemand es wirklich begriffen hatte, daher erklärte er weiter: »Als vor hundertfünfzig Jahren die Universität Athen gegründet wurde, ordneten die Verantwortlichen die Theologie nach westlichem Vorbild der philosophischen und der juristischen Fakultät zu. Das war ein verheerender Fehler.«

»Theologie und Religion zählen üblicherweise zu den Geisteswissenschaften«, erklärte ich. »Zumindest ist dies an amerikanischen Universitäten so.«

»Falsch, furchtbar falsch«, erwiderte Vater Maximos und hob die Stimme. »Die heiligen Altväter hätten Fächer wie Theologie und die Thematik der *Ekklesia* innerhalb der medizinischen und nicht der philosophischen oder juristischen Fakultät angesiedelt. Versteht ihr?«

»Vielleicht brauchen wir eine etwas greifbarere Erklärung«, schlug ich vor. Allmählich ahnte ich, worauf Vater Maximos hinauswollte.

»Ich will es erklären. Im Grunde beschäftigt sich die *Ekklesia* mit dem letztendlichen Schicksal des Menschen. Sie lehrt, dass die Menschen von Gott erschaffen wurden und absolut gesund aus der Hand ihres Schöpfers kamen. Alle ihre Kräfte wirkten in vollkommener Weise. Dieser Zustand zeichnete sich durch die unbedingte Liebe der Menschen zu Gott, zueinander und zur Schöpfung aus. Die heiligen Altväter lehren, dass die Menschen sich in diesem Zustand in der ständigen Kontemplation Gottes und im dauerhaften Gedenken an Gott befanden.«

»Sie sprechen vom Zustand vor dem Fall«, sagte ich.

»Natürlich. Nach der Heiligen Schrift ist die Menschheit vor unvordenklicher Zeit aus diesem Zustand der Gnade herausgefallen. Von da an zeichneten sich die Menschen durch Verwirrung, destruktive Leidenschaften und Sündhaftigkeit aus. Dies ist ein abnormaler Daseinszustand.«

»Der normale Mensch ist also paradoxerweise ›abnormal‹«, folgerte ich.

»Genau so würden es die heiligen Altväter ausdrücken. ›Normalität‹ ist ein Zustand des Verderbens.«

»Aber er wird nicht als solcher erkannt.«

»Natürlich nicht. Nur die heiligen Altväter können diesen Krankheitstypus erkennen, der im tiefsten Inneren jedes Menschen lauert. Schon seit dem Fall folgt die Menschheit dem Pfad der Leidenschaften, der Verwirrung und der Sünde. Gott schickt jedoch seine Gesandten und Propheten aus, um der Menschheit zu helfen und den Weg für das Erscheinen Christi zu bereiten.

Wir Christen glauben«, fuhr Vater Maximos fort, »dass wir mit Christi Menschwerdung die Gelegenheit erhalten haben, einen anderen Menschen zu sehen, einen Gott-Menschen. Nach den Lehren der *Ekklesia* gibt es daher drei Kategorien von Menschen. Erstens gibt es den ursprünglichen Adam, das heißt, die Menschen, wie sie aus den Händen ihres Schöpfers gekommen sind. Dann gibt es den gefallenen Adam, das heißt, die Menschen nach dem Fall, wie sie in dieser Welt leben. Und drittens gibt es die Geburt des Neuen Adam, das heißt Christus als der höchste Archetyp dessen, was wir werden können.«

Vater Maximos hielt inne, um zu sehen, ob wir verstanden, wovon er sprach, und fuhr dann fort:

»Es wäre ein tragischer Irrtum anzunehmen, dass Christus in die Welt gekommen ist, um uns einen Kanon guter Lehren oder ein Buch namens Neues Testament zu schenken. Wäre dem so, hätte er es uns auch auf vielerlei andere Weise zukommen lassen können. Aber er ist selbst in die Welt gekommen, damit wir an seiner vollkommenen Gegenwart teilhaben und unseren Archetyp im Fleisch, also ganz konkret, sehen können. So sagte der Heilige Athanasios: ›Gott ist Mensch geworden, damit der Mensch Gott werden kann.‹

Die *Ekklesia*«, fügte Vater Maximos hinzu, »wurde aus rein therapeutischen Gründen geschaffen, um nämlich die Spaltung zwischen uns und Gott zu heilen.«

»Und wie?«, fragte Marina.

»Die Ekklesia nimmt gefallene, kranke und verwirrte Menschen, die an allen möglichen destruktiven Leidenschaften und Sünden leiden, auf und hilft ihnen mit ihren ganz konkreten therapeutischen Methoden, wahre Gesundheit zu erlangen.«

»Sie meinen, geistliche Gesundheit.«

»Ja, natürlich. Dies ist die höchste Form der Heilung. Früher oder später stirbt der Körper und zerfällt. Geistliche Gesundheit ist ewig und daher realer.«

Weiter wies Vater Maximos darauf hin, dass die *Ekklesia* einem oft helfen könne, von einem körperlichen oder psychischen Leiden zu genesen, dass dies aber von sekundärer Bedeutung sei. »Selbst wenn jemand, sagen wir einmal, durch Gebet geheilt wird, stirbt er schließlich früher oder später doch wie jeder andere auch. Geistliche Heilung aber geht über den Körper hinaus und rührt an die Ewigkeit.«

»Wenn man die *Ekklesia* als Krankenhaus bezeichnet, bedeutet dies aber, dass sie medizinische Behandlungsmethoden anwendet«, wandte Marina ein.

»Unbedingt. Und die Medizin zur Wiederherstellung der Gesundheit besteht darin, Menschen dazu zu verhelfen, dass sie sich angewöhnen, Gottes Gebote zu befolgen und in ihrem Alltag umzusetzen.«

»Skeptiker werden einwenden, dass solche Argumente bloße Vermutungen und theologische Spekulationen sind, Vater Maxime«, sagte ich. »Sie würden fragen: ›Welche Beweise haben Sie dafür zu bieten, dass die Lehren der *Ekklesia* irgendeine wahre Grundlage haben?‹ Es ist ein extrem schwieriges Unterfangen, jemanden zu überzeugen, dass die *Ekklesia* näher an der Medizin ist, die auf der Naturwissenschaft aufbaut, als an der Religion, die auf dem Glauben aufbaut.«

»Wie die Wahrheiten der Naturwissenschaft beruhen auch die Wahrheiten der *Ekklesia* auf Beobachtung und Experimenten, die vielfach wiederholt werden können, bevor ihre Lehrsätze bewiesen sind und feststehen«, erwiderte Vater Maximos mit Nachdruck. »Die *Ekklesia* hat konkrete Beweise für ihre therapeutische Wirksamkeit.«

»Das wundert mich«, bemerkte Marina skeptisch.

»Warte ab, dann wird es klarer«, erwiderte Vater Maximos gelassen. »Wenn ich behaupte, dass die *Ekklesia* Beweise für ihre therapeutische Wirksamkeit hat, dann meine ich dies nicht im metaphysischen Sinne. Die Ekklesia nimmt es nicht hin, dass die wahre Therapie der menschlichen Seele ein metaphysisches Ereignis sein soll.«

Vater Maximos hielt einen Moment inne. Als er merkte, dass seine Sätze für sein wachsendes Publikum kaum nachzuvollziehen waren, erklärte er sie näher. »Da fallen mir die Worte eines verehrten Altvaters auf dem Athos ein, der scherzhaft zu sagen pflegte, ›stelle dir vor, du bist krank und gehst zu einem Arzt. Er untersucht dich, erstellt die akkurate Diagnose zu deinen Beschwerden und gibt dir die passende Medizin. Dann sagt er dir, nimm diese Medizin, aber du solltest wissen, dass du erst gesund wirst, wenn du gestorben bist.‹ Die Ekklesia würde sich doch wie dieser Arzt verhalten, hätte sie uns angewiesen, ihre Behandlungsmethoden zu befolgen, ohne jede Hoffnung, dass wir gesund werden können, bevor wir diese Welt verlassen haben.

Nun, meine liebe Ärztin, verstehst du, was ich damit sagen will?«, fragte Vater Maximos an Marina gerichtet und setzte eine neugierige Miene auf. »Die Therapie, die die Ekklesia den Menschen bietet, ist nicht metaphysisch. Wie bei einer guten Medizin muss auch für die *Ekklesia* die Wirkung jetzt einsetzen, in diesem momentanen physischen Leben und nicht erst nach dem Tod. Wir dürfen nicht vergessen, dass diese Heilung klare und belegbare Kennzeichen aufweist, gerade so wie eine Therapie körperlicher Erkrankungen klare und belegbare Merkmale hat. Erinnerst du dich an Paulus' Brief an die Galater? Als der gute Seelenarzt, der er war, benennt er die Symptome der Sünde und der geistlichen Krankheit: Feindseligkeit, Eifersucht, Zorn, Götzendienst, Mord, Sauferei, Ausschweifungen, Unzucht und so weiter.

Dann betont er, dass die Behandlung solcher Erkrankungen nichts Abstraktes und Vages, sondern etwas Konkretes und klar Erkennbares ist. Weiter zählt er die greifbaren Früchte geistlicher Heilung auf: Liebe, Freude, Friede, Geduld, Güte, Freundlichkeit, Treue und dergleichen [Galater 5, 22]. Mit anderen Worten, der Apostel Paulus zeigt uns, dass die therapeutischen Interventionen der *Ekklesia* reale und greifbare Ergebnisse haben. Das heißt, wir können selbst erkennen und überprüfen, ob wir von den Krankheiten, die uns geplagt haben, geistlich geheilt sind. Eine solche Therapie zeitigt in unserem Leben praktische Konsequenzen.«

»Rein aus diesen Gründen behaupten Sie, die *Ekklesia* gehöre zur Medizin und nicht zu Religion oder Philosophie«, sagte ich.

»Es geht nicht darum, was ich behaupte. Dies verstehen die heiligen Altväter als die tiefere Bedeutung der *Ekklesia*. Sie zeigen uns klar und deutlich, inwiefern Menschen, die diese therapeutische Behandlung durchlaufen haben, klar erkennbare und konkrete Resultate aufweisen.«

Vater Maximos begrüßte weitere Pilger, die sich um ihn scharten. »Ich möchte Folgendes deutlich machen«, fuhr er fort. »Wenn wir die Frage stellen: ›Was ist ein Mensch?‹, dann müssen wir auch fragen: ›Was ist Gott?‹ Da Gott unser Archetyp ist und wir nach seinem Bilde geschaffen sind, setzt das Verständnis unserer selbst voraus, dass wir unseren Archetyp verstehen. Das ist ungefähr so, wie wenn man feststellen will, wie authentisch das Portrait eines Menschen auf der Leinwand ist. Wir müssen den Menschen im wirklichen Leben sehen und dann beides miteinander vergleichen. Wir müssen das Gemälde dem Menschen aus Fleisch und Blut gegenüberstellen. Wenn wir den Menschen nie gesehen haben, können wir es nicht beurteilen.«

Vater Maximos lachte. »Da fällt mir eine Geschichte über den Papst ein, die ich vor Kurzem gehört habe. Ein Maler kam in den Vatikan, um dem Papst ein Geschenk zu machen, ein Portrait des Papstes, das er selbst gemalt hatte. Der Papst hatte die Angewohnheit, Geschenke der Gläubigen freundlich anzunehmen. Er signierte sie dann und gab sie anschließend den Schenkenden wiederum als Geschenk zurück. Zusätzlich zu seiner Unterschrift suchte er einen passenden Satz aus den Evangelien und setzte diesen über seinen Namen. Als er nun das Portrait betrachtete, bemerkte er, dass es keinerlei Ähnlichkeit mit ihm hatte. Da er aber ein freundlicher Mann war, sagte er nichts und suchte nach einem passenden Auszug aus den Evangelien, den er auf das Gemälde schreiben konnte, bevor er es dem Maler zurückschenken würde. Er blätterte in den Seiten des Neuen Testaments und fand schließlich ein passendes Zitat. Es war die Stelle, als die Jünger im Zustand größter Angst sahen, wie Jesus übers Wasser ging. Der Papst schrieb also das, was Jesus gesagt hatte, um die Jünger zu beruhigen: ›Fürchtet euch nicht. Ich bin es!‹«

In ernsterem Ton fuhr Vater Maximos fort: »Der Archetyp ist also real und konkret, und der Mensch ist ein Abbild des Archetyps. Die Evangelien sagen uns klar und deutlich, was Gott ist. Johannes sagt: »Brüder, Gott ist Liebe.« Da Gott Liebe ist, sind wir Menschen, die wir ja nach seinem Bilde geschaffen sind, ebenfalls Liebe. Und Gott hat uns das ärztliche Rezept zur Heilung unserer Trennung von ihm gegeben, zur Reparatur des Schadens, der uns im Vergleich zu unserem Archetyp unkenntlich gemacht hat.«

»Von welchem Rezept sprechen Sie, Vater Maxime?«, fragte ich. »Ich vermute, Sie meinen die Methodik und die geistliche Übung, sich an die Zehn Gebote und die Lehren aus der Bergpredigt zu halten.«

»Ja, genau«, antwortete Vater Maximos. »Diejenigen, die diese Rezepte befolgt haben, sind die Heiligen. Sobald sie gelernt hatten, Gott und ihren Nächsten aufrichtig zu lieben, heilten sie sich selbst. Es sind die Heiligen, die in der Praxis zeigen, dass in der *Ekklesia* als geistlichem Krankenhaus tatsächlich Heilung stattfindet. Sagen wir, sie verkörpern das Ideal des wahrhaft gesunden Menschen und liefern den empirischen Beweis dafür, dass die *Ekklesia* eine heilsame Einrichtung ist.«

»Die Idee, dass die *Ekklesia* ein Krankenhaus ist, höre ich heute zum ersten Mal«, bemerkte Marina voller Überraschung und schüttelte ungläubig den Kopf.

»Sie ist wirklich ein Krankenhaus. Wie in einem normalen Krankenhaus treffen wir auch in der *Ekklesia* auf Ärzte, Pflegekräfte, genesende Patientinnen und Patienten, Kranke und Schwerkranke. Manchmal stoßen wir sogar auf Leichen.«

»Haben Leichen eine Chance?«, fragte Antonis unbekümmert.

»Natürlich. Bezeichnet die *Ekklesia* denn Christus nicht als den *Zoodotes* [Lebensspender]? Ganz gleich, zu welcher Kategorie wir in diesem geistlichen Krankenhaus gehören, wir haben immer die Hoffnung und die Möglichkeit, die Wiederauferstehung und die Wiederherstellung unserer geistlichen Gesundheit zu erlangen.

Diese Rolle und dieses Bild der *Ekklesia* als geistliches Krankenhaus dürfen wir nie außer Acht lassen«, fuhr Vater Maximos fort. »Das ist höchst wichtig. Wenn wir diese Vorstellung aufgeben, wird die *Ekklesia* nichts weiter als eine weltliche Einrichtung.«

Vater Maximos' Mutter, die ebenfalls an der Pilgerreise teilnahm, kam aus ihrer Kabine und gesellte sich zu unserer Gruppe. Mit einem breiten Lächeln zog sie eine Tüte Pistazien hervor, die sie auf der Insel Ägina, wo Pistazien angebaut werden, gekauft hatte, und reichte sie herum. Genüsslich Pistazien kauend, beantwortete und besprach Vater Maximos weitere Fragen aus seinem spontan zusammengekommenen Publikum. Marina fragte, warum »bestimmte Kreise innerhalb der *Ekklesia*« die Gläubigen dazu anhalten, einfach blind zu glauben und jeder Versuchung, Gott zu erforschen, zu widerstehen. »Wahre Wissenschaft«, sagte sie, »kann solche Einschränkungen und Zensur nicht akzeptieren. Aber Sie empfehlen heute einen radikal anderen Blick auf die *Ekklesia*.«

Vater Maximos schüttelte den Kopf und seufzte. »Nirgendwo im Neuen Testament und noch nicht einmal im Alten Testament steht irgendetwas, das den Unsinn unterstützen würde, den manche im Namen der *Ekklesia* predigen. In keiner einzigen Schrift der heiligen Altväter gibt es so etwas. Die Aussage ›Glaube, aber suche nicht‹ ist nichts weiter als Aberglaube. Von jemandem zu verlangen, er solle blind an irgendetwas glauben, ist in Wirklichkeit idiotisch, ein Affront gegen die menschliche Intelligenz. Ganz im Gegenteil, recht verstanden, ermutigt die *Ekklesia* zur Suche nach Gott. Da fällt mir das *Troparion* [der Gesang] ein, das am St. Thomas-Sonntag gesungen wird und ein Lobgesang gerade darauf ist, dass ›Christus sich freut, wenn nach ihm geforscht wird‹.«

»Warum das denn?«, fragte eine junge, ganz in Schwarz gekleidete Frau und fügte hinzu, sie sei so aufgewachsen, dass »blinder Glaube« an Jesus verlangt wurde.

»Weil«, antwortete Vater Maximos und seine Augen strahlten, »Christus dadurch die Möglichkeit erhält, der suchenden Seele die Herrlichkeit seines Daseins zu offenbaren.«

Unser Gespräch wurde unterbrochen, als wir über Lautsprecher die Stimme von Yianoula vernahmen, der Inhaberin des Reisebüros, das unsere Fahrt organisiert hatte. Sie kündigte an, dass wir in Kürze im Haufen von Kos einlaufen würden und gab dann einen kurzen Überblick über die Geschichte der Insel mit Schwerpunkt auf Hippokrates und seiner Medizinschule. Als wir uns der Insel näherten, lehnten sich die meisten Passagiere auf den unteren und oberen Decks über die Reling und machten Fotos. Wir übrigen blieben rund um Vater Maximos auf unseren Stühlen sitzen. Marina, die nach viel gutem Zureden von Erato und Stephanos an Bord gekommen war, wollte unbedingt weiter über das Thema *Ekklesia* als geistliches Krankenhaus sprechen. Kaum war der Lautsprecher ausgeschaltet, stellte sie weitere Fragen.

»Wenn ich mich nicht irre, Vater Maxime, dann gibt es in der Bibel Stellen, an denen es um medizinische Dinge geht. Ich erinnere mich zum Beispiel, dass im Falle von Samson ein Engel seiner Mutter vor seiner Geburt gesagt hat, sie solle bestimmte Speisen meiden und keinen Wein trinken, damit das Kind gesund geboren würde. Ähnliche Ernährungsvorschriften gibt es hier und da im Alten, aber auch im Neuen Testament. Dreitausend Jahre später hat die moderne Medizin entdeckt, dass sich der körperliche und seelische Zustand der Mutter tatsächlich auf den Fötus auswirkt und für ihn auch spürbar ist. Heute wissen wir, dass das Fasten, das die *Ekklesia* vorschreibt, ebenfalls gut für die Gesundheit ist, etwa weil es den Cholesterinspiegel senkt und das Immunsystem stärkt.[3] Spielen diese Vorschriften bei Ihrer Behauptung, dass die *Ekklesia* als eine Art Krankenhaus zu betrachten ist, ebenfalls eine Rolle?«

»Nein«, erwiderte Vater Maximos entschieden. »Wir müssen gewisse Missverständnisse klären. Wenn bestimmte Aussagen in der Bibel zum Thema Gesundheit oder Geologie oder Geschichte oder was auch immer später wissenschaftlich bestätigt worden sind, schön und gut. Aber die Heilige Bibel ist keine medizinische Schrift, die uns Richtlinien für die Gesundheit des leiblichen Körpers an die Hand gibt. Sie ist kein Biologie-Lehrbuch und kein Werk über Geologie und übrigens auch keines über Geschichte. Die Heilige Bibel ist eine rein geistliche Schrift, die von Gottes Energie in der Welt berichtet. Wenn Teile der Bibel, in denen es um körperliche Gesundheit, Geologie oder Geschichte geht, sich als wissenschaftlich falsch erweisen, dann sollte dies nicht die geringste Auswirkung auf ihre geistliche therapeutische Bedeutung haben.«

»Nun ja«, hob Marina skeptisch an.

»Meine Liebe, wie ich immer wieder ausgeführt habe, besteht die Essenz der Bibel, ihr eigentlicher Sinn, darin, uns Menschen von unseren psychischen Erkrankungen zu heilen, von dem, was uns von Gott trennt. Wenn nun menschliche Weisheit vor dreitausend Jahren bestimmte Rezepte für eine gute körperliche Gesundheit kannte, dann ist das gut und schön. Aber selbst wenn sich das Gegenteil herausstellte, wäre dies ebenso in Ordnung.«

»Daran sollten wir unbedingt denken«, bestätigte ich. »Viele Forscher fokussieren sich heute ausschließlich auf die wissenschaftliche Genauigkeit der Bibel und schließen dann daraus, da sie voller historischer und wissenschaftlicher Ungenauigkeiten und Widersprüche stecke, könne sie nicht mehr als eine Legendensammlung sein. Das andere Extrem bilden die Fundamentalisten, die alles in der Bibel, zum Beispiel auch das Erdalter, wörtlich nehmen.«

»So missverstehen sowohl die Rationalisten als auch die Fundamentalisten die geistliche Bedeutung heiliger Schriften und den Zweck, zu dem sie verfasst wurden«, erwiderte Vater Maximos.

»In meiner Praxis, Vater Maxime«, sagte Marina nach einiger Zeit, »treffe ich auf Menschen, die praktizierend religiös und spirituell sind, aber gravierende psychische Probleme haben. Allerdings trauen sie sich nicht, die Hilfe von Psychotherapeuten oder Psychiatern in Anspruch zu nehmen, es sei denn, sie werden zwangsweise eingewiesen. Was kann die *Ekklesia* tun, um solchen Menschen zu helfen?«

Vater Maximos dachte einige Sekunden nach. »Als geistliches Krankenhaus hat die *Ekklesia* eigene Ärzte, die solchen Menschen helfen können. Es sind die geistlichen Altväter.«

»Sie meinen, die geweihten Priester und Bischöfe?«

»Nein. Geistliche Altväter sind nicht unbedingt diejenigen, die lediglich durch das mystische Ritual der Salbung geweiht sind, sondern diejenigen, welche die Energien des Heiligen Geistes erfahren haben. Es sind Menschen, deren Dasein von göttlicher Gnade erfüllt ist. Sie sind die wahren Ärzte, die Menschen heilen können, weil sie mit der Fähigkeit begabt sind zu unterscheiden, ob jemand tatsächlich psychiatrische Hilfe oder geistliche Führung und Schulung braucht. Dies ist wichtig. Wenn ein Mensch aufgrund einer biologischen Fehlfunktion behandlungsbedürftig ist, dann sollte er von einem Psychiater behandelt werden, nicht von einem geistlichen Führer. Die *Ekklesia* befasst sich nicht mit psychiatrischen Problemen. Wenn jemand aufgrund von Problemen im Gehirn einen schizophrenen Schub erleidet, ist die geistliche Pädagogik der *Ekklesia* weder hilfreich noch relevant. Leidet der Mensch aber andererseits an geistlichen Krankheiten, an destruktiven Leidenschaften, dann kann ihm ein geistlicher Arzt helfen. In solchen Fällen ist ein Psychiater nicht die richtige Adresse, bei der man Hilfe suchen sollte. Wir müssen daher das richtige Urteilsvermögen entwickeln, damit wir erkennen können, ob ein Problem zur klassischen Medizin oder zur geistlichen Pädagogik der *Ekklesia* gehört.«

Es entstand eine Pause, in der Vater Maximos weiter über das Thema nachdachte. Er fuhr fort: »Ich rate den Beichtenden, sich über psychische Erkrankungen zu informieren und das Urteilsvermögen zu entwickeln, das ihnen erlaubt, zwischen einem echten psychiatrischen Problem und einer geistlichen Erkrankung zu unterscheiden. Oberflächlich betrachtet, äußern sich beide manchmal durch ähnliche Symptome.«

»Ich vermute, Besessenheit durch einen Dämon kann ebenfalls wie eine psychische Erkrankung daherkommen«, sagte ich und dachte dabei an ein früheres Gespräch mit Vater Maximos, als er über seinen Umgang mit Menschen sprach, bei denen er eine dämonische Besessenheit diagnostiziert hatte.[4]

»Oh ja! Deshalb ist es von entscheidender Bedeutung, dass geistliche Führer und Beichtväter lernen, zwischen einer psychischen Erkrankung und dämonischer Besessenheit zu unterscheiden. Leider herrscht hier viel Verwirrung. Ein Mensch kann hirnkrank sein, und die Leute glauben, er sei von Dämonen gesteuert. Dabei braucht er lediglich die richtigen Medikamente und ein bisschen Beratung, und schon ist sein Problem beherrschbar. Ganz egal, wie viele Exorzismen man an einem solchen Menschen durchführt, man hilft ihm damit nicht. Der Schaden liegt in seinem biologischen, materiellen Gehirn, nicht in seiner Seele. Oder es leidet jemand unter Besessenheit, und man nimmt an, er sei psychisch krank. Man füllt ihn mit Medikamenten ab, die nichts zur Linderung seines Problems beitragen können. Ja, eine solche Behandlung verschlimmert seinen Zustand sogar noch erheblich.« Ergänzend fügte Vater Maximos hinzu, dass jemand durchaus psychische Probleme haben, geistlich aber gesund sein könne. Umgekehrt kann jemand auch psychisch gesund und doch geistlich krank sein. Dieses Verständnis beruht darauf, so erfuhr ich, dass die heiligen Altväter in ihren Lehren zwischen der Ebene der *Psyche* und der des *Pneumas* oder Geistes unterscheiden, einer Kategorie, die sich in psychologischen Schriften nicht findet.

Vater Maximos' Bemerkungen erinnerten mich an einen Kollegen, der psychische Probleme hatte, die er auf seine Kindheit zurückführte, Probleme, die er als hinderlich für seine akademische Laufbahn betrachtete. Wegen dieser psychischen Schwierigkeiten stürzte er sich allerdings in einen unerbittlichen Kampf um Selbsterkenntnis und die Beherrschung seines Problems. Im Laufe dieses Prozesses entdeckte er Gott und verwandelte sich vom eingefleischten Agnostiker in einen zutiefst spirituellen Menschen. Die Schwierigkeiten in seiner Persönlichkeit sind vielleicht nicht vollständig verschwunden, aber er fühlte sich wie ein Mensch, der geistlich geheilt worden war, und das sah man ihm auch an. Ohne die psychischen Probleme wäre er einfach ein erfolgreicher Professor gewesen, bewandert und anerkannt auf seinem Gebiet, aber ohne jedes Interesse an Gott oder geistlicher Entwicklung. Die Altväter hätten meinen Freund als jemanden diagnostiziert, der Probleme auf der Ebene der Psyche hatte, auf der Ebene des *Pneumas* oder Geistes jedoch geheilt war.

»Ich frage mich, was schlimmer ist, Vater Maxime«, sagte Antonis in scherzhaftem Ton, »schizophren zu sein und zu glauben, man sei vom Teufel besessen, oder tatsächlich vom Teufel besessen zu sein und den Anschein zu erwecken, man sei schizophren?«

»Glaube mir, es ist besser, psychisch krank zu sein, als unter einer Besessenheit durch einen Dämon zu leiden. Im ersten Fall ist der Mensch zumindest völlig unschuldig, und mithilfe von medikamentöser Behandlung und psychologischer Beratung kann er vielleicht wieder gesund werden. Im Falle der Besessenheit hat der Mensch aber den diabolischen Energien aus spirituellen Gründen Tür und Tor geöffnet, und es ist wesentlich schwieriger, ihn aus einem solchen Zustand zu befreien.«

»Aber was verursacht eine psychische Erkrankung?«, fragte Antonis.

»Aus unserer Sicht spielt es keine Rolle, was die Ursache ist. Das ist eine medizinische Frage. Es könnte einfach der körperliche Verfall sein. Es könnte an Alterserscheinungen, Erbanlangen oder was auch immer liegen. Es spielt dabei keine Rolle, ob ein Mensch geistlich fortgeschritten ist oder nicht. Schließlich werden sogar Heilige krank, genau wie wir Normalmenschen, nicht wahr? Sie leiden an Krebs, haben's am Herzen oder an der Leber. Sollte man sich darüber aufregen, wenn ein Heiliger sein Gedächtnis verliert oder an Alzheimer leidet? Es gibt keinerlei Grund zu der Annahme, dass man als Heiliger gegen psychische Erkrankungen gefeit ist.«

»Das ist klar. Aber ist es möglich, Menschen mit schweren psychischen Erkrankungen zu helfen, die nicht biologisch begründet sind?«, fragte Marina.

»Theoretisch ist das natürlich möglich. Schließlich gehört auch das Geheimnis der Gegenwart Gottes zur *Ekklesia*. Für Gott ist nichts unmöglich. Es kann durchaus sein, dass Menschen mit Problemen durch ihre Gebete und ihren Glauben den geeigneten geistlichen Führer finden, der ihnen helfen kann.«

Daran anknüpfend, wies Vater Maximos darauf hin, wie wichtig es ist, dass man sorgfältig sucht, damit man einen geistlichen Führer findet, der ein echter Seelenarzt ist. Genau wie bei medizinischen Doktoren gibt es auch bei geistlichen Führern Unterschiede in Kenntnissen und Fachgebieten. Es gibt gute und ausgezeichnete geistliche Führer, und es gibt mittelmäßige. Man muss jemanden finden, dem man nach gründlicher Überprüfung trauen kann.

»Es gibt Menschen, die behaupten, Arzt zu sein, in Wirklichkeit aber Quacksalber sind«, sagte Vater Maximos und lachte. Als ich in *Nea Skete* war [einer Reihe von Einödklöstern, die jeweils aus einer kleinen Gruppe von Mönchen bestehen], hatten wir einen, der behauptete, er sei Arzt. In Wirklichkeit hatte er im Zweiten Weltkrieg als Hilfssanitäter gedient. Aber er versuchte, uns davon zu überzeugen, dass er ein genauso guter Arzt wäre wie zwei andere Mönche in unserer Gruppe, die ausgebildete Mediziner waren und als Ärzte gearbeitet hatten, bevor sie Mönch wurden. Eines Tages bat ich ihn, uns die Namen der Personen zu nennen, die er geheilt hatte. Er fing an, ein paar Namen aufzuzählen: ›Den verstorbenen Vater Konstantin, den verstorbenen Vater Kosmas, den verstorbenen Vater Makarios ...‹ Kein einziger Lebender war auf seiner Liste!«

»Vater Maxime«, fragte Marina, als das Gelächter sich wieder gelegt hatte, »woran erkennen wir, wann jemand psychologische Behandlung und Beratung und wann er geistliche Führung braucht? Kann ein Altvater wissen, wann er geistlichen Rat erteilen und wann er jemandem zu einem professionellen Psychologen oder Psychiater schicken muss?«

»Wenn ein geistlicher Führer sein Metier beherrscht, dann ist eine solche Einschätzung überhaupt kein Problem. Probleme entstehen, wenn ein geistlicher Arzt, ein geistlicher Führer auf Gebieten interveniert, die seine Kenntnisse und Fähigkeiten übersteigen. Umgekehrt kommt es ebenfalls zu Problemen, wenn Psychologen und Psychiater sich auf geistliches Terrain begeben, das ihre Fähigkeiten oder ihr Verständnis übersteigt. Wenn eine solche Verwechslung eintritt, kann man jemandem geistlichen oder psychischen Schaden zufügen. Ich persönlich empfinde die Zusammenarbeit mit Psychologen und Psychiatern als sehr nützlich, wenn es darum geht, Menschen zu helfen. Es gibt bestimmte Probleme, die eher psychologischer oder psychiatrischer als geistlicher Natur sind. Solche Fälle schicke ich daher zum Psychologen oder Psychiater. Aber ich muss sagen, dass die *Ekklesia* der Psychiatrie nähersteht als der Psychologie.«

Ich erinnerte mich, was für ein Schock es für einen sehr materialistischen und großspurigen griechischen Psychiater gewesen war, als er im Gespräch mit einem Abt vom Athos erfuhr, die wahren Psychiater seien die Altväter. Das war ein Affront gegen sein überentwickeltes Berufs-Ich.

»In einem Gebet der heiligen Liturgie«, fuhr Vater Maximos fort, »wenden wir uns an Christus und bezeichnen ihn als den Arzt unseres Leibes und unserer Seele. Dies bedeutet, dass uns wahre Heilung mit Brief und Siegel von Christus selbst durch die Energien des Heiligen Geistes geschenkt wird. Die Medizin und die Pädagogik sind völlig eindeutig. Sie sind eine von den Altvätern der *Ekklesia* vielbefahrene und gut kartierte Straße, gerade so wie medizinische Schriften von erfahrenen Ärzten als Leitlinien für praktizierende Mediziner verfasst werden. Wenn sich also jemand an einen echten geistlichen Altvater wendet, wird er die richtige Anleitung erhalten, was zu tun ist. Problematisch wird es, wenn die Leute nicht oder falsch fragen. Wenn also Patienten zum Beispiel nicht zum Arzt gehen, sondern in einer medizinischen Schrift nachschlagen und daraus Schlüsse über ihre jeweilige Erkrankung und die Wiederherstellung ihrer Gesundheit ziehen. Dies kann zu ernsten Komplikationen und Problemen führen.«

»Vater Maxime«, fragte Marina, als das Schiff unter dem mit jedem Anlegen verbundenen Lärm und Trubel in den Hafen einlief, »in unserer medizinischen Praxis begegnen wir Ärzte recht häufig und immer wieder Heilungsphänomenen, die das medizinische Wissen übersteigen. Zum Beispiel ist ein Patient tödlich erkrankt, und wir schlagen die Hände über dem Kopf zusammen und sagen, dass nur Gott ihn noch retten kann. Manchmal geschieht ein Wunder, und es wird jemand von einem unheilbaren Krebs und Ähnlichem geheilt. Außerdem hört man, dass moderne Altväter wie Porphyrios und Paisios Menschen von tödlichen Krankheiten heilen konnten. Sie selbst hingegen sind an Krebs gestorben. Sollen wir davon ausgehen, dass sie eine solche Bürde bewusst auf sich genommen haben, wie Christus am Kreuz? Ist ihr Verhalten eine Art Vorbild für uns, dem wir nacheifern können, um Vervollkommnung zu erlangen?«

»Ich will es erklären«, antwortete Vater Maximos. »Wunder sind in Wirklichkeit außergewöhnliche Interventionen Gottes, der die Naturgesetze bei besonderen Gelegenheiten außer Kraft setzt. Das Außergewöhnliche ist aber nicht die Regel. Daher können wir sagen, fünfzig Menschen wurden diesen Monat durch ein Wunder von Krebs geheilt, fünfzigtausend weitere sind jedoch an dieser Krankheit gestorben. In ihrem Fall wurden die Naturgesetze nicht aufgehoben. Sinn und Zweck der *Ekklesia* ist es nicht, einen Menschen bloß körperlich zu heilen; denn wenn ein Mensch von, sagen wir einmal, unheilbarem Krebs geheilt wird, dann stirbt er innerhalb der nächsten zehn oder zwanzig oder dreißig Jahre doch. Die *Ekklesia* heilt den Menschen nicht vorübergehend, sondern auf ewig, ohne dass der biologische Tod in diesen Prozess eingreifen oder ihn unterbrechen könnte.«

»In Stephanos' Fall«, warf ich ein, »hat Gott eine Ausnahme gemacht und ihn vom sicheren Tod errettet. Warum?«

»Wir können nie wissen, warum. Das weiß nur Gott. Aber selbst wenn der Mensch trotz der Bemühungen der *Ekklesia* stirbt, heißt das nicht, dass die therapeutische Wirksamkeit der *Ekklesia* damit aufgehoben ist. Ganz im Gegenteil. Der Mensch kann die existenzielle Tatsache seiner unvermeidlichen Sterblichkeit in ewiges Leben verwandeln. Eine solch radikale Veränderung unserer Einstellung zum Tod kann befreiende Wirkung haben. Die Heiligen wollten nicht vom Tod erlöst werden, sondern sie wollten den biologischen Tod in ewiges Leben verwandeln.«

Unser Gespräch mit Vater Maximos endete, als unsere Reiseführerin uns über Lautsprecher anwies, das Schiff zu verlassen. Als Vater Maximos das Hafengelände betrat, wurde er von einer Delegation Geistlicher begrüßt, die ihn zur örtlichen Bischofsresidenz fuhren, wo ein Treffen mit dem Bischof anberaumt war. Wir anderen hatten Zeit zur freien Verfügung, konnten durch die Straßen von Kos schlendern und die Ruinen der Medizinschule des Hippokrates besichtigen. Der religiöse Teil unserer Reise war abgeschlossen, und die fünfhundert Pilger verwandelten sich in Touristen, die archäologische Stätten besichtigten und ihre verbliebenen Dollars in den Souvenirläden der Stadt ließen. Bevor wir zur Rückreise nach Limassol wieder an Bord unseres Schiffes gingen, schloss ich mich Antonis und seinen Freunden und Angehörigen an, die in einem regionalen Restaurant am Hafen eine Fisch-*Meze* genossen.

6

Anwandlungen der Seele

Nachdem ich von der Pilgerreise zurückgekehrt war und mich in unserer Wohnung in Limassol wieder eingerichtet hatte, musste ich mir überlegen, wie ich häufig Kontakt zu Vater Maximos haben könnte. Mit diesen Gedanken war ich beschäftigt, als das Telefon klingelte. »Komm mit mir aufs Gehöft«, drängte Lavros. »Ich habe gerade erfahren, dass Vater Maximos um vier Uhr dorthin kommt. Dann habt ihr bestimmt Gelegenheit zu einem guten Gespräch.«

»Mache ich«, antwortete ich ohne nachzudenken. Intuitiv wusste ich, dass es kein Zufall war, dass Lavros gerade jetzt angerufen hatte und sich dadurch die Chance ergab, am Nachmittag mit Vater Maximos zusammen zu sein. Ich sah auf die Uhr. Es war bereits drei.

Lavros hatte mir einmal seine ziemlich unkonventionelle Methode anvertraut, wie er sich mit Vater Maximos treffen konnte. Um mit dem vielbeschäftigten Bischof zusammenzukommen, erwies es sich zum Beispiel hin und wieder als praktisch, sich im Vorhinein zu erkundigen, wo er am jeweiligen Tag sein würde, und dann einen »Überfall« zu planen. Dies war eine effektive Methode, so verriet er mir, regelmäßig Zugang zu ihm zu haben. Als enger Berater des Bischofs verfügte Lavros über Insiderinformationen über Vater Maximos' Aufenthaltsorte. Diese äußerst unorthodoxe Art, ihn zu einem Gespräch in die Falle zu locken, baute auf zypriotische Realitäten und die Umstände, die durch seine veränderte Position entstanden waren.

Früher, als er noch Abt im Kloster Panagia gewesen war, hatte ich bei meinen Besuchen jeden Tag unkompliziert Zugang zu ihm. Ich brauchte lediglich an seine Tür zu klopfen. Doch mit seiner Wahl zum Bischof war er gezwungen gewesen, seine klösterliche Zufluchtsstätte in den Bergen zu verlassen und ins Zentrum einer lauten Stadt zu ziehen. Seine täglichen Pflichten und Aktivitäten erstreckten sich nun über ein weites geographisches Gebiet. Sie erforderten Reisen in verschiedene Regionen seiner Diözese, und zwar aus unzähligen Gründen, die von der Weihe neuer Kirchen und der Leitung von Gottesdiensten über Besprechungen mit örtlichen Gruppen und die Vermittlung in Konflikten bis zur Abnahme der Beichte für eine exponentiell wachsende Anzahl von Gläubigen reichten. Daher war es gar nicht leicht für mich, Zugang zu ihm zu erhalten. Anders als in der »guten alten Zeit«, als ich ihm im Kloster Panagia vorübergehend als Chauffeur gedient hatte, bot sich mir nun nur noch selten Gelegenheit, diese Rolle zu übernehmen. Aufgrund seines neuen offiziellen Status stand Vater Maximos regelmäßig ein Fahrer zur Verfügung, Vater Theophilus, der junge Dekan, der ihm außerdem bei verschiedenen, mit seiner neuen Position verbundenen Ritualen assistierte.

Vater Maximos auf den Fluren des Klosters Panagia einfach so über den Weg zu laufen und mit ihm beiläufig über Dinge zu plaudern, die in Bezug zu meinen geistlichen Interessen standen – das gehörte nun der Vergangenheit an. Deshalb musste ich innovativ, ein wenig dreist und immer bereit sein, jede Gelegenheit zu einem Zusammentreffen mit ihm zu nutzen, sobald sie sich bot. Der »Überfall«, Lavros' methodologische Innovation, war eine Möglichkeit, meine Erforschung der Spiritualität des Athos fortzusetzen. Sie hatte schon häufig funktioniert.

Vater Maximos muss hinsichtlich unserer unkonventionellen Vorgehensweisen, mit ihm Kontakt aufzunehmen, einen gewissen Verdacht gehabt haben, aber er zeigte nie irgendwelche Anzeichen von Unbehagen oder Einwänden gegen unsere Methoden. Ganz im Gegenteil, anhand seiner Reaktionen gewann ich den Eindruck, mein neuer Modus Operandi finde seine Zustimmung. Schließlich konnte er mir weder offizielle Termine geben noch mich vorab darüber informieren, wo er sich aufhalten würde. Die kulturellen Gepflogenheiten erlaubten hier keine langfristigen Planungen, wie es in Wissenschaft und Wirtschaft heute üblich ist. Anders als das Kloster Panagia war die

Bischofsresidenz auch kein Ort, an dem ich wohnen und ihm zwanglos über den Weg laufen konnte. Daher war ich ständig auf Abruf, um jede Gelegenheit zu nutzen, sobald sie sich bot.

Ich klappte mein Notebook zu und steckte ein Notizbuch und ein Diktiergerät ein. Dann stieg ich die Treppen von der vierten Etage des Wohnblocks bis zur Straße hinunter und wartete auf Lavros, der kurz danach in seinem dunkelgrünen Landrover vorfuhr. Dank der zypriotischen Tradition, in den Sommermonaten Siesta zu halten, kamen wir zügig aus Limassol heraus und erreichten das Gehöft noch vor dem Bischof um Viertel vor vier.

Das Gehöft war ein großes Stück Land, etwa so groß wie ein weitläufiger Campus einiger amerikanischer Universitäten. Es war dicht bepflanzt mit Zitrusbäumen, Zypressen und Palmen und verfügte außerdem über einen Gemüsegarten. In der Mitte befand sich ein kleiner künstlicher See, ein ungewöhnlicher Anblick auf einer trockenen Insel wie Zypern. Außerdem besaß das Gehöft einen eigenen Strand, zu dem Touristen glücklicherweise keinen Zutritt hatten.

Als ich das Gehöft zusammen mit Lavros, dem vorläufigen Verwalter, zum ersten Mal besuchte, staunte ich, wie viele Vögel in dieser ruhigen grünen Umgebung Zuflucht fanden. Am See wimmelte es nur so von Enten, Pelikanen und verschiedenen Zugvögeln, die hier in den Sommermonaten auf ihrem Weg von Afrika nach Europa und im Winter auf der Reise von Europa nach Afrika Station machten.

Unmittelbar neben dem Gehöft befand sich ein Tierheim für streunende Katzen. Ein tierfreundlicher Engländer hatte es vor Jahren eingerichtet, um verlassene Katzenjunge vor dem Verhungern und dem Asphalt der Stadt zu bewahren. Nach dem Tod des britischen Wohltäters kamen die Katzen unter die Obhut dreier älterer Ordensschwestern, die in einem Steinhaus neben dem Tierheim lebten. Daher nannten die Leute den Ruhesitz der Schwestern bald schon das »Katzenkloster«. Ein offizielles Straßenschild wies die Richtung zum »Katzenkloster St. Nikolas«.

Um zum Gehöft zu kommen, mussten wir bei den Katzen vorbeifahren. Auf dem Feldweg, der zu unserem Ziel führte, bot sich uns ein köstlicher Anblick. Hunderte Katzen genossen behaglich ihre Siesta unter Bäumen und auf drei Ästen; lang ausgestreckt freuten sie sich auf die bald einsetzende nachmittägliche Meeresbrise.

Das Gehöft, das klösterliche Katzenasyl und der Ruhesitz der drei Schwestern lagen alle auf dem Gelände eines britischen Militärstützpunkts und waren daher tabu für Jäger und Immobilienentwickler. Wegen Sicherheitsbedenken hatten die Behörden jegliche Gewerbebauten verboten. Die unbeabsichtigte und vorteilhafte Folge dieses Restes an britischem Kolonialismus war, dass das Gebiet in seinem ursprünglichen Zustand erhalten blieb, ein echter *Biotopos* (Ort für das Leben) vor den Grenzen einer Stadt, die unheilvollerweise der fatalen Anziehungskraft von Beton und Zement erlegen war.

Vor allem aber gehörte das Gehöft zur Bischofsresidenz. Als neuer Bischof hatte Vater Maximos auch die Rolle seines Hüters geerbt. Er war es, der den erfahrenen Agrarökonomen Lavros zum vorübergehenden Verwalter ernannt hatte. Lavros, in Amerika ausgebildeter Professor für Agrarwissenschaft, Imker und Gelegenheits-Unternehmer, widmete sich seit seiner Emeritierung voll und ganz ökologischen Themen. Dabei hatte er sich einen Ruf als führender Umweltanwalt und insbesondere als engagierter Schützer der durch skrupellose Wilderer bedrohten Zugvögel erworben. Der durchschnittlich große und leicht untersetzte Lavros trug einen kurzen weißen Bart und war stets bestens gelaunt. Diese Eigenschaft hatte ihn bei einer früheren Pilgerfahrt zum Athos zum idealen Gefährten gemacht.

Als wir beim Gehöft ankamen, war außer ein paar Wanderarbeitern aus Sri Lanka kaum jemand da. Unter breitkrempigen Hüten pflückten sie im Obstgarten Orangen, Mandarinen und Zitronen, packten sie in besondere Kisten und luden diese dann auf einen Laster, der sie zum örtlichen Markt transportierte. Lavros plauderte ein paar Minuten mit den Sri Lankern, und wir pflückten ein paar Orangen von den Bäumen. Dann saßen wir vor seinem bescheidenen provisorischen Büro in der Mitte des Besitzes und warteten, bis Vater Maximos ankäme.

Während wir die Orangen schälten und verspeisten, offenbarte mir Lavros, was Vater Maximos mit dem Gehöft vorhatte und was der Grund für seinen bevorstehenden Besuch war. Der Bischof, so verriet er mir, wollte es in ein pädagogisches Naturschutzgebiet umwandeln. Ein Teil des Besitzes sollte geschützt und zu einem Umweltpark für die Öffentlichkeit weiterentwickelt werden. Außerdem wollte Vater Maximos ein Sommerlager für Jugendliche errichten. Dort sollten die Jugendlichen in den Sommerferien schwimmen, arbeiten und etwas über die Umwelt lernen. Solche hochfliegenden Pläne erforderten jedoch Geld, und das reichlich. Der Grund für Vater Maximos' Besuch auf dem Gehöft war, so erfuhr ich, eine Begehung mit einem möglichen Großspender.

Es war schon fast halb fünf, als Vater Maximos schließlich mit seiner Begleitung eintraf. Er freute sich, uns zu sehen, zeigte sich aber nicht sonderlich überrascht und grinste nur, als habe er unsere Absichten bereits geahnt.

Lavros verlor keine Zeit, ergriff die Initiative und übernahm die Rolle des Gastgebers für Vater Maximos' Gäste. Dazu zählten der vermögende Wohltäter, seine Frau sowie Erato und zu meiner Überraschung Marina, die Ärztin, die ich auf dem Schiff kennengelernt hatte. Offenbar hatte die Pilgerreise ihr Interesse an weiteren Begegnungen und Gesprächen mit Vater Maximos geweckt. Ich war sehr erfreut.

Während der folgenden fünfzig Minuten führte Lavros uns über das Gelände, teils zu Fuß, teils mit dem Auto. Mit seiner typischen Begeisterung erklärte er ausführlich die Einzigartigkeit und Bedeutung des Gehöfts. Während der Führung flüsterte Erato mir zu, bei dem Paar mittleren Alters neben Vater Maximos handele es sich um Herrn und Frau Leventis, bekannte Mäzene, die gemeinnützige Organisationen reichlich bedachten, was unter den Reichen in der Region nicht sehr häufig vorkam. Trotz ihres angeblichen Reichtums wirkten sowohl der Mann als auch die Frau bescheiden und zurückhaltend.

Demut und die Abwendung von weltlichem Besitz waren für einen Altvater vom Athos Eigenschaften von höchster Bedeutung. Zu Vater Maximos fühlte sich dieses wohlhabende Paar vor allem deshalb hingezogen, weil er diese Eigenschaften selbst verkörperte, womit sichergestellt war, dass das Geld sinnvoll eingesetzt würde. In der Kirche gab es einfach zu viele Skandale, die bei potenziellen Förderern kirchlicher Einrichtungen Bedenken wecken konnten. Vater Maximos' Ruf war dergestalt, dass Menschen wie das Ehepaar Leventis ihm vertrauten. Vor einiger Zeit hatte mir Stephanos sogar erzählt, das Vater Maximos noch als Abt des Klosters Panagia einmal zweihunderttausend Dollar abgelehnt hatte, weil der Spender weder die richtige Einstellung noch die richtigen Motive besaß. Wenn die Absichten eines potenziellen Spenders nicht völlig rein sind, kann dies ein Projekt kontaminieren und untergraben, ungeachtet der Höhe der angebotenen Summe und der Erhabenheit der Ziele des Projekts.

Vater Maximos' Gäste hatten die Reinheit ihrer Absichten bereits mehrfach unter Beweis gestellt. Sie hatten bereits vier Millionen zypriotische Pfund (damals etwa acht Millionen Dollar) für die Restaurierung eines alten, archäologisch bedeutenden, aber verlassenen Klosters in Mesa Potamos im Zentrum des Troodos Gebirges gespendet. Die Ruinen lagen inmitten eines üppig grünen, kiefernbestandenen Tals, umgeben von mehreren Quellen – ein traumhafter Ort für eine Stätte der Einkehr, die dem Gebet und der Meditation vorbehalten wäre. Vater Maximos hegte Pläne, sie zu einem weiteren geistlichen Zentrum für die Region zu entwickeln.

Alle Anzeichen sprachen dafür, dass das wohlhabende Paar bereit war, weitere Gelder für die Entwicklung des Gehöfts zu spenden. Nach dem etwa einstündigen Rundgang, bei dem Vater Maximos seine Pläne erläuterte, stiegen die potenziellen Wohltäter mit zufriedenen Mienen in ihren Wagen und fuhren davon. Wir anderen blieben noch ein wenig auf dem Gehöft. Wir spazierten am Strand entlang, plauderten und genossen die kohlenmonoxidfreie Luft, die von Westen heranwehte. Im Osten konnten wir in der Ferne die aufsteigende Skyline mit den neuen Hotels und den hintereinander gestaffelten Ferienanlagen sehen, die eine einst smaragdgrüne Stadt in ein Meer aus Grau verwandelt hatten.

Zeit für einen Strandspaziergang zu haben und den Anblick sowie die Gerüche des Meeres genießen zu können, war für Vater Maximos ein seltener Luxus. In seiner Kindheit in Limassol sei Schwimmen seine zweite Natur gewesen, klagte Vater Maximos, aber von dem Moment an, als er mit achtzehn Jahren das Mönchshabit anlegte, hatte er diesem weltlichen Vergnügen entsagen müssen. Seither hatte er nie wieder einen Fuß ins Mittelmeer gesetzt. Es war nicht üblich, dass Mönche sich ihrer Kleider entledigten und sich dem Vergnügen im Wasser hingaben. Bei meiner Liebe zum Meer war dies eine mönchische Gewohnheit, die ich nur schwer nachvollziehen konnte.

Nach unserem Spaziergang folgten wir Vater Maximos zum »Katzenkloster«, wo uns die Ordensschwestern mit frisch gepresster Limonade, Kaffee und besonderen, selbstgemachten Süßigkeiten verwöhnten. Sie wirkten hoch erfreut, dass ihr neuer Bischof unerwartet auf ihrer Schwelle stand.

Von unserem Sitzplatz auf der Veranda dieses Ortes klösterlicher Einkehr für die Ordensschwestern bot sich uns ein einzigartiger Blick über das Gehöft und das dahinterliegende Meer. Das Kloster lag ein wenig höher als das Gehöft, sodass wir den Horizont und die im Mittelmeer versinkende Sonne sehen konnten. Wie immer war Vater Maximos bereit, sein Wissen über orthodoxe Spiritualität mit jedem zu teilen, der Interesse zeigte. Dies war ein wichtiger Bestandteil seiner Lebensaufgabe, seiner *Diakonia,* anderen zu dienen.

Marina wollte unbedingt einige Themen wieder aufgreifen, die wir in der Woche zuvor während der Rückreise nach Limassol auf dem Schiff besprochen hatten. Sie verlor keine Zeit und stieg gleich in die Diskussion ein. Mir war das nur recht.

»Menschen sind nie stabil, weder emotional noch geistlich«, erwiderte Vater Maximos auf Marinas Frage nach emotionaler Stabilität. »Ihre Stimmungen und Neigungen sind Schwankungen unterworfen. Aus persönlicher Erfahrung wissen Sie sicher, dass es uns ständig so geht.«

»Das ist insofern unvermeidlich, als wir Menschen sind«, stimmte Marina zu.

»Ja, gut. Aus der Sicht der kirchenväterlichen Überlieferung ist dieser Zustand ständiger Anwandlungen der Seele erst nach dem Fall entstanden.« Vater Maximos unterbrach sich und trank einen Schluck Tee. »Die heiligen Altväter lehren, dass sich die Menschen vor dem Fall in einem stabilen Zustand ununterbrochener Kontemplation Gottes befunden haben. Als wir diese Ur-Einheit verloren haben, wurden wir ständigen Stimmungsschwankungen und Veränderungen unseres geistlichen Zustands unterworfen. Manchmal sind wir euphorisch und fröhlich, dann wieder traurig und niedergeschlagen. Manchmal werden wir überwältigt von Gefühlen der Schwäche, der Ehrfurcht, der Härte, der Wut sowie vieler, vieler weiterer Empfindungen und Emotionen.«

»Das ist bekannt«, sagte ich. »Welche Gefühle wir empfinden, hängt vermutlich zu einem Großteil vom Stand unseres geistlichen Wachstums, von unserer Gemütsverfassung und natürlich von unseren allgemeinen Lebensumständen ab.«

»Natürlich. Selbst heilige Altväter, die diese Welt mehr oder weniger überwunden haben, sind psychischen und geistlichen Schwankungen unterworfen. Sie befinden sich nicht immer im Zustand göttlicher Euphorie oder Freude.

Aufgrund ihrer persönlichen Erfahrungen und Methoden im Umgang mit dem breiten Spektrum an Gefühlen und Empfindungen, denen alle Menschen ausgesetzt sind«, fuhr Vater Maximos fort, »erkannten die heiligen Altväter das »Gesetz der Anwandlungen«, wie sie es nannten.

»Es als Gesetz zu bezeichnen, impliziert einen wissenschaftlichen Ansatz in dieser Frage«, unterbrach ihn Lavros. »Ist er das denn?«

»Natürlich ist er das«, erwiderte Vater Maximos etwas lauter. »Die heiligen Altväter waren geistliche Wissenschaftler. Sie haben Entdeckungen über die geistlichen Gesetze gemacht, die das Dasein des Menschen beherrschen, gerade so wie Naturwissenschaftler Entdeckungen über die Gesetze machen, die das materielle Universum beherrschen.«

»Das ist eine gewagte Behauptung«, warf Lavros ein. »Aber ich glaube, ich verstehe, worauf Sie hinauswollen.«

Vater Maximos' Worte erinnerten mich an ein Argument des zypriotischen Laienmystikers, mit dem ich in den 1980er Jahren zusammen studiert hatte. Er behauptete, Naturwissenschaftler bezögen ihre Beobachtungen, wie die äußere Welt funktioniert, aus Laborexperimenten, Mystiker hätten sich hingegen zu allen Zeiten selbst zu ihrem Labor gemacht. Ihre Methoden seien genauso »wissenschaftlich« in dem Sinne, dass sie auf Beobachtungen und Experimenten beruhten, und ihre Schlussfolgerungen dann von anderen Mystikern, die diese inneren Experimente replizierten, bestätigt würden. Diese Argumentation findet sich heute auch im Werk führender transpersonaler Theoretiker.

»Wir müssen uns immer vor Augen halten«, fuhr Vater Maximos fort, »dass das Gesetz der Anwandlungen ein *metaptotisches* Phänomen ist, das heißt, dass es nach dem Fall eingetreten ist, eine Entwicklung, durch die wir verschiedenen Einflüssen ausgesetzt wurden, die unterschiedliche Veränderungen oder Anwandlungen in uns auslösen.«

»Von welchen Veränderungen sprechen sie, Vater Maxime?«, fragte Erato, während die drei älteren Ordensschwestern zusätzliche Stühle heranrückten und sich zu uns setzten.

»Die Altväter sind zu dem Schluss gelangt, dass die Anwandlungen der Seele aus vier Haupt-Quellen kommen«, antwortete Vater Maximos und hob vier Finger seiner rechten Hand. »Eine Kategorie von Anwandlungen kann unmittelbar von Gott kommen. Sie können eine Folge der Aktivierung der Energien des Heiligen Geistes sein, der in uns wohnt. Dies ist natürlich die Art von Anwandlungen, nach der wir alle streben. Sie stellen unser höchstes Ziel im Leben dar.«

»Wenn Sie sagen, dass es Anwandlungen gibt, die unmittelbar von Gott kommen, dann impliziert dies, dass es auch Anwandlungen geben muss, die aus der entgegengesetzten Quelle stammen. Das Gute gibt es nicht ohne sein Gegenteil«, behauptete ich und wusste bereits, was Vater Maximos antworten würde.

»Eine logische Schlussfolgerung, so viel steht fest«, nickte er. »Die Altväter lehren, und wir wissen aus Erfahrung, dass es tatsächlich dämonische Anwandlungen gibt. Wir werden später noch darüber sprechen. Ein dritter Anwandlungstypus entspringt weder Gott noch den Dämonen, sondern in uns selbst; und eine vierte Quelle für Anwandlungen kann die Umgebung sein, in der wir leben.

Es ist ein allgemein anerkannter Grundsatz orthodoxer Spiritualität, dass wir psychosomatische Wesen sind. Wir sind nicht nur Körper. Wir sind nicht nur Psyche. Ebenso wenig können wir sagen, dass wir eine Kombination aus Körper und Psyche sind, die sich in uns verbinden, aber jeweils ihren eigenen Bereich haben. Wir können nicht sagen, hier endet der Körper und da beginnt die Psyche. Wir sind *ein* Wesen. Unsere Seele ist mit dem Körper verknüpft, wie Mehl und Wasser miteinander zu einem Teig vermischt werden.« Mit einer Geste, die das Formen eines Fladenbrotes andeutete, führte Vater Maximos seine beiden Handflächen zusammen. »Kann man noch feststellen, wo Wasser und wo Mehl ist? Sobald man sie zusammenfügt, hat man eine neue Realität. Da wir psychosomatische Wesen sind, sind wir daher Einflüssen ausgesetzt, die sowohl geistlichen Ebenen, und zwar gütigen wie destruktiven, als auch den Umweltbedingungen entspringen, innerhalb derer der Körper sich bewegt. Außerdem sind wir Umständen unterworfen, die wir selbst schaffen.

Doch betrachten wir als Erstes Anwandlungen, die unmittelbar von Gott kommen, und wie sie aktiviert werden. Stellen wir uns vor, wir befinden uns in einem neutralen psychischen Zustand. Nehmen wir an, wir führen ein ganz normales Leben und sind weder spirituell noch nicht spirituell. An einem bestimmten Punkt setzen wir uns dann ernsthaft der Pädagogik der *Ekklesia* aus. Wir lassen uns auf systematisches und unaufhörliches Beten ein, wir fasten, wir gehen zur Beichte und zur Kommunion, wir nehmen an Vigilien teil, die die ganze Nacht andauern, und so weiter. Irgendwann bricht unser Herz dann vielleicht auf und spürt nach und nach Gottes lebendige Gegenwart. Wenn wir eine solche Erfahrung machen, werden wir überwältigt von einem Gefühl der Liebe zu allen Menschen, von Ehrfurcht, *Metanoia*, Demut, Toleranz gegenüber jedermann. Wir spüren, dass unser Herz in brennender Liebe zu Gott entflammt. Ich sollte hinzufügen, dass in einem solchen Zustand üblicherweise Tränen vergossen werden. Glaubt mir, so etwas geschieht mit Menschen, wenn sie sich einer systematischen geistlichen Praxis unterziehen.«

»An welchem Punkt sollten wir erwarten, dass eine solche Erfahrung eintritt, Vater Maxime? Ich meine, unter welchen Bedingungen findet sie statt?«, fragte Erato mit lebhaftem Interesse. Stephanos hatte mir anvertraut, dass sie im tiefen Gebet selbst geistliche Erlebnisse gehabt hatte.

»Solche Entwicklungen kann man nicht vorhersagen. Dies liegt im Ermessen des Heiligen Geistes. Solche Anwandlungen können durch eine Vielzahl unterschiedlicher Bedingungen eintreten. Ein göttlich inspiriertes Erlebnis kann mitten im Gehen, im Gebet oder sogar im Schlaf über uns kommen.«

»Im Schlaf?«, wunderte sich Marina.

»Ja. Ob du es glaubst oder nicht, Menschen, die geistlich darum ringen, Gott nahezukommen, können häufig im Schlaf gnadenvolle Heimsuchungen erleben. Diese Menschen können dann große Freude und tiefen Trost erfahren. Ihr Herz ist hellwach. Sie schlafen oder ruhen vielleicht, aber ihr Herz ist wach.«

»Kommt Gott nur über Menschen, die sich der Pädagogik der *Ekklesia* unterziehen?«, fragte ich. »Ich denke an den Vorfall auf der Straße nach Damaskus. Paulus gehörte nicht der *Ekklesia* an. Er war Christenverfolger. Dann hatte er das bekannte mystische Erlebnis und wurde in den Heiligen Paulus verwandelt.«

»Gott kann auf unendlich vielfältige Art und Weise unmittelbar über das Herz des Menschen kommen. Dieses Potenzial tragen alle Menschen in sich.«

»Es kann also sein, dass ein Mensch, der keinerlei Beziehung zur *Ekklesia* hat und die Straße entlang spaziert, plötzlich von Gott erfüllt wird und eine solche Verwandlung erfährt«, sagte ich und versuchte damit, Vater Maximos auf eine universalistische Konzeption der religiösen Erfahrung festzulegen, eine Position, die dogmatische Gläubige nicht akzeptieren können.

»Unbedingt. Alle Menschen haben Gott in ihrem Inneren, daher steht die Aussicht auf Erlösung und die Möglichkeit dazu allen Menschen offen. Aber noch einmal, wir können nie wissen, wann die Gnade über einen Menschen kommt oder wen Gott mit seiner Gnade berührt. Bedenke außerdem, dass nur der Geist Gottes in die äußersten Winkel unseres Daseins dringen kann. Niemand sonst.«

»Und was ist mit unreinen Geistern?«, fragte Lavros.

»Zum Glück sind ihnen diese Regionen verwehrt«, antwortete Vater Maximos. »Nur der Heilige Geist hat diese Befugnis und Macht. Deshalb kann der Heilige Geist ins Herz eines jeden Menschen eindringen und diese guten Anwandlungen auslösen.«

»Nach dem zu urteilen, was Sie sagen, Vater Maxime, erscheint mir unser innerstes Wesen wie die Tiefen der Meere«, sagte Lavros. »Egal, wie aufgewühlt die Oberfläche ist, die Tiefen sind immer ruhig und friedlich.«

»Eine sehr gute Metapher.«

»Ich vermute, solche Erfahrungen und Verwandlungen können sich auch im Körper der betroffenen Menschen niederschlagen«, fügte Lavros hinzu.

»Da Menschen psychosomatische Wesen sind, wird alles an ihnen geheiligt, wenn sie eine göttliche Verwandlung erfahren. Es zeigt sich an ihrem Körper. Wenn du mit heiligen Männern und Frauen in Berührung kommst, wirst du bemerken, dass alles an ihnen Heiligkeit ausstrahlt: Ihr Blick, ihr Gesicht, ihr Verhalten, ja sogar ihre Kleidung. Es ist die Energie des Heiligen Geistes, die einst schlief und dann offenbar wurde, und nun den ganzen Menschen erfasst, Leib und Seele.«

»Werden deshalb in der *Ekklesia* die sterblichen Überreste der Heiligen verehrt?«, fragte Marina.

»Genau. Wir ehren ihre sterblichen Überreste und huldigen ihnen, weil sich ihr Leib buchstäblich in einen Tempel des Heiligen Geistes verwandelt hat. Sogar ihr Leib wird also geheiligt.«

»Ein Freund von mir und exzellenter Kenner der Philosophie wendet sich entschieden gegen die ›Knochenverehrung‹ in der orthodoxen Tradition, wie er es nennt. Solches Verhalten ist für ihn nichts weiter als eine makabre Form von Aberglauben und Götzendienst; der letzte Rest einer Schwärmerei für das Mittelalter, die die Intelligenz und das vernünftige Denkvermögen der Menschen untergräbt«, meinte ich provokativ.

»Dein Freund ist einfach ein Rationalist, der, weil ihm die unmittelbare Erfahrung fehlt, nicht verstehen kann, dass die sterblichen Überreste von Heiligen heilige Energie ausstrahlen«, erwiderte Vater Maximos und machte eine wegwerfende Geste mit seiner rechten Hand.

Ich gestand, dass ich vor meinem ersten Besuch auf dem Athos die Meinung meines Freundes über Knochen geteilt hatte. Die dahinterstehende Theorie leuchtete mir jedoch erst ein, als Vater Maximos erklärte, dass nicht nur Orte und Gegenstände mit positiver (oder negativer) Energie aufgeladen sein könnten, sondern eben auch die sterblichen Überreste von Heiligen. Ihre göttlichen heiligen Energien oder »Elementale« sind in ihre Knochen eingebettet. Vater Maximos trug immer ein winziges Knochenstückchen von den sterblichen Überresten des Heiligen Arsenios von Kappadokien bei sich, das ihm sein Altvater Paisios geschenkt hatte. Er verwendete es stets als geistlichen Schutzschild, insbesondere wenn er einen Exorzismus durchführte.

»Man muss sich klarmachen, dass Gott den Menschen, wenn sie um geistliche Vervollkommnung ringen, hin und wieder ein gewisses Maß an Ermunterung schenkt, um sie auf ihrem Weg zu unterstützen«, stellte Vater Maximos fest. »Das ist ganz so, wie wenn man einem Marathonläufer während des Rennens Wasser reicht, damit er seinen Durst löschen und bis zum Ziel durchhalten kann. So macht Gott es den ringenden Menschen regelmäßig etwas leichter. Er tut dies in Form von Anwandlungen, die durch kurze Gnadenheimsuchungen ausgelöst werden. Kluge geistliche Wissenschaftler versuchen, diese Gnade in ihrem Inneren zu speichern und zu bewahren.«

»Wie man in Zeiten der Trockenheit versucht, Wasser zu speichern«, sinnierte Lavros.

»Es ist tatsächlich so etwas in der Richtung«, sagte Vater Maximos. »Es ist ganz ähnlich wie das, was wir hier in Zypern versuchen. Immer, wenn es regnet, versuchen wir, Wasser in verschiedenen Rückhaltebecken zu speichern, weil wir wissen, dass es im Jahr darauf womöglich keinen Regen gibt.«

»Zum Glück hatten wir dieses Jahr schon reichlich Regen«, verkündete Lavros mit zufriedener Miene.

»Aber nächstes Jahr oder die nächsten sechs Jahre kriegen wir vielleicht keinen Regen«, erwiderte Vater Maximos. »Deshalb müssen wir sogar einen einzelnen Tropfen auffangen. Genau das tun kluge Menschen, wenn sie diese göttlichen Anwandlungen erleben, wenn ihr Herz sich öffnet und von Gebet erfüllt wird. Wir sollten wirklich versuchen, unser Herz in dieser Phase guter Anwandlungen von der Gnade tränken und nähren zu lassen, gerade so wie ein Durstiger unaufhörlich trinkt und versucht, sich mit Wasser anzufüllen.«

»Im Streben nach Gnade ist Gier kein Laster«, witzelte ich.

»Unbedingt«, sagte Vater Maximos. »Wenn es um die Gnade Gottes geht, haben wir eine Lizenz zu Gier und Habgier. Dies ist die einzige Form der Gier, die Musik ist in Gottes Ohren. Glaubt mir, eine solche Gier kennt keine Grenzen und keinen Sättigungspunkt. In diesem Fall ist Mäßigkeit wahrlich keine Tugend, sondern ein Laster. Ein geistlich intelligenter Mensch wird niemals sagen: ›Ich habe von der Gnade gekostet, und das genügt mir.‹ Wir sind eingeladen, uns dieser guten Gier hemmungslos zu ergeben. Sowie unser Herz sich öffnet, müssen wir Gott um immer mehr bitten: Mehr Gnade, mehr Liebe, mehr Mitgefühl. Könnt ihr euch eine Obergrenze für Mitgefühl vorstellen? Unmöglich. Die Zeit der Heimsuchung durch die Gnade ist die Zeit reichlichen Regens. Jegliche Saat, die in unserem Herzen liegt, wird keimen, blühen und Früchte tragen. Wer diese Gnade Gottes kennt, insbesondere wer die frei gewährte Gnade gekostet hat …«

»Frei gewährte Gnade?«, unterbrach ihn Marina. »Gibt es noch eine andere Art der Gnade außer der frei gewährten?«

»Natürlich. Die frei gewährte Gnade ist die Gnade, die Gott, der große Menschenfischer, den Leuten hin und wieder als Köder anbietet, um sie an sich zu ziehen.« Ich bemerkte, dass Erato bei Vater Maximos' Worten lächelte; offensichtlich wusste sie, wovon er sprach. Sie war so sehr treue Jüngerin und Schülerin von Vater Maximos, dass sie bei vielen gewissermaßen als geistliche Mutter galt. So sah Stephanos seine Frau, und so empfand Emily unsere Freundin.

»Also, *ich* verstehe das nicht, glaube ich«, murmelte Marina mit Betonung auf dem »ich«, als sie Eratos Reaktion bemerkte. Für Marina war Vater Maximos' geistliches Denken etwas völlig Neues.

»Ich will es erklären«, erwiderte er. »Unter bestimmten Umständen gewährt Gott seine Gnade großzügig und freigiebig. Die Menschen sind dann hingerissen von der Erhabenheit der Gnade, und ihr Herz lässt sich leichter zu *Metanoia,* Tränen, Liebe, Freude und Ehrfurcht rühren. Menschen, die in dieser Weise von der Gnade angerührt werden, befinden sich in dem Moment, in dem sie anfangen zu beten, in einem paradiesischen Gemütszustand. Destruktive Leidenschaften werden schwächer, und die Menschen erleben emotionalen und mentalen sowie leiblichen Frieden. Sie erfahren ein überwältigendes Wohlbefinden. Die Gnade regiert ihr gesamtes Menschsein. Dies ist die frei gewährte Gnade, die Gott den Menschen schenkt.

Natürlich«, fügte Vater Maximos mit einem vielsagenden Lächeln hinzu, »ist Gnade letzten Endes nie frei gewährt. Man muss sehr viel dafür tun, um sie sich zu verdienen und zu bewahren.«

»Aber das ist doch paradox«, protestierte Marina freundlich. »Gerade eben haben Sie noch gesagt, dass Gottes Gnade den Menschen frei gewährt wird.«

»Ja und nein. Schau, wenn du die von Gott frei gewährte Gnade einmal gekostet hast, musst du viel dafür tun, um sie erneut zu erhalten und dauerhaft in deinem Herzen zu verankern. Du wirst nicht ruhen, bis es so weit ist. Du hast sozusagen angebissen. Und das wird nicht frei gewährt. Du musst daran arbeiten. Altvater Paisios pflegte immer zu sagen, Gott sei wie ein schlauer Geschäftsführer einer Eisdiele. Um Kunden zu gewinnen, bietet er sein Eis ein, zwei Tage kostenlos an, damit die Menschen anbeißen. Aber am nächsten und übernächsten Tag müssen sie Geld mitbringen. Ähnlich gewährt Gott seine Gnade gelegentlich frei, damit du süchtig nach Gnade wirst. Aber nach der ersten Kostprobe musst du dich ordentlich anstrengen und schwitzen, um diese Gnade noch einmal erlangen und auf Dauer behalten zu können.«

»Du hast das Paradies gekostet und wieder verloren. Nur dann wird dir wirklich bewusst, was dir fehlt«, warf ich versuchsweise ein. »Ist dies die Bedeutung des Mottos ›Blut geben, um Geist zu bekommen‹, von dem manche Altväter sprechen?«

»Ganz genau.«

»Das gilt für alles, was man sich vornimmt.«

»Es gilt auch für das, was man sich in geistlicher Hinsicht vornimmt. Geistliche Ziele sind nicht ohne ernsthafte und konzentrierte harte Arbeit zu erreichen. Man kann nicht ständig alles umsonst bekommen. Gnade muss man einfach durch seinen eigenen freien Willen und geistliches Bemühen erlangen.«

»Vater Maxime, wir können uns unmöglich vorstellen, wie es sich anfühlt, wenn man von der Gnade des Heiligen Geistes erfüllt ist«, sagte Marina. Wir sind so unwissend, dass wir keine Ahnung haben, wovon Sie sprechen und was uns fehlt. Wie ist es denn eigentlich so?«

Vater Maximos lächelte. »Wer die Gnade gekostet hat, egal, ob von Gott frei gewährt oder durch harte geistliche Kämpfe errungen, weiß, dass, wenn die Gnade in uns wirkt, alles um uns fröhlich und voller Licht ist. Selbst wenn wir die Hölle betreten, verwandelt sie sich für uns automatisch ins Paradies. Ich erinnere mich an einen Vorfall um einen alten Mönch vom Athos, der mit einem langen Gehstock den Berg hinabstieg. Er leuchtete durch und durch. Er sah so strahlend aus wie ein Prophet aus dem Alten Testament, der vom Sinai herabkommt. Voller Neugier fragte ich ihn: ›Vater, was ist los?‹ ›Oh, mein lieber Bruder‹, erwiderte er, ›der Vogel singt, der Vogel singt.‹ Er meinte, dass sein Herz erfüllt war von Gnade. Er durchlief eine Zeit geistlicher Verwandlungen, und alles an ihm und um ihn wurde numinos, göttlich.«

»Warum schenkt Gott seine frei gewährte Gnade nur manchen, aber nicht allen Menschen?«, fragte Marina.

»Aber er schenkt sie doch jedem, der so weit ist. Gott möchte, dass alle Menschen seine Gnade erfahren. Er steht an der Pforte zu unserem Herzen und klopft und fleht uns an, es ihm aufzutun, vielleicht nur ganz kurz, einen kleinen Sprung in unserer Rüstung zuzulassen, damit wir kosten können, wie wohltuend seine Gegenwart ist. Unsere Freiheit ist der Schlüssel zu unserem Erfolg oder Misserfolg, Gott einzulassen.«

»Und wenn es nicht gelingt, Gott einzulassen, bedeutet dies häufig, dass wir das Feld der gegenteiligen Energie überlassen«, stellte Erato fest. Mit ihrem Einwurf verschob sie das Gesprächsthema von Verwandlungen aufgrund von Gottes Gnade zu Verwandlungen aufgrund diabolischer Angriffe. Dieses Thema hatte sie bereits in früheren Gesprächen mit Vater Maximos aufgeworfen.

»Leider ist dem so«, antwortete Vater Maximos düster. »Denkt daran, dass dies die zweite Quelle von Verwandlungen ist. Ein Mensch kann in seinem Herzen aus den unterschiedlichsten Gründen Unruhe, Verwirrung, Verzweiflung und Hoffnungslosigkeit verspüren. Er kann die Hölle, Finsternis und schreckliche dämonische Umstände erleben. Solche inneren Zustände zeigen sich auch äußerlich. Man erkennt derartige Prozesse am Aussehen eines Menschen, an seinem Blick, an seinen Worten und an seinen Taten, an allem an ihm.«

»Tritt eine solche Besessenheit durch Zufall ein, etwa so, wie wir uns einen Virus oder eine Erkältung zuziehen?«, fragte Marina.

»Nein, nein! Definitiv nicht. Es wäre schlimm, wenn es so wäre. Dämonen können nicht einfach machen, was sie wollen, ohne jemandem Rechenschaft darüber abzulegen.«

»Dämonen sind nicht frei?«, fragte sie verwundert.

»Sie sind schon frei«, schränkte Vater Maximos ein, »aber ihre Freiheit kann die unsere nicht aushebeln. Sie sind gezwungen, sie zu respektieren. Dämonen machen allerdings etwas anderes. Sie versuchen, uns zu belagern. Menschen, die um ihre geistliche Vervollkommnung ringen und versuchen, Dämonen nicht durch ihre Herzenspforte einzulassen, umzingeln sie und führen mit verschiedenen Mitteln Krieg gegen sie. Dämonische Pfeile dringen von außen nach innen. Bei geistlich engagierten Menschen aber können sie nicht ins Herz gelangen. Das muss man sich unbedingt immer wieder bewusstmachen.

Leider gibt es Menschen, die Satan das Recht zubilligen, ihr Herz zu vereinnahmen, entweder weil sie achtlos mit ihrem Leben umgehen oder weil sie nicht wachsam genug, gottlos oder Gott gegenüber anmaßend sind. Dann finden diese dämonischen Energien Möglichkeiten, ins Herz dieser Menschen einzufallen und sich dort richtig auszutoben. Diese Menschen bekommen dann einen echten Vorgeschmack auf die Bitternis der Hölle.«

»Man kann also in der Hölle sein, ohne es zu wissen«, spekulierte ich. »Was für den einen die Hölle ist, ist für den anderen oft das Paradies.«

»Richtig. Menschen, die von Gott abgeschnitten sind, merken nicht unbedingt, dass sie in der Hölle stecken. Sie leben in der Finsternis, aber sie sind so blind, dass ihnen noch nicht einmal klar ist, dass sie sich in der Finsternis befinden.«

»Warum können wir nicht einfach sagen, dass solche Menschen an psychischen Erkrankungen leiden, Vater Maxime«, fragte Marina, »statt von einer Besessenheit durch Dämonen zu sprechen?«

»Das können wir nicht. Nach unserem Verständnis dieser Dinge sind psychische Erkrankungen ein völlig anderes Phänomen. Streng genommen sind psychische Erkrankungen ein Problem des physischen Gehirns und des Nervensystems. Dämonische Besessenheit ist eine geistliche Erkrankung schwerster Art. Sie ist keine Frage einer Fehlfunktion des Gehirns. Sie ist ein Angriff auf die Seele der Betroffenen. In solchen Fällen ist geistliche Intervention erforderlich, keine konventionelle Psychotherapie oder medizinische Behandlung.«

»Sind Menschen, die um geistliches Wachstum ringen, immer vor Satans Pfeilen geschützt?«

»Solange sie wachsam sind, bleibt Satan draußen. Er wird auch weiterhin seine ›feurigen und hinterlistigen Pfeile‹ abschießen, wie es im Gebet heißt, aber die Pfeile treffen sie nicht. Verlieren die Menschen allerdings ihre Wachsamkeit, dann ist alles möglich. Mangelnde Wachsamkeit ist ein starker satanischer Pfeil gegen das geistliche Leben. Das ist ungefähr so, wie wenn man operiert werden soll und der Anästhesist einem eine Spritze gibt. Man spürt sie kaum, ist aber in Nullkommanichts komplett weggetreten. In diesem Zustand ist man dem Wohlwollen der Ärzte völlig ausgeliefert. Mit einem kleinen Stich ist unsere gesamte Existenz gelähmt.«

»Was führt dazu, dass Satans Pfeile uns treffen, Vater Maxime?«, fragte Lavros und strich sich über seinen kurzen weißen Bart.

»Das kann verschiedene Gründe haben. Wie ich gerade gesagt habe, kann es an Achtlosigkeit und einer Vernachlässigung des geistlichen Lebens liegen. Doch egal aus welchem Grund, das Ergebnis ist immer dasselbe: Unser Gewissen wird gelähmt und ist ganz dem Feind der Erlösung ausgeliefert.

Mir ist aufgefallen«, fuhr Vater Maximos fort, »dass viele Menschen, die unter der Krankheit der Achtlosigkeit leiden, sich häufig durch einen Zustand der Unlebendigkeit und Interesselosigkeit auszeichnen. Dieser Zustand, den wir alle hin und wieder erleben, wird bei diesen Menschen dauerhaft und chronisch. Solche Menschen sind in Wirklichkeit unbegrabene Tote. Es ist kein Leben in ihnen. Ich habe Menschen kennengelernt, die sich nichts wünschen und für nichts interessieren, nichts macht ihnen Freude, und alles, was sie tun, erscheint ihnen lästig und fade. Das ist ungefähr so, als ob man krank ist und kein Essen anrühren will, egal, wie köstlich das ist, was einem hingestellt wird. Ich kann euch sagen, es ist tragisch, jungen Menschen zu begegnen, die dadurch in einer wahren Hölle leben. Man kann sie nicht motivieren, sich für irgendetwas zu interessieren, für absolut nichts. Sie sind wie leblos.«

Vater Maximos stampfte leicht mit dem Fuß auf den Boden und lehnte sich in seinem Sessel zurück. »Dämonische Anwandlungen treten also in Situationen ein, in denen Menschen unerfahren und achtlos sind. Deshalb rate ich jedem, der zur Beichte kommt, sich als eine Form des Schutzes gegen Angriffe durch Dämonen das Beten anzugewöhnen. Das Gebet ist ein Schild gegen die Pfeile der Dämonen. Für uns ist der Aufenthalt in der Kirche mit den heiligen Ikonen, in denen Gottes Energie konzentriert ist, eine weitere Möglichkeit, sich vor solchen Angriffen zu schützen.«

»Ich vermute«, überlegte Erato, »dass umgekehrt auch das Gegenteil passieren kann, wenn man aus Unachtsamkeit in eine Gegend kommt, in der negative Energie vorhanden ist.«

»Ja. Manche experimentieren aus Neugier mit Magie oder besuchen Orte, an denen Teufelsanbetungen stattfinden. Damit setzen sie sich diabolischen Energien und Symbolen aus. Diese Symbole haben Macht. Das ist so, wie wenn man sich in einer radioaktiv verseuchten Gegend aufhält. Es ist gefährlich für ihre geistliche und psychische Gesundheit. Ich sollte darauf hinweisen, dass es auch riskant ist, sich an Orte zu begeben, an denen sündhafte Handlungen vorgenommen werden, wo Menschen fluchen und sich pietätlos verhalten. An solchen Orten besteht eine hohe Konzentration dämonischer Energie, die leicht ins Innere eines naiven, unerfahrenen und geistlich ungeschützten Menschen eindringen kann.«

»Woran kann man erkennen, dass ein Ort eine solche Energie hat, Vater Maxime?«, fragte Marina interessiert.

»Menschen Gottes besitzen Urteilsvermögen. Wenn die Seele die

Früchte der Gnade kostet, entwickelt sie ein geeignetes Sinnesorgan, mit dem sie erkennen kann, was Gnade, was diabolische Energie, was Wahn und was der Unterschied zwischen beiden ist. Glaube mir, ein Mensch mit geistlichem Urteilsvermögen erkennt, ob ein bestimmter Ort gnadenvolle oder dämonische Energie enthält.«

Vater Maximos hielt inne. »Es gibt eine Wendung, die wir Mönche oft gebrauchen. Wir sagen: ›Hier komme ich nicht zur Ruhe‹ oder ›dieser Mensch macht mir keine Freude‹ oder etwas in diesem Sinne. Entsprechend sagen wir: ›Dieser Ort bringt mich zur Ruhe‹ oder ›bei diesem Menschen, in dieser Atmosphäre oder mit dieser Energie fühle ich mich wohl‹. Wir wissen, wenn etwas mit unserem Herzen nicht harmoniert. Es reagiert darauf. Es ist so ähnlich wie in Situationen, in denen uns Essen angeboten wird, das uns nicht bekommt. Wir können uns zwingen, es zu essen, aber unser Magen reagiert darauf.

Da fällt mir ein Pilger ein, der zum Athos kam und einen Eremiten fragte: ›Vater, woran erkenne ich, dass ich errettet werde?‹ Der Eremit antwortete: ›Geh in die Kirche und schau, wie du dich fühlst. Wenn dir die Luft wegbleibt und du am liebsten hinausrennen würdest, dann bedeutet das, dass dein Geist und der Geist Gottes, der dort weilt, nicht kompatibel sind. Wenn du dich im Hause Gottes hingegen wohlfühlst, dann ist dies ein Anzeichen dafür, dass deine Seele mit dem Heiligen Geist in Einklang steht.‹

Seht ihr, dies geschieht mit geistlich erfahrenen Seelen, wenn sie mit Orten und Gegenständen in Berührung kommen, die dämonische Energien in sich tragen. Wenn die Seele geistlich gesund ist und weiß, was Gnade ist, dann erfolgt im Inneren automatisch eine Reaktion: ›Hier kann ich nicht sein. Ich kann unmöglich in diesem Raum oder diesem Haus bleiben. Sonst platze ich. An einem Ort, an dem der Geist Gottes nicht ist, kann meine Seele keine Ruhe finden.‹«

Bei diesen Worten von Vater Maximos versuchte ich, mir ein Lächeln zu verkneifen. Ich fragte mich, ob seine Seele in der modernen, säkularen, konsumorientierten, materialistischen Welt überhaupt irgendwo zur Ruhe kommen könnte. Doch genau dorthin hatten die Altväter vom Athos ihn geschickt, ganz entgegen seinen Neigungen.

»Die Frage, wie unsere Seele sich an die Dinge um uns herum gewöhnt, ist ein Riesenthema. Deshalb sollte der Ort, an dem wir leben, geweiht werden.« Vater Maximos verstummte, und es entstand eine lange, nachdenkliche Pause. Was wir als geistlich wohltuenden Ort empfinden, hängt, so wollte mir scheinen, zum großen Teil von unserer kulturellen Konditionierung ab. Dass Vater Maximos zum Beispiel einzig und allein von der Kultur der östlichen Orthodoxie durchdrungen war, würde es ihm schwermachen, sich in einem hinduistischen Ashram oder einem tibetischen Lamakloster wohlzufühlen. Entsprechend nahm ich an, dass Menschen aus diesen Traditionen oder aus multikulturellen, säkularen Städten den geistlichen Gepflogenheiten in einem Athos-Kloster nicht mit demselben Wohlgefühl folgen könnten. Aber dies waren Themen, die ich an jenem Tag nicht vertiefen wollte. Ich hatte keine Ahnung, wie ich solche kulturübergreifenden Überlegungen in Relation dazu setzen sollte, was Vater Maximos sagte. Als ich diese Fragen gegenüber meinem Freund Mike Lewis anschnitt, vermutete dieser in einer kurzen Nachricht: »Vater Maximos' Verallgemeinerungen zeichnen uns in groben Umrissen vor, wie in diesen Dingen zu denken ist. Den geistlichen Wert eines Menschen oder eines Ortes aber kann nur Gott kennen. Jede Tradition ist einzigartig, und was dem menschlichen Verstand widersprüchlich erscheint, kann in Wirklichkeit durchaus Gottes Willen entspringen.«

»Vater Maxime, was ist mit Anwandlungen, die weder von Gott noch von den Dämonen kommen?«, fragte Erato. »Welcher Art sind diese? Bisher haben Sie darüber noch nicht gesprochen.«

»Vielleicht beginnt man am besten mit einem Beispiel«, antwortete Vater Maximos und schwieg einen Moment. »Nehmen wir einmal an, wir haben Vorurteile gegenüber einem bestimmten Menschen oder einer bestimmten Gruppe. Solche Vorurteile kommen nicht von Gott und auch nicht unbedingt von Dämonen. Sagen wir einmal, ich kann keine Menschen um mich haben, die Bart oder Talar tragen. Immer wenn ich solche Leute sehe, verspüre ich innere Abneigungen. In ihrer Gegenwart fühle ich mich unwohl. Vielleicht werde ich wütend. In Griechenland habe ich oft alle möglichen Schimpfkanonaden von Leuten zu hören bekommen, die einfach keinen Mönch sehen konnten.

Ich erinnere mich, dass ich einmal in einem Krankenhaus war und auf eine Untersuchung wartete. Da kam eine Krankenschwester und verfluchte und beschimpfte mich auf alle möglichen Weisen, als ›dreckiger Mönch‹ und dergleichen. Vielleicht hat ihr ein Mönch einmal etwas angetan. Wer weiß. Aus irgendeinem Grund konnte sie Mönche einfach nicht ausstehen.«

»Aus Unwissenheit und Vorurteilen haben wir jede Menge Blödsinn im Kopf«, sagte ich.

»Die Ursachen solcher Reaktionen müssen nicht Unwissenheit oder Vorurteile sein. Vielleicht mögen wir ein bestimmtes Essen nicht, oder wir können uns nur schwer vorstellen, auf dem Land zu leben. In der Stadt gefällt es uns womöglich besser. Dies sind rein menschliche Vorlieben, die zu Prägungen in unserer psychischen oder geistlichen Verfassung führen können. Zum Beispiel haben wir im Alltagsleben vielleicht unsere Arbeit satt, etwa, weil wir den ganzen Tag im Büro sitzen müssen. Wir möchten lieber rausgehen und uns amüsieren, Entspannung finden. Oder wir beschließen, in die Berge zu gehen und eine Zeit lang im Wald allein zu sein. Oder wir würden gern Musik hören, einen Freund oder eine Freundin besuchen, die uns tröstet, jemand, der angenehm ist und bei dem wir uns wohlfühlen, wenn wir mit ihnen zusammen sind. Sogar große Heilige haben häufig solche Bedürfnisse und erleben derartige Anwandlungen.«

»Wie ist das möglich?«, fragte Lavros unbekümmert. »Ich habe immer gedacht, Heilige hätten einen Zustand des Übermenschlichen erreicht, jenseits menschlicher Bedürfnisse.«

»Gar nicht. Ich will euch eine Geschichte erzählen. Vor vielen Jahren, als ich in Katunákia war [eine felsige Region im Südosten der Athos-Halbinsel], war ich oft bei dem großen modernen heiligen Altvater Ephraim oder Papa Ephraim, wie ihn alle nannten. Ich weiß nicht, ob in diesem Jahrhundert noch einmal so ein großer Altvater geboren wird, ein Mann des ständigen Gebets, der Gottes Gnade in ihrer ganzen Fülle ausstrahlte.

Als eine Gruppe von uns ihn eines Tages in seiner Einsiedelei besuchte, klagte er, er habe genug von Katunákia und äußerte den Wunsch, er wolle eine Zeit lang in den Monoxylites leben. Das ist eine Region an der Grenze der Mönchsrepublik Athos. Es ist ein Tal zwischen zwei Bergen mit üppigem Kiefernwald, Weinbergen und Olivenhainen, eine wunderschöne Gegend mit vielen Flussläufen, ein Paradies auf Erden. Er sagte: ›Ich möchte dorthin und mich ausruhen. Hier in Katunákia gibt es tagein, tagaus nichts außer Felsen und Gebet, Gebet und Felsen. Ich bin es echt leid. Ich brauche etwas Abwechslung.‹

Ich war schockiert, als ich das von ihm hörte. Ich fragte mich, wie es möglich war, dass ein so großer Heiliger wie er einen Tapetenwechsel und in die Monoxylites wollte. Wenn junge Mönche wie wir solche Bedürfnisse hatten, konnte ich dies ja verstehen. Aber wie war es möglich, dass dieser große Heilige, in dessen Leben Gott stets gegenwärtig war, solche Bedürfnisse haben konnte? Da erkannte ich, dass auch Heilige nur Menschen und daher dem Gesetz der Anwandlungen unterworfen sind.

Später erfuhr ich, dass Joseph der Hesychast [gest. 1959], der große Altvater von Papa Ephraim, in seinem Leben ähnliche Bedürfnisse geäußert hatte. Altvater Ephraim hat uns selbst einmal erzählt, dass sein Altvater eine Zeit tiefen Leids durchgemacht hat und vielen Versuchungen ausgesetzt war. Eines Tages bat er seinen damaligen Schüler Ephraim: ›Papa Ephraim, geh und hole Pseudo Vasili her, damit wir etwas Unterhaltung haben.‹ Pseudo Vasili war ein Laie, der in der Nähe der Skite St. Anna lebte und arbeitete. Er war ein einfacher Mann und berüchtigt für seine haarsträubenden Lügen. In seiner Gegenwart konnte man gar nicht anders als in schallendes Gelächter auszubrechen. Wie ich, war auch Papa Ephraim schockiert. ›Wie ist es möglich‹, räsonierte er, ›dass der Altvater das Bedürfnis nach einem Witzbold wie Pseudo Vasili hat, um sich etwas Unterhaltung zu verschaffen? Warum kann er nicht etwas anderes machen, zum Beispiel mehr beten?‹ Wie ihr seht, haben sogar große Heilige gelegentlich solche Bedürfnisse, einfach deshalb, weil sie Menschen sind.«

»Ich bin froh, dass Sie das sagen, Vater Maxime. Das bringt uns Normalsterblichen das geistliche Ringen etwas näher. Andernfalls würde ich glatt aufgeben wollen«, sagte Lavros mit seinem üblichen Humor.

»Heilige besitzen vielleicht Gotteserkenntnis, aber deshalb sind sie doch immer noch Menschen. Das darf man nie vergessen. Wir verspüren in unserem Leben ständig solche Anwandlungen. Ich sehe das, und ihr könnt es auch sehen. Wenn ich einen ganzen Tag lang Erwachsenen die Beichte abnehme, geht es mir ganz anders, als wenn ich Kindern die Beichte abnehme. Kindern die Beichte abzunehmen, ist für mich eine Art Erholung, ja sogar Unterhaltung. Kinder wirken auf mich wie ein Schwamm, der meine ganze Erschöpfung aufsaugt. Wenn ich eine Grundschule besuche und ein Weilchen bleibe, komme ich mir vor wie im Paradies, und die Kinder sind wie Engel. Natürlich bin ich mir nicht sicher, ob ihre Lehrerinnen und Lehrer das genauso empfinden …«

»Sagen wir einmal«, fuhr Vater Maximos nach einer Pause fort, »ich gehe irgendwohin, um die Natur zu genießen oder Musik zu hören. Dies bewirkt Veränderungen in mir. Oder sagen wir, ich treffe mich mit einem Freund, der mir große Freude macht. Oder ich begegne zufällig einem anderen, und mir gefriert das Blut in den Adern, wie wir sagen. Ich verspüre Unbehagen und möchte weglaufen. Dies sind Anwandlungen, die aus meinem Inneren kommen. Natürlich sollte der Mensch idealerweise frei werden von solchen Vorurteilen. Wir müssen gegenüber allen Menschen Liebe empfinden und ihnen Liebe erweisen. Dies ist das Ideal, die perfekte Art des Umgangs mit anderen. Alle Menschen sollten uns ein Quell des Trostes sein. Aber bis wir so weit sind, werden wir leider Anwandlungen haben, die unsere Verhaltensweisen zeigen. Für unsere geistliche Entwicklung werden wir daran arbeiten müssen.«

Vater Maximos schwieg einige Zeit. Es hatte den Anschein, als wolle er nichts mehr sagen, deshalb erinnerte ich ihn daran, dass es eine vierte Quelle für Verwandlungen gebe, die er zwar erwähnt, aber noch nicht näher erläutert habe. Es handelt sich um die Verwandlungen, die der Umgebung entspringen.

»Seht die Nacht. Was bedeutet sie für euch?« Mit einer Kopfbewegung deutete Vater Maximos zum Himmel, der sich dunkel verfärbte. Noch bevor ich etwas antworten konnte, fuhr er fort: »Sie verursacht ganz eigene, besondere Verwandlungen. Nachts fühlen wir uns normalerweise anders als am Tag. Um Mitternacht empfinden wir anders als am Mittag. Morgens fühlen wir uns anders als am Nachmittag und wieder anders als in der Abenddämmerung. Ich habe Menschen kennengelernt, die bei Sonnenuntergang niedergeschlagen sind, und andere die sich davon inspirieren lassen und Gedichte schreiben. Am Morgen sind dieselben Menschen, die der Sonnenuntergang traurig stimmt, vielleicht ganz fröhlich.

Sogar die Ekklesia hat ihre Gottesdienste an diesen Zyklus von Licht und Dunkelheit angepasst. Am Morgen singen wir ›*Doxa si to dixanti to fos*‹ [Gelobt seist du, der du uns das Licht gezeigt hast], ein fröhliches Lied zum Wachwerden. Am Abend singen wir die getragenere Melodie ›*Fos Ilaron Ayias Doxes*‹ [Strahlendes Licht der Heiligen Herrlichkeit]. Bei der Vesper sagt die *Ekklesia* etwas anderes und gemahnt uns an andere Dinge als beim morgendlichen *Orthros*. Normalerweise sind wir anderer Stimmung, wenn wir aus der Tür treten, um den neuen Tag zu begrüßen. Solche Anwandlungen bemerken wir insbesondere dann, wen wir vor Sonnenaufgang aufstehen, wie wir es im Kloster tun. Dort erleben wir die Veränderungen in der Atmosphäre, wenn die Sonne allmählich im Osten aufgeht. Wir durchleben diese herrlichen Anwandlungen aufgrund der Umgebung, die die Menschen in der Stadt leider nicht erfahren können. Ihnen entgehen die Ehrfurcht und das Staunen beim Heraufdämmern eines neuen Tages.

Als ich auf dem Athos gelebt habe und wir noch kein elektrisches Licht hatten, endete unser Tag nachmittags um fünf mit dem Sonnenuntergang. Damals hatten wir lediglich Kerzen und Petroleumlampen. Die Nacht war wirklich noch Nacht. Wir hatten kein elektrisches Licht, mit dem wir die Nacht zum Tage machen konnten. Ohne Licht konnten wir die Nacht in ihrer ganzen majestätischen Herrlichkeit genießen, ihre Dunkelheit, ihre Stille. Wir gingen einfach in unser Zimmer, um unsere geistlichen Übungen zu machen und dann zu schlafen. Emotional wird der Mensch also von Umweltfaktoren beeinflusst.«

»Aber das versteht sich doch von selbst«, sagte ich. »Das sagt der gesunde Menschenverstand. Genau dies lehren auch wir Soziologen, insbesondere da wir uns mit dem sozialen und kulturellen Umfeld beschäftigen, in dem die Menschen leben.«

»Natürlich sagt dies der gesunde Menschenverstand«, erwiderte Vater Maximos und fuhr dann augenzwinkernd fort, »oder glaubst du, die heiligen Altväter haben Unsinn gelehrt? Es ist gesunder Menschenverstand, wenn ich mich in meiner Heimatstadt anders fühle als in einem fremden Land. Wenn es regnet, fühle ich mich anders, als wenn es schneit oder wenn die Sonne scheint. Im Sommer fühle ich mich anders als im Winter.

Die heiligen Altväter haben ihre Umwelt sehr genau beobachtet. Sie haben sogar darauf hingewiesen, dass die Windrichtung sich auf uns auswirken kann. Sie sagten, Südwinde haben eine andere Wirkung auf Menschen als Winde aus nördlichen Richtungen. Ich erinnere mich noch gut, wenn auf dem Athos der feuchte Südwind wehte, litten viele unter Kopfschmerzen und Kraftlosigkeit. Bei Nordwind hingegen, waren wir voller Energie. Alles wirkte klar, und es ging uns gut.«

»Was ist mit Essen? Ich vermute, die Altväter haben auch darüber gesprochen«, fragte ich.

»Oh ja. Sie haben beobachtet, dass wir uns anders fühlen, wenn wir fettes Essen zu uns nehmen, und wieder anders, wenn wir fasten. Sogar unsere Nahrung kann Verwandlungen auslösen. Zum Beispiel würde ich niemals essen, bevor ich die Beichte abnehme. Um guten geistlichen Rat erteilen zu können, brauche ich irgendwie einen leeren Magen. Sonst hilft mir der Heilige Geist nicht. Die Altväter behaupten außerdem, dass auch der Ort, an dem wir leben, ein Auslöser für innere Verwandlungen sein kann. Wenn ich in einem Palast lebte, wäre mir anders zumute als in einem Slum. Es wäre mir anders zumute, wenn ich auf einem Thron säße, als wenn ich auf einem Müllberg hockte. Auch auf einer bequemen Couch würde ich mich anders fühlen als auf einem Hocker.«

»Wenn wir gerade von der Umgebung sprechen«, sagte Erato: »Ist es besser, wenn man beim Beten steht, insbesondere wenn man das Jesus-Gebet spricht, oder ist es genauso wirksam, wenn man bequem sitzt?«

»Schau, du fühlst dich anders, wenn du im Knien betest, als wenn du dabei stehst. Und du fühlst dich anders, wenn du im Bett liegend betest.« Plötzlich lachte Vater Maximos auf.

»Deine Frage, Erato, hat mich an meinen Freund Chris erinnert. Er ist Amerikaner und war im Studium an der Universität Thessaloniki mein Kommilitone. Eines Tages gingen wir zum Athos, um Papa Charalambos aufzusuchen und zu beichten. Er war ein großer russischer Altvater aus dem Kaukasus und ein Freund von Papa Ephraim. Als wir zu ihm kamen, fragte er uns, ob wir uns beim Gebet niederwerfen. ›Ja‹, antworteten wir. ›Wie oft?‹ Wir sagten, zwischen fünfundzwanzig und fünfzig Mal. ›Nur fünfzig Mal! Ihr müsst euch jeden Abend mindestens fünfhundert Mal niederwerfen.‹ Als junger Novize unter der Obhut von Altvater Joseph warf sich der Hesychast siebentausend Mal pro Tag nieder, ließ er uns wissen. Jetzt, da er alt war, machte er nur noch dreitausend Niederwerfungen.

Also kehrten wir mit der Anweisung, uns jeden Abend fünfhundert Mal niederzuwerfen, nach Thessaloniki zurück – eine schwierige Aufgabe für uns Studenten. Wir brauchten dazu etwa eine Stunde, und wir mussten doch auch noch lernen. Eines Abends beobachtete ich meinen Zimmergenossen, wie er im Bett lag und seine Hände immer wieder hob und senkte, hob und senkte. ›Chris‹, fragte ich, ›was um alles in der Welt machst du da?‹ Er antwortete: ›Ich mache die Niederwerfungen, die Papa Charalambos uns aufgetragen hat. Schau, ich kann das einfach nicht. Ich stelle mir einfach vor, dass ich mich niederwerfe, indem ich die Hände hebe und senke. Ich mache meine Niederwerfungen noetisch.«

»Nun ja«, fuhr Vater Maximos fort, als unser Gelächter verklungen war, »das ist besser als gar nichts. Ihr seht also, der äußere Rahmen unseres Gebets erzeugt unterschiedliche Anwandlungen in uns.«

»Ich vermute«, sagte ich, »je weiter man fortgeschritten ist, desto schwächer wird die Rolle des Umfelds als Auslöser für Anwandlungen in unserem Herzen.«

»Ja, natürlich. So sollte es sein. Solange wir noch nicht vervollkommnet sind, spielt das Umfeld in unserem geistlichen Leben eine entscheidende Rolle. Wenn wir Vervollkommnung erlangen, transzendieren wir die Einflüsse unserer Umgebung. Dann spielt das Umfeld bestenfalls noch eine untergeordnete Rolle. Für uns aber, die wir noch nicht so weit sind, kann die Umgebung in unserem geistlichen Ringen und bei unseren geistlichen Fortschritten eine große Hilfe sein.«

»Oder sie kann auch den gegenteiligen Effekt haben, je nach Art des Umfelds.«

»Natürlich. Achte einmal darauf, wie sehr die Kirchen mit Ikonen, Kerzen und anderen Artefakten geschmückt sind. Der Tempel Gottes muss sich durch eine Atmosphäre auszeichnen, die die Spiritualität der Menschen fördern kann. Deshalb haben die Altväter Ikonen in den Kultus der *Ekklesia* aufgenommen.«

»Manche finden es fragwürdig, wie viel Geld in die Innenbemalung der Kirchen mit Heiligen fließt«, sagte ich. »Als ich im Kloster Panagia war, fragte mich ein Besucher, mit welcher Rechtfertigung man so viel Geld ausgäbe und russische Ikonographen anreisen ließe. Es standen gerade Russen auf dem Gerüst und bemalten die Innenwände der St. Gregorios Palamas-Kirche. Er war gegen diesen Aufwand, der seiner Meinung nach unnötig war und den Wohlstand des Klosters schmälerte.«

Vater Maximos schüttelte den Kopf. »Das ist Marketing für die *Ekklesia*«, sagte er. »Nein, im Ernst, die *Ekklesia* weiß sehr wohl, wie der Mensch in der Welt steht. Die Intention der *Ekklesia* ist es, dass die Menschen in dem Moment, in dem sie eine Kirche betreten, alle weltlichen Bilder, die sie im Kopf haben, hinter sich lassen. Sie sollen spüren, dass sie einen Raum betreten, der heilig ist. Deshalb müssen wir, als die Hüter der *Ekklesia,* sehr genau darauf achten, wie wir die Kirchen ausschmücken. Wir können keine üppige Beleuchtung einrichten, die den Raum illuminiert, als wäre er ein Fünf-Sterne-Hotel. Wir dürfen keine Lautsprecher und Megaphone zulassen, die uns an Nachtclubs oder Diskotheken erinnern. Die Atmosphäre im Tempel muss so sein, dass die Menschen in dem Moment, in dem sie ihn betreten, dazu inspiriert werden, in ihrem Geist gute *Logismoi* zu erzeugen, gute Gedankenformen, die ihnen bei ihrem Aufstieg zu Gott helfen. Unvollkommene Wesen wie wir müssen das Bild Christi oder das Bild der Heiligen Jungfrau sehen können, damit unsere Seele Freude erfährt. Wie ihr sicher aus eigener Erfahrung wisst, erzeugt die Betrachtung von Ikonen liebevolle *Logismoi.*«

Ich erinnerte mich an einen Vorfall, bei dem Vater Maximos einem Kritiker erklärte, Ikonen seien in der orthodoxen geistlichen Tradition nichts weiter als Gegenstände, die uns helfen, uns im Geiste auf die Realität hinter den Ikonen, auf ihren Gehalt, zu konzentrieren. Diese Auffassung begeisterte meinen Freund, den Künstler Mike Lewis, der ausrief, eben dies sei Grundlage aller Kunst. Die Ikonen als solche anzubeten, wäre für Vater Maximos eine Form des Götzendienstes gewesen. Genau dieses Missverständnis habe in den westlichen Kirchen zur Abschaffung der Ikonen im Gottesdienst geführt, behauptete er. Ikonen, so betonte er nachdrücklich, werden schlicht und einfach als Hilfsmittel verehrt, die es uns leichter machen, mit der Realität in Berührung zu kommen, für die diese Ikonen stehen. In diesem Licht betrachtet, schaffen Ikonen eine spirituell aufgeladene Atmosphäre, die dem Gebet und der Kontemplation förderlich ist.

Dabei fiel mir auch ein Gespräch wieder ein, das ich in Maine mit zwei befreundeten Kollegen über dieses Thema geführt hatte. Nach einem Abendvortrag über die östliche Orthodoxie in der methodistischen Kirche in Orono gingen die Veranstalter und ich noch in einen Pub, um unser Gespräch über Glaubens- und Gottesdienstfragen fortzusetzen. Sie beklagten, dass heute nur noch wenige junge Menschen aus dem akademischen Umfeld in die Kirche gehen. Um Studenten anzulocken, hatten sie ein Programm initiiert, bei dem jeden Freitagabend eine Rockband in der Kirche spielte. Die Band baute neben dem Altar ihre Bühne auf und spielte Rock mit religiösen Texten. Allerdings besuchten nur wenige Studentinnen und Studenten diese Konzerte. Meine Kollegen fragten nach meiner Meinung, wie man mehr Studierende in die Kirche locken könnte. Warum, so fragte ich, sollten Studierende in die Kirche gehen, um religiösen Rock zu hören, wenn sie in einem Rockkonzert echten Rock hören konnten? Aber die Texte sind christlich, betonten meine Freunde. Heilige Musik, entgegnete ich, kommt aus einer anderen Quelle. Wer solche Musik komponiert, ist geistlich inspiriert. Dann schlug ich vor, ein erster Schritt, um die

Kirche für Studierende attraktiver zu machen, könne sein, eine Atmosphäre zu schaffen, in der jeder, der die Kirche betritt, die Heiligkeit des Ortes spürt. Rock vermag das nicht zu leisten. Die Kirche muss einen klaren Unterschied zwischen der normalen Welt des Profanen und der Welt des Heiligen bieten, damit alle, die die Kirche betreten, die »profane« Welt hinter sich lassen. Dies ist die Kraft des Athos, fuhr ich fort, und deshalb wird er jetzt, da er entdeckt wird, von jungen Pilgern überschwemmt.

Ich erzählte von diesem Erlebnis in Maine, und Vater Maximos nickte. »Wenn wir die Kirche betreten«, sagte er, »hat unsere ganze Person an dem geistlichen Erlebnis teil, durch Riechen, Sehen, Hören und Schmecken, durch die Gemeinschaft mit anderen. Die Altväter haben Kerzen, Weihrauch und Gesang als Mittel einbezogen, sich in eine spirituelle Verfassung zu versetzen. Man könnte fragen, warum wir in der Kirche singen. Könnten wir nicht einfach eine Stunde schweigen? Nebenbei bemerkt, Schweigen ist eine vollkommenere Art des Gottesdienstes.«

»Wie das denn? Ist Gesang eine unvollkommene Art der Anbetung?«, fragte ich verwundert.

»Ja, tatsächlich. Er ist nicht für die gedacht, die vollkommen sind. Menschen, die Gotteserkenntnis erlangt haben, beten noetisch, mit dem Herzen. Sie müssen nicht mit Klang, Gesang und Musik beten. Wir aber brauchen das alles. Sogar große Propheten brauchten den Gesang, manchmal auch, um sich in den Zustand geistlicher Aufnahmebereitschaft und Erlebnisfähigkeit zu versetzen.«

»Was sind denn Beispiele dafür, Vater Maxime?«, fragte ich neugierig. Ich musste an das Trommeln der amerikanischen Ureinwohner und andere ähnliche Handlungen denken, mit denen Schamanen sich in den »schamanischen Bewusstseinszustand«[1] zu versetzen versuchen, wie moderne Anthropologen sagen.

»Im Alten Testament gibt es den Propheten, der mit Gott Verbindung aufnehmen wollte, um seinem Volk eine Prophezeiung zu geben. Er versuchte zu beten, aber es war unmöglich, obwohl er doch Prophet war. Er sprach zu seinem Volk: ›Ich kann nicht beten, daher kann ich keine Weisung von Gott erhalten.‹ Dann wies er sie an, Zimbeln und Trompeten herbeizubringen, um dem Herrn ein Lied zu singen. Und die Menschen kamen und fingen an zu singen und spielten ihre Trompeten und Zimbeln. Plötzlich wurde der Geist des Propheten geweckt, und er verkündete eine Prophezeiung. Siehst du, er brauchte den Gesang und die Musik, um sich in die notwendige Verfassung zu bringen. Wenn ein Prophet solche Methoden braucht, bevor er sich auf Gott einstimmen kann, um wie viel mehr brauchen wir dann solche Methoden geistlicher Praxis!«

»Wer erschafft derartige Musik, Vater Maxime?«, fragte Marina.

»In der geistlichen Tradition der östlichen Orthodoxie haben die heiligen Altväter selbst die geeignete Musik für die geistliche Arbeit komponiert. Sie haben auch die Tempel und die Kirchen nach einer besonderen Architektur erbaut. Wir erbauen eine Kirche nicht bloß nach den Launen eines Architekten. Auch die Ikonenmalerei in der Kirche folgt klaren Regeln, und diese sind sehr konkret. Man kann Heilige nicht so malen wie ein Künstler Menschen auf der Leinwand portraitieren würde. Durch die Gnade waren die heiligen Altväter in der Lage festzulegen, welche Art von Musik und welche Art von Ikonographie günstige Anwandlungen fördert und damit dem Herzen hilft, sich ebenfalls zum Geistlichen hin zu bewegen. Die liturgischen Gewänder, die wir im Gottesdienst tragen, sind keine gewöhnliche Kleidung. Sie haben religiöse Bedeutung. Das *Typikon* der *Ekklesia* muss zu den verschiedenen Stunden und bei den unterschiedlichen Gelegenheiten minutiös und aufmerksam eingehalten werden. In der *Ekklesia* hat alles seinen Sinn. Nichts wird zufällig festgelegt. Wir glauben, dass alle diese Rituale mit Hilfe göttlicher Weisheit geschaffen worden sind, damit sie für uns zu Hilfsmitteln werden, die Welt des Irdischen und Vergänglichen zu transzendieren, und uns zu himmlischen und ewigen Welten führen. Sie können unser Herz im positiven Sinne verändern.«

»Wie können wir, die wir in der Welt leben, eine Umgebung schaffen, die der geistlichen Entwicklung förderlich ist?«, fragte Marina. »Es ist schwierig, ein solches Umfeld zu kreieren.«

»Altvater Paisios hat Mönchen wie Pilgern immer geraten: ›Macht den Ort, an dem ihr lebt, eurer geistlichen Entwicklung dienlich, ungeachtet dessen, ob ihr in einem Kloster oder mitten in der Stadt seid.‹ Richtet zu Hause eine Ecke ein, in der ihr geistlich aufgeladene Gegenstände wie etwa Ikonen aufstellt, und zündet davor eine Kerze an. Ihr werdet merken, dass dadurch der gesamte Raum verwandelt wird. Ihr verspürt dann in eurem unmittelbaren Umfeld Geborgenheit. Und ob ihr es glaubt oder nicht, ihr werdet merken, dass geistliche Gegenstände, wie etwa Ikonen, Auswirkung auf alle Menschen in dem Haus haben.«

»Sie werden zu einem Pol, der die Energien des Heiligen Geistes anzieht«, fügte Erato leise hinzu. Sie sprach aus eigener direkter Erfahrung. Erato hatte in ihrer und Stephanos' gemeinsamen Wohnung mehrere Ikonen, Kerzen und Bilder von heiligen Altvätern aufgestellt. Bei ihnen zu Hause fühlte ich mich immer wohl, aber ich schrieb dies der guten Energie zu, die sie und Stephanos ausstrahlten.

»Wisst ihr, nachdem ich viel über das Leben der heiligen Altväter nachgeforscht und gelesen habe, wurde mir klar, welch große Hilfe ihnen das Umfeld war, in dem sie gelebt haben«, sagte Vater Maximos. »Alle hatten gute Erinnerungen an ihre Eltern. Die Familien, in denen sie aufgewachsen sind, insbesondere ihre Mütter, waren heilig.«

»Aber wie ist das in Ihrem Fall, Vater Maxime, Sie kommen nicht aus so einer heiligen Familie«, damit bezog ich mich darauf, dass Vater Maximos' Vater Kommunist war. Als Atheist hatte er dem jungen Maximos strikt verboten, sich einer Kirche auch nur zu nähern.

»Erstens und vor allem anderen bin ich kein Heiliger, Kyriaco«, stellte Vater Maximos klar. »Zweitens hatte ich meine Großmutter, die ein beispielhaftes Vorbild für ein geistliches Leben war. Ohne Erlaubnis meiner Eltern nahm sie mich heimlich an der Hand mit in die Kirche. Aber da du das Thema ansprichst, will ich erzählen, welch prägenden Einfluss das Umfeld des Heiligen Berges auf mich hatte. Wenn ich aus einem Traum vom Athos erwache, fühle ich mich gestärkt und voller Energie. Genauso fühle ich mich auch, wenn ich einen Gottesdienst leite.«

»Ich vermute, wenn Sie von Limassol und Ihrem Leben in Zypern träumen, fühlen Sie sich anders«, warf Lavros ein. Vater Maximos lachte.

Zuvor hatte Stephanos mir erzählt, dass Vater Maximos nur sehr wenig Schlaf bekommt, weil er manchmal bis nach Mitternacht die Beichte abnimmt; und bereits vor fünf Uhr muss er zum *Orthros* wieder aufstehen. Während seiner Torturen durch die anderen Bischöfe verbrachte er die meiste Zeit, in der er sonst geschlafen hätte, in ständigem Gebet – und zwar, wie ich erfuhr, auf einem Stuhl sitzend bis zum Sonnenaufgang.

»Warum fühlen Sie sich so gut, wenn Sie vom Athos träumen, wo Sie doch gar nicht mehr dort leben?«, fragte Marina. »Müsste der Gegensatz Ihre Seele nicht traurig stimmen?«

»Ganz und gar nicht. Was ich dort erlebt habe, ist fest in meinem Gedächtnis verankert. Es ist ein Teil von mir und kann nie ausgelöscht werden. Es ist mein eigentlicher Besitz. Ich habe als integralen Bestandteil meiner inneren Welt die guten Bilder jener heiligen Männer, mit deren Bekanntschaft ich gesegnet worden bin, Männer wie der Alte Paisios und Papa Ephraim. Wer sollte meinem Geist die Erinnerungen an diese geistlichen Riesen und an andere entreißen?« Bewegung schwang in Vater Maximos' Stimme. »All die Bilder von den *Agrypnias* [den nächtlichen Gebetswachen], den Gottesdiensten … wer sollte sie aus meinem Gedächtnis löschen? Das kann niemand. Es ist, wie wenn man ein weißes Tuch bemalt hat. Ganz egal, wie viel Waschpulver man nimmt, die Farbe kriegt man nie wieder heraus. Als ich zum ersten Mal erlebt habe, wie Papa Ephraim einen Gottesdienst hielt, war mir, als sei Moses wieder auf die Erde gekommen. Diesen Gottesdienst werde ich nie vergessen …«

»Apropos gute Bilder und gute Erinnerungen, ich mache mir wirklich Sorgen, mit welchen Bildern Kinder durch die Massenmedien konfrontiert werden«, unterbrach Marina. »Die Folgen sehe ich in meiner Praxis.«

»Es ist katastrophal«, stimmte Vater Maximos ihr zu. »Kinder sollten gute Bilder sehen, damit sie diese in ihrem Gedächtnis speichern können. Wenn sie tagein, tagaus nichts anderes sehen als teuflische Szenen im Fernsehen, wie Menschen einander schlagen und erschießen, dann muss das Auswirkungen auf sie haben. Wenn ein Kind Dämonen, Kämpfe und T-Shirts mit Monstern darauf sieht, wie sollen diese Bilder dem Kind dann helfen, friedlich zu sein? Wenn mich Leute zu einem Weihegottesdienst zu sich nach Hause einladen, gehe ich manchmal ins Kinderzimmer. Was ich da sehe, entsetzt mich. Poster von Monstern, wilde Rockstars und grausam aussehende schwarze Panther. Hätte man mich an einem solchen Ort eingesperrt, ich wäre paranoid geworden. Und sie lassen ihre Kinder in einer derartigen Umgebung wohnen.« Ich staunte, mit welchem unverbrauchten und erhellenden Blick Vater Maximos' unverdorbene Augen die Bilder sahen, die in unserer modernen Kultur schon völlig selbstverständlich geworden sind.

Es war bereits acht, als Vater Maximos plötzlich seine Uhr aus der Tasche zog. »Es ist Zeit zu gehen«, sagte er bestimmt. »Ich habe noch in der Bischofsresidenz zu tun.«

Wir wussten, dass es dabei um die Menschen ging, die in langen Schlangen darauf warteten, bei ihm beichten zu können. Wir dankten den Ordensschwestern für ihre Gastfreundschaft, und sie drängten uns, bald zu weiteren Gesprächen wiederzukommen. Als wir Vater Maximos zur Bischofsresidenz gebracht hatten, fragte er beiläufig, ob ich ihn am nächsten Abend zum Kloster Panagia fahren wolle. Das war natürlich eine Gelegenheit, wie ich sie suchte. Lavros' geniale »Überfall«-Methode hatte wieder einmal funktioniert.

7
Spirituelle Stufen

Im selben Moment, in dem ich Vater Maximos aus dem Eingangsportal der Bischofsresidenz kommen sah, öffnete ich den Schlag meines alten Hondas. »Um Himmels Willen, Kyriaco«, tadelte er mich lachend, schob mich mit dem rechten Arm beiseite, bückte sich und nahm auf dem Vordersitz Platz. »Bloß weil ich jetzt Bischof bin, heißt das noch lange nicht, dass du mir die Türen aufhalten musst.«

»Das ist schon in Ordnung. Schließlich eignet sich mein Auto nicht wirklich für einen VIP-Service«, witzelte ich und ließ den Wagen an für unsere Fahrt zum Kloster Panagia.

Ich freute mich, noch einmal Vater Maximos' Chauffeur zu sein, auch wenn es nur für zwei kurze Tage wäre. Er wusste, dass es eine der wenigen Gelegenheiten war, wo ich mit ihm über orthodoxe Spiritualität sprechen konnte, und hatte keine Einwände, als ich die Aufnahmetaste meines Diktiergeräts auf dem Armaturenbrett drückte. Wir fuhren vom Parkplatz der Bischofsresidenz, und er schnallte sich an.

Es war halb neun Uhr abends, als wir Limassol verließen und uns an den südlichen Hängen des Troodos-Gebirges emporwanden, vor uns eine zweistündige Autofahrt. Eine Zeit lang plauderten wir unbeschwert über verschiedene weltliche Dinge, dann bat ich Vater Maximos, Licht in eine Sache zu bringen, die mich schon länger beschäftigte. Mehrfach war ich Altvätern vom Athos begegnet, deren Ansichten zu politischen und gesellschaftlichen Fragen mir wenig erleuchtet vorkamen. Aus meiner Sicht, so sagte ich Vater Maximos, würde ich ihre Auffassungen, wenn nicht als ausgesprochen reaktionär, so doch als in peinlicher Weise abwegig bezeichnen. Nationalistisch träfe es besser. Wie konnte jemand, der über geistliche Themen mit derart profunder

Weisheit spricht und schreibt, in sozialen und politischen Fragen meiner Meinung nach geradezu groteske Auffassungen vertreten? »Wie kommt es«, fragte ich, »dass es in der Entwicklung von Menschen, die zahllosen Anhängern als Inbegriff geistlicher Verwirklichung gelten, derart auffallende blinde Flecken gibt?«

Ich hatte keine Hemmungen, offen mit Vater Maximos zu sprechen, weil ich wusste, dass in seinem Herzen ebenfalls nicht die geringste Spur von nationalistischem Eifer war, was viele ihm sogar zum Vorwurf gemacht hatten, um seine Chancen auf den erzbischöflichen Stuhl zu untergraben. Die Verquickung von Religion und Ethnizität war eine Triebfeder in der unglücklichen Geschichte der orthodoxen Ostkirche; eine tragische Kontamination der Religion und das Resultat jahrhundertelanger ottomanischer Besetzung, unter der Religion und nationale Identität in den Augen des gewöhnlichen Volkes ununterscheidbar wurden. Die ottomanischen Besetzer erkannten die religiösen Führer damals als die politischen Vertreter der bezwungenen Christen an.

»Höre, Kyriaco«, antwortete Vater Maximos mit müder Stimme, »das ist natürlich ein Problem, das mir auch persönlich Kummer bereitet. Aber wenn jemand als heiliger Altvater betrachtet wird, bedeutet das nicht, dass er vollkommen ist. Dies muss man sich immer vor Augen halten. Geistliche Altväter sind nicht unfehlbar. Niemand ist das. Es könnte durchaus Bereiche in ihrem Leben geben, die unterentwickelt bleiben.«

»Das ist den meisten Menschen nicht klar, und sie verlieren ihren Glauben, wenn sie einen Altvater in einer Art und Weise reden hören, die für viele inakzeptabel ist. Auch das Gegenteil kann zutreffen. Leichtgläubige Menschen könnten den Unsinn, den er äußert, für tiefe Weisheit halten.«

»Deshalb müssen die Menschen kritisches Urteilsvermögen entwickeln, wenn sie sich auf einen spirituellen Weg begeben«, sagte Vater Maximos. »Allerdings muss man sich auch bewusst machen, dass eine solche Unzulänglichkeit bei einem Altvater nicht bedeutet, dass er von der Erlösung ausgeschlossen ist.«

»Wie meinen Sie das?«

»Der Maßstab für seine Heiligkeit ist die Tiefe seiner *Metanoia* und Demut, nicht seine Weltkenntnis oder sein Eintreten für die richtige politische Ideologie. Vielleicht ist er in vielen Dingen unwissend und irregeleitet, was aber in Gottes Augen zählt, ist seine Demut. Verstehst du, was ich meine? Gott lässt zu, dass heilige Altväter blinde Flecken haben, wie etwa im Falle eines Altvaters, der in seinem Nationalismus stecken geblieben ist.«

»Aber sie können trotzdem großen Schaden anrichten«, insistierte ich und fuhr ein paar Sekunden schweigend weiter. »Mich jedenfalls«, fügte ich dann hinzu, »stößt ein solcher Altvater ab. Ich muss gestehen, dass ich Schwierigkeiten damit habe, zwischen seinen reaktionären, rückwärtsgewandten gesellschaftlichen und politischen Ansichten, die Feindseligkeiten zwischen Gruppen schüren können, und seiner angeblichen geistlichen Entwicklung zu unterscheiden. Tatsächlich würde ich so einen Altvater für einen gefährlichen Menschen und nicht für einen geistlichen Führer halten.«

Ich wartete auf Vater Maximos' Reaktion, aber jetzt war er es, der schwieg. Ich drehte mich kurz zu ihm um und sah, dass sein Kopf tief gebeugt war. Einen Moment dachte ich, er sei in tiefer Kontemplation über das versunken, was ich gerade gesagt hatte. Vielleicht befand er sich mitten im Jesus-Gebet, um alle negative Energie, die ich mit meinen kritischen Bemerkungen erzeugt haben mochte, aufzulösen. Aber dann wurde mir klar, dass Vater Maximos tatsächlich eingeschlummert war. Ich störte ihn nicht weiter, sondern gönnte ihm sein dringend benötigtes Nickerchen, während der Motor gleichförmig unter uns dröhnte und wir immer höher ins Troodos-Gebirge hinauffuhren. Morgen, so dachte ich mir, ist auch noch ein Tag, noch ein anstrengender Tag für Vater Maximos. Meine Fragen konnte ich ja stellen, wenn er etwas ausgeruhter war.

Zwischen halb fünf und sieben Uhr morgens, während des *Orthros*, saß Vater Maximos im Beichtstuhl und wandte sich so vielen Mönchen wie nur möglich zu, einem nach dem anderen. Seine wöchentlichen Besuche im Kloster Panagia dienten in erster Linie dem Zweck, die Mönche zu beraten und seine Verbindung zum Kloster, dem er mehrere Jahre als Abt gedient hatte, aufrechtzuerhalten. Ein Besuch im Kloster Panagia war für ihn, als käme er nach Hause.

Nach dem morgendlichen Gottesdienst nahmen wir mit der ganzen Klostergemeinschaft ein kurzes Frühstück ein, und um acht Uhr brachen wir auf zum Kloster St. Anna, zwei Autostunden entfernt im Gebirge gelegen. Ich freute mich darauf, einige Themen zu vertiefen, die wir schon gestern angeschnitten hatten. Doch nach einer Stunde legte Vater Maximos ein weiteres, dringend benötigtes Nickerchen ein. Dies war seine Methode, so hatte er mir zuvor verraten, sein mageres Schlafkonto aufzufüllen.

Um zehn Uhr kamen wir in St. Anna an. Erato hatte mich bereits informiert, die neue Äbtissin sei niemand anderer als Rosa. Vor etlichen Jahren war Rosa noch eine junge Architektin gewesen, deren Vater einen unerbittlichen Krieg gegen Vater Maximos führte. Er warf ihm vor, seine Tochter zum Eintritt ins Kloster »verführt« zu haben. Als die alte Äbtissin des Klosters St. Anna starb, wählten die verbliebenen Ordensschwestern Rosa, die im Kloster den Namen Schwester Ioanna angenommen hatte, in dieses Amt. Mit ihrem zarten Alter von siebenundzwanzig Jahren war Schwester Ioanna wahrscheinlich eine der jüngsten und gebildetsten Äbtissinnen in der gesamten östlich-orthodoxen Welt. Erato, die der jungen Äbtissin nahestand, sagte mir, Schwester Ioanna habe bereits einen Ruf als beeindruckende geistliche Mutter erlangt, die mit Geistesgaben gesegnet sei. Stephanos vertraute mir an, dass auch er sich oft um geistliche Führung an sie wende.

Wir trafen Äbtissin Ioanna in ihrem Büro an, wo sie gerade mit einigen Ordensschwestern architektonische Pläne besprach. Auch ein Behördenvertreter war zugegen und half der Äbtissin zu ermitteln, wie viele Grundstücke das Kloster genau besaß. Die Mutter nutze ihre Fähigkeiten als Architektin, da sie neben dem Kloster eine Kirche zu Ehren Johannes des Täufers errichten lassen wollte, dessen Namen sie bei ihrer Weihe erhalten hatte. Alle freuten sich, Vater Maximos zu sehen. Nach einer kurzen Plauderei über die Besitztümer des Klosters ging Vater Maximos sofort an die Arbeit und nahm den Ordensschwestern nacheinander die Beichte ab.

Nach dem Mittagessen und einer kurzen, dringend benötigten Siesta sprach Vater Maximos vor einer *Synaxis*, einer Versammlung der Ordensschwestern, über ein Thema, das meinem Eindruck nach in gewisser Weise durch die Fragen angestoßen worden war, über die wir uns auf unserer Fahrt unterhalten hatten. Vater Maximos hatte mir schon mehrfach gesagt, dass er sich in aller Regel nicht auf seine Vorträge vorbereite. Stattdessen verlasse er sich meist auf die innere Erleuchtung und Führung. »Immer, wenn ich vorbereitet zu einem Vortrag gegangen bin«, so sagte er mir einmal, »wurde es eine Katastrophe.«

Als einziger Mann neben Vater Maximos war ich zu dem Vortrag eingeladen. Ich traute mich allerdings nicht, um Erlaubnis zur Aufzeichnung des Vortrags zu bitten. Stattdessen prägte ich mir alles gut ein. Etwaige Fragen, so nahm ich an, würde ich Vater Maximos später auf unserer zweistündigen Fahrt nach Nikosia stellen können, wo er einen weiteren Vortrag halten sollte, dieses Mal bei einem Basketball-Verein.

Thema seines Vortrags vor den Ordensschwestern war Urteilsvermögen, insbesondere wie wichtig es ist, dass ein geistlicher Berater erkennt, wie sich die Energien der göttlichen Gnade im einzelnen Menschen zeigen. Der geistliche Altvater oder die geistliche Mutter muss lernen, so instruierte Vater Maximos die Schwestern, auf welche Art und Weise Gott im Herzen der Menschen wirkt, um falsche Beratung, die dem Menschen potenziell schaden kann, zu vermeiden.

Vater Maximos fasste sich kurz und sprach sehr allgemein, sodass für mich noch viele Fragen offengeblieben waren. Diese stellte ich dann auf unserer Fahrt nach Nikosia. Mit Freuden sah ich, dass er völlig ausgeruht war. Zunächst zögerte ich etwas, weil ich ihn vor seinem bevorstehenden abendlichen Vortrag nicht ermüden wollte, aber die Signale, die er aussandte, waren der Art, dass ich meine anfängliche Zurückhaltung rasch aufgab. Es war eine angenehme Fahrt bergabwärts, vorbei an einem malerischen Dorf nach dem anderen in Richtung Hauptstadt.

»Siehst du, Kyriaco«, antwortete Vater Maximos auf meine Frage nach der geistlichen Reife des Menschen, »wenn man mit der geistlichen Führung von Menschen betraut ist, muss man herausfinden, auf welcher Stufe sie stehen. Sonst gibt man ihnen womöglich den falschen Rat.« Vater Maximos erklärte, mit »falschem Rat« meine er einen Rat, der dem Betroffenen nicht helfe, sich geistlich weiterzuentwickeln. Das sei in etwa so, wie wenn man einem Patienten die falsche Medizin verabreiche.

»Was meinen Sie mit Stufen, Vater Maxime?«

»Die Altväter unterscheiden drei geistliche Stufen. Jede dieser Stufen hat ganz bestimmte Merkmale, die wir erkennen müssen.«

»Wie sind sie auf die Zahl drei gekommen?«

»Das war natürlich das Produkt ihrer persönlichen Erfahrung. Wie du weißt, gründet ihre Weisheit nicht bloß auf der Lektüre von Büchern.« Unter seinem Bart blitzte ein ironisches Lächeln hervor.

»Was ist dann die erste Stufe?«, hakte ich nach und versuchte, Vater Maximos bei dem Thema zu halten, das wir gerade begonnen hatten.

»Die heiligen Altväter bezeichnen sie als die Stufe der ›Sklaven Gottes‹. Auf dieser geistlichen Stufe können die Menschen tief religiös und fromm sein. Sie haben eine starke Beziehung zu Gott und den aufrichtigen Wunsch, ihm zu dienen. Sie tun wahrscheinlich ihr Bestes, seine Gebote zu halten und ihr Leben mit dem Willen Gottes, oder dem, was sie dafür halten, in Einklang zu bringen. Allerdings ist es Furcht, die sie antreibt und auf dem Weg zu Gott hält.«

»Dies ist doch die Haltung der meisten religiösen Menschen, jedenfalls so weit ich das sagen kann.«

»Nicht ganz. Ja, sehr viele Menschen befinden sich anscheinend auf dieser Stufe und haben eine Beziehung zu Gott wie Sklaven zu einem Herrn. Solche Menschen sagen sich: ›Schau, wenn ich Gottes Gebote nicht halte, komme ich in die Hölle. Dann werde ich zu ewiger Verdammnis verurteilt.‹«

»Ist das eine hilfreiche Sicht Gottes?«

»Sie ist hilfreich, wenn man sich auf dieser Stufe geistlicher Reife befindet. Diese Gottesfurcht wirkt wie eine Schranke gegen die Sünde und als ein Anreiz, Gottes Gebote zu halten. Außerdem kann jemand auf dieser Entwicklungsstufe mit einer solchen Einstellung Gott tatsächlich näherkommen. Es ist eine geistliche Verfassung, die auf viele Menschen zutrifft.«

»Das ist aber offenbar kein besonders reifes Verhältnis zu Gott.«

»Ja, und? Diese Menschen sind nicht reifer oder weniger reif als Säuglinge und Kleinkinder. Aber du hast Recht. Es ist eine kindliche Stufe. Es ist die erste Stufe geistlichen Wachstums, die zwar unvollkommen, aber real ist, gerade so, wie die Lebensstufe der Kindheit höchst real, aber unvollkommen ist. Wenn ein Mensch Kind ist, bedeutet das doch nicht, dass er weniger Mensch ist, sondern nur, dass er ein Mensch ist, der in Sachen Reife noch unvollkommen ist. Verstehst du, was ich meine?«

»Ja. Man kann nicht erwachsen werden, wenn man nicht zuvor die Stufen Säuglingszeit, Kindheit, Pubertät und so weiter durchlaufen hat.«

»Genau. In dieser Phase geistlicher Reife betrachten die Menschen Gott als einen Herrn, einen unversöhnlichen und furchterregenden Despoten, der stets bereit ist, sie zu ewigen Höllenqualen zu verdammen, wenn sie seine Gebote übertreten.«

»Aber ist das ein hilfreiches Gottesverständnis?«, fragte ich leicht abwesend, weil ich mich auf die Straße konzentrieren musste.

»Fragst du schon wieder?«, sagte Vater Maximos, als wolle er mich aufziehen. »Ich habe doch gerade gesagt, dass es nur hilfreich ist im Umgang mit Menschen auf dieser Stufe geistlicher Reife.«

»Gut. Bitte nennen Sie mir weitere Beispiele.«

»Eine solche Einstellung Gott gegenüber hilft Menschen, die grob und gefühllos sind und zur Gewalt neigen. Also, wenn sie biologisch erwachsen, geistlich aber Kinder sind. Dennoch kann solchen Persönlichkeitstypen geholfen werden, wenn man ihnen Gottesfurcht oder die Furcht vor ewiger Verdammnis einpflanzt. Da sie anders nicht zu überzeugen sind, sich anderen gegenüber anständig zu verhalten, ist eine gesunde Dosis Angst vor der Hölle oder der Verdammnis unter Umständen die einzige Möglichkeit, sie vor Schwierigkeiten zu bewahren, sie davon abzuhalten, sich selbst und anderen körperlich und geistlich zu schaden. Gott in seiner unbedingten Liebe zur Menschheit möchte, dass alle erlöst werden, ungeachtet ihrer geistlichen Reife. Methoden, die mit Furcht arbeiten, sind daher nur aus pädagogischen Gründen angebracht, wobei die Reifestufe des jeweiligen Menschen zu berücksichtigen ist. Verstehst du, worauf ich hinauswill?«

Ich nickte. Vater Maximos fing an zu lachen, weil er im Zusammenhang mit unserem Thema an einen bestimmten Vorfall denken musste. Es ging um eine Frau, die zur Beichte kam und ihn bat, für ihre Tochter zu beten, damit sie bald heiraten würde.

»Als sie in den Beichtstuhl kam, fragte ich sie, was sie beruflich mache. Sie nuschelte etwas vor sich hin, ohne meine Frage direkt zu beantworten. Normalerweise frage ich Menschen, wenn sie zur Beichte kommen, nie nach ihrer Arbeit oder ihrem Beruf. Aber aus Gründen, die mir selbst nicht klar waren, hakte ich dieses Mal nach. Ich bat sie drei oder vier Mal, mir zu sagen, was sie beruflich mache. Schließlich offenbarte sie mir ihren wahren Beruf. Sie leitete ein ›Haus‹. ›Von irgendetwas muss ich ja leben, wissen Sie‹, meinte sie. Da wurde mir klar, was für ein ›Haus‹ sie leitete. Sie war Puffmutter in einem Bordell!«, sagte Vater Maximos und verzog das Gesicht. »Ich sagte ihr, sie müsse sofort kündigen und sich eine andere Stelle suchen. Ich würde nur dann für ihre Tochter beten, wenn sie verspräche, ihren ›Beruf‹ aufzugeben. ›Aber ich habe hohe Schulden‹, erwiderte sie. ›Ich komme ins Gefängnis, wenn ich meine Stelle aufgebe.‹ Ich versprach ihr, ich würde ihr zweihundert Pfund von meinem eigenen Geld für ihre Schulden geben. Darauf sah sie mich an und sagte: ›Aber so viel verdiene ich in einer Stunde.‹« Vater Maximos wartete, bis ich aufhören konnte zu lachen. »Ich ermahnte sie, wenn sie in ihrem Beruf so weitermache, warte die Hölle auf sie. Sie warf sich auf den Boden und fing an zu weinen und zu schreien. Nach diesem Ausbruch war sie damit einverstanden, ihren Beruf aufzugeben. Sie tat es, weil sie die Konsequenzen fürchtete. Dies ist ein Beispiel dafür, wie die Angst vor der Hölle jemandem helfen kann, sich geistlich weiterzuentwickeln. Tatsächlich können wir dieses Gottesverständnis gelegentlich sogar bei uns selbst anwenden, ungeachtet unserer Entwicklungsstufe.«

»Wie denn?«

»Zum Beispiel geraten wir irgendwann im Leben vielleicht in Versuchung, etwas zu tun, was dem Willen Gottes zuwiderläuft. Wir sehen uns einer Versuchung ausgesetzt, die so groß ist, dass sie uns buchstäblich erstickt. In einem solchen kritischen Augenblick, der völlig unvermittelt eintreten kann, können wir uns selbst mit dem Gedanken drohen, dass uns die ewige Entfremdung von Gott erwartet, wenn wir der Versuchung nachgeben.«

»Uns selbst Angst einjagen ... das ist ja mal etwas ganz Neues«, sagte ich.

»Diese Einstellung kann uns als Bremse dienen, auf die wir mit ganzer Kraft treten können, um unser Fahrzeug vor einem Abgrund gerade noch zum Halten zu bringen. Sie kann in bestimmten Fällen hilfreich sein, in anderen hingegen katastrophal.«

»In welchen zum Beispiel?«

»Ich habe gehört, dass Eltern versuchen, ihren Kindern Gottesfurcht beizubringen, um sie zum Gehorsam zu zwingen. Oft hört man, dass Eltern ihren Kindern drohen, Gott werde sie bestrafen, wenn sie fluchen oder sich nicht so benehmen, wie es die Eltern gerne hätten.«

»Aber eine solche Furcht trägt vielleicht sofort praktische Früchte«, sagte ich. »Das Kind sagt sich, nun gut, ich tue dies oder jenes nicht, weil Gott mich dann straft. Dann ist Ruhe im Haus.«

»Aber wenn das Kind erwachsen wird, erkennt es, dass diese Furcht unbegründet und ungesund war. Es war keine reife Gottesbeziehung. Dies könnte sogar zu einer vollständigen Ablehnung Gottes führen. Bei sensiblen Kindern kann eine solche Taktik verheerend sein. Ich meine, einem Kind mit Dämonen und Kesseln voll kochendem Öl und diesem ganzen Unsinn zu drohen. Ich sage Eltern immer, sie sollen mit ihren Kindern auf reife und ernsthafte Weise über Gott sprechen, nicht ›kindisch‹.

Manche Eltern versuchen, ihre Kinder zur Kommunion zu überreden, indem sie ihnen sagen, sie bekämen ›ein kleines goldenes Vögelchen‹. Stelle dir das einmal vor! Manchmal zwingen sie ihre Kinder sogar zur Kommunion. Sie ziehen ihre zappelnden und schreienden Kinder vor den heiligen Altar.«

»Solche Szenen habe ich oft beobachtet«, sagte ich. »Die armen Kinder haben Angst, wenn sie Euch in Euren Gewändern und mit Euren Bärten sehen.«

»Das ist immer noch besser, als wenn sie die Kinder zu Hause Cartoons im Fernsehen schauen lassen. Ich sage Eltern, wie wichtig es ist, dass ihre Kinder eine seriöse Beziehung zu Gott aufbauen. Von spirituellen Menschen, die zu mir zur Beichte kommen, habe ich gehört, dass sie als Kinder bestimmte Erlebnisse hatten, die eindeutig Gnadenerfahrungen waren, die sie aber später vergessen haben. Rückblickend erkannten sie dann als Erwachsene, dass es sich bei diesen Erlebnissen um echte spirituelle Erfahrungen gehandelt hat, um authentische Ereignisse und nicht um Halluzinationen oder Fantasievorstellungen. Solchen Kindern Gottesfurcht im landläufigen Sinne einzuimpfen, kann verheerend sein. Sie sind zwar jung an Jahren, geistlich aber weit fortgeschritten. Deshalb ist es so wichtig, dass man beurteilen kann, wann solche Methoden einsetzbar sind.«

»Doch die Schrift spricht positiv von der ›Gottesfurcht‹.«

»Aber das ist etwas anderes. Richtig verstanden, sprechen die heiligen Schriften nicht von einer Furcht vor dem Allmächtigen im psychologischen Sinne. Gott ist kein strafender und furchterregender Tyrann. Sie sprechen von einer geistlichen Gottesfurcht.«

»Ich weiß nicht, ob mir der Unterschied klar ist.«

»Schau. Wenn ich von Furcht im psychologischen Sinne spreche, dann meine ich Furcht infolge einer Schuld, etwa weil man das Gesetz gebrochen und nun Angst vor der Polizei und den Gerichten hat. Wenn der Priester während der Eucharistie sagt: ›Tretet vor in der Liebe und der Furcht Gottes‹, dann ist es eine völlig andere Furcht, von der er spricht. Sie hat überhaupt nicht mit der Furcht zu tun, die aus negativen Gefühlen entspringt. Geistliche Furcht ist einfach das Empfinden, dass Gott heilig ist und ich ein Sünder bin. Und dieses Empfinden der Heiligkeit Gottes, der Reinheit, des unbefleckten und unbelasteten Wesens Gottes im Gegensatz zum Gefühl meiner eigenen Unwürdigkeit und Unreinheit, erzeugt ein Gefühl der Ehrfurcht, der Demut und der persönlichen Schwäche. Zugleich erfüllt mich diese Erkenntnis mit Mut und Hoffnung, weil Gottes Liebe diese Furcht überwindet.«

»Was Sie sagen, erinnert mich an den Zustand Johannes des Täufers, als er Jesus am Jordan zum ersten Mal begegnet ist.«

»Genau. Das ist ein gutes Beispiel. Es heißt, als Jesus zu Johannes dem Vorläufer [wie er in der orthodoxen Kirche auch genannt wird, Anm. d. Ü.] ging, um sich taufen zu lassen, da zitterten seine Hände vor Furcht, während sein Herz zugleich voller Freude war. Dies geschieht häufig, wenn man als Priester die Mysterien der *Ekklesia* vollzieht. Man zittert sozusagen, weil man es mit Gott zu tun hat, aber man will sich auch nicht von den Mysterien lösen. Man ist voller Freude.«

»Ihre Interpretation der Gottesfurcht, Vater Maxime, steht aber eigentlich im Gegensatz zum Verständnis dieser Furcht bei sehr vielen Christen.«

»Mein Gottesverständnis beruht auf den Erfahrungen der heiligen Altväter. Sie sind die Experten, die über das Wesen Gottes sprechen können. Alles andere ist eine ideologische Verzerrung.« Plötzlich lachte Vater Maximos in sich hinein. »Weißt du, warum die Heilige Barbara beim Militär als die Schutzpatronin der Artillerie gilt?«

»Nein.«

»Ich wusste es auch nicht, bis ich eingeladen wurde, Zeremonien in einer Militärkaserne vorzustehen, wo der Namenstag der Heiligen Barbara gefeiert wurde. Da fand ich heraus, warum die arme Heilige Barbara die Schutzpatronin der Artillerie ist. Als ihr Vater sie tötete, weil er entdeckt hatte, dass sie Christin war, traf ihn ein Blitz am Kopf und verwandelte ihn zu Kohle. Aufgrund dieser Episode beschlossen die Generäle in ihrer ›Weisheit‹, dass sie die Beschützerin der Artillerie sei. Schließlich schleudert auch die Artillerie Blitze gegen ihre Feinde. Stell dir das mal vor!«

Wir näherten uns der wichtigsten Zufahrtstraße, die uns nach Nikosia führen sollte, und ich wollte das Thema unbedingt abgeschlossen haben, bevor wir an unserem Ziel ankämen. Mir war klar, dass das, wovon er sprach, Konsequenzen für unsere moderne Psychologie und das Verständnis des Selbst hatte. So erinnerte ich Vater Maximos daran, dass er bis jetzt erst über die erste Stufe geistlicher Reife, die Stufe der Sklaven, gesprochen hatte.

»Die heiligen Altväter, die große Psychologen waren«, erwiderte Vater Maximos, als habe er meine Gedanken gelesen, »bezeichnen die zweite Stufe geistlicher Reife als die Stufe der ›Angestellten Gottes‹. Auf dieser Stufe geistlicher Entwicklung befinden sich die meisten Menschen. Sie haben, zumindest oberflächlich, die Angst vor der Hölle überwunden und tun nun alles deshalb, weil sie ins Paradies kommen möchten. Sie möchten ins Himmelreich eingehen. Im Austausch für gute Werke erwartet der Mensch, dass er in diesem oder im künftigen Leben von Gott belohnt wird.«

»Was Sie sagen, erinnert mich an eine soziologische Theorie, die besagt, dass Menschen in erster Linie durch Austausch motiviert werden. Wir tun etwas für andere, weil wir im Austausch dafür etwas von ihnen erwarten. Ich schenke Ihnen etwas in dem unausgesprochenen Verständnis, dass Sie mir ein Gegengeschenk machen. Man bezeichnet dies als die *Austauschtheorie*. Manche sagen, dies ist die kapitalistische Theorie des Selbst.«

»Nun, deine soziologische Theorie gilt für Menschen auf der zweiten Stufe geistlicher Reife. Sie sind die Angestellten Gottes und möchten für ihre guten Werke mit Gnade entlohnt werden. Als ob jemand sagen würde: ›Schau, ich arbeite acht Stunden täglich, und ich erwarte von dir als meinem Arbeitgeber fünfzig Pfund im Austausch für meine Arbeit. Als fleißig arbeitender Mensch steht mir dieses Geld zu.‹ Mit anderen Worten, der Mensch baut eine Tauschbeziehung zu Gott auf. Ich gebe Gott gute Werke und erwarte dafür Gnade, Glück, das Paradies oder was auch immer.«

»Besonders bewundernswert ist eine solche Einstellung ja nicht gerade.«

»Vielleicht nicht. Aber man muss sich immer vor Augen halten, dass eine solche Einstellung auf einer bestimmten Stufe hilfreich sein kann. Man fragt sich: ›Warum sollte ich fasten und auf Essen verzichten?‹ Und sagt sich dann: ›Gott wird mich für dieses kleine Opfer belohnen. Er wird mich und meine Familie segnen, wenn ich am Sonntag früh aufstehe und zur Kirche gehe. Durch meine Opfer wird er mir einen Platz in seinem Reich bereiten.‹«

»Ich bin sicher, viele denken so, wenn sie etwas spenden.«

»Aber natürlich. Die Menschen wissen, wenn sie geben, wird Gott es ihnen vielfach lohnen. Wir wissen das aus Erfahrung. Mir ist aufgefallen, dass es Menschen gibt, die sehr geizig und knickrig, zugleich aber sehr fromm sind. Also werden sie aus Geiz zu Wohltätern.«

»Aus Geiz gute Werke zu tun, klingt wie ein Widerspruch in sich. Wie gute Geschäftsleute machen die meisten doch gedanklich eine Kosten-Nutzen-Rechnung auf«, sagte ich scherzhaft.

»Ich erinnere mich, dass ich vor Jahren mit Altvater Paisios eine Eremitage besucht habe und man uns dort etwas zu essen und zu trinken angeboten hat. Es war eine bestimmte Süßigkeit. Ich habe freundlich abgelehnt, weil ich ›asketischer‹ wirken wollte. Da sagte der alte Paisios zu mir: ›Iss, Gesegneter, iss! Wenn dir etwas zu essen angeboten wird, dann nimm es an, denn so gewinnst du doppelt.‹ ›Warum?‹, fragte ich ihn. ›Erstens‹, antwortete er, ›übst du dich in der Tugend des Gehorsams. Allein dafür wird Gott dich bereits belohnen. Zweitens erhältst du Nahrung für deinen Körper.‹« Vater Maximos lachte. »Die Leute können also geizig und wohltätig zugleich sein.«

»Sie sind gute geistliche Investoren.«

»Das ist ziemlich gut ausgedrückt. Man sagt sich: ›Ich habe Geld. Ich spende einen Teil, damit der Rest meines Besitzes gesegnet ist. Außerdem werde ich meine Spende in irgendeiner Form zurückbekommen. Ich kann also mit gutem Gewissen zu Bett gehen, weil ich meine Pflicht gegenüber Gott erfüllt habe. Ich bin abgedeckt.‹«

»Aber ist das nicht ein sehr kaufmännisches Gottesverständnis?«

»Nein. Wenn man sich auf dieser Stufe befindet, ist man immer noch sehr nahe am Gottesverständnis eines geistlichen Kindes. Aber es ist schon ein kleiner Fortschritt. Es ist ein Reifeschritt weiter als das Gottesverständnis des Sklaven, gerade so wie die Pubertät einen Schritt näher am Erwachsenenleben ist als die Kindheit. Es trainiert die Seele auf ihrer Reise zu Gott; und es ist eindeutig besser als die schreckliche Hartherzigkeit, die Weigerung, bedürftigen Mitmenschen zu helfen. Diese Mentalität, die sagt: ›Ich gebe nichts, ich kümmere mich um nichts, es interessiert mich nicht.‹ Das ist die Einstellung der völlig egozentrischen, narzisstischen Persönlichkeit. Im Vergleich dazu ist die Stufe der Angestellten Gottes ein Fortschritt.«

»Und wie spricht man diese Kategorie Menschen nun an, ich meine die Angestellten Gottes?«, fragte ich.

»Wie gesagt, beim groben, gewaltbereiten Menschentyp kann Härte erforderlich sein. Man muss ihm sozusagen eins überziehen, damit seine Hartherzigkeit bricht, denn die muss brechen. Oder man bricht sie bei sich selbst mithilfe der Angst. Man tut dies dadurch, dass man den anderen oder sich selbst an die Hölle erinnert, die einen erwartet, wenn man dieses oder jenes tut. Man hält sich vor Augen, dass man eines Tages unweigerlich ins Gras beißt und so weiter.«

»Aber das ist ein Schuss, der nach hinten losgehen kann«, protestierte ich.

»Man muss extrem gut einschätzen können, mit wem man es zu tun hat. Man wendet diese therapeutische Methode nicht bei jedem und auch nicht ständig bei sich selbst an. Möglicherweise muss man jemandem, der eine schreckliche Tat plant und diese auch tatsächlich begehen will, die Angst vor der Hölle einpflanzen.

Auf der Stufe der Angestellten Gottes«, fuhr Vater Maximos fort, »kann man mit sich selbst sprechen und sich zum Beispiel dazu bringen, großzügiger zu sein, indem man sich sagt: ›Woran denkst du, Gesegneter? Denkst du an Geld? Denke einfach an das Reich Gottes. Denke daran, wie Gott es dir lohnen wird. Du tauschst vergängliche und bedeutungslose Dinge gegen ewigen Lohn. Tausche das Vergängliche gegen das Unvergängliche, das Zeitliche gegen das Ewige, das Nichtige gegen das Unendliche.‹ Der Heilige Chrysostomos sagte: ›Wenn du schlau bist und lernst, großzügig und wohltätig zu sein, dann bist du ein großer Kaufmann geworden. Dies ist ein Schatz, der nicht gehütet werden muss, und der sich mehrt, je mehr du von ihm weitergibst.‹ Der Heilige Chrysostomos fragte: ›Möchtest du, dass ich dir diesen Schatz zeige?‹ Und dann spricht er über Wohltätigkeit, die, wenn sie den Bedürftigen erwiesen wird, immer weiter anwächst und dein Leben heiligt.«

»Ungeachtet der positiven Resultate, ist das letzten Endes aber doch immer noch eine sehr geschäftsmäßige Einstellung.«

»Stimmt. Aber noch einmal, sie steht auf einer höheren geistlichen Entwicklungsstufe als die Stufe der Sklaven Gottes. Solch ein pädagogischer Ansatz ist hilfreich, wenn man es mit Menschen zu tun hat, die geistlich noch nicht vollendet oder noch nicht reif genug sind und etwas Motivation brauchen, um weiterzumachen. So jemandem sagt man: ›Komme näher zu Gott, und du wirst sehen, wie viel mehr Gott dir schenkt. Gott wird dich und deine Familie die ganze Woche, den ganzen Monat oder das ganze Jahr von Sünde reinwaschen.‹«

»Aber, Vater Maxime, ist es nicht problematisch, wenn man zu viele Versprechungen macht, was den Lohn Gottes anbelangt, und es am Ende jemanden eben doch nicht gut geht im Leben? Wie soll er oder sie dann den Glauben wahren?«

»Ja, da hast du recht. Unzählige Versuchungen werden kommen und die Angestellten Gottes in ihren Grundfesten erschüttern, das lässt sich gar nicht vermeiden. So wird das Selbst gereinigt. So erkennt der Mensch früher oder später: Bloß weil man spendet, in die Kirche geht, betet und gute Werke tut, heißt das noch lange nicht, dass dann im Leben alles gut und schön ist. Nein. Man wird Schmerz erleben, die eigene Firma geht vielleicht bankrott, man leidet Hunger, in der Familie geschieht Schreckliches und alles zerbricht. Bist du dazu bereit? All dies muss man durchmachen, ohne sich je bei Gott zu beklagen: ›Warum ich? Warum ist meine Firma pleitegegangen, obwohl ich so viel gespendet habe?‹ Gott lässt zu, dass den Menschen so etwas geschieht – zu ihrer Katharsis, zu ihrer Reinigung.

Die dritte geistliche Stufe«, fuhr Vater Maximos fort, »ist die der *Kinder Gottes* oder der *Gott Liebenden*. Dies ist die einzig reale Stufe, die einzige Stufe, die wir als Spiegel der wahren Lehre der *Ekklesia* über das Wesen Gottes begreifen müssen. Hier haben die Menschen verstanden und spüren, dass Gott ihr liebevoller Vater ist, metaphorisch gesprochen natürlich. Alles, was sie tun und lassen, geschieht nicht, weil sie Angst haben, Gott könnte sie in die Hölle schicken, oder weil sie ihre Fahrkarte ins Paradies lösen wollen, sondern einfach weil sie Gott lieben.

Mir fällt ein gutes Beispiel ein, das der alte Paisios uns einmal vor Augen geführt hat. Stellt euch einmal vor, sagte er, dass bei der Wiederkunft Christi falsch gerechnet würde und dann irgendwann, weil immer mehr Menschen ins Paradies kommen, kein Platz mehr wäre für die, die noch davor warten. Schließlich kommt Gott und sagt: ›Tut mir leid, ihr Lieben, das Paradies ist leider voll. Sucht euch eine andere Unterkunft.‹ Dann werden die, denen es an Charakterstärke fehlt, so sagte der alte Paisios, anfangen zu jammern und zu protestieren: ›Warum hast du uns das nicht vorher gesagt? Können wir denn jetzt nicht noch einmal zurück und das tun, was wir eigentlich immer gern getan hätten? Wir haben auf die irdischen Freuden verzichtet, um in den Himmel zu kommen, und trotzdem haben wir jetzt auch noch das Paradies verloren.‹ Die Kinder Gottes hingegen werden sagen: ›Es ist in Ordnung, dass das Paradies voll ist. Mache dir deshalb keine Vorwürfe, lieber Gott. Es ist gut, dass das Paradies voll ist und du glücklich bist. Wir finden schon Möglichkeiten, wie wir für uns sorgen können.‹«

»Gott möchte, dass wir ihn als Vater oder Mutter begreifen.«

»So ist es eine gesunde Beziehung zu Gott. Er möchte, dass wir uns als seine Kinder sehen. Deshalb sagen wir in der Liturgie: ›*Kai Kataxioson emas Despota meta parresias akatakritos tolman epikalesthai se ton epouranion Theon Patera and legein*‹, das heißt, ›Mache uns würdig, oh Heiliger, dass wir es wagen können, dich Vater, Gott des Himmels, zu nennen.‹ Dann sprechen wir das *Vater Unser.*

Christus selbst hat uns gelehrt, wie wir beten und dass wir Gott unseren Vater nennen sollen. Er hat uns nicht gelehrt, ihn ›Meister‹, ›Himmlischer Herrscher‹, ›Absoluter‹ oder sonst irgendwie zu nennen. Nur ›Vater unser‹. Das ist sehr wichtig. Gott hat uns sein wahres Wesen offenbart. Er hat gesagt: ›Wollt ihr wissen, wie ihr mich nennen sollt? Wie ich heiße? Was ich für euch empfinde? Ich bin euer Vater. Und ihr seid daher meine Kinder.‹«

»Dieses Gottesverständnis halten Sie also für das reifste?«

»Es ist bei Weitem das reifste und das gesündeste. Was wir auch tun, wir müssen es im Rahmen dieser liebevollen Beziehung tun. Dann fühlen wir uns in gewisser Weise geadelt. Wie soll ich sagen? Wie ein Kind, das sich in einem liebevollen Zuhause absolut wohl und geborgen fühlt. Wir kommen uns in unseres Vaters Haus nicht wie Fremde vor, sondern wie Familienmitglieder. Die *Ekklesia*, die Welt, das ganze Universum ist unser Zuhause, das Haus unseres Vaters. Wir sind in diesem Universum weder Sklaven noch Angestellte. Wir sind die Kinder des allmächtigen, allwissenden und durch und durch liebevollen Gottes.«

»Zugleich sind wir jedoch auch aufgefordert, unser Leben mit Gott als eine Beziehung in Freiheit zu begreifen.«

»Natürlich! Ich bin oft sehr entmutigt, wenn ich sehe, dass geistliche Menschen, Priester, Mönche und Laien, ihre Beziehung zu Gott in eine Art Folterkammer verwandeln. Der alte Paisios hat zu solchen Leuten immer gesagt: ›Mein Lieber, Gott ist Sauerstoff, und du hast ihn zu Kohlenmonoxid gemacht.‹

Mit anderen Worten«, fuhr Vater Maximos fort, nachdem unser Gelächter verklungen war, »sie haben ihre Beziehung zu Gott in Leid, Angst und Neurosen verwandelt. Wenn ich Menschen in einem solchen Zustand antreffe, psychisch eingeengt und offenbar unglücklich, wundere ich mich, wie sehr sie ihre Beziehung zu Gott verzerren können. Wie ist es möglich, würde ich solche religiösen Menschen gerne fragen, dass ihr als Kinder Gottes und Erben der Heiligen in einen solchen Zustand psychischen Leids geraten konntet? Wie könnt ihr euch so denen, die um geistlichen Rat zu euch kommen, als gottesebenbildlich zeigen?«

»So kann man jemandem Gott gründlich verleiden«, ließ ich meiner lebenslangen Enttäuschung über die Priester und Theologen freien Lauf, denen ich seit meiner Kindheit immer wieder begegnet bin und die mich so sehr abstießen, dass ich keine sinnvolle Beziehung zur Kirche entwickeln konnte. Die Theologen, die ich in der Highschool hatte, waren streng und humorlos, sie duldeten keine abweichenden Meinungen, waren ausgesprochen nationalistisch und extrem autoritär. Sie strahlten alles aus, nur nicht die Gottesliebe, die doch laut Vater Maximos das vorherrschende Kennzeichen der Kinder Gottes sein sollte.

»Weißt du«, sagte Vater Maximos, »ich habe oft gedacht, allein dass die *Ekklesia* die vielen Jahrhunderte überdauert hat, ist schon ein Wunder. Sie existiert, obwohl wir, die wir sie repräsentieren, Priester, Bischöfe und Theologen, so unzulänglich und unserer Aufgabe unwürdig sind. Warum sollten die Menschen in die Kirche kommen wollen, wenn ihre Repräsentanten ein Bild von einem Gott zeichnen, der streng, strafend und diktatorisch ist? Sehr viele Menschen kommen zu mir und sagen: ›Aber Vater, warum sollte ich in die Kirche gehen, wenn ihr, die Vertreter der Kirche, so voller Wut und Intoleranz seid? Warum sollte ich so sein wollen wie ihr?‹ Und sie haben recht.«

»Viele Kirchenleute bevorzugen einen Gott, der so eine Art Sklavenmeister ist: streng und strafend. Offenbar spiegelt sich darin die Persönlichkeit derer wider, die ein solches Gottesbild vertreten. Ich fürchte, sehr viele, die die Kirche im Laufe ihrer Geschichte vertreten haben, sind Menschen, die sich offenbar auf der ersten Stufe der geistlichen Entwicklung befinden.«

»So ist es leider. Ich sage den offiziellen Vertretern der *Ekklesia*, den Priestern, Mönchen, Theologen, Religionslehrern immer, dass sie sehr sorgfältig darauf achten müssen, die wahre Lehre der *Ekklesia* über das Wesen Gottes zu vermitteln – nämlich, dass Gott unser Vater ist und kein furchterregender Despot oder vermögender Arbeitgeber. Dies ist ein ernstes Problem aufseiten der Kirchenvertreter. Die Menschen kommen zu ihnen, um etwas über Gott zu hören, und erfahren stattdessen etwas über Satan, die Hölle und dergleichen. Sie stellen Gott als strafenden Tyrannen dar. So sagen sie womöglich einem Studenten: ›Geh zur Kirche, dann hilft dir Gott, dass du dein Examen bestehst.‹ Was ist, wenn dieser Student sein Examen nicht besteht? Wird er sich dann nicht von Gott abwenden? Oder sie besuchen einen Kranken und sagen: ›Bete und Gott wird dich gesundmachen.‹ Und wenn der Patient dann nicht gesund wird oder gar stirbt, ist Gott schuld. Dies sind verhängnisvolle Fehler.«

»Was sagen Sie einem Sterbenden, Vater Maxime?«

»Vertraue auf Gott, denn Gott liebt dich. Punkt. Liebe Gott, ob du gesund wirst oder nicht. Wir dürfen in unserer Liebe zu Gott niemals wanken, egal, was passiert. Wir sollten nicht bloß deshalb an Gott glauben, weil er uns gesund gemacht hat.«

»Das wäre das Gottesverständnis des Angestellten«, unterstrich ich. Vater Maximos nickte. »Sie haben aber gesagt, dass man beim Gespräch über Gottes Wege unterschiedliche Strategien verwenden sollte, je nach der geistlichen Entwicklungsstufe eines Menschen.«

»Selbstverständlich! Wir müssen tun, was wir können, um dem

Menschen zu helfen, dass er nicht auf einer unreifen geistlichen Stufe stehenbleibt. Ich mache mir insbesondere Gedanken um junge Menschen. Katecheten sage ich, dass wir den Menschen unter keinen Umständen das empirische Verständnis Gottes als reine Liebe nehmen dürfen. Deshalb dürfen wir in unserem geistlichen Ringen – auch wenn wir gelegentlich das niedere Verständnis Gottes ansprechen, das der Sklaven und das der Angestellten – nie vergessen, dass das authentischste Gottesverständnis und das, welches durch die *Ekklesia* zum Ausdruck gebracht wird, besagt, dass wir alle Kinder des liebenden Gottes sind und am Ende alles gut wird. Die Vorstellung von Gott als Tyrann oder von Gott als dem großen Boss, der Lohn und Strafe verteilt, ist letztendlich falsch.«

»Dabei haben Sie aber gesagt, die beiden anderen Stufen dienten unserem geistlichen Fortschritt.«

»Unbedingt. Wenn die erste Stufe kindlich ist, so kennzeichnet die zweite Stufe den Durchschnittsmenschen, und die dritte ist das Gottesverständnis, wie es die Erfahrungen der Heiligen vermitteln, die vollkommene Art der Gottesbeziehung. Aber Gott ist nicht ungerecht. Alle Stufen dienen unserem Aufstieg zu Gott. Es kommt nur darauf an, dass man sich geistlich weiterentwickelt. Wenn die Zeit gekommen ist, wird Gott die belohnen, die seine Gebote gehalten haben.«

»Was ich faszinierend und verwirrend zugleich finde, ist die Idee, dass auch Menschen, die sich bereits auf der dritten Stufe geistlichen Wachstums befinden, die beiden unteren Stufen nutzen können.«

»Weißt du, Kyriaco, der vollendete Mensch löscht die früheren Stufen nicht aus, sondern setzt sie im richtigen Moment klug ein.«

»Warum sind die unteren Stufen überhaupt nötig?«

»Weil selbst ein vollendeter Mensch geistliche Aussetzer und gelegentliche Rückfälle haben kann. Je nach Art des Rückfalls können wir dann die geeignete Medizin anwenden. Selbst der Heilige Siluan, der ein vollendeter Mensch war, jammerte und klagte gelegentlich, sein letztes Stündlein habe geschlagen und seine ›elende Seele‹ werde geradewegs in den Hades fahren, fort von Gott.«

»So etwas kann man sich kaum vorstellen«, sagte ich kopfschüttelnd.

»Aber es hat Siluan geholfen, sich bei einem vorübergehenden geistlichen Aussetzer seiner Sterblichkeit und der Hölle bewusst zu bleiben. Es gibt Zeiten, in denen man die Angst vor der Hölle gezielt zu seinem geistlichen Wohl einsetzt, und es gibt andere Zeiten, in denen man zum Bild von Gott als Arbeitgeber greift, der uns für unsere harte Arbeit belohnt. Man muss in seinem Inneren das finden, was einem im jeweiligen Moment dient, was einem hilft, sich geistlich weiterzuentwickeln. Hilft dir Gottesfurcht? Dann nutze in der entsprechenden Situation dieses Bild. Hilft das Bild von Gott als dem großen Arbeitgeber? Dann mache dir dies zu deiner Arbeitshypothese.

Wer allerdings als geistlicher Führer dient«, fuhr Vater Maximos fort, »und häufig aufgerufen ist, über das Wesen Gottes zu sprechen, darf nie einen Gott präsentieren, der entweder ein Despot oder ein Arbeitgeber ist. Warum? Aus dem einfachen Grund, weil dies nicht sein wahres Wesen ist. Das wahre Bild Gottes ist das des liebenden Vaters.

Nun befinden wir uns als Menschen aber auf einem Entwicklungsweg zu Gott und empfinden ihn oft als einen Gott, der uns entweder in die Hölle schicken oder für unsere guten Werke belohnen kann. Dabei müssen wir uns aber stets vor Augen halten, dass diese Vorstellungen, so hilfreich sie gelegentlich sein können, unvollkommene und unreife Gottesbilder und Gottesbeziehungen sind. Wenn du wissen willst, welche Beziehung zu Gott man entwickeln sollte, dann beschäftige dich mit dem Leben der Heiligen und sieh dir an, wie sie Gott betrachtet haben. Weißt du, was die Heiligen über Gott zu sagen pflegten? ›*Tetromenos eimi tes Agapes Sou ego.*‹ Mit anderen Worten: ›Ich bin wund von deiner Liebe.‹«

»Gott ist der Große Geliebte«, sagte ich.

»Genau dies verstehen viele Christen nicht. Die Heiligen waren buchstäblich in Gott verliebt. Alles, was sie geschrieben, alles, was sie gesagt, alle geistlichen Übungen, die sie vollzogen, alle Hymnen und Gesänge, die sie komponiert haben, waren nichts als das Überfließen ihres Herzens, das durch den Eros an Gott gebunden war. Es gibt keine größere Liebe als die Gottesliebe. Nichts auf dieser Welt, nichts kann die Gottesliebe überwinden oder übersteigen. Wenn jemand sich wahrhaft in Gott verliebt, dann überwindet er sogar seine eigene physische Natur.«

»In welcher Hinsicht?«

»Schau dir erotische Beziehungen zwischen Menschen an. Was geschieht mit einem Menschen, der leidenschaftlich liebt? Er kann womöglich nicht mehr essen oder trinken oder an etwas anderes denken als an den geliebten Menschen. Ein solcher Mensch ist vielleicht geistesabwesend, er wirkt wie ein Narr, findet keine Ruhe mehr, kann nicht mehr lesen oder schlafen. Die Gedanken kleben fest am geliebten anderen und möchten die ganze Zeit bei ihm oder bei ihr sein.«

»Das klingt nach großer Literatur.«

»So ergeht es dem, der sich in Gott verliebt. Ein solcher Mensch findet keine Ruhe, außer in Gott.«

»Sie sind berauscht vom göttlichen Eros«, fügte ich hinzu und erwähnte den Heiligen Maximus Confessor, der den Begriff *Eros Maniakos* [wahnsinniger Eros] geprägt hat, um den Zustand eines Menschen zu beschreiben, der im Bann von Gottes Liebe steht.

»Deshalb machen manche Heilige unter dem Einfluss dieses erotischen Gottestaumels, mit menschlicher Logik betrachtet, echt verrückte Sachen.«

»Sprechen Sie vom Heiligen Johannes Stylites?«, fragte ich und schmunzelte.

»Ja. Wie soll man das Verhalten eines solchen Heiligen logisch erklären, der einen Stein nach dem anderen auf einen Haufen schichtet und dann vierzig Jahre darauf sitzenbleibt, ohne je herunterzusteigen, weder im Schneesturm noch unter sengender Sommerhitze?«

»Ein weiteres gutes Beispiel für das, was Sie sagen, ist der Heilige Neophytos von Zypern.« Bei seinem Namen erinnerte ich mich wieder, wie ungläubig ich gestaunt hatte, als ich als kleiner Junge zum ersten Mal von seinem merkwürdigen Leben hörte.

»Für einen Vernunftmenschen ist ein solches Verhalten völlig verrückt. Hier haben wir einen Mann, der in den Bann von Gottes Liebe geriet, sich in einer Höhle einschloss und dort sechzig Jahre lang ununterbrochen betete, ohne auch nur ein einziges Mal einen anderen Menschen zu sehen. Doch rund um seine Höhle geschahen lauter Wunder.«

»Leider Gottes, Vater Maxime, haben wir seine Höhle zur Touristenattraktion gemacht«, seufzte ich.

»Aber die Gnade und die heilsame Energie sind dort immer noch vorhanden«, mahnte mich Vater Maximos. »Solche Heiligen tun oft so, als wären sie verrückt. Ihre Erfahrung der Liebe Gottes ist so überwältigend, dass nichts sie davon ablenken, nichts ihnen diese Liebe rauben kann.

Im *Gerontikon* heißt es«, fuhr Vater Maxime fort, »dass Abba Therapon in der Kirche einmal von einem Bettler angesprochen wurde, der um Almosen bat. Er gab dem Bettler alles, was er hatte. Als er aus der Kirche heraustrat, sprach ihn ein weiterer Bettler an. Schließlich blieb Abba Therapon nur noch der Umhang, den er trug. Ein Stück weiter bat ihn ein anderer Bettler um den Umhang. Er nahm ihn ab und verschenkte ihn. Nun war er vollständig nackt. Ganz ähnlich verschenkte auch ein anderer Altvater nach und nach alles, was er hatte, an die Armen. Ein Bettler bat ihn, ihm auch etwas zu geben. Da er nichts mehr hatte, was er ihm geben könnte, überreichte er ihm seinen einzigen verbleibenden Besitz, eine Ausgabe des Evangeliums. Sein Schüler beschwerte sich, er sei zu weit gegangen. Der Heilige erwiderte: ›Ich habe das gegeben, was mich gelehrt hat, alles hinzugeben.‹«

Unser Gespräch wurde unterbrochen, als ich an einer Kreuzung unmittelbar vor der Auffahrt auf die Autobahn anhalten musste. Wir befanden uns im Großraum Nikosia in der Nähe des Dorfes Lakatamia; eine Schafherde überquerte die Straße und brachte damit den Verkehr zum Erliegen. Der Schäfer trottete hinterher und beachtete uns kaum, da er in ein Handy-Telefonat vertieft war. Schweigend genossen wir den malerischen Anblick und seine Farben, wohl wissend, dass dies die Überreste eines Zyperns waren, das wir als Kinder gekannt hatten, das nun aber rasch im Verschwinden begriffen war, da Zypern sich auf den Beitritt zur Europäischen Union vorbereitete. Als das letzte Schaf die Straße überquert hatte, legte ich den ersten Gang ein, und wir fuhren auf die Autobahn auf. Die Sonne war hinter einem Wald aus Eukalyptusbäumen verschwunden.

»In den Evangelien gibt es Gottesbilder, die allen drei Stufen entsprechen, die Sie genannt haben«, stellte ich fest. »Das kann sehr verwirrend sein.«

»Jesus hat verschiedene Gottesbilder gezeichnet, je nachdem, welches Publikum er vor sich hatte und auf welcher geistlichen Stufe die Leute standen. In den Evangelien gibt es mehrere Bilder von der Hölle, von ewiger Finsternis, ewigem Feuer und so weiter. Aber wir müssen diese Dinge richtig und im Kontext der vollkommenen Liebe Gottes deuten, die unserer Schwäche und unserer geistlichen Situation entgegenkommt.«

»Diese Bilder, die wir in den Evangelien finden und von denen die Fundamentalisten in extremer Weise Gebrauch machen, gibt es also nur aus pädagogischen Gründen.«

»Natürlich. In gewissem Sinne kommt Gott unseren Schwächen und geistlichen Krankheiten entgegen, um uns auf unserem Weg zu helfen. Sogar Gottes Gebote – nicht stehlen, nicht töten, nicht ehebrechen – sind eigentlich nicht nötig.«

»Wie meinen Sie das?«

»Wir sind nach dem Bilde Gottes erschaffen worden. Wir haben keine Gebote gebraucht. Wir sind von Natur aus gut. Aber diesen Zustand der Einheit und der Güte haben wir verloren. Also hat Gott uns seine Verbote als Wegweiser gegeben, die uns auf unserer Rückreise helfen sollen. Sobald wir unser Ziel erreicht haben, brauchen wir sie nicht mehr.«

»Ah, jetzt verstehe ich, was Sie meinen«, sagte ich und nickte. »Ihren Worten zufolge kann man, wenn man die Evangelien unachtsam liest, ein falsches Gottesbild gewinnen. Es gibt sehr viele Deutungsmöglichkeiten. Die Fundamentalisten verkünden gern lautstark ein Bild von Gott als strafendem Despoten, der Sünder ins Feuer der ewigen Verdammnis wirft.«

»Das ist ein Problem. Deshalb würde ich nie empfehlen, die Evangelien ohne geistliche Vorbereitung und Unterstützung zu lesen. Wenn jemand die Bibel ohne vorherige geistliche Schulung liest, kann er leicht zu dem Schluss kommen, dass sie ein Haufen Unsinn ist. Nimm zum Beispiel das Bild, dass Gott auf einem Thron sitzt und die Schafe von den Böcken scheidet … (Matthäus 25, 32) Wenn man aber andererseits geistlich vorbereitet ist, dann erkennt man, dass die Evangelien ein großer Schatz göttlicher Weisheit sind.«

»Aber wer kann diesen Schatz erkennen? Ich glaube nicht, dass viele fundamentalistischen Christen, die ganz besessen sind von Apokalypse und ewiger Verdammnis, diese Weisheit zu erkennen vermögen.«

»Die Heilige Schrift wurde mithilfe der Energie des Heiligen Geistes verfasst. Deshalb muss man, wenn man die Schrift wirklich begreifen will, den Heiligen Geist als lebendige Realität und Gegenwart in sich tragen. Wusstest du, dass in der frühen *Ekklesia* die Katechumenen, also die Taufbewerber, das Evangelium des Johannes nie zu sehen bekamen?« Ich warf Vater Maximos einen kurzen verblüfften Blick zu. »Sie brauchten zunächst eine Schulung, um die hohe Theologie des Johannes zu verstehen. Vor ihrer Taufe durften sie nur die Evangelien nach Matthäus, Markus und Lukas hören. Nie das nach Johannes. Erst nach ihrer Taufe und nur an Ostern durften sie zum ersten Mal das Evangelium nach Johannes hören: ›Im Anfang war das Wort, und das Wort war bei Gott, und Gott war das Wort.‹ Sie mussten die geistlichen Voraussetzungen erlangen, damit sie das Mysterium des Evangeliums durchdringen konnten.«

»Wollen Sie damit sagen, dass jemand, der diese geistlichen Voraussetzungen oder diese Schulung durch geistliche Führer nicht hat, die Evangelien nicht lesen sollte?«

»Nein. Das sage ich nicht. Ich sage nur, dass das Risiko besteht, dass der Sinn der Evangelien missverstanden wird, wenn die geistlichen Voraussetzungen nicht gegeben sind, mit denen man ihre Weisheit erst zu durchdringen vermag. Dann entwickelt man womöglich ein kindliches Gottesverständnis.«

»Und in dem kann man ein Leben lang steckenbleiben«, sinnierte ich und dachte dabei an die Prediger, die verschiedentlich an unsere Universität kamen und auf der Treppe zur Studierendenvertretung einen Höllenlärm veranstalteten, wenn sie den gleichgültigen Studenten etwas von Jesus, Sünde, Buße, dem Ende der Welt, Hölle und Verdammnis entgegenbrüllten.

»Leider sind Verzerrungen unvermeidlich, wenn wir unseren Glauben nicht auf einem empirischen Gottesverständnis aufbauen.«

Meinem soziologischen Denken lag eher die Vorstellung nahe, dass gewisse Verzerrungen wohl auch ungeachtet unserer Entwicklungsstufe unvermeidlich sind. Punkt. Schließlich sind wir als Menschen das Produkt von Kultur und historischen Umständen. Selbst unsere profundesten religiösen Erfahrungen müssen die kulturellen und gesellschaftlichen Filter durchlaufen und werden daher bis zu einem gewissen Grad verzerrt. Aber ich hatte keine Zeit mehr, diesen Gedanken zu äußern und mit Vater Maximos zu besprechen. In einer Nebenstraße, ein paar hundert Meter vor dem Basketballverein, wartete bereits wie vereinbart der bischöfliche Wagen auf uns.

Auf dem Fahrersitz saß Vater Theophilus, der Diakon. Er sollte Vater Maximos zu der formellen Zeremonie begleiten – einer Gedenkfeier zur Erinnerung an das tragische Leben und den Märtyrertod von Erzbischof Kyprianos, der 1821 im griechischen Unabhängigkeitskrieg gegen die ottomanische Herrschaft Erzbischof von Zypern gewesen war. Ich saß lediglich im Publikum und hörte zu.

8

Konvertiten

Mein Aufenthalt in Zypern neigte sich dem Ende zu, und nach einigen weiteren Besuchen bei Vater Maximos in seiner Bischofsresidenz bereitete ich mich auf die lange Rückreise nach Maine und zu Emily vor. Wir hatten vor, im Januar 2003, während eines erneuten Sabbatjahres, für neun Monate nach Zypern zurückzukehren. Emily, um ihre Arbeit für Frieden und Ökologie fortzusetzen, und ich zu weiteren Gesprächen mit Vater Maximos.

Mitte Juli verließ ich zur »unchristlichen« Zeit um vier Uhr morgens die Insel mit Ziel London. Vor meinem Rückflug in die Staaten hatte ich noch einen mehrtägigen England-Aufenthalt eingeplant. Ich hatte bereits Interview-Termine mit Kallistos Ware vereinbart, dem Bischof der griechisch-orthodoxen Kirche und führenden Experten für die Orthodoxie des Ostens an der Universität Oxford. Als anglikanischer Konvertit tat Bischof Kallistos mehr als alle anderen mir bekannten Bischöfe, um zwischen dem östlichen Christentum und dem Westen Brücken zu bauen und Verständnis zu wecken. Dazu machte er in seinen Büchern Leserinnen und Lesern sowie spirituell Suchenden auf der ganzen Welt die geistliche Weisheit des östlichen Christentums zugänglich.[1]

Gerade wegen seiner einzigartigen Doppelrolle als Universitäts-Professor und Bischof hatte ich viele Fragen, die ich mit ihm in dem Versuch besprechen wollte, mein Verständnis der östlich-orthodoxen geistlichen Überlieferung zu vertiefen. Bischof Kallistos war Akademiker westlicher Prägung, daher verspürte ich eine gewisse intellektuelle Affinität zu ihm, die mir mit athonitischen Mönchen, die keine

Erfahrungen mit der modernen westlichen Kultur hatten, nicht möglich war, auch nicht mit Vater Maximos.

Es war sieben Uhr morgens, als wir nach einem viereinhalbstündigen Nonstop-Flug auf dem Flughafen Heathrow landeten. Kaum hatte ich die Zollabfertigung passiert, fuhr ich mit der U-Bahn bis zur Endhaltestelle der Picadilly-Line, wo mich Emilys Bruder Akis, der schon lange in England lebte, in einer zypriotischen Schuhmacher-Werkstatt erwartete.

Schwere Wolken verdüsterten den Himmel auf unserer zweistündigen Fahrt nach Lincoln, wo mein Schwager gerade ein Haus gekauft hatte. Es war als Alterssitz für sich und seine deutsch-britische Frau sowie seine Tochter, deren Ehemann und ihre beiden Zwillinge, zwei Mädchen, gedacht. Da Akis nach über dreißig Jahren als Geschäftsmann in London sich seinen Traum, im Alter nach Famagusta zurückzukehren, wegen der anhaltenden türkischen Besetzung der Stadt nicht erfüllen konnte, hatte er beschlossen, mit seiner Familie in einen weniger dicht besiedelten Teil Englands zu ziehen. »Für die Mädchen ist es besser, wenn sie auf dem Land aufwachsen«, sagte er mir auf der Fahrt nach Lincoln und bezog sich damit auf seine quirligen sechsjährigen Enkeltöchter.

Immer wenn ich in England bin, verspüre ich eine gewisse Vertrautheit und Verbundenheit mit dem Land. Es ist, als hätte ich dort schon einmal gelebt – ein nachvollziehbares Gefühl angesichts der jahrhundertealten Verbindung zwischen Zypern und England. Sie reicht bis zu Richard Löwenherz zurück, der Zypern auf dem Rückweg von den Kreuzzügen erobert hat. Shakespeare, der die Zitadelle von Famagusta zum Schauplatz seines Othello wählte, hat sie später romantisiert. Zementiert wurde die besondere Beziehung zwischen Zypern und England schließlich durch achtzig Jahre britischer Kolonialherrschaft bis zur Unabhängigkeit der Insel im Jahr 1960.

Ich bin in Zypern aufgewachsen, als es noch britische Kolonie war. Daher habe ich neben den byzantinischen Gesängen, die ich in der Kirche hörte, auch die kolonialen Symbole überall um mich herum in mein Bewusstsein aufgesogen. Der Anblick der roten Briefkästen mit der Britischen Krone darauf und der roten Telefonzellen weckte in mir erstaunliche Gefühle und ein gewisses Heimweh nach meiner längst verflossenen Jugend. In Zypern hatten die Nationalisten, die darauf aus waren, alle Spuren des kolonialen Erbes zu tilgen, die roten Briefkästen entfernt und die Telefonzellen in einem ekelerregenden Gelb gestrichen.

Es gibt keinen Zyprioten, der keine Verwandten in England hat und der nicht, wie ich, eine innere Nähe zu den Briten verspürt. Seit der Unabhängigkeit sind die meisten zypriotischen Politiker und Präsidenten in Großbritannien ausgebildete Juristen. Wegen der langjährigen britischen Herrschaft sind Tausende Zyprioten ins Vereinigte Königreich ausgewandert; dadurch entstand eine der größten und lebendigsten zypriotischen Gemeinden außerhalb von Zypern. Ja, man nimmt sogar an, dass der stete Geldfluss durch in England lebende Zyprioten, entweder in Form von Investitionen oder von Bargeld zur Unterstützung ärmerer Verwandter, ein wesentlicher Faktor für den Wohlstand der Insel ist. Man schätzt, dass heute über 250 000 Zyprioten in England leben, eine enorme Zahl, bedenkt man, dass die indigene Bevölkerung in Zypern, im griechischen wie türkischen Teil zusammengenommen, nicht mehr als 700 000 Einwohner beträgt. Es ist eine, vielleicht augenzwinkernde, Ironie des Schicksals, dass nicht wenige eingefleischte Untergrund-Guerilleros, die in den Fünfzigern für den Sturz der britischen Regierung gekämpft haben, schon kurz nach der Unabhängigkeit der Insel nach England ausgewandert sind. Zugleich haben zahlreiche britische Rentner und Pensionäre Zypern zu ihrem Altersruhesitz erkoren. Ein gefeierter Schriftsteller wie Lawrence Durrell hat seinem Aufenthalt auf der Insel in den unruhigen Fünfzigerjahren durch seinen Romanklassiker *Bittere Limonen* Unsterblichkeit verliehen.

Kein Wunder also, fühlte ich mich in England zu Hause und genoss die beiden Tage bei Akis und seiner Familie. Wir besichtigten die prunkvolle Kathedrale von Lincoln und besuchten einige Pubs in der Region, wo wir Neuigkeiten aus der Familie austauschten und über die Aussichten für eine Wiedervereinigung Zyperns sowie die Rückkehr vieler Flüchtlinge sprachen. Am dritten Tag brachte mein stets gut gelaunter und optimistischer Schwager mich schon frühmorgens zum Bahnhof im benachbarten Newark, wo ich den Zug nach Oxford nahm. Um 13 Uhr sollte mein Termin mit Bischof Kallistos stattfinden.

Ich bezog mein Zimmer im Galaxy Hotel, einer heimeligen englischen Pension, und machte mich dann zu Fuß auf den Weg zu unserem Treffpunkt an der Canterbury Road. Da ich um die britische Pünktlichkeit wusste, klingelte ich um exakt 13 Uhr beim St. Theosevia Centre for Christian Spirituality. Bischof Kallistos öffnete und hieß mich herzlich willkommen. Es war das zweite Mal, dass wir uns begegneten, unser erstes Treffen lag vier Jahre zurück. Der sechsundsechzigjährige Bischof, groß gewachsen und von vornehmer Ausstrahlung, trug die schwarzen Gewänder eines orthodoxen Mönchs; sein Gesicht verschwand hinter einem üppigen weißen Bart. Wie bei meinem vorherigen Besuch war mir auch jetzt, als besuchte ich, mitten im Zentrum von Oxford, einen wiederauferstandenen stattlichen byzantinischen Fürsten.

»Wie verhalten sich die Menschen in dieser Stadt Ihnen gegenüber, wenn sie Sie in Ihrem schwarzen Talar sehen?«, fragte ich auf unserem Weg zu einem italienischen Restaurant ganz in der Nähe.

»Inzwischen haben sie sich an meinen Anblick gewöhnt«, erwiderte Bischof Kallistos im Scherz. »Natürlich verstehen die meisten nicht, was ich repräsentiere, aber sie sind meine merkwürdige Erscheinung inzwischen gewohnt. Als ich zum Priester geweiht wurde, sagte mir Vater Amphilochios, mein Altvater auf der Insel Patmos, ich solle immer den schwarzen Talar tragen und meinen Bart wachsen lassen. Er sagte, auf diese Weise solle ich im Westen stets Zeugnis für die Orthodoxie ablegen.«

Nach dem Mittagessen gingen wir zur orthodoxen Kapelle neben dem St. Theosevia Centre. Sie war ein schlichtes rundes Gebäude. »Hier haben wir Ruhe für unser Gespräch«, sagte Bischof Kallistos und geleitete mich hinein. Dann schloss er die Tür hinter sich, machte, wie alle orthodoxen Priester und Gläubigen beim Betreten einer Kirche, ehrfürchtig das Kreuzzeichen vor dem Altar, ging weiter zur Ikonostase und küsste zunächst die Ikone Christi sowie anschließend die der Heiligen Jungfrau. Nach diesem Ritual setzten wir uns auf Stühle, die im Halbkreis an der Wand mit Blick zum Allerheiligsten aufgestellt waren.

»Bald bauen wir eine neue Kirche nach byzantinischer Architektur«, sagte Bischof Kallistos, als er meinen Blick durch den Raum bemerkte. Ich hatte eine alte Kirche erwartet, ähnlich den klassischen Kathedralen im gotischen Stil, wie man sie in Oxford an jeder Ecke findet. Stattdessen befand ich mich in einem schlichten achteckigen Gebäude mit hoher Decke. Natürlich dachte ich, dass es zu anderen Zwecken genutzt worden sein musste, vielleicht als Lagerhaus, bevor der Bischof es zur Orthodoxen Kirche von Oxford gemacht hatte. Tatsächlich aber, so erklärte er mir, war es ursprünglich 1973 als Orthodoxe Kirche erbaut worden, aufgrund begrenzter Mittel allerdings nach sehr schlichten Plänen. Ihre einzigartige Schlichtheit gefiel mir wirklich sehr. Die Kirche beherbergte alle heiligen Symbole der östlichen Orthodoxie; Ikonen mit Hängeleuchtern, eine Ikonostase, Kerzen und einen Psalter für die Sänger.

»Nun denn, wo wollen wir anfangen?«, fragte ich und faltete das Blatt Papier mit den zehn Fragen auf, die ich ihm vor etlichen Monaten zur Vorbereitung unseres Treffens gesandt hatte. Bischof Kallistos ließ seine Hand im Talar verschwinden und zog seinen eigenen Ausdruck hervor.

»Beginnen wir mit Nummer fünf«, sagte er, während ich die Knöpfe meiner beiden Diktiergeräte drückte.

Ich las die Frage laut vor: »›Wer wird erlöst, und was bedeutet das?‹ Ein alter Mönch vom Athos, der sein ganzes Leben dort verbracht hatte, hat mich einmal gefragt, ob ich glaube, es gebe auch außerhalb der Orthodoxie Heilige. Ich habe ihm mit einer Gegenfrage geantwortet: ›Vater, dürfen wir Gott auf die Grenzen des Athos beschränken?‹ Wie lautet Ihre Antwort auf diese Frage? Kann man *Theosis* auch außerhalb des orthodoxen Christentums erlangen? Wenn nein, was ist dann über die Milliarden Menschen zu sagen, die nicht orthodox sind?«

»Wie Sie sehen«, fuhr ich fort, »ist dies eine Frage, die das Christentum im Allgemeinen betrifft. Ich versuche also der Frage nachzugehen, ob *Theosis* nach orthodoxem Glauben wesenhaft zum Menschsein dazugehört. Wenn ja, dann muss Gotteserkenntnis allen Menschen möglich sein, ungeachtet der Kultur oder religiösen Überlieferung, in die sie hineingeboren werden.«

Eben diese Frage war mir natürlich auch bei meinem Workshop in Sedona gestellt worden. Ich wollte herausfinden, wie Bischof Kallistos als angesehener offizieller Vertreter der Orthodoxen Kirche auf eine solche Herausforderung reagieren würde.

Er dachte ein paar Sekunden nach und antwortete dann langsam und bestimmt in seinem klaren Oxford-Englisch. »So wie ich darüber denke, würde ich von zwei Stellen im Neuen Testament ausgehen. Die erste steht im Auftaktkapitel zu Johannes, im Prolog zu seinem Evangelium. Dort heißt es in Bezug auf den Logos, der Christus ist, er sei ›das wahre Licht, das alle Menschen erleuchtet, die in diese Welt kommen‹. Dies ist für mich ein Grundprinzip: Das Licht Christi leuchtet im Herzen eines jeden Menschen.«

»Wenn dem so ist«, warf ich ein, »dann offenbart sich dieses Licht im Bewusstsein derer, die dafür bereit sind, jeweils so, wie es für ihren Bewusstseinszustand und für ihre Verständnisebene relevant ist.«

»Ja, ja! Und wohl nicht immer begreifen sie, dass es Christus ist.«

»Genau. Der Logos im Evangelium des Johannes.«

»Häufig besteht eine anonyme Gegenwart Christi ...«

»Diese Formulierung gefällt mir, ›eine anonyme Gegenwart Christi‹.«

»Ja. Christus ist da. Aber die Leute erkennen ihn nicht. Sie kennen seinen Namen nicht. Und dies führt mich zu einer weiteren wichtigen Stelle im Neuen Testament, in Apostelgeschichte 17, bei Paulus´ Besuch in Athen und seiner Rede auf dem Areopag. Als er zu den Athenern spricht, beginnt er nicht mit den Worten: ›Ihr seid in der Finsternis. Ihr befindet euch im Irrtum. Ihr seid verdammt.‹ Sondern er beginnt mit einem Lob dafür, dass sie einen Altar für den Unbekannten Gott haben. Dann sagt er: ›Nun verkündige ich euch, was ihr unwissend verehrt.‹ Mit anderen Worten, er beginnt mit dem, woran sie bereits glauben, und bestärkt sie darin. Aber dann führt er sie einen Schritt weiter. Er spricht über die Gegenwart Gottes in jedermann. ›Denn in ihm leben und weben und sind wir‹, sagt er. ›Er ist nicht ferne von einem jedem von uns. Wir sind seines Geschlechts.‹

Dies sind Ideen aus der griechischen Philosophie, die Paulus ganz gezielt einsetzt«, fuhr Bischof Kallistos mit hörbarer Erregung in der Stimme und erhobenem Zeigefinger fort. »Aber nachdem er mit der Bestätigung begonnen hat, dass jedem Menschenherzen eine Offenbarung Gottes innewohnt, geht Paulus noch einen Schritt weiter. Weit über die Vorstellungen der griechischen Philosophie hinausgehend, spricht er von Jesus Christus und seiner Auferstehung von den Toten. Er beginnt mit Überzeugungen, die Christen und Nichtchristen übereinstimmend teilen, und endet mit einer Botschaft, die eindeutig christlich ist. Dies ist seine missionarische Strategie. Er fängt nicht damit an, dass er den Athenern sagt, sie seien völlig im Unrecht, sondern er sagt: ›Ihr seid schon auf dem richtigen Weg, aber ihr müsst noch weitergehen.‹ Das gefällt mir.«

»Diesem Prinzip sind viele christliche Missionare in den letzten Jahrhunderten aber ganz gewiss nicht gefolgt, wenn sie auf indigene Völker trafen«, sagte ich und spielte damit auf die häufig katastrophalen Folgen derartiger Kontakte an, wenn Missionare indigene Religionen als diabolisch verurteilt und die »Heiden« oft mit Gewalt zu bekehren versucht haben.

»Paulus ist anders vorgegangen«, sagte Bischof Kallistos und nickte. »Er hat sich einen positiven Ansatz zu eigen gemacht. Im Einklang mit Johannes und Paulus würde ich in meinem Denken über Nichtchristen also mit einem positiven Ansatz beginnen. Wir sind alle nach dem Bilde Gottes erschaffen, und das heißt nach dem Bilde Christi. Die Saat der Wahrheit liegt deshalb in jedem. Aber nicht jeder erkennt die volle Bedeutung dieser Wahrheit. Ich würde sagen, Christus ist die Wahrheit, und alle Wahrheit ist von Christus. Aber Christus ist wohl häufig gegenwärtig, auch wenn sein Name nicht genannt wird.«

»Er wird nicht erkannt.«

»Ja. Er wird nicht erkannt. Das ist also mein Ausgangspunkt. Zugleich ist mir aber auch bewusst, dass Petrus in der Apostelgeschichte, Kapitel Vier, von Erlösung ›nur im Namen Jesu‹ spricht. Ich glaube fest, dass die Menschwerdung einzigartig und Jesus Christus der einzig wahre Erlöser der Welt ist. Aber Christus kann in verborgener Weise gegenwärtig sein, und viele Menschen erkennen ihn in diesem Leben tatsächlich nicht.«

»Sie sprechen da einen sehr wichtigen Punkt an. Wenn wir die Realität von Christus, dem Logos, als eine Kultur, Zeit und Raum übersteigende Realität annehmen, dann können wir den *Christos Lo-*

gos nicht auf eine bestimmte Kultur, einen bestimmten Ort und eine bestimmte Zeit beschränken. Daher kann per definitionem niemand außerhalb des *Christos Logos* Erlösung finden. Das ist gerade so, als formuliere man das Offensichtliche: Christus-Bewusstsein kann niemand außerhalb von Christus erlangen, und Gotteserkenntnis kann niemand außerhalb von Gott erlangen. Beides ist ein und dasselbe.«

»Richtig.«

»Aber der *Christos Logos* kann sich innerhalb des Kontextes und Bedeutungssystems der individuellen Kultur und Verständnisebene auf individuelle Art und Weise zeigen.«

»Ja«, bestätigte Bischof Kallistos gütig. »Und daher glaube ich, dass diejenigen, die in diesem Leben nach bestem Wissen und Gewissen leben, die Chance haben werden, Christus nach dem Tod zu begegnen. Und wenn sie ihm begegnen, gibt es einen Moment des Erkennens. Sie werden sagen: ›Ja, jetzt verstehen wir, dass du, Christus, tatsächlich alles erfüllst, woran wir geglaubt haben, nur haben wir dich in unserem Erdenleben nicht als das erkannt, was du wirklich bist.‹«

»Wie würden Sie in diesem Zusammenhang mit einem Hindu oder Buddhisten, einem Juden oder Muslim sprechen?«, fragte ich. Als Laie und Nichttheologe hatte ich meiner Meinung nach den Luxus, alle glaubensgemeinschaftlichen Grenzen überschreiten zu dürfen.

»Offensichtlich liegt hierin ein Geheimnis. Es ist nicht an uns zu sagen, wer erlöst wird und wer nicht. Darüber entscheidet allein Gott. Wir haben nicht das Recht, über jemanden zu sagen, er oder sie werde *nicht* erlöst. Wir wissen es nicht. In der Frage, *wie* die Menschen erlöst werden, wissen wir mit Gewissheit, dass sie nur durch Christus, den einzigen eingeborenen Sohn Gottes, erlöst werden können. Aber Christus kann auf unterschiedliche Art und Weise handeln: Manchmal erkennbar, andere Male im Verborgenen. Meine eigene Überzeugung lautet, in Demut vor diesem Geheimnis können wir dennoch sagen: ›Wenn ein Muslim, ein Hindu, ein Buddhist, ein Jude nach dem Besten und Höchsten seiner Tradition gelebt hat, dann glaubt er in gewisser Weise bereits an Christus, weil alle Wahrheit von Christus kommt.‹«

»Ich habe viele Freunde, die keine Christen sind«, sagte ich. »Nach an dem, was Sie sagen, zeigen sie die Christus-Liebe, von der die

Evangelien sprechen. Aber sie sind nun einmal auch beim besten Willen keine Christen.«

»Ja. Und wenn man sie fragt, ›bist du Christ‹, dann werden sie sagen, ›natürlich nicht‹.«

»Sie würden also sagen, dass diese Menschen sozusagen in ihrem innersten Wesen *Christen* sind, nicht aber auf kulturell erkennbare Weise. Vielmehr bekunden sie Christus als den Logos, der Gottes Liebe ist. Menschen, die diese Liebe zum Ausdruck bringen, sind also tief im Inneren ›Christen‹. Das Ausmaß, in dem ein Mensch Liebe zum Ausdruck bringen kann, bestimmt, in welchem Ausmaß er Christus nahekommt.«

»Das glaube ich«, bestätigte Bischof Kallistos. »Ich bin zutiefst davon überzeugt, dass jeder Mensch nach dem Tod Christus begegnet. Wie der Mensch bei dieser Begegnung auf ihn reagiert, hängt davon ab, wie er sein Leben hier auf Erden verbracht hat. Ich will damit nicht sagen, dass wir nach dem Tod plötzlich komplett neue Entscheidungen treffen und ein völlig anderer Mensch werden können, als wir auf Erden waren. Aber wir müssen uns stets vor Augen halten, dass vieles in diesem Leben für uns verschleiert ist. Es gibt viel Unerledigtes. Der Tod kommt als der Moment der Wahrheit. Nach dem Tod erhalten die, die Christus in diesem Leben überhaupt nicht gekannt haben oder die vielleicht etwas über ihn wussten, ihn aber nicht gänzlich und unmittelbar gekannt haben, Gelegenheit, ihn von Angesicht zu Angesicht zu sehen.«

»Wenn das, was Sie glauben, ein geistliches Gesetz ist, dann gilt es natürlich auch für alle, die in diesem Leben behaupten, Christen zu sein.«

»Selbstverständlich schließt das die Christen ein!«, rief Bischof Kallistos aus.

»Es schließt auch Christen ein, die keine Beziehung zum *Christos Logos* hatten, die Christus nicht erfahren haben.«

»Unbedingt. Es könnte aber auch das Gegenteil eintreten«, stellte Bischof Kallistos fest. »Viele Christen, die in diesem Leben gedacht haben, sie glaubten an Christus, werden womöglich feststellen, dass Christus, wenn sie ihm nach dem Tod begegnen, zu ihnen sagt: ›Ich kenne euch nicht! Ihr seid nicht meine Diener. Ihr habt meinen Namen benutzt, aber ihr wart mir nicht nahe.‹ Wir können also nicht behaupten, dass man automatisch erlöst wird, bloß weil man der Kirche angehört, und wir können nicht behaupten, dass man automatisch verdammt wird, bloß weil man in diesem Leben nicht der Kirche angehört hat.«

Augustinus zitierend sagte Bischof Kallistos: »›Es gibt viele Wölfe im Schafspelz.‹ Ich verstehe die Frage, wer erlöst werden wird und wer nicht, im Sinne der Geschichte von den Schafen und den Böcken in Matthäus 25. Die Schafe, diejenigen also, die Christus in sein Reich aufnimmt, wussten nicht, dass sie ihn in ihrem Leben faktisch angenommen hatten. Als er ihnen sagt: ›Kommt, ihr Gesegneten, ererbt das Reich, das euch bereitet ist von Anbeginn der Welt‹, sind sie überrascht. Sie hatten Christus gedient, indem sie ihren Mitmenschen gedient hatten, waren sich aber selbst gar nicht im Klaren darüber, dass sie die ganze Zeit Christus gedient hatten und Christus begegnet waren. Aber dann kommt der Moment der Wahrheit, in dem sie ihm begegnen und er zu ihnen sagt: ›Ich bin es, dem ihr die ganze Zeit gedient habt.‹

Aber wir wollen nicht vergessen, dass die Böcke ebenfalls überrascht waren«, fügte Bischof Kallistos schmunzelnd hinzu. »Das sind die Leute, die denken, sie seien gute Christen, aber wenn sie Christus begegnen, wird er ihnen sagen: ›Ihr habt mir in diesem Leben nicht gedient.‹ In dieser Hinsicht, so glaube ich, erfolgt Erlösung nur durch Christus. Aber um es noch einmal zu wiederholen, es gibt viele Menschen, die in diesem Leben an Christus glauben, ohne es zu wissen, und es gibt viele Menschen, die wahrhaft zur Kirche gehören, ohne ihr im Äußeren anzugehören.«

»Es gibt also eine innere *Ekklesia,* der man angehören kann, ohne es zu wissen. Als unbewusstes Mitglied sozusagen. Hmm … Wie würde jemand, der, sagen wir einmal, im jüdischen Glauben oder in irgendeiner andere Religion aufgewachsen ist, auf das reagieren, was Sie gerade gesagt haben? Wie würden Sie zum Beispiel mit dem Dalai Lama reden?«

»Aber ja! Natürlich würde ich mit ihm nicht so reden, wie ich gerade mit Ihnen gesprochen habe. Wir sprechen jetzt beide als Angehörige der Orthodoxen Kirche. Wenn wir aber mit Nichtchristen sprechen, dann müssen wir Christen darauf achten, dass wir nicht gleichsam Imperialisten sind. Sonst könnte der Anschein entstehen, als würden wir sagen: ›Ihr glaubt, ihr seid Buddhisten, aber wir wissen es besser. Eigentlich seid ihr Christen.‹ Das klänge doch sehr arrogant. Völlig zurecht könnten sie erwidern: ›Wir wissen besser, was wir glauben, als ihr.‹ Wir müssen darauf achten, nicht so zu reden, als ob wir ihnen ihre Integrität absprechen wollten.

Wie also würde ich anfangen, wenn ich mit einem Juden oder einem Hindu oder einem Buddhisten sprechen sollte? Wie Paulus würde ich nicht mit Punkten beginnen, in denen wir nicht übereinstimmen, sondern ich würde versuchen, auf der Ebene des geistlichen Lebens Gemeinsamkeiten zu finden.«

»Ich bin froh, dass Sie das geklärt haben«, sagte ich mit Erleichterung. »Das ist wichtig.«

»Ich würde verstehen wollen, wie sie beten. Mit welchen Gefühlen stehen sie vor Gott? Wie empfinden sie das Heilige, das Numinose, das Transzendente? Da würde ich ansetzen wollen. Aussagen zur Lehre werden, wenn sie isoliert betrachtet und nicht im Kontext des Gebets verstanden werden, irgendwie verzerrt. Deshalb würde ich zunächst die Art und Weise, wie sie die göttliche Gegenwart erleben, wertschätzen. Damit sage ich aber nicht, dass die Wahrheit relativ ist. Ich sage nicht, dass alle Religionen da gleich sind.«

»Wie könnte man das auch behaupten!«, stimmte ich zu. »Es gibt Religionen, wie etwa die der Azteken, in denen es Menschenopfer gegeben hat. Der Hohepriester hat den Opfern mit einem steinernen Messer eigenhändig das Herz herausgeschnitten.«

»Ja, ja! Als Bischof der Kirche glaube ich fest, dass die ganze Wahrheit in der christlichen Kirche zu finden ist – um genauer zu sein, in der orthodoxen Kirche. Ich glaube, dass Gott nur einmal Fleisch geworden und Christus einzigartig ist. Er steht nicht auf derselben Ebene wie die vielen Inkarnationen, von denen zum Beispiel die Hindus sprechen. Jesus Christus ist tatsächlich der einzig wahre Erlöser der Welt. Zugleich aber enthalten alle großen Religionen Samen der Wahrheit. Und bei ihnen sollten wir ansetzen, nicht bei den Unterschieden, sondern bei den Samen der Wahrheit, die bereits vorhanden sind.«

Ich schwieg ein paar Sekunden und betrachtete die Ikonen, die die Kirche schmückten. Mir war vollkommen bewusst, dass Dr. Ware, wie er an der Universität Oxford genannt wird, auch geweihter Bischof der orthodoxen Kirche ist. »Dabei muss ich an das Weltparlament der Religionen denken, das 1993 in Chicago zusammentrat«, sagte ich, »hundert Jahre nach dem ersten Treffen dieser Art in derselben Stadt. Dort kamen führende Vertreter aller Religionen zusammen und entwickelten eine sehr umfassende, lebensbejahende Erklärung für ein Weltethos des 21. Jahrhunderts. Dieses Manifest baut auf den Übereinstimmungen zwischen den einzelnen Religionen auf. Es enthält sehr beeindruckende Bestimmungen für ethisches Verhalten. Leider waren die Orthodoxen nicht vertreten. Die wenigen – ich glaube, es waren zwei – orthodoxen Vertreter verließen den Saal, weil sie verstimmt waren, dass sie mit Vertretern von Stammesreligionen an einem Tisch sitzen mussten. Ich halte das für bedauerlich, denn statt die Position der orthodoxen Kirche zu vertreten, sind sie vor diesem Dialog davongelaufen und haben so den Eindruck hinterlassen, sie seien arrogant und rassistisch, was ja tatsächlich eine sehr unchristliche Haltung ist. Worauf also gründen Sie Ihren Glauben? Ich meine, Ihre Erklärung, die Inkarnation des Logos habe nur ein einziges Mal in Jesus von Nazareth stattgefunden. Was ist die Grundlage dieses Glaubens? Nehmen wir einmal an, ich sei nicht orthodox oder noch nicht einmal Christ. Welches Argument können Sie mir anbieten, das mich möglicherweise überzeugen kann, dass Sie recht haben?«

»Das ist ganz gewiss keine Frage, die sich leicht beantworten ließe.« Nachdenklich schwieg Bischof Kallistos. »Wenn Sie mich zunächst fragen, warum ich persönlich glaube, dann antworte ich einfach: Ich glaube aufgrund dessen, was ich im Neuen Testament gelesen habe. Die Evangelien sprechen zu mir mit einer totalen Autorität, wie ich sie nirgendwo sonst finde. Aber es gibt mehr zu sagen als dies. Glaube ist keine Privatsache. Glaube wird in der Gemeinschaft aktiviert. Deshalb glaube ich auch durch Zugehörigkeit, durch Mitgliedschaft in der Kirche, durch den Empfang der Sakramente, durch die Heilige

Kommunion. Ich glaube nicht so sehr aufgrund abstrakter Argumente, auch wenn sie manchmal ganz nützlich sind, sondern ich glaube aufgrund meiner eigenen Erfahrung, die ich dadurch gewonnen habe, dass ich die Schriften lese und innerhalb der orthodoxen Kirche lebe und bete.«

Es entstand eine lange Pause. Dann fuhr Bischof Kallistos fort: »Wie würde ich versuchen, diesen Glauben an andere weiterzugeben? Nicht in erster Linie durch Argumente. In gewisser Weise sind Argumente nur dann hilfreich, wenn jemand bereits erkennbar dabei ist, das Christentum anzunehmen; dann helfen die Argumente, die Erklärungen manchmal, Einwände auszuräumen. Aber ich würde mit dem anfangen, was im ersten Kapitel des Johannes-Evangeliums gesagt wird: ›Kommt und seht.‹ Ich würde die Leute einladen, in die Kirche zu kommen und am Gottesdienst teilzunehmen. Mein Ausgangspunkt wäre, dass Christus im Herzen eines jeden Menschen gegenwärtig ist, dass es eine *natürliche* Kenntnis der Wahrheit gibt, dass sie Teil unseres menschlichen Wesens ist, weil wir nach dem Bild Gottes geschaffen sind. Wenn wir mit anderen über Christus sprechen, sprechen wir deshalb nicht bloß mit Menschen, die in ihrem Inneren keine Kenntnis der Wahrheit besitzen. In gewissem Sinn ist in ihnen bereits ein Funke der Wahrheit, und wir tun nicht mehr, als diesen Funken zu einer Flamme anzufachen. Wenn wir mit anderen sprechen, dann wenden wir uns an den impliziten Glauben, der bereits in ihrem Herzen vorhanden ist. Während ich also im Äußeren mit ihnen spreche, würde ich zugleich darauf vertrauen, dass Christus in ihrem Inneren mit ihnen spricht.«

»Wie verstehen Sie dann Ihre Rolle als Bischof, der unter Nichtorthodoxen lebt?«

»Einfach als die eines Zeugen. Wir können die Menschen nicht zum Glauben zwingen, und wir sollten es auch nicht versuchen. Glaube muss frei sein und auf Entscheidungsfreiheit beruhen. Ich denke dabei an das, was im Brief an Diognetus geschrieben steht, einer christlichen Schrift aus dem späten ersten oder frühen zweiten Jahrhundert. ›Gott überzeugt. Er zwingt nicht, denn Gewalt ist ihm fremd.‹«

Bischof Kallistos streckte die rechte Hand aus und sagte mit bewegter Stimme: »Das ist ein goldener Spruch. Ich wünschte, die Christen, die orthodoxen Christen nicht ausgenommen, hätten ihn allezeit beherzigt.«

Es entstand eine lange Pause, da ich meine Fragen durchsah. »Gut«, sagte ich schließlich, »ich glaube, bis zu einem gewissen Grad haben wir damit Frage acht angesprochen.« Ich las die Frage vor: »Was würden Sie Bibelwissenschaftlern antworten, die die historische Genauigkeit des Neuen Testaments infrage stellen? Stehen die Heiligen aller Zeiten in Verbindung mit dem kosmischen Christus, ungeachtet der genauen historischen Fakten vor zweitausend Jahren? Wie können wir diese Frage beantworten, wenn wir uns um eine Milliarde Jahre in die Zukunft versetzen?

Erlauben Sie mir, im Hinblick auf diese Frage einen möglicherweise ketzerischen *Logismos* zum Ausdruck zu bringen, der mir gerade in den Sinn kommt«, fügte ich eilends hinzu. »In ein paar Milliarden Jahren wird diese Welt irgendwann untergehen. Der *Christos Logos* wird jedoch nicht verschwinden, denn nach den Lehren der Heiligen Altväter war, ist und wird er immer sein. Daher könnte man jemandem aus einer anderen religiösen Tradition etwa Folgendes sagen: ›Schau, ich kann zwar nicht auf rationaler empirischer oder wissenschaftlicher Grundlage wissen, was vor zweitausend Jahren geschehen ist. Dennoch muss ich meinen Glauben nicht ausschließlich auf die Einzelheiten der Ereignisse stützen, die sich damals zugetragen haben, Ereignisse, die von jemanden, der von einer anderen Religion herkommt, leicht infrage gestellt werden könnten. Bibelwissenschaftler hängen sich an diesen Widersprüchen auf, als ob der gesamte christliche Glaube von der historischen Genauigkeit der Bibel abhinge. Wenn wir aber einen anderen Weg einschlagen, dass nämlich das Neue Testament insgesamt eine Offenbarung göttlicher Weisheit und Wahrheit ist, dann wird es unabhängig von möglichen historischen Widersprüchen, weil jeder Heilige der *Ekklesia* die Realität des *Christos Logos* als einen Zustand der Gotteserkenntnis verkörpert und damit empirisch belegt; und wir haben im Leben der Heiligen tatsächlich Menschen gesehen, die diese Stufe der Christifikation erreicht haben. Sie denken und handeln in der Welt in christusähnlicher Weise, was mich zu der Annahme führt, dass jeder Mensch über das Entwicklungspotenzial verfügt, eins mit dem *Christos Logos* zu werden und den Christus zu verkörpern, der als Realität in jedem Menschen schlummert. Deshalb frage ich mich, ob ich meinen Glauben ausschließlich auf die absolute historische Genauigkeit der Ereignisse gründen muss, die sich vor zweitausend Jahren zugetragen haben. Früher oder später wird dieser Planet untergehen und mit ihm alle angehäuften und dokumentierten historischen Erinnerungen. Angesichts dieser Erfahrungstatsachen muss mein Glaube daher auf etwas wesentlich Tieferem und Zeitlosem gründen, nämlich auf dem Logos, dem Licht, das jeden Menschen erleuchtet, der auf die Erde kommt. Dies erinnert mich an die Worte des Heiligen Siluan, dass nämlich die Evangelien im Falle einer großen weltweiten Katastrophe wie etwa einem Erdbeben, bei dem alles zerstört wird, erneut niedergeschrieben werden können, wenn die äußeren Umstände dies zulassen, denn die Evangelien, so sagte er, sind bereits ins Herzen jedes Heiligen eingeschrieben.[2] Das ist alles ziemlich mystisch. Was halten Sie davon?«

»In Teilen stimme ich Ihnen zu, auch wenn ich es nicht ganz genauso ausdrücken würde«, antwortete Bischof Kallistos, und ich bemerkte eine gewisse Beklommenheit in seiner Stimme.

»Was ich geäußert habe, sind natürlich nur persönliche Überlegungen«, betonte ich vorsichtig.

Der Bischof erwiderte: »Zwei Dinge müssen wir austarieren und miteinander in Einklang bringen: Erstens die universelle Offenbarung des Logos an jedes Menschenherz; zweitens die konkrete historische Offenbarung durch den Mensch gewordenen Logos, durch Leben, Tod und Auferstehung Jesu Christi vor zweitausend Jahren. Wenden wir uns nun der Frage nach der historischen Genauigkeit der Bibel und der Einordnung der Bibelkritik zu. Gott hat uns ein vernunftbegabtes Gehirn geschenkt; und diese Gabe sollten wir voll und ganz nutzen. Eine kritische Untersuchung des Neuen Testaments unter Einsatz aller zur Verfügung stehenden wissenschaftlichen Ressourcen sollten wir Orthodoxen daher unterstützen. Wir dienen Christus, der ja die Wahrheit ist, nicht, wenn wir einfach Augen und Ohren verschließen und uns weigern hinzuschauen oder zuzuhören. Eine kritische Bibellektüre hat also ganz gewiss ihre Berechtigung. Wir Orthodoxen stimmen vielleicht nicht immer mit den Schlussfolgerungen der liberalen Theologen überein, aber wir stehen hinter dem Prinzip der freien Forschung. Zweitens vertreten wir Orthodoxen in unserem Umgang mit der Bibel nicht ganz dieselbe Ansicht wie protestantische Fundamentalisten. Wie sie glauben auch wir, dass die Bibel wahr ist. Aber wir betrachten nicht jeden Satz und jedes Wort gesondert und für sich. Wir schauen auf die Gesamtbotschaft der Bibel. Dies ist seit jeher das orthodoxe Prinzip der Schriftdeutung: Dass wir die Bibel als Ganzes sehen und einen Teil der Bibel im Lichte eines anderen verstehen. Wir isolieren einzelne Schriften also nicht, wie es manche Fundamentalisten tun. Aber ich würde noch weitergehen. Wir müssen auch sagen, dass man die Wahrheit auf viele Arten ausdrücken kann und die wörtliche Wahrheit weltlich-faktischen Typs nicht die einzige Wahrheit ist.«

»Können Sie mir ein Beispiel nennen?«

»Wenn wir zum Beispiel das erste Kapitel der Genesis lesen, dann gilt es festzuhalten, dass die Welt um uns herum die Schöpfung Gottes ist und dass sie sehr gut ist, vollkommen gut und schön, *kala lian*. Dies bestätigt das Eingangskapitel der Genesis. Aber wir brauchen nicht anzunehmen, dass die sieben Schöpfungstage jeweils vierundzwanzig Stunden unserer Zeitrechnung bedeuten, und wir müssen nicht zwangsläufig behaupten, dass die Reihenfolge, in der die Dinge auf dieser Welt entstanden sind, exakt die in Genesis I beschriebene ist. Genesis I ist keine Geologie oder Prähistorie. Es ist religiöse Wahrheit, ausgedrückt in narrativer Form und bildlicher Sprache. Es gibt also viele verschiedene Formen der Wahrheit, und die Fundamentalisten irren, wenn sie annehmen, alles sei wörtlich zu verstehen.

Ich habe gerade gesagt, dass wir Orthodoxe die Schrift als geschlossene Einheit deuten und jeden einzelnen Teil im Licht aller anderen verstehen. Das Alte Testament verstehen wir zum Beispiel im Licht des Neuen Testaments. Wir interessieren uns vor allem deshalb für das Alte Testament, weil Gott im gesamten Alten Testament überall von Christus zu uns spricht. Die Menschwerdung ist das Zentrum von allem. Aber wir sollten noch darüber hinausgehen und sagen, dass das wahre Verständnis der Schrift nicht bloß durch eine historische Untersuchung der biblischen Ursprünge entsteht, sondern durch den Blick darauf, wie die Schrift in der Kirche gelebt und verstanden worden ist. Das Problem des historisch-kritischen Ansatzes ist, dass er das vernunftbegabte Gehirn isoliert und in wissenschaftlichen Studierstuben durchgeführt wird, wohingegen das wahre Verständnis der Schrift durch den ganzen Menschen erfolgt – und wir haben viele Verständnismöglichkeiten, darunter auch das vernunftbegabte Gehirn. Verständnis kommt nicht allein daher, dass man alleine in einer Bibliothek sitzt und Bücher liest. Es entsteht ebenfalls, und sehr viel grundsätzlicher, durch Gottesdienst, durch Teilnahme am Gemeindeleben, durch das gemeinsame Gebet – durch das Gebet mit dem Verstand, aber auch mit dem Herzen, was wesentlich tiefer geht als bloße Gefühle oder das vernunftbegabte Gehirn. Das wahre Schriftverständnis entsteht daher durch Teilnahme am gottesdienstlichen Leben der Kirche. Die wahren Schriftdeuter sind nicht so sehr die gelehrten Wissenschaftler, auch wenn wir ihnen zuhören sollten. Die wahren Schriftdeuter sind die Heiligen.«

»Genau dasselbe sagt auch Vater Maximos.«

»Unser Verständnis dessen, was die Schrift sagt, wird wesentlich umfassender, wenn wir das Leben der Heiligen mitberücksichtigen. Wie die Schrift durch die heiligen Männer und Frauen verschiedener Generationen gelebt wird, das ist unser entscheidender Test.«

»Richtig«, sagte ich. »Allerdings ignoriert ein Großteil des modernen Christentums die Realität der Heiligen. Deshalb haben moderne Christen im Westen keinen Zugang zu dieser einzigartigen Validierungsquelle für spirituelle Lehren, wie man sie im Neuen Testament findet. Infolgedessen werden sie Literalisten. Der Wortlaut erlangt enorme Bedeutung auf Kosten des in den Texten enthaltenen Geistes. Dies führt zu einer doppelten Tendenz: Entweder die Menschen werden zu streng und intolerant oder zu liberal; das geht so weit, dass Christus nicht der Logos Gottes ist, sondern ein Moralphilosoph. Daher geht es Letzteren vor allem darum, die *Ekklesia* zu einem Forum für lohnende Projekte zur Verbesserung der gesellschaftlichen Verhältnisse zu machen.«

»Dem stimme ich zu. Es besteht eine Tendenz, den Buchstaben der Schrift zu isolieren«, sagte Bischof Kallistos. »Um die Schrift wahrhaft zu verstehen, müssen wir sie liturgisch und empirisch begreifen: Durch die Feier der heiligen Liturgie, durch Teilhabe an den Sakramenten, durch die Predigten der Kirche, durch das Leben der geistlichen Väter und Mütter. All dies gehört zum großen Reichtum der Kirche. Es bildet den Kontext, den wir zum Verständnis der Schrift haben. Wir lassen dem Zeugnis der Heiligen freien Lauf. Erinnern wir uns an die Worte des großen serbischen Bischofs Nikolaj Velimirović, den die serbische Kirche bereits heiliggesprochen hat. Er sagte: ›Die Meinungen der Gelehrten können wunderbar klug und doch völlig falsch sein. Wohingegen‹, so fügte er hinzu, ›die Worte der Heiligen oft sehr schlicht, aber immer richtig sind.‹

Wir sollten allerdings die Wissenschaft nicht ablehnen«, schob Bischof Kallistos eilends und mit nachdrücklich erhobener Stimme hinterher. »Aber wie ich bereits betont habe, sollten wir anerkennen, dass die Wahrheit neben dem Gebrauch des vernunftbegabten Gehirns, der *Dianoia,* durch Gebet, durch ein Leben in Heiligkeit, ein Leben tätigen Mitgefühls tiefer erkannt wird. Das wahre Verständnis der Bibel kommt durch Gottes Offenbarung auf dieser Ebene an das Herz, an den *Nous,* an die geistliche Schau, nicht nur an das diskursive Denken. Auf diese Weise sollen wir die wahre Bedeutung geistlichen Lebens entdecken.«

»Ich könnte nicht einiger mit Ihnen sein. Hinzufügen möchte ich noch, dass die reine Erfahrung des Lebens selbst, das Achten auf die Welt, wie sie sich um uns herum entfaltet, mit den Myriaden spiritueller Signale, die uns über den Weg laufen, uns helfen kann, uns Schritt für Schritt auf Gott zuzubewegen. Tatsächlich ging mir ebendies heute durch den Kopf, als ich im Zug saß und die englische Landschaft betrachtete. Die Wissenschaft muss gar nicht der Widerspruch zum Glauben sein, als der sie heute oft betrachtet wird, sondern vielmehr eine Bestätigung des Glaubens in dem Sinne, dass das Ziel der Wissenschaft der Erwerb von Wissen über die empirische Welt des normalen Bewusstseins ist. Jeder, der Augen hat zu sehen, wird erkennen, dass das beobachtbare Universum überall Gottes Handschrift trägt, ungeachtet unseres religiösen oder kulturellen Hintergrunds.«

»Ganz recht.«

»Und daher«, fuhr ich fort, »wird der Geist durch Disziplin und Konzentration geschult, nach objektivem Wissen und Wahrheit zu suchen; und wenn die höchste objektive Wahrheit Gott ist, dann kann die Wissenschaft ein Schritt in Richtung der Entwicklung jener Art von Urteilskraft sein, die uns zur Wahrheit führen kann. Leider wird die Wissenschaft bisher nicht so wahrgenommen und verhält sich auch nicht so in der Welt. Im großen Ganzen gesehen ist sie allerdings vielleicht *eine* Methode, mit der die Vorsehung die Menschheit zurück zu Gott führen will.«

»Ja!«

»Deshalb betrachte ich die Wissenschaft, recht besehen, nicht als Gegensatz zur Religion. Ich lese zwar durchaus einige kritische Bibelwissenschaftler, aber ich weigere mich, ihnen das letzte Wort zu überlassen und ihnen die Macht zu geben, das Wesen der höchsten Realität für mich zu definieren. Lieber möchte ich hören, was Altvater Paisios oder ein anderer großer Altvater der *Ekklesia* über Gott zu sagen hat.«

»Gut. Wir müssen uns anhören, was Wissenschaftler und Bibelkritiker zu sagen haben. Aber wir müssen uns auch vor Augen halten, dass die Kirche ihre eigene Sicht, ihr eigenes Verständnis hat. Deshalb muss das, was die Bibelwissenschaftler sagen, einer Überprüfung durch die konkrete Erfahrung der Kirche, wie sie sich im Leben ihrer Heiligen zeigt, unterzogen werden. Dasselbe gilt für die Naturwissenschaften. Alle Wahrheit kommt von Gott. Deshalb sollten wir die aufrechte Suche nach der Wahrheit nicht fürchten. Wir sollten sie vielmehr pflegen. Aber wissenschaftliche Forschung allein kann uns nicht die ganze Wahrheit bringen.«

»Wir sind uns in sehr vielen Punkten einig!«, sagte ich. Es war tröstlich für mich, einem hochrangigen Geistlichen der orthodoxen Kirche zu begegnen, der zugleich ein westlicher Intellektueller war.

»Wenn die Wissenschaft isoliert und zum Ziel an sich erklärt wird, kann sie ein stark verzerrtes Bild vermitteln«, fuhr Bischof Kallistos fort. »Wir glauben, dass wir die Wahrheit letztendlich nur durch Christus verstehen können. Die Wissenschaft hat eine äußerst positive Rolle inne, solange sie als Dienerin handelt. Wenn die Wissenschaft sich aber als allmächtig betrachtet, wenn sie nicht zur Wissenschaft, sondern zum Szientismus wird, wie man sagen könnte, dann kann sie in die Irre führen.«

»Ja. In diesem Sinne kann Wissenschaft meiner Meinung nach zu einem Werkzeug werden, das unseren Egoismus fördert. Sie kann uns von Gott fernhalten.«

Bischof Kallistos nickte. »Die Wissenschaft verlässt sich strikt auf durch Sinneswahrnehmung erfassbare Beweise. Aber wir verfügen auch über andere Möglichkeiten, die Wahrheit zu begreifen – durch Offenbarung, durch Gebet, durch das Wort Gottes im Herzen. Sinneswahrnehmung ist also nicht die einzige Wahrheitsquelle. Hinzu kommt, dass wir glauben, dass die Welt um uns eine gefallene Welt ist. Sie ist nicht so, wie Gott sie im Sinn hatte. Die Wissenschaft, die sich ja auf die Sinneswahrnehmung stützt, kann uns nur etwas über diese gefallene Welt sagen. Nur durch Offenbarung können wir vom göttlichen Plan erfahren, der größer ist als das, was wir mit unseren Sinnen wahrzunehmen vermögen.«

Die Zeit im Blick, schlug ich vor, zu den nächsten Fragen zu kommen. »Kann die Orthodoxie heute zu Nichtorthodoxen sprechen? Ist die Orthodoxie bereit für das globale Dorf?« Und ich fügte noch die dritte Frage hinzu: »Kann die Orthodoxie Gemeinsamkeiten mit Hindus und Buddhisten finden, ohne diese spirituellen Traditionen als gefährliche Häresien abzulehnen?« Ich betrachtete meine Fragenliste. »Wir haben Nummer zwei bereits angesprochen. Gibt es dazu noch etwas zu sagen? Beim Mittagessen haben wir uns darüber unterhalten, dass die griechisch-orthodoxe Kirche noch nicht bereit ist, das globale Dorf zu akzeptieren. Auch in der russischen Form der Orthodoxie sind mir ähnliche Tendenzen zu einem gewissen Ethnozentrismus aufgefallen.«

»Leider ist das Element des Nationalismus, ethnischer Engstirnigkeit, in der heutigen orthodoxen Kirche sehr weit verbreitet. Und es ist natürlich historisch tief verwurzelt. Es ist *nicht nur* ein heutiges Problem«, betonte Bischof Kallistos.

»Bartholomäus, der Patriarch von Konstantinopel, und andere Patriarchen lehnen Nationalismus als Ketzerei ab.«

»Ja, unbedingt! ›Phyletismus‹, der Nationalismus über die orthodoxe Katholizität stellt, wurde von der Kirche von Konstantinopel 1872 zur Ketzerei erklärt. Dabei müssen wir uns jedoch vor Augen halten, dass an nationaler Zugehörigkeit und Loyalität zu unserem jeweiligen Volk an sich nichts verkehrt ist. Tatsächlich ist sie sogar gut. Patriotismus ist eine edle Empfindung. Aber das Gefühl nationaler Identität, das Menschen haben, wenn sie ein ausgeglichenes, erfülltes Leben führen, muss *Metanoia* erfahren, Buße, Umkehr. Es muss getauft werden; und sehr häufig hat diese Buße, diese Umkehr nicht stattgefunden, und es liegt ein untransformierter Nationalismus vor. Während also nationale Zugehörigkeit kostbar ist und eine Gnade sein kann, dürfen wir nie vergessen, dass Christus höher steht als alle ethnischen Unterschiede. ›Hier ist nicht Jude noch Grieche …, denn ihr seid allesamt einer in Christus Jesus‹, unterweist uns Paulus [Galater 3, 28]. Wir müssen betonen, dass das Wichtige an der Kirche eben gerade ihre Universalität, ihre Katholizität ist. Nationalismus kann ein Diener sein, darf aber nie zum Herrn unseres Herzens werden; und, wie gesagt, es liegt eine negative Engstirnigkeit in der Art starker nationaler Gefühle, wie wir sie, ja, in Griechenland und in Russland und natürlich auch unter Briten vorfinden. Keiner ist ohne Sünde.

Tatsächlich«, fuhr Bischof Kallistos fort und lehnte sich mit dem Rücken an den Stuhl, »ist mir bei meinem Besuch in Rumänien aufgefallen, dass die Rumänen zwar stolz sind auf ihr Volk, aber nicht dieselbe feindselige, aggressive Einstellung gegenüber dem Westen und die Angst vor nicht-orthodoxen Kirchen haben, wie ich sie in anderen orthodoxen Ländern antreffe. In Rumänien höre ich nie oder nur ganz selten Gerede über ›jüdisch-freimaurerische Verschwörungen‹ gegen die orthodoxe Welt. In ihren Ansichten über den Rest der Welt wirken die Rumänen, zumindest meiner Erfahrung nach, ausgeglichener als viele andere Orthodoxe.

Aber natürlich dürfen wir nicht verallgemeinern«, fügte Bischof Kallistos eilends hinzu. »In Griechenland und in Russland gibt es ebenfalls Menschen mit einem wunderbaren Blick für die Universalität der Orthodoxie, die ihr Heimatland, die Tradition ihres Volkes, sei es griechisch oder russisch, durchaus lieben und schätzen, zugleich aber Universalisten sind; und genau das braucht die westliche Welt. Keine ethnische, sondern eine *katholische* Orthodoxie. Keine Orthodoxie, die immerzu verurteilt, sondern eine Orthodoxie, die großzügig ist, demütig, *kenotisch* [selbstentäußernd]. Nicht nachgiebig, aber andere auch nicht angreifend.

Aus meiner Warte«, fuhr er fort, »als jemand, der das einzige orthodoxe Mitglied der theologischen Fakultät hier in Oxford ist und der seit fünfunddreißig Jahren an einer britischen Universität lehrt, kann ich bestätigen, dass die Menschen geradezu danach dürsten und hungern, etwas über die Orthodoxie zu erfahren. Aber wenn wir Orthodoxen den Westen einfach in Bausch und Bogen verdammen, hören sie uns irgendwann nicht mehr zu. Daran haben sie kein Interesse«, stellte Bischof Kallistos fest, und seiner Stimme war die Leidenschaft anzuhören. »Aber wenn wir in einer bejahenden Sprache über unsere Vision der Wahrheit sprechen ...«

»Genau dies suchen die Menschen«, rief ich aus. »Sie suchen einen authentischen, empirischen Weg zu Gott. Wenn sie eine derart negative Rhetorik hören, fühlen sie sich abgestoßen und wenden sich anderem zu.«

»Exakt. Und das ist tragisch; denn dies könnte der *Kairos* sein, *der* Moment für die Orthodoxie. Aber wir Orthodoxen sind nicht bereit. Wir sind nicht orthodox genug«, schloss Bischof Kallistos in traurigem Ton.

»Dies ist auch mein Eindruck. Diese Enge des Denkens und des Herzens habe ich bei sehr vielen höheren orthodoxen Geistlichen, denen ich begegnet bin, immer wieder erlebt.«

»Ich kann nur für mich selbst sprechen«, erwiderte Bischof Kallistos. »Für mich ist die Orthodoxie die eine wahre Kirche Christi, in dem Sinne, dass sie über die Wahrheit in ihrer Gänze verfügt, wie man sie sonst nirgendwo findet. Zugleich glaube ich aber auch, dass die anderen christlichen Gemeinschaften Teile der Wahrheit besitzen, und ihre Teilwahrheit leben sie oft wesentlich besser aus als wir Orthodoxen unsere ganze Wahrheit.

Orthodox wurde ich vor dreiundvierzig Jahren«, fuhr Bischof Kallistos fort, »und ich habe es nie bereut. Ich war immer überzeugt, dass ich die richtige Entscheidung getroffen habe, und ich lobe Gott dafür, dass er mich berufen hat, unwürdig, wie ich bin, der orthodoxen Kirche anzugehören. Ich betrachte dies als das Beste, was mir in meinem ganzen Leben passiert ist. Manchmal allerdings ist es ganz schön schwer, orthodox zu sein. Was mich immer wieder betrübt, ist die Gespaltenheit innerhalb unserer orthodoxen Kirche. Es gibt sehr viel Rivalität, sehr viel Argwohn. Man denkt in Kategorien von Konstantinopel gegen Moskau, Moskau gegen Konstantinopel, oder der ökumenische Patriarch gegen den Erzbischof von Athen und so weiter. Allzu häufig lassen wir Orthodoxen uns auch von nationalem Partikularismus, Chauvinismus, beherrschen und bezeugen nicht das allumfassende Wunder des orthodoxen Glaubens. Dies schmerzt mich zutiefst, auch wenn ich deshalb nicht bereue, orthodox geworden zu sein. Zugleich bin ich mir sicher, dass auch ich viele Ängste und Argwohn hege und mich selbst häufig dessen schuldig mache, was ich anderen vorwerfe. Aber wir müssen wirklich über unsere nationalen Differenzen hinauswachsen, besonders hier im Westen, damit wir in Westeuropa und in Nordamerika in einer Art und Weise Zeugnis ablegen können von der Einheit und Universalität der Orthodoxie, wie wir es im Moment nicht tun.«

»Ich glaube, wir müssen das seit der Aufklärung tradierte Denken im Westen in Einklang bringen mit der inneren Aufklärung oder Erleuchtung der heiligen Altväter, der patristischen Tradition«, warf ich ein.

»Ja, genau!«

»Sobald wir die beiden zusammenbringen«, fuhr ich fort, »werden wir ein ganzheitlicheres Verständnis der Wirklichkeit und unseres Daseinszwecks in diesem unendlichen Universum gewinnen, davon bin ich überzeugt.«

»Nordamerika hat – und das ist gut so – Achtung vor der Freiheit des Einzelnen. Die Aufklärung im Westen hat uns den Wert der Gewissensfreiheit gelehrt, das Recht des Menschen auf Entscheidungsfreiheit und daher die Ablehnung moralischer Gewalt«, fügte Bischof Kallistos hinzu.

»Richtig!«

»Wir Orthodoxen müssen eben dies vom Westen lernen, die Gewissensfreiheit des Menschen zu respektieren.«

»In einer Welt ohne die westliche Aufklärung möchte ich nicht leben. Sie ist ein Geschenk der Vorsehung. Andernfalls befänden wir uns womöglich immer noch im finsteren Mittelalter.«

»Ja!«

»Wenn ich jetzt aber die Wahl hätte, ob ich, sagen wir einmal, im Athen des Sokrates und des Perikles im 5. Jahrhundert vor Christus oder aber im Konstantinopel des 9. Jahrhunderts leben möchte, dann hätte ich mich wahrscheinlich für das Konstantinopel des 9. Jahrhunderts entschieden. In Byzanz könnte ich Klöster besuchen, in denen ich, wenn ich nur gründlich genug suchte, heilige Altväter finden würde, die die Liebe Christi ausstrahlen, etwas, was ich im Athen des Perikles nie vermöchte, nicht einmal auf dem Höhepunkt seiner Glanzzeit. Gleichwohl wollte ich auch nicht in einer Welt leben, in der es an Demokratie, Aufgeschlossenheit für neue Ideen, Achtung vor und Akzeptanz von anderen Traditionen mangelte. Deshalb fällt meine Entscheidung letzten Endes zugunsten der heutigen offenen amerikanischen Gesellschaft aus, ungeachtet ihrer monumentalen Probleme, und nicht für das orthodoxe Konstantinopel des 9. Jahrhunderts. Die amerikanische Gesellschaft und der Westen im Allgemeinen verkörpern heute mehr als anderswo die Werte der Aufklärung, auch wenn sie oberflächlich betrachtet antireligiös erscheinen.«

»Ja. Schließlich ist Christus Herr über die Geschichte«, fügte Bischof Kallistos hinzu. »Und es steht uns nicht an zu sagen, dass wir eine ganze Bewegung, eine ganze Entwicklung in der Kultur der Menschheit, wie etwa die Aufklärung, völlig ablehnen. Das heißt allerdings auch nicht, dass wir sie per se akzeptieren.«

»Genau.«

»In jeder großen Kultur und in jeder intellektuellen Bewegung gibt es ganz sicher etwas, was wir lernen können. Die griechischen Kirchenväter der ersten Jahrhunderte waren sich der Unterschiede zwischen Christentum und Platonismus wohl bewusst. Aber sie waren bereit, den Platonismus als Instrument zu benutzen, mit dem sich Wahrheit ausdrücken lässt, ohne deshalb alle seine Voraussetzungen zu akzeptieren. Für uns heute ist die Welt der Aufklärung das Äquivalent zu dem, was für die frühe Kirche die Welt der griechischen Philosophen war.«

»Dieser Vergleich gefällt mir.«

»Deshalb müssen wir in unserer gesamten modernen Kultur nach Anzeichen für die Wahrheit, nach Spuren und Fußabdrücken der Wahrheit suchen«, fügte Bischof Kallistos hinzu.

»Einige große Philosophen haben dies erkannt, Hegel zum Beispiel«, schlug ich vor. »Sie haben diese Wahrheiten vielleicht nur teilweise erfasst, daher die Fehler in ihren Systemen. Aber ich glaube, es wäre ein Korrektiv für die äußere Aufklärung des Westens, wenn man sie zusammen mit der inneren Aufklärung oder Erleuchtung der heiligen Altväter integrieren und zusammenfügen würde.«[3]

»Wir Orthodoxen, insbesondere wir westlichen Konvertiten«, sagte Bischof Kallistos, »laufen häufig Gefahr, zu Kirchenmäusen zu werden. Wir leben nur in der Kirche und knabbern an den Krumen der Kirche, aber wir schauen nicht nach draußen auf die Gegenwart Christi auch in der Welt.

Wir Orthodoxen, die wir im Westen leben, sind Erben der gesamten kulturellen und intellektuellen Tradition des Westens, die zum großen Teil tatsächlich zutiefst christlich ist. Wir sind Erben Dantes, Shakespeares, Miltons und Wordsworths«, fuhr Bischof Kallistos leidenschaftlich fort. »Natürlich haben wir unsere eigene orthodoxe Interpretation ihrer Werke. Aber wenn wir unsere Rolle als Orthodoxe in der westlichen Welt spielen sollen, müssen wir bereit sein, den geistlichen Meistern der westlichen Tradition zuzuhören und von ihnen zu lernen – sogar von der Welt der Aufklärung. Weil dies für uns, und da spreche ich als westlicher Konvertit, weil dies für uns unser ureigenes kulturelles Erbe ist. Wir dürfen es nicht einfach ablehnen und sagen: ›Ich werde nur noch orthodoxe Autoren lesen‹. Manchmal sagen mir Orthodoxe: ›Ach, ich werde doch nicht meine Zeit verschwenden und Dante lesen; er war nicht orthodox‹, was sehr schade ist – denn wenn sie Dante lesen würden, könnten sie viel lernen. Nun gut, manche sollten vielleicht wirklich nur orthodoxe Bücher lesen. Aber andere wie wir müssen sich ganz gewiss auf einen Dialog mit der westlichen Kultur einlassen. Andernfalls verraten wir unsere Aufgabe als Orthodoxe, die als Mittler und Zeugen hier in den Westen gestellt wurden. Gott hat mich nicht ins Byzanz des 9. Jahrhunderts gestellt. Er hat mir einen Platz im Oxford des 21. Jahrhunderts zugewiesen. Dies muss einen Grund haben. Mehr noch, wir Orthodoxe sind aufgefordert, ebenso zuzuhören wie zu sprechen. Allzu oft führen wir einen orthodoxen Monolog. Wir müssen die Stimme des anderen anhören. Zu einer Freundin hat einmal jemand gesagt (die Freundin ist Christin, der Sprecher war es nicht): ›Das Problem mit euch Christen ist, dass ihr uns die Antwort geben wollt, bevor ihr euch überhaupt die Mühe macht herauszufinden, was unsere Fragen sind!‹«

Ich fiel in Bischof Kallistos' herzliches Lachen ein. Dann fuhr er fort: »Ich glaube, wir könnten dies auch auf die Orthodoxie in der modernen westlichen Welt übertragen. Bevor wir den Leuten all die orthodoxen Antworten geben, die wir ja selbst nur höchst unvollständig kennen, müssen wir zuhören, wie ihre Fragen lauten. Wir müssen überlegen, woher diese Fragen kommen, was es bedeutet, dass wir die ganze Renaissance, die Reformation, die Gegenreformation, die Aufklärung erfahren haben. Als westlicher Mensch sollte ich da anfangen, wo sie stehen.«

»Und ihnen Ihr Verständnis dadurch vermitteln können, dass Sie verstehen, woher sie kommen«, fügte ich hinzu.

»So ist es.«

»Um noch einmal für mich selbst zu sprechen«, sagte ich, »ich kann das Gedankengut der Aufklärung nicht aufgeben. Ich bin ihr Produkt und betrachte sie als einen Funken des Göttlichen in der Geschichte.«

»Der Geist«, erklärte Bischof Kallistos, »wirkt in vielfältiger Weise – sogar in einer Bewegung wie dem säkularen Feminismus. Für uns Orthodoxe ist es leicht, ihn höchst ironisch zu sehen, und sicher gibt es in der feministischen Bewegung so manches, das schlichtweg dumm ist. Aber wir wären sehr, sehr im Irrtum, wenn wir die Bewegung als Ganzes ablehnen wollten. Er ist eine ernst zu nehmende Bewegung. Er enthält eine echte Suche, und der Geist spricht an den Orten, an denen man es am wenigsten erwartet. Deshalb gibt es in der feministischen Bewegung und selbst in ihren eher antichristlichen Formen etwas, dem wir zuhören sollten und von dem wir lernen können.«

»Ich könnte nicht einiger mit Ihnen sein. Meine Frau Emily wird Sie dafür lieben!«, rief ich aus. »Sie findet einige patriarchale, autoritäre Tendenzen in der Orthodoxie äußerst beunruhigend.

Um noch einmal auf das zurückzukommen, was wir zuvor gesagt haben«, fuhr ich fort, »viele Leute mögen zwar offen antireligiös erscheinen, doch tief im Inneren zeigen sie die Liebe und das Mitgefühl des Christus-Logos, der schließlich in ihnen wohnt.«

»Unbedingt!«

»Ich muss gestehen, dass mir etwas unwohl ist angesichts der Neigung einiger Altväter zu einer klaren Trennung zwischen dem Jenseitigen und dem Diesseitigen, angesichts einer Einstellung, die besagt ›dies ist weltlich und daher nicht geistlich‹. Ich hoffe doch, dass der Geist unerkannt auch in der Welt wirkt. Wenn wir an den Geist glauben, muss es so sein. Ich denke, dass Demokratie und die offene Gesellschaft ein Geschenk der Vorsehung sind und die Orthodoxie sich damit arrangieren muss und nicht mit Autoritätsmodellen arbeiten darf, die einer undemokratischen, autoritären Epoche angehören. Hier gibt es einen Bruch.«

»Ich habe gewisse Vorbehalte gegenüber der modernen Demokratie, aber im Prinzip stimme ich zu. Zugleich sollten wir nie vergessen, dass die Welt, in der wir leben, eine gefallene Welt ist. Ich habe das bereits erwähnt. Dies ist nicht die Welt, wie Gott sie im Sinn hatte. Allerdings glauben wir Orthodoxen nicht, dass diese Welt vollständig gefallen ist. Wir sprechen nicht von einer völligen Verderbtheit des menschlichen Wesens, wie es zuweilen im Westen geschehen, insbesondere bei extremen Calvinisten. Wir akzeptieren die Realität der Sünde in der Welt, aber auch die Gegenwart Gottes und des Heiligen Geistes – und der Geist weht, wo er will. Wir können den Geist nicht auf die Mauern der Kirche beschränken. Der Geist ist in der gesamten

Schöpfungsordnung gegenwärtig, allgegenwärtig und alles erfüllend, wie wir im Gebet ›Himmlischer König‹ sagen. Deshalb gibt es in dieser gefallenen Welt auch das Gute. Die Gegenwart des Geistes kommt in vielerlei unbekannter Gestalt, und sie kann sogar die Schriften derer prägen, die sich selbst als Atheisten betrachten. Wir dürfen die Dinge nicht nur schwarz und weiß sehen.«

»Ja«, murmelte ich. Bei diesen Themen fühlte ich mich Bischof Kallistos sehr nahe.

»Wir müssen berücksichtigen, dass die geistlichen Väter ihren Rat an bestimmte Personen richten«, fuhr Bischof Kallistos fort. »Oft erkennen sie, dass diese Menschen in ihrem Glauben nicht sehr gefestigt sind und daher im streng Orthodoxen verwurzelt bleiben müssen. Es ist nicht jedem gegeben, Grenzland zu erforschen. In einem solchen Fall sagt der Altvater vielleicht: ›Lies keine Bücher, die nicht orthodox sind. Konzentriere dich nur auf deine eigene Orthodoxie.‹ Aber wir sollten daraus keine unumstößliche Regel machen. Wir müssen *diakrisis* üben, Urteilsvermögen. Wir können keinen starken, undifferenzierten Kontrast herstellen, als sei im Christentum alles Licht und in der Welt außerhalb alles Schatten. Viel hängt davon ab, was wir mit *Welt* meinen. Die Menschen sind zu Unterschiedlichem berufen, und es ist nicht jedem gegeben, sich auf einen Dialog mit der Aufklärung einzulassen. Aber wir sollten diese Möglichkeit auch nicht ausschließen, denn es gibt tatsächlich Menschen, die dazu berufen sind. Und Christus kann an Orten gegenwärtig sein, an denen man es am wenigsten erwartet.«

»Ich habe gerade ein paar Bücher der russischen Philosophin Tatjana Goritschewa gelesen«, warf ich ein. »Sie behauptet interessanterweise, dass ihr gerade das Studium der Existentialisten geholfen hat, den Nihilismus und die erstickende Sowjetmentalität zu überwinden.«

»Ja eben!«

»Sogar atheistische Existentialisten wie Sartre, die die Freiheit des Einzelnen betonen, haben ihr dazu verholfen, in der Welt der sowjetischen Unterdrückung die orthodoxe Spiritualität zu entdecken. Dies untermauert, was Sie gerade gesagt haben, dass der Geist sich oft so zeigt, wie wir es am wenigsten erwarten.«

»Dies ist auf jeden Fall ein sehr gutes Beispiel.«

»Ich möchte sogar so weit gehen zu sagen«, fuhr ich fort, »dass, so gesehen, auch der Marxismus einzuschließen wäre.«

»Ja.«

»Er hat uns geholfen, uns darüber klar zu werden, welche Verzerrungen in unserem Leben durch grobe Ungleichheiten entstanden sind.«

»Der Marxismus vielleicht«, räumte Bischof Kallistos ein, »aber nicht der Leninismus-Stalinismus.«

»Das versteht sich von selbst.«

Bischof Kallistos unterbrach mich mit dem Hinweis, in ein paar Minuten käme jemand, der ihn sprechen wolle. Bis dahin hatten wir uns bereits fast drei Stunden unterhalten.

»Wenn ich darf, würde ich gerne noch etwas zu einer anderen Frage von Ihnen sagen«, fügte Bischof Kallistos an. »Betrachten wir Frage sieben: ›Der Papst hat um Vergebung für die Sünden der Kirche an den Orthodoxen gebeten. Wie lautet Ihre Reaktion auf diese Entwicklung? Hat die orthodoxe Kirche auch selbst Fehler gemacht, die irgendwann korrigiert werden sollten? Wenn ja, welche waren diese Ihrer Meinung nach?‹

Erstens«, antwortete Bischof Kallistos, »respektiere ich den gegenwärtigen Papst für seine offensichtliche Aufrichtigkeit. Auf die Frage, ob die orthodoxe Kirche selbst Fehler begangen hat, die irgendwann korrigiert werden sollten, lautet meine Antwort laut und deutlich: Ja! Glauben wir ja nicht, dass wir Orthodoxe anderen nie Unrecht getan hätten. Erkennen wir an, dass auch wir gefallene und sündige Menschen sind. Als Mitglieder der Kirche müssen wir Orthodoxe für vieles Buße tun, was wir getan haben, und um Vergebung bitten. Wir sollten nicht erwarten, dass dies bloß einseitig ist. Zum Beispiel, haben die Kreuzfahrer 1204 Konstantinopel geplündert. Aber die Byzantiner haben sie hereingelassen. Die Tragödie hat sich ereignet, weil es unter den verschiedenen Anwärtern auf den byzantinischen Thron Streit und Zwietracht, Rivalitäten und egoistischen Ehrgeiz gab. Wir sollten nicht glauben, die Kreuzfahrer seien lediglich Aggressoren gewesen. Dies rechtfertigt freilich nicht die Plünderungen und Kirchenschändungen bei der Eroberung von Konstantinopel. Aber wir müssen erkennen, dass auch auf unserer Seite Fehler gemacht worden sind. So gab es lange vor der Katastrophe von 1204 ein erschreckendes Massaker an westlichen Einwohnern von Thessaloniki.

Auch bei anderer Gelegenheit waren wir Orthodoxen die Verfolger. Dabei denke ich zum Beispiel an die ganze Geschichte um die Östlichen Katholiken oder Unierten [Christen in der orthodoxen Welt, die dem Papst Gefolgschaft leisten]. Nun trifft es zwar zu, dass die griechisch-katholische Kirche in der Ukraine und anderswo teilweise durch politische Einflussnahme und sogar durch Gewaltanwendung etabliert worden ist. Die Begründer der griechisch-katholischen Kirche haben viele Fehler gemacht. Aber es gab auch einen starken und aufrichtigen Wunsch nach Einheit und Wahrheit. Doch was haben *wir* getan? Ich meine, wir Orthodoxen, als wir an der Macht waren? Im Russischen Reich des 19. Jahrhunderts wurden die griechisch-katholischen Christen unzweifelhaft verfolgt, und es wurde politischer Druck auf sie ausgeübt, orthodox zu werden. Auch 1945 und in den Jahren danach, als Stalin die griechischen Katholiken in der Ukraine unterdrückt hat, haben wir Orthodoxen nichts gesagt. Nun, vielleicht konnte das Moskauer Patriarchat nichts sagen, weil es selbst unter starkem Druck durch den Sowjetstaat stand; aber unseren Mitchristen, den griechischen Katholiken, wurde insofern großes Unrecht zugefügt, als ihre Kirchen durch eine atheistische Regierung mit Mitteln der Gewalt geschlossen oder den Orthodoxen übereignet wurden. Und wir Orthodoxen haben dies einfach hingenommen.«

»Wenn schon nicht aus anderen Gründen«, sagte ich, »dann muss dieses Unrecht zumindest um der historischen Wahrheit willen anerkannt werden. Ein solches öffentliches Eingeständnis könnte ein Gegenmittel gegen wachsenden orthodoxen Fundamentalismus und Chauvinismus sein.« Ich fand es interessant, dass der Bischof, ein Brite, der vor seiner Priesterweihe den Namen Timothy getragen hatte, das Wort *wir* verwendete, wenn er davon sprach, was die Byzantiner vor vielen hundert Jahren getan hatten.

»Jetzt, da der Kommunismus zusammengebrochen ist«, fuhr Bischof Kallistos fort, »sollten wir Orthodoxen da nicht die Angehörigen der katholischen Ostkirche um Vergebung bitten für das unendlich große Leid, das ihnen nach dem Zweiten Weltkrieg zugefügt wurde, und für die Art und Weise, wie wir Orthodoxen davon profitiert haben? Als der Kommunismus fiel, hätten wir da nicht die Initiative ergreifen und ihnen ihre Kirchen wieder rückübertragen sollen? Hätte es nicht, aufseiten der orthodoxen wie der katholischen Ostkirche, einen Akt gegenseitigen Vergebens und Verzeihens geben können? Hier wurde eine große Chance vertan.«

»Eine solche Entwicklung hätte zwischen dem östlichen und dem westlichen Christentum heilsame Wirkung entfalten können«, beklagte ich. »Eine kollektive *Metanoia* stünde schließlich im Einklang mit der Lehre der *Ekklesia*. Leider kann ich eine solche Einstellung unter orthodoxen Christen kaum erkennen. Die Tendenz geht eher dahin, die Welt aus rein orthodoxer historischer Perspektive zu sehen, aus dem Blickwinkel des totalen Opfers. Bei einer solchen Denkungsart ist ein Dialog unmöglich, nicht nur mit anderen Christen, sondern auch mit Menschen anderer Religionen und Kulturen.«

Nach einer Pause las ich eine weitere Frage aus meiner Liste vor: »Glauben Sie, das sogenannte New Age ist eine Bewegung zur Wiederentdeckung der Religion oder führt es eher von der Religion weg? Was würde die Orthodoxie New-Age-Anhängern sagen?«

»Das ist ein riesiges und kompliziertes Thema.« Bischof Kallistos holte tief Luft. »New Age bedeutet ganz Unterschiedliches. Vieles, was unter der Bezeichnung *New Age* läuft, steht stark im Widerspruch zur Orthodoxie. In weiten Teilen des New Age gibt es eine Art Neupaganismus, der uns höchst suspekt sein sollte. Aber ich bin auch nicht glücklich darüber, wenn man das New Age pauschal verwirft. Ich sage dies, weil es in dem, was man als New Age bezeichnet, eine aufrichtige Suche nach einem spirituellen Sinn im Leben gibt. Viele Menschen fühlen sich gerade deshalb zu New-Age-Gruppen hingezogen, weil sie mit dem modernen Materialismus unzufrieden sind. Die institutionalisierten Kirchen, einschließlich der orthodoxen Kirche, haben bei diesen Menschen versagt. Wir haben das Christentum auf eine Art und Weise präsentiert, die sie nicht interessiert. Wir haben den Anschein erweckt, als sei das Christentum lediglich eine moralisierende Lehre; oft sagen wir nicht viel mehr als ein Soziologe auch sagen würde. Aber die Menschen wollen von uns nicht das hören, was sie anderswo auch und oft wesentlich besser erfahren können. Sie wollen nicht in die Kirche gehen, nur um unsere Ansichten zu gesellschaftlichen und politischen Themen zu hören. Sehr oft haben wir Christen nicht Zeugnis gegeben von der transzendenten Realität des lebendigen Gottes und des göttlichen Reiches, das tief im Herzen verborgen liegt. Ich frage mich, in wie vielen orthodoxen Kirchen in Amerika man eine Sonntagspredigt über das Jesus-Gebet oder das Sakrament der Beichte hört? Allzu oft hört man etwas, was ein liberaler Humanist viel besser ausdrücken könnte. Deshalb glaube ich, dass hinter dem New Age eine echte Suche nach spiritueller Wahrheit steckt, die das institutionalisierte Christentum nicht befriedigen kann. Die Bewegung hat sich vielleicht auf ein paar höchst zweifelhaften Seitenwegen verrannt, aber es gibt auch eine aufrichtige Suche, die wir nicht einfach abtun sollten.«

»Sie haben die Sakramente erwähnt …«

»Lassen Sie mich eben nachsehen, ob die anderen Besucher schon da sind«, sagte Bischof Kallistos plötzlich, stand auf und verließ die Kapelle. Ein paar Minuten unterhielt er sich mit einem Paar, das gerade in die Kirche gekommen war, dann kehrte er zurück. Ich vermutete, dass sie einen Termin zur geistlichen Beratung oder zur Beichte bei ihm hatten. Der Bischof war nicht nur Professor für Religion in Oxford, sondern auch tätiger Priester, der die Beichte abnahm und die Sakramente spendete – eine fürwahr sehr ungewöhnliche Kombination!

»Über die Sakramente«, begann er und las meine Frage laut vor: »›Müssen wir sie als die Methode der Kirche zum Erreichen der Vereinigung mit Gott betrachten oder als unbedingte Voraussetzung für die Erlösung aller Völker, der orthodoxen wie der nichtorthodoxen?‹ Ich möchte hier nur eine Anmerkung machen. Es gibt einen römisch-katholischen Spruch, den wir Orthodoxen ebenfalls unterschreiben können, *Deus non alligatur sacramentis sed nos alligamur,* was man folgendermaßen übersetzen kann: ›Nicht Gott ist an die Sakramente gebunden, sondern wir.‹«

»Das heißt?«

»Das heißt, dass Gott erlösen kann, wen er will. Er kann Menschen erlösen, die nie getauft worden sind. Wir können der Freiheit Gottes keine Grenzen auferlegen. Aber von unserer menschlichen Seite her müssen wir sagen: ›Ich brauche die Sakramente. Ich kann nicht ohne die Taufe sein, Ich kann nicht ohne die Heilige Kommunion sein.‹«

»Die Sakramente können also Christen in ihrem geistlichen Ringen eine Hilfe sein.«

»Ich würde es sehr viel stärker ausdrücken. Ich würde sagen, für mich persönlich ist es wesentlich und notwendig, die Sakramente zu empfangen. Aber was Gott mit anderen tut, das habe nicht ich zu entscheiden. Gottes Handeln ist also nicht auf die Sakramente beschränkt, aber ich meinerseits kann es mir nicht leisten, sie zu vernachlässigen. Wenn wir von den Sakramenten sprechen, möchte ich außerdem hinzufügen, dass mir der orthodoxe Begriff für sakramentale Haltung gut gefällt: *Mysterion,* Mysterium. Natürlich bedeutet Mysterium hier kein ungelöstes Rätsel. Im Wort *Mysterion* klingt an, dass es an den Sakramenten sehr vieles gibt, was wir nicht verstehen. Sie weihen uns ein in eine Welt, von der wir bisher nur sehr wenig wissen.«

In Anbetracht der Zeit wandte ich mich einer anderen Frage zu. »Gibt es zu Nummer neun noch etwas hinzuzufügen?«

»Ja«, sagte Bischof Kallistos und las die Frage vor: »›Was hat die orthodoxe Spiritualität dem modernen Sucher zu bieten, das er in keiner anderen Religion finden kann?‹ Darauf möchte ich sehr persönlich und aus eigener Erfahrung antworten.«

»Eigentlich und wenn es Ihnen nichts ausmacht, wollte ich Sie zum Schluss nach Ihrer Autobiographie fragen«, unterbrach ich.

»Ja, in meinem neuesten Buch, *The Inner Kingdom*[4], kann man ein wenig darüber lesen, wie ich orthodox wurde.«

»Das habe ich vor einiger Zeit gelesen. Aber ich würde es auch gerne von Ihnen selbst hören.«

»Gut. Als Erstes hat mich an der Orthodoxie das Erlebnis des orthodoxen Gottesdienstes angezogen. Ursprünglich habe ich die Orthodoxie nicht durch die Lektüre orthodoxer Bücher und zunächst auch nicht durch orthodoxe Menschen kennengelernt. Mein erster Kontakt war der Besuch einer orthodoxen Kirche und die Teilnahme am Gottesdienst.«

»War das in Patmos?«, fragte ich, da ich mich erinnerte, dass Vater Amphilochios, der Altvater im dortigen Kloster, in der geistlichen Entwicklung des Bischofs eine entscheidende Rolle gespielt hat.

»Nein. In London.«

»In London?«

»Ja. Es war die Erfahrung der Orthodoxie als eine Form des liturgischen Gebets, was mich zunächst angezogen hat. Zum ersten Mal persönlich an einem orthodoxen Gottesdienst teilzunehmen, hat mir nichts Geringeres vermittelt als eine Vision des Himmelreichs.«

»Eine Neuauflage der Geschichte des Fürsten von Kiew«, sinnierte ich. Es heißt, das russische Volk habe den orthodoxen Glauben im 10. Jahrhundert angenommen, nachdem eine Delegation des Fürsten Wladimir von Kiew die *Hagia Sophia*, die große Kirche in Konstantinopel, besucht habe. Sie berichteten dem Fürsten, sie hätten nicht gewusst, ob sie im Himmel oder auf Erden seien, so hingerissen seien sie von der Schönheit des Gottesdienstes gewesen. Angeblich hat der Fürst aufgrund ihres Berichts beschlossen, die Orthodoxie als Staatsreligion anzunehmen.

»Ja, wirklich, in der Tat! Aber in meinem Fall geschah das natürlich in einem wesentlich bescheideneren Rahmen. Was ich im orthodoxen Gottesdienst verspürt habe, war vor allem die Einheit von Himmel und Erde. Ich habe die Gemeinschaft der Heiligen gespürt, nicht nur theoretisch als Glaube, sondern als lebendige Realität.

Im orthodoxen Gottesdienst«, fuhr der Bischof mit lauterer Stimme fort, »habe ich gespürt, dass wir in etwas aufgehen, das weit größer ist als wir selbst, dass wir, die wenigen sichtbaren Menschen in der Kirche, an einem Ereignis teilhaben, das in seinen Dimensionen nicht bloß kosmisch, sondern suprakosmisch ist, weil es das Himmelreich einschließt. Dies betrachte ich als das Kostbarste in der Orthodoxie – die Erfahrung der Gemeinschaft der Heiligen, die uns zuerst durch das Gebet, in der göttlichen Liturgie und in den anderen Gottesdiensten vermittelt wird. Das war meine erste Berührung damit.

Als ich dann die Orthodoxie durch vermehrte Lektüre allmählich besser kennenlernte, gab es noch etwas, was mich zutiefst angezogen hat. Es war das Gefühl einer lebendigen Tradition. Ich fand in der Orthodoxie eine Kontinuität mit der Apostolischen Kirche, mit der Kirche der Märtyrer, mit den frühen Kirchenvätern, mit den ökumenischen Konzilien. Ich spürte, dass die orthodoxe Kirche eine direkte und ununterbrochene Kontinuität zu dieser uralten Tradition besaß, die in Wirklichkeit nicht bloß uralt, sondern modern ist. Tradition ist nicht nur unsere Vergangenheit, sondern auch unsere Gegenwart und unsere Zukunft. Das Zweite, was mich anzog, war also, dass ich innerhalb der Orthodoxie eine lebendige Tradition vorfand, eine lebendige und ununterbrochene Kontinuität über das frühe Christentum bis zu Christus selbst.

Außerdem gibt es noch zwei weitere Dinge, die mich angezogen haben und die für mich nach wie vor besonders wichtig sind: Märtyrertum und inneres Gebet. Es hat mich tief bewegt, als ich in den 1950er Jahren gelesen habe, wie sehr russische Christen unter dem Kommunismus zu leiden hatten. Damals war Stalin noch an der Macht, und die Erinnerung an die Ereignisse in den Zwanziger- und Dreißigerjahren war noch frisch. Ich war zutiefst bewegt, als ich erfuhr, dass Männer und Frauen auch in unserer Zeit noch ihr Leben für Christus hingegeben haben. Ich erkannte, dass Märtyrertum nicht nur eine Sache der Vergangenheit, sondern heute noch lebendige Realität ist. Ich betrachtete die Orthodoxie als Märtyrerkirche. Später las ich über die türkische Epoche im griechischen Christentum und über die *Neomartyres*, die neuen Märtyrer, und auch hier sah ich wieder, dass das orthodoxe Christentum in ottomanischer Zeit, als das Christentum im Westen privilegiert und mächtig war, schwach war an äußeren Ressourcen, dass es unterdrückt und auf ihm herumgetrampelt wurde. Die neuen griechischen Märtyrer stammten aus allen Gesellschaftsschichten: Einige waren Mönche und Hierarchen, aber die meisten waren Laien, Köche, Händler und Barbiere. Zugleich fiel mir auf, dass es in der Orthodoxie hauptsächlich mit Verklärung und Auferstehung verbunden wird, wenn man sein Kreuz trägt.

Neben alledem«, fuhr Bischof Kallistos fort, »neben Gottesdienst, lebendiger Tradition, Zeugnis der Märtyrer, fühlte ich mich zutiefst vom orthodoxen Verständnis des inneren Gebets angezogen. Ich erfuhr vom Jesus-Gebet[5] und las dann die *Philokalie*.[6] Ich entdeckte die Lehre über das göttliche Licht bei den Heiligen Symeon der neue Theologe und Gregorios Palamas. Dies waren nun vier Elemente meiner Konversion. Ich glaube, an dieser Stelle sollten wir wohl aufhören.«

Ich sagte, ich hätte noch ein paar Fragen, aber Bischof Kallistos lächelte und erwiderte, da wir keine Zeit mehr hätten, sollten wir uns diese vielleicht für eine spätere Gelegenheit aufsparen. Dann meinte er scherzhaft, er hoffe, mein Diktiergerät habe dieses Mal funktioniert, womit er darauf anspielte, dass ich bei unserer letzten Begegnung technische Schwierigkeiten mit der Aufzeichnung gehabt hatte.

»Ich glaube, ich bin bereit, mit fast allem, was ich gesagt habe, namentlich genannt zu werden. Aber ich muss noch einmal darüber nachdenken!«

»Einverstanden«, sagte ich und ging, nachdem wir die üblichen Höflichkeiten hinsichtlich eines baldigen Wiedersehens ausgetauscht hatten, zurück ins Hotel. Dabei hielt ich unterwegs immer wieder an, um die kulturelle Fülle um mich herum in mich aufzunehmen. Zugleich versuchte ich, die gehaltvollen Antworten von Bischof Kallistos auf meine Fragen zu verdauen. Ich wusste, dass ich irgendwann zu weiteren Gesprächen wieder nach Oxford kommen müsste, insbesondere um über die Rolle der orthodoxen Spiritualität in der westlichen Kultur zu forschen.

9

Gerissenheit

Das folgende Jahr verbrachte ich mit dem Verarbeiten des Materials, das ich bei meinen sommerlichen Besuchen bei Vater Maximos und bei meinem Treffen mit Bischof Kallistos zusammengetragen hatte. Wie schon früher spielten Emily und mein Kollege und Freund Michael Lewis dabei eine entscheidende Rolle. Unsere häufigen Spaziergänge durch den Wald auf dem Universitätsgelände bildeten den Rahmen für unsere Gespräche über – neben vielem anderen – die spirituellen Lektionen, mit denen ich in Berührung gekommen war. Mit ihrer Hilfe und Ermutigung wurden mein Interesse an und meine Energie für weitere Erforschungen genährt und gestärkt sowie mein Verständnis der Lehre geschärft. Doch immer noch hatte ich das Gefühl, dass ich weitere Kontakte mit Vater Maximos sowie weitere Erfahrungen und Lektionen brauchte, um die östlich-orthodoxe geistliche Tradition, die *Hagia Paradosis* (Heilige Tradition), wie man sie im griechisch-sprachigen christlichen Osten seit Jahrhunderten nennt, noch vollständiger zu verstehen.

Daher freute ich mich auf einen erneuten Besuch bei Vater Maximos während meines bevorstehenden Sabbatjahres, das ich größtenteils in Zypern verbringen würde. Davor waren die tragischen Ereignisse vom 11. September ein Signal für mich, mein Werk zum Abschluss zu bringen, da Fragen nach Leben und Tod, Spiritualität und dem Sinn des Lebens bei den vielen Menschen, die mit den Folgen dieser entsetzlichen Taten zu kämpfen hatten, eine neue Dringlichkeit erlangten.

Anfang Januar 2003, unmittelbar nach dem Dreikönigsfest, kehrte ich nach Zypern zurück. Emily wollte noch ihren Bruder in England besuchen und ein paar Tage später nachkommen. Bis zum Sommer wollten wir in Limassol bleiben, wo ich leichter Zugang zu Vater Maximos und zum Meer hätte. In Limassol hatten sich 1974, nach der türkischen Invasion, die meisten Flüchtlinge aus Famagusta angesiedelt. Mit seinem Hafen, der dem von Famagusta ähnelte, übte Limassol eine natürliche Anziehungskraft auf die Flüchtlinge aus, die sich hier niederließen – vorübergehend, wie sie glaubten – und die nun Jahr um Jahr vergeblich auf eine Lösung des Zypern-Konflikts und die Chance zur Rückkehr in ihre Heimatstadt warteten.

In einer schwierigen Zeit für Zypern und die ganze Welt landete ich auf dem Flughafen Larnaka. Kriegstrommeln wurden wieder gerührt, da US-Präsident Bush eine Invasion des Irak vorbereitete – eine außerordentlich unangenehme Vorstellung für die Zyprioten und für die gesamte übrige Welt. Die Insel liegt nur wenige hundert Kilometer vom Irak entfernt und beherbergt zwei große britische Militärstützpunkte, ein Überrest ihrer kolonialen Vergangenheit. Die Stützpunkte würden als Ausgangsbasis für Angriffe auf den Irak genutzt werden. Die Zyprioten fühlten sich nicht nur in ihrer Sicherheit bedroht, sondern sie fürchteten auch die finanziellen Auswirkungen. Die Wirtschaft des Landes war stark vom Tourismus abhängig, und Zypern bereitete sich gerade auf den Beitritt zur Europäischen Union vor. »Touristen«, pflegte der Wirtschaftsminister zu sagen, »sind wie Vögel auf einem Baum. Kaum hören sie Lärm, fliegen sie fort.«

Ein Anzeichen für die Tragweite und Komplexität des politischen Problems dieser kleinen und verwundbaren Inselrepublik ist, dass auf ihrem Boden sechs verschiedene Armeen unter der Kontrolle von sechs verschiedenen Staaten und Militärverwaltungen stehen: Die griechisch-zypriotische Nationalgarde unter der Kontrolle der Republik Zypern; die türkischen Besatzungskräfte und die türkisch-zypriotische Miliz unter türkischer Kontrolle; die British Army auf den beiden von England kontrollierten Stützpunkten; ein griechisches Militärkontingent unter griechischer Kontrolle; und die UN-Streitkräfte, bestehend aus Soldaten unterschiedlicher Nationen, die 1964 mit dem Mandat zur Sicherung des wackligen Friedens auf die Insel entsandt wurden. Ähnlich deprimierend ist, dass es auf dieser kleinen Insel, die nur halb so groß ist wie der US-Bundesstaat New Jersey, sieben verschiedene internationale Flughäfen gibt: Zwei, die die Republik Zypern betreibt, einen türkischen, zwei britische und einen der Vereinten Nationen.[1] Da verwundert es nicht, dass die Flüchtlinge seit über dreißig Jahren darauf warten, nach Hause zurückkehren zu können.

Vor meiner Weiterreise nach Limassol hatte ich einen Aufenthalt in Meneou eingeplant, einem kleinen Dorf beim Flughafen Larnaka, in dem meine Schwester ein kleines Sommerapartment besitzt. Auf ihren großzügigen Vorschlag hin würde ich dort ein paar Tage bleiben, meinen Jetlag auskurieren und auf Emily warten. Meneou mit seinem verlassenen drei Kilometer langen Sandstrand war ein idealer Ort für jemanden wie mich, der sich gerne beim Spazierengehen an die neue Zeitzone gewöhnt.

Nach meiner Ankunft in Meneou rief ich meine Freunde Stephanos und Erato an. Ich war froh, als ich erfuhr, dass Stephanos sich von seiner Herzoperation erholt hatte und wieder »ganz der Alte« war. Ich freute mich darauf, in den kommenden Monaten nur wenige Schritte von den beiden entfernt zu wohnen.

»Weißt du übrigens«, fragte Stephanos am Telefon, »dass Vater Maximos heute Namenstag feiert? Er ist den ganzen Tag in der Bischofsresidenz und nimmt Glückwünsche entgegen.«

Ich vergaß meinen Jetlag, stieg in unseren betagten Honda und fuhr nach Limassol. Wenn Zeit und Umstände es erlaubten, würde ich mit Vater Maximos die neuesten Nachrichten austauschen können. Seit dem Sommer hatten wir uns nicht mehr gesehen.

Namenstage haben im griechisch-orthodoxen Glauben besondere Bedeutung. Man glaubt, dass jemand, der bei der Taufe nach einem Heiligen benannt wird, eine besondere Verbindung zu diesem Heiligen hat, der ihm fortan ein geistlicher Führer ist. Dies gilt ganz besonders für Mönche und Nonnen, die bei ihrer Weihe einen neuen Namen und damit einen neuen Heiligen und einen neuen Namenstag erhalten.

Bei Laien wie Mönchen ist es Brauch, den Heiligen mit besonderen Gottesdiensten zu feiern. Nach dem orthodoxen Kalender ist jeder Tag einem oder mehreren Heiligen gewidmet, die im Gottesdienst geehrt werden. Ihr Name wird genannt, und bedeutende Heilige werden mit besonderen Gesängen geehrt, die von anerkannten und entsprechend begabten Hymnologen komponiert worden sind. Wer also den Namen eines Heiligen trägt, öffnet am entsprechenden Tag sein Haus, um Glückwünsche sowohl zu Ehren des Heiligen als auch für den Träger seines Namens entgegenzunehmen. Vater Maximos würde in seiner Bischofsresidenz bis am späten Abend offenes Haus halten und jeden Gratulanten persönlich empfangen. Wenn man früheren Erfahrungen trauen durfte, dann wusste ich, dass dies eine qualvolle Pflicht für ihn werden würde, müsste er doch stundenlang auf einem Fleck stehen. Wie Tausende seiner Gemeindemitglieder würde auch ich ganz traditionell in der Schlange warten müssen, bis ich ihm meine Glückwünsche überbringen könnte.

Ich erreichte Limassol innerhalb einer Stunde und parkte den Wagen in der Nähe der Bischofsresidenz an der Seepromenade mit den großen Palmen. Nach einem zwanzigminütigen Fußweg durch die engen Gassen der Altstadt gelangte ich zu Vater Maximos' Residenz. Wie erwartet, war sie voller Besucher. Über eine halbe Stunde musste ich anstehen, bis ich den Bischof begrüßen konnte. Was für eine Veränderung, sinnierte ich, seit ich ihm 1991 auf dem Athos zum ersten Mal begegnet war – als einfachem jungen Mönch, der sich still seinen spirituellen Übungen hingab und von dem kaum jemand Notiz nahm. »Heute«, schüttete er mir einmal sein Herz aus, »kann ich nicht einmal die Promenade entlanggehen, ohne dass mir die Leute hinterherlaufen und es am nächsten Tag in der Zeitung steht.«

»Treffen wir uns am Sonntagnachmittag im Kloster«, sagte er mit Blick auf die lange Schlange hinter mir. »Dort haben wir Zeit zu reden. Heute ist das unmöglich, wie du siehst.«

»Wunderbar«, antwortete ich und bediente mich bei den *Kerasma,* dem verpackten süßen Gebäck, das bei solchen Gelegenheiten gereicht wird. »Ich werde da sein.« Jeden Sonntag besuchte Vater Maximos das Kloster Panagia, und jeden Montagmorgen fuhr er vom Kloster Panagia, wo er übernachtete, zum Kloster St. Anna, um den Ordensschwestern die Beichte abzunehmen. Wie ihre Brüder im Kloster Panagia strukturierten auch sie ihr Klosterleben nach seinen wöchentlichen Besuchen. Als mir dieses Detail aus Vater Maximos' Wochenplan wieder einfiel, kämpfte ich mir mit den Ellenbogen den Rückweg zum Empfangszimmer frei und fragte ihn, ob ich ihn am Montagmorgen nach St. Anna fahren könnte, damit wir noch ein paar Stunden mehr Zeit füreinander hätten. Er schickte ein bestätigendes Nicken in meine Richtung und wandte sich dann dem Nächsten in der Schlange zu.

»Mission erfüllt«, verkündete ich Lavros triumphierend, als ich ihm draußen im Hof begegnete. »Die Überfalltaktik hat wieder einmal funktioniert.« Als er erfuhr, worum es ging, beschloss mein pensionierter Freund, mit uns ins Kloster zu kommen.

Es war kühl und bedeckt, als ich am späten Sonntagvormittag von Meneou im östlichen Teil der Insel zum Kloster Panagia im Troodos-Gebirge fuhr. Ich schaltete das Radio ein, und der Wetterbericht kündigte für die nächsten beiden Tage auf der ganzen Insel Regen an. Für das unter chronischer Dürre leidende Zypern waren dies immer gute Nachrichten. Die Insel ausnahmsweise einmal grün zu sehen, war ein ungewöhnlicher und schöner Anblick für mich. Normalerweise besuchte ich Zypern in den Sommermonaten, wenn die vorherrschende Farbe, außer auf den Bergen, Strohgelb war, was mich an Arizona und die Wüsten im Südwesten der Vereinigten Staaten erinnerte. Aber an jenem Januarmorgen war mir, als führe ich durch Irland. Die Felder mit dem jungen grünen Weizen unter einem grauen Himmel tauchten die zypriotischen Ebenen in ein ungewöhnlich tiefes Smaragdgrün.

Als ich am Flughafen neben dem Salzsee vorbeifuhr, der früher die Insel fast vollständig mit Salz versorgt hatte, sah ich Tausende Flamingos. Die eleganten Vögel, eine Touristenattraktion, verbrachten die Winter am seichten Wasser des Sees und ernährten sich von winzigen Krabben, bevor sie im Frühjahr die Rückreise ins nördlichere, kühlere Klima Kontinentaleuropas antraten. Zypern, so hatte mir mein Freund Lavros einmal erzählt, dient jedes Jahr über 120 Millionen Vögeln als Rastplatz auf ihrem Flug von Afrika nach Europa und von Europa wieder nach Afrika. Als führender Umweltschützer auf der Insel kämpfte er leidenschaftlich für den Schutz der gefiederten Geschöpfe vor skrupellosen Wilderern.

Am Westufer des Salzsees steht inmitten einer Palmen- und Eukalyptusoase die *Hala Sultan Tekke*, eine islamische heilige Stätte, deren Minarett bis über die Baumwipfel hinausragt. Im 7. Jahrhundert, als sich der Islam im gesamten Nahen Osten verbreitete, fiel eine Tante Mohammeds, die die Insel zufällig besuchte, an dieser Stelle von ihrem Maulesel und war sofort tot. Als die Insel unter der Herrschaft der ottomanischen Türken stand, wurde am Schauplatz des schicksalhaften Ereignisses eine Moschee errichtet. Heute ist sie eine Touristenattraktion und eine Pilgerstätte frommer Muslime.

Nur sechs Kilometer östlich der Hala Sultan Tekke, mitten im Zentrum von Larnaka, befindet sich das letzte Grab von Lazarus. Der Legende zufolge fand Lazarus, nachdem ihn Jesus von den Toten auferweckt hatte, Zuflucht in Zypern. Die antike Kirche, die über dem Grab des Lazarus steht, wurde von einem frommen russischen Adligen errichtet und dient heute, ganz ähnlich wie die Tekke, sowohl als Tourismusziel wie auch als Pilgerstätte frommer Christen.

In fast gerader Linie fuhr ich von der Tekke und der St. Lazarus-Kirche im Schatten des Stavrovouni, des Kreuzberges, nach Westen auf das Troodos-Gebirge zu. Im 4. Jahrhundert ließ die Heilige Helena, die Mutter von Kaiser Konstantin, auf ihrer Rückreise aus dem Heiligen Land hier ein Kloster errichten. Als Geschenk überbrachte sie ein Stück vom Heiligen Kreuz, das bis zum heutigen Tag sowohl für die Pilger als auch für die etwa dreißig Mönche, die dort leben, im Zentrum der Anbetung steht. Stavrovouni war das Kloster, das im jugendlichen Vater Maximos die Liebe zum Klosterleben genährt hatte.

Als ich das Radio einschaltete, um die neuesten Nachrichten über den Sturm zu hören, der sich im Nahen Osten zusammenbraute, wurde mir plötzlich bewusst, dass Mohammeds Tante zwischen diesen beiden wichtigen christlichen Stätten begraben lag. Ich seufzte beim Gedanken an die lange und tragische Geschichte der Insel, die so schicksalhaft auf den Verwerfungslinien zwischen Christentum und Islam lag.

Um 14 Uhr kam ich beim Kloster Panagia an. Es herrschten Stille und ein Gefühl heiterer Gelassenheit. Sonntags kamen die Besucher zu Hunderten und verbrachten hier den Tag, besonders in den heißen

Sommermonaten. Aber jetzt, mitten im Winter, war der Pilgerstrom deutlich reduziert. Von denen, die dem Wetter getrotzt hatten, waren die meisten bereits gegangen, und die Mönche hatten sich zu ihrer üblichen Nachmittagsruhe in ihre Zellen zurückgezogen. Nur Vater Joseph, der junge Mönch, der für das *Archondariki*, das Gästezimmer, zuständig war, war munter. Vater Maximos, so ließ er mich wissen, war vor einer Stunde angekommen und ruhte sich nun aus. Vater Joseph wies mir eine Zelle neben Vater Maximos zu. Zufällig war es dieselbe Zelle, die mir auch 1997 bei meiner damaligen Feldforschung zugewiesen worden war.

Vater Joseph händigte mir die Schlüssel aus und erwähnte dabei beiläufig, dass bald eine *Synaxis*, eine Vollversammlung der Mönche, stattfände. Vater Maximos sollte dort einen informellen Vortrag halten. Ich hoffte, zum ersten Mal an einem Vortrag teilnehmen zu können, den Vater Maximos vor den seiner Aufsicht unterstellten Mönchen hielt. Vor Laien hatte ich ihn schon oft sprechen hören, aber noch nie vor Mönchen. Vielleicht, so dachte ich, hatte Vater Maximos mich deshalb gebeten, zu ihm ins Kloster zu kommen.

Ich steckte mein Diktiergerät und mein Notizbuch in die Tasche und wartete. Vater Joseph hatte versprochen, er werde bei Vater Maximos nachfragen, ob ich möglicherweise an der *Synaxis* teilnehmen könnte. Keine Stunde später klopfte er an meine Zellentür, und ich machte mich bereit, ihm zu folgen.

»Es tut mir leid«, entschuldigte er sich. »Es sind etliche Laien im Kloster, und Vater Maximos meint, um Kränkungen und Missverständnisse bei den anderen zu vermeiden, sind zu diesem Vortrag keine Laien zugelassen. Er ist ausschließlich für die Mönche.«

Ich verbarg meine Enttäuschung, sagte, ich könne dies gut verstehen, und beschloss, solange in meinem Zimmer zu lesen. »Ach übrigens«, sagte Vater Joseph im Hinausgehen leichthin, »Vater Maximos hat mich gebeten, Ihnen zu sagen, dass er unmittelbar nach seinem Vortrag eine besondere Versammlung für Laienbesucher abhält. Er erwartet Sie im *Archondariki*.«

»Großartig!«, sagte ich. Der Gedanke daran dämpfte mein Gefühl des Ausgeschlossenseins, wenn ich immer wieder ein Auflachen aus dem Saal nebenan hörte, in dem die *Synaxis* stattfand. Ich habe nie herausgefunden, was Vater Maximos seinen Mönchen gesagt hat, das solche Heiterkeit auslöste.

»Alle sind schon im *Archondariki*«, benachrichtigte mich Vater Josep kurz nach acht, als sich die meisten anderen Mönche bereits zur Nacht in ihre Zellen zurückgezogen hatten. »In ein paar Minuten eröffnet der Altvater das Gespräch. Ihre Freunde Lavros und Antonis sind gerade angekommen und fragen nach Ihnen. Sie sind bei Vater Maximos.«

Ich dankte Vater Joseph noch einmal für die Nachricht und begab mich schnellstens ins *Archondariki*. In der Hoffnung auf ein paar gute Gespräche mit Vater Maximos hatte ich nicht nur mit Lavros, sondern auch mit Antonis vereinbart, dass wir am Sonntag ins Kloster Panagia kommen und sogar über Nacht bleiben würden. Offensichtlich würde unser Plan aufgehen. Vater Maximos wollte uns etwas über bestimmte Aspekte orthodoxer Spiritualität lehren, ein unerschöpfliches Thema, wie mir inzwischen klar geworden war. Ich hatte keine Ahnung, worum es genau gehen sollte. Vater Maximos verfuhr regelmäßig so, dass er sich nach einem Gebet in erster Linie der inneren Inspiration und dem Ermessen des Heiligen Geistes überließ. Diese Vorgehensweise war für ihn das Beste, fand er. Ein gelehrter Theologe, so erzählte er mir einmal, hatte ihn kritisiert, er sei bei seinen Vorträgen zu nachlässig; nach Meinung des Theologen fehlte es ihnen an Ordnung und Stringenz.

»Er hatte natürlich recht«, sagte Vater Maximos mit einem breiten Lächeln. »Einmal habe ich versucht, seinen Rat zu befolgen, und mich vorher vorbereitet. Ich hatte alles aufgeschrieben. Es war eine Katastrophe! Seither unterstelle ich mich einfach der Führung des Heiligen Geistes. So habe ich keinerlei Angst, wenn ich einen Raum betrete, um einen Vortrag zu halten.«

Bei der abendlichen Zusammenkunft führte der Heilige Geist Vater Maximos zu einem seminarähnlichen Gespräch über einen Teil des Werkes von Johannes Klimakos (auch Johannes vom Sinai), der als eine der wichtigsten Schriften der östlichen Orthodoxie gilt.[2] Johannes verfasste die Schrift im 7. Jahrhundert, als er Abt des Katharinen-

Klosters war. Dieses war im 4. Jahrhundert am Fuße des Sinai mitten in der Wüste errichtet worden.

Später erfuhr ich, dass neben dem Heiligen Geist auch mein Freund Lavros eine wichtige Rolle bei der Themenfindung für unser Gespräch gespielt hatte. Seit seinem Besuch in dem Kloster vor ein paar Monaten kämpfte er mit dieser Schrift. Lavros erzählte mir, seine verstorbene Frau Maroulla hatte ihr Leben lang eine besondere Nähe zur Heiligen Katharina verspürt. Ja, sie war sogar an dem Tag gestorben, an dem die Kirche der Heiligen gedenkt. Aus diesem Grund hatte Lavros gelobt, zu Ehren seiner verstorbenen Frau häufig das Kloster zu besuchen.

»Vielleicht können wir uns heute Abend damit beschäftigen, warum die heiligen Altväter das Problem der *Ponyria* oder Gerissenheit als Hindernis für unseren Aufstieg zu Gott betrachten«, begann Vater Maximos, nachdem er mich mit einer Geste in der Gruppe der sieben Pilger, darunter auch meine Freunde Lavros und Antonis, begrüßt hatte. »Genauer, ich möchte untersuchen, wie der Heilige Johannes Klimakos mit diesem Thema umgeht.

In seiner vierundzwanzigsten Homilie«, fuhr er fort, während er seine Brille aufsetzte und die griechische Schrift aufschlug, »behandelt der Heilige Johannes das Wesen des Gleichmuts und der Einfachheit. In dieser Homilie spricht er auch das Problem der Gerissenheit an. Bevor wir uns diesem Thema zuwenden, so betont er, müssen wir uns immer vor Augen halten, dass Gott die Menschen nach seinem Bilde geschaffen hat und sie ihrem innersten Wesen nach einfach und unkompliziert sind.«

»Was natürlich nicht heißen soll«, warf Lavros grinsend ein, »dass Menschen ihrem Wesen nach naiv oder unintelligent sind.«

»Mit Einfachheit ist gemeint«, erwiderte Vater Maximos, »dass die Kräfte des Einzelnen, seien sie körperlich, intellektuell oder emotional, ein einheitliches Ganzes bilden.« Er nahm seine Brille ab. »Wie wir bereits früher gesagt haben, ist es das Ziel des Lebens, unsere niederen Leidenschaften zu transzendieren und alle unsere Kräfte in diesem einheitlichen Ganzen zu vereinen und zu integrieren. Mit dem Fall ist der ursprüngliche, uns von Gott gegebene einheitliche Zustand zerbrochen, was zu unserer urexistenziellen Krankheit geführt hat.

Unser Zustand nach dem Fall ist gekennzeichnet von Verwirrung, von der Verfolgung widersprüchlicher, einander ausschließender Ziele. Unsere Wünsche sind schädlich und laufen Gottes Geboten zuwider. Wir kämpfen unerbittlich darum, unseren Mitmenschen unseren Willen aufzuzwingen, was bei uns selbst und bei ihnen schweren Schaden anrichtet. Wir wollen das eine und tun das andere. Wir lieben etwas, aber wir handeln so, dass wir eben das, was wir lieben, schwächen. Kurzum, in unserem Wesen herrscht Chaos.«

»Ich vermute«, sagte Lavors, »der gerissene Mensch ist der, der in dieser komplexen Verwirrung, die ja offenbar das kennzeichnende Symptom des Falles ist, geschickt laviert.«

»So sagt es uns der Heilige Johannes. Doch der gerissene Mensch verstärkt die Verwirrung und Komplexität noch, die dem gefallenen Zustand ohnehin schon eigen ist. Es ist, als hätten wir ein Tuch, das ein einheitliches Ganzes darstellt, und zögen dann Faden für Faden heraus, bis wir das Tuch in einen Haufen einzelner Fäden verwandelt haben. Das ist der komplexe Mensch, ein Bündel loser Fäden. Seine Psyche befindet sich in ständigem Aufruhr und permanenter Verwirrung. Dabei sollten wir auch nicht vergessen, dass wir von unserer Umgebung zur Gerissenheit ermutigt werden. Ich erinnere mich an den Fall eines Jungen, der einem Bettler Geld gab. Seine Mutter schimpfte ihn aus und behauptete, der Bettler sei ein hinterhältiger Betrüger. Die Folge ihres Einschreitens war, dass sie ihrem Kind *Logismoi* der Gerissenheit einpflanzte und dadurch einen gerissenen und berechnenden Menschen aus ihm machte.«

»Gerissen zu sein, gilt als Tugend«, warf ich ein. »Die weltliche Literatur und die populäre Kultur sind voll von Bildern gerissener Menschen, die als bewundernswerte Helden dargestellt werden. Wir bewundern die Heldentaten des Odysseus, eines ›Mannes mit vielen Fähigkeiten‹, und versuchen, seine Cleverness und seinen Unternehmergeist nachzuahmen.«

»Man sagt uns, wir sollten uns vor der Gerissenheit anderer schützen, indem wir selber gerissen werden«, fügte Antonis hinzu. Regelmäßig beklagte er sich darüber, dass die Welt der Wirtschaft, in der er sich bewegte, sein geistliches Leben untergrabe.

»Die Heiligen waren nicht naiv, wisst Ihr«, sagte Vater Maximos. »Sie waren intelligente und clevere Menschen, aber ihre Cleverness war frei von Egoismus. Das ist der Unterschied. Tatsächlich waren sie sogar die cleversten Menschen der Welt, denn sie ließen sich nie von den Verlockungen dieser Welt täuschen. Sie haben nie Ziele verfolgt, die sie sich bloß eingebildet haben, wie dies normale Menschen tun, die an Gerissenheit leiden.«

Vater Maximos unterbrach sich kurz, da Vater Arsenios, der derzeitige Abt des Klosters Panagia, sich zu uns gesellte. »Der Heilige Johannes baut seine Homilie über Gerissenheit in seine Homilie über Gleichmut und Einfachheit ein, um zu zeigen, dass ein Mensch, der dazu neigt, Wut und Chaos um sich zu verbreiten, nicht einfach sein kann.«

»Inwiefern?«, fragte ich.

»Wut ist ein Kind des Egoismus, und Egoismus ist die Wurzel allen Übels.« Damit las Vater Maximos eine weitere Homilie aus der uralten Schrift des Heiligen Johannes. »Ein gerissener Mensch zieht falsche Schlüsse, trifft falsche Prognosen und bildet sich ein, er verstünde anhand ihrer Worte auch die Gedanken anderer. Er behauptet, an ihrem äußeren Verhalten ihre tiefsten Geheimnisse ablesen zu können. Der gerissene Mensch ist also einer, der falsche Thesen und Prognosen aufstellt. Er stellt sich vor, dass Dinge geschehen werden, die gar nicht eintreten können.«

Vater Maximos hielt inne und legte das Werk des Heiligen Johannes auf den Tisch neben sich. »Neulich kam jemand in meine Sprechstunde und sagte, er habe Gerüchte gehört, wonach unser Bistum Land verkaufen würde, damit ich mit dem Erlös Erzbischof werden könne. Seht nur, wie die Menschen denken!« Vater Maximos hob die Arme, und wir alle lachten. »Statt einzusehen, dass das Bistum das Geld braucht, um die vielen Schulden zu begleichen, die wir geerbt haben, statt Verständnis und Anteilnahme dafür zu zeigen, dass wir gezwungen sind, zu dieser Verkaufsmaßnahme zu greifen, unterstellt er uns ungebührliche Motive. Er ignoriert die finanzielle Last der wohltätigen Einrichtungen, die das Bistum Tag für Tag betreibt, und fantasiert, dass ich mir mit dem Geld irgendwo Gunst erkaufen will, um zum nächsten Erzbischof gewählt zu werden.

Ich weiß nur«, sagte Vater Maximos und seufzte, »dass ich kein Geld ausgebe, um Erzbischof zu werden. Dies sind die falschen Prognosen, von denen der Heilige Johannes im Zusammenhang mit dem gerissenen Menschen spricht, der die Realität verzerrt und Unwahrheiten verbreitet. Dies ist das Wesen der Gerissenheit, ein integraler Bestandteil des menschlichen Wesens im gefallenen Zustand. Wenn die Leute merken, dass Johannes der Täufer weder isst noch trinkt, während er in der Wüste lebt, dann nehmen sie an, er sei von Dämonen besessen. Und schon ist der Vorläufer unten durch!«, kicherte Vater Maximos. »Dann taucht Christus auf, begibt sich unter die Menschen und isst und trinkt, und schon zeigen manche mit dem Finger auf ihn und sagen, ein Mensch, der so viel esse und Wein trinke, könne kein Mann Gottes sein.«

»Vielleicht hat Jesus die Menschheit deshalb als ›das gerissene Geschlecht‹ bezeichnet«, sagte Lavros.

»Ganz recht. Mit *Geschlecht* meinte er natürlich den Zustand der Menschheit nach dem Fall«, erklärte Vater Maximos.

»Man kann sagen, dass Gerissenheit der Zustand ist, der zum Krieg führt, nicht nur zwischen Menschen, sondern auch zwischen Nationen«, fügte ich hinzu. »Krieg bricht oft deshalb aus, weil das klare Verständnis für die Intentionen der anderen fehlt.«

»Noch einmal, dies gehört zu unserem Wesen, wie es aufgrund des Falls geworden ist. Deshalb erfordert es große Anstrengungen und intensives Ringen, um unser Dilemma zu überwinden, um unsere Gerissenheit zu überwinden, unsere Tendenz, die Intentionen und die Worte anderer fehlzudeuten.«

»Ich bin seit jeher überzeugt«, sagte ich, »dass die Fähigkeit, die Realität klar und vorurteilsfrei zu erkennen, ein wesentlicher geistlicher Entwicklungsschritt ist. Deshalb glaube ich, dass der eigentliche Sinn und Zweck der Wissenschaft, einer in einem umfassenden Sinne verstandenen Wissenschaft, tatsächlich ein spirituelles Unterfangen ist. Es gehört zur Ausbildung der Seele, Verwirrung und Unwissenheit zu überwinden.«

Vater Maximos kommentierte meine Spekulation nicht. Er lächelte nur und fuhr fort: »Ich möchte euch noch ein weiteres Beispiel nennen. Neulich traf ich mich mit einigen frommen Menschen, und wie es der Brauch ist, küssten sie mir zur Begrüßung die Hand. Dabei murmelte ich irgendwann unbedacht etwas, was wir auf dem Athos bei dieser Gelegenheit üblicherweise sagen. Ich sagte zu der Frau, die mir gerade die Hand küsste: »Möge Gott dir vergeben.« Mir war in dem Moment nicht klar, dass ein solcher Satz außerhalb des Athos eine ganz andere Bedeutung hat. Daraufhin weinte sie den ganzen Tag, in dem Glauben, ich hielte sie für eine schwere Sünderin, die Gottes Vergebung nötig habe. Die arme Frau, dabei habe ich doch bloß einen einfachen Segen gesprochen!

Ein anderes Mal«, fuhr Vater Maximos kopfschüttelnd fort, »erteilte ich im Kloster die Kommunion, und wie es der Brauch ist, nannte ich jeden, der zur Kommunion kam, mit Namen. Wir sagen: »Der Diener Gottes Soundso empfängt Leib und Blut Christi für das ewige Leben.« Bei einem bestimmten Menschen vergaß ich, seinen Namen zu nennen. Er war schrecklich aufgebracht und beklagte sich später, für mich sei er wohl bloß ein namenloser Niemand. Er quälte sich, weil ich vergessen hatte, ihn beim Namen zu nennen, und nahm an, ich dächte, er habe es nicht verdient, dass sein Name genannt werde. Solche Unsicherheiten sind Symptome der Gerissenheit, Symptome des Falls.«

»Man stelle sich einmal vor, man wäre mit so jemandem verheiratet«, trompetete Lavros.

»Das wäre die Hölle. So etwas höre ich tagein tagaus bei der Beichte. Verheiratete verstehen die Intention des anderen ständig falsch. Vor etlichen Jahren hat ein Mann Selbstmord begangen, weil er glaubte, seine Frau betrüge ihn. Er hinterließ eine Nachricht, das Leben sei nun sinnlos für ihn, und sprang aus seiner Wohnung im 12. Stock. Das Tragische war, dass seine arme Frau völlig unschuldig war.«

Vater Maximos seufzte und las dann einen weiteren Abschnitt aus den Homilien des Heiligen Johannes. »›Sie [die Gerissenen] geben vor, anhand äußerer Anzeichen die tiefsten Geheimnisse der Menschen zu kennen.‹« Anschließend kommentierte er die Stelle, die er gerade vorgelesen hatte. »Ich höre die Leute sagen: ›Der und der mag mich nicht.‹ Wenn ich dann frage: ›Woher weißt du das?‹, lautet eine typische Antwort: ›Das sehe ich an seinem Gesicht.‹«

»Wisst ihr«, fuhr Vater Maximos fort, »wenn der Teufel merkt, dass ihr zu solchem Denken neigt, dann sorgt er für Umstände, durch die genau das eintritt, was ihr glaubt.«

»Schließlich ist er das Inbild der Gerissenheit«, sinnierte Antonis.

»In der Soziologie gibt es einen Grundsatz«, ergänzte ich, »wonach Dinge, die als real dargestellt werden, in der Konsequenz tatsächlich real werden. Daher wird sogar eine ursprünglich falsche Definition der Realität tendenziell zur selbsterfüllenden Prophezeiung. Aber natürlich schreiben Soziologen diese menschliche Schwäche nicht dem Teufel zu.«

»Gut zu wissen, dass die Vorgehensweise des Teufels und die Ansichten der Soziologen übereinstimmen«, spöttelte Vater Maximos. »Ich möchte euch ein weiteres Beispiel aus meiner persönlichen Erfahrung nennen. Als ich noch auf dem Athos war, gab es einen Bruder, der glaubte, ich würde ihn nicht mögen. Natürlich war daran überhaupt nichts dran. Er hat seine Gefühle nie gezeigt und keinerlei Anzeichen gegeben, dass er diesen Eindruck hatte. Aber die Dinge entwickelten sich so, dass für ihn alles eine Bestätigung für seine tiefsitzende Überzeugung war. Eines Tages unterhielt ich mich mit ein paar anderen Brüdern ungezwungen im zentralen Innenhof des Klosters. Eigentlich wollte ich mich schon seit einer ganzen Weile in meine Zelle zurückziehen, aber ich wartete immer noch auf eine günstige Gelegenheit, mich aus der Gruppe zu verabschieden. Allerdings hatte sich das Gespräch so entwickelt, dass ich mich ihm nur schwer entziehen konnte. Irgendwann kam der besagte Bruder dazu, und unser Gespräch wurde kurz unterbrochen. Ich spürte, dass dies der Moment war, auf den ich gewartet hatte, sagte schnell, ich hätte noch etwas zu erledigen, und ging. Doch der Bruder nahm an, mein Verhalten sei ein weiterer Beweis für meine Abneigung gegen ihn. Noch schlimmer wurde es, als ich am nächsten Tag wegen einiger Besorgungen zu Fuß in ein anderes Kloster gehen musste. Er fragte, ob er mitkommen und mir helfen könnte. Da ich ihn nicht unnötig belasten wollte, lehnte ich dankend ab, ich bräuchte keine Hilfe. Unterwegs begegnete ich einem anderen Bruder. Er fragte, wohin ich ginge. Wie es der Zufall wollte, hatte er dasselbe Ziel, weil er selbst etwas besorgen musste, also gingen wir zusammen. Diese harmlose Entwicklung war für den anderen Bruder eine erneute Bestätigung, dass ich ihn tatsächlich nicht ausstehen konnte. Natürlich lag das Problem vollständig bei ihm. Äußere Ereignisse haben ihn immer wieder in seinem falschen Glauben über unsere Beziehung und meine Einstellung zu ihm bestätigt. Der Teufel hat mit so bewundernswerter Präzision eins zum anderen gefügt, dass das Problem jedes Mal größer wurde. Es wurde immer schlimmer.

Schließlich konnte der Bruder es nicht mehr aushalten. Er wurde von seinen *Logismoi* der Ablehnung so sehr überwältigt, dass er sich ein Herz fasste und eines Tages alles ausspuckte und mir sagte, was er empfand. Für mich kam das natürlich vollkommen überraschend. Ich hatte nicht die leiseste Ahnung, dass er sich mit solchen Gedanken trug. Also klärten wir das Missverständnis, und ich entschuldigte mich innig für meine Unachtsamkeit und Insensibilität.

Versteht ihr jetzt, was der Heilige Johannes meint, wenn er sagt, dass der gerissene Mensch Schlüsse zieht und die Intentionen der Menschen nach ihrem äußeren Verhalten beurteilt? Dies meinte er mit Gerissenheit. Ich sage den Leuten immer, wenn der Teufel eine solche Neigung in uns erkennt, sorgt er dafür, dass alles dazu passt, die Worte, die Gesten, das äußere Verhalten, sodass er uns jedes Mal beweist, dass die Dinge genauso sind, wie wir vermuten.«

»Gerissenheit ist eine Form von *Plani*«, murmelte Lavros.

»Ja, sie ist ganz und gar ein Zustand des *Plani* oder des Wahns«, sagte Vater Maximos. »Gerissenheit, sagt der Heilige Johannes, ist eine dämonische Wissenschaft oder vielmehr die Hässlichkeit der Dämonen. Zwar ist ihnen die Wahrheit entzogen worden, aber sie wissen dies zu verbergen und täuschen viele.

Altvater Paisios hat uns wiederholt gesagt, dass wir lernen müssen, in unserem Denken nur gute *Logismoi* zu pflegen. Dies ist eine Art Schutz gegen die Manipulationen der Dämonen. Es laugt einen emotional total aus, wenn man sich mit gerissenen und komplizierten Menschen befasst und versucht, gegenseitiges Verständnis zu wecken. In ihrem Denken verzerren sie alles.«

»Und wie löst man dieses Problem?«, fragte ich. »Ich meine, wie lösen wir diese Kommunikationsschwierigkeiten mit gerissenen Menschen? Das ist ein großes Problem, das uns allen in unserem persönlichen, gesellschaftlichen und politischen Leben andauernd begegnet.«

»Betet. Das ist das Einzige, was Ihr tun könnt. Lasst Gott mit einem solchen Problem umgehen«, antwortete Vater Maximos und ging zum nächsten Abschnitt über. »Weiter unten in seiner Homilie wiederholt der Heilige Johannes, dass Gerissenheit Gedanken des *Plani*, des Wahns, mit sich bringt. Man glaubt fest an seine eigene Meinung, ohne eine Spur von Demut. Das ist das Syndrom: ›Wenn ich es sage, dann ist es so.‹ Die Altväter lehren, dass Menschen, die unter *Plani* leiden, an ihre eigenen *Logismoi* glauben. Was man ihnen auch sagt, nichts kann sie dazu bringen, ihre Meinung zu ändern. Mit solchen Menschen kann man kein Gespräch führen.

Das gerissene Herz, sagt der Heilige Johannes, ist wie die Meerestiefen. Zu seiner Zeit waren sie unmöglich zu ergründen. Darüber hinaus befinden sich im Herzen des Gerissenen schreckliche und komplizierte Anwandlungen, die keiner entwirren kann, nicht einmal der Betroffene selbst. Altvater Paisios pflegte zu sagen, manche seien so gerissen, dass sie sogar dem Teufel noch eine Lektion erteilen könnten. Es ist schrecklich, wenn man bedenkt, wo das Denken einen Menschen hinführen kann, wenn er nicht wachsam ist.

›Sie ist ein Abgrund an Falschheit‹«, las Vater Maximos weiter. »Ich habe Leute kennen gelernt, die sich für ihre betrügerischen Fähigkeiten selbst bewundern. Sie sind das Lügen so gewohnt, dass sie vergessen, was wahr und was unwahr ist. Sie müssen sich sogar richtig anstrengen, um sich klarzumachen, was die Wahrheit ist. Solche Menschen glauben irgendwann ihre eigenen Lügen.«

»Das ist eine große Gefahr bei Politikern«, sagte ich und sah, dass viele nickten. Ich war mir sicher, dass alle an den gerade stattfindenden Präsidentschaftswahlkampf in Zypern dachten. Ich hingegen dachte an den Krieg, der sich im Nahen Osten zusammenbraute.

Vater Maximos las eine weitere Homilie: »›Gerissenheit ist eine Krankheit, die inzwischen als normal gilt.‹ Menschen, die an dieser Krankheit leiden, merken nicht unbedingt, dass sie ein Problem haben. Sie sind nicht wie die, die zu Gott beten und sagen: ›Herr, erbarme dich meiner. Ich bin egoistisch, ich bin starrköpfig. Ich habe dieses

Leiden, diese Krankheit.‹ Nein, Menschen, die sich ihres Problems gar nicht bewusst sind, halten es für normal. Menschen mit einer solchen Einstellung ist nicht zu helfen. Heilung kann erst einsetzen, wenn der Mensch erkennt, dass er ein Problem hat.

Gerissenheit ist ein Feind der Demut«, fügte Vater Maximos in Hinblick auf einen weiteren Auszug aus dem Werk des Heiligen Johannes hinzu. »Der demütige Mensch ist bereit und willens, anderen zuzuhören und ihrem Rat zu folgen. Sogar große Heilige, die Zeuge offenbarter Wahrheit wurden, die unmittelbar von Gott über sie kam, suchten Rat bei anderen, weil sie sich nicht ausschließlich auf ihre eigene Wahrnehmung verlassen wollten.«

»An wen denken Sie, Vater Maxime?«, fragte Antonis.

»Paulus ist immer ein gutes Beispiel. Er erfuhr Christus auf der Straße nach Damaskus, und später wurde ihm während seiner Jahre in der Wüste das gesamte Evangelium offenbart. Paulus hat also das Evangelium kennengelernt, ohne dass es ihn ein anderer gelehrt hätte als Christus selbst, dem er aber nie persönlich begegnet ist. Dennoch erwähnt Paulus, der von Gott Auserwählte, in einem seiner Briefe, dass er nach Jerusalem reiste, um Petrus aufzusuchen und mit ihm über seine Erlebnisse zu sprechen, nur für den Fall, dass er sich täuschte. Stellt euch das einmal vor«, staunte Vater Maximos, »Paulus hatte unmittelbar Berührung mit Gott, und doch setzte er ein Fragezeichen hinter seine spirituellen Erfahrungen und Handlungen, damit er sich nur ja nicht selbst etwas vormachte.«

»Warum brauchte Paulus Rat, Vater Maxime?«, fragte einer der anderen Pilger.

»Weil er demütig war, deshalb. Der demütige Mensch sucht immer das Gespräch und steckt nicht in seinen eigenen Meinungen und Ansichten fest. Er lässt dem Gespräch mit anderen Raum. Er ist stets bereit zuzuhören. Der Demütige glaubt nicht blind an seine eigenen *Logismoi*. Er setzt immer ein Fragezeichen hinter seine Gedanken und sucht den Rat anderer.«

»Das ist ein Problem, das wir sowohl im öffentlichen als auch in unserem persönlichen Leben beobachten«, gab Lavros zu bedenken. »Ich meine diese absolute Überzeugtheit von der eigenen Meinung.«

»Diese Einstellung begegnet mir in der Beichte ständig. Die meisten Probleme in ehelichen Beziehungen werden durch die Unfähigkeit zum Gespräch ausgelöst. Viele Menschen kleben an ihren Überzeugungen und Meinungen, weil es ihnen an Demut mangelt. Der stolze, gerissene Mensch kann von seinen Ansichten nicht lassen, und es fehlt ihm die Fähigkeit zur Nachsicht mit möglichen Fehlern anderer. Hart und stur, wie er ist, kann er nicht mit anderen zusammenleben. Es ist unmöglich.«

»Aber warum ist das so, Vater Maxime?«, fragte ein junger Mann, dessen Hochzeit am darauffolgenden Sonntag in Limassol stattfinden sollte.

»Weil die Liebe ebenso sehr ein Kind der Demut ist, wie Wut und das Böse Kinder des Egoismus sind. Um einen anderen lieben zu können, braucht man Demut sowie die Bereitschaft nachzugeben und bei möglichen Disputen und Konflikten Zugeständnisse zu machen. Der stolze, strenge und gerissene Mensch kann das nicht. So wird das Zusammenleben mit anderen sehr schwierig.« Vater Maximos las weiter aus der Schrift des Heiligen Johannes: »›Gerissenheit ist scheinheilige *Metanoia* [ein radikaler Wandel des Denkens und des Herzens, der mit Demut einhergeht].‹«

Vater Maximos sah von der Schrift auf. »Der Gerissene tut vielleicht so, als bereue er. Er sagt jemandem: ›Es tut mir leid‹, aber tief im Inneren ist er nicht bußfertig. In seinem Denken und in seinem Herzen gibt es keine Spur von *Metanoia*, und er hält weiter unbeirrt an seiner Position fest. Unter solchen Bedingungen kann man kein Band der Liebe knüpfen. Viele, die zur Beichte kommen, üben sich nicht in Selbstkritik, sondern wollen mich davon überzeugen, dass der andere die ganze Verantwortung für die schwierige Beziehung trägt, und versuchen, ihr eigenes Verhalten zu rationalisieren.«

»Dann ist das aber eine sinnlose Form der Beichte«, stellte ich fest.

»Natürlich! Scheinheilige *Metanoia* bedeutet, einen anderen um Verzeihung zu bitten, ohne Reue zu empfinden oder es ernst zu meinen. Man tut es aus praktischen Gründen, etwa, weil ein Konflikt mit dem anderen nicht im eigenen Interesse liegt.

›Gerissenheit bedeutet, dass dir Trauer fernliegt‹«, las Vater Maximos aus einer weiteren Homilie des Heiligen Johannes. »Wenn ihr nicht wirklich bereut«, erklärte er, »sondern für euer Verhalten immer eine Ausrede findet, dann besteht keine Chance, dass ihr wegen eurer Sünden trauert und Tränen vergießt. Wer wegen seiner Sünden Tränen vergießt, übernimmt die volle Verantwortung für sein Handeln. Gerissenheit ist der Feind wahrer Beichte, sagt der Heilige Johannes. Sie verzerrt alles in einem, man findet dann keinen Grund mehr zur Beichte und wälzt deren Notwendigkeit auf andere ab. Der Gerissene rechtfertigt sich immer. Weiter sagt der Heilige Johannes, Gerissenheit sei die Ursache fleischlicher Sünden. Er behauptet, Gerissenheit sei ein Kind des Stolzes, und Stolz sei die Mutter der Verkommenheit.«

»Wie sind die beiden verwandt?«, fragte ich.

»Ihr müsst euch bewusstmachen, dass der Heilige Johannes seine Homilien für seine Mitmönche geschrieben hat. Gerissenheit und Stolz sind daher deshalb miteinander verwandt, weil der Stolze sozusagen von Gott verlassen ist und vernichtet wird. Der Demütige andererseits ist geschützt und von der Gnade Gottes behütet. Selbst wenn der Demütige einer persönlichen Schwäche erliegt, wird er nicht vernichtet. Wenn er fällt, steht er wieder auf und bittet Gott um Vergebung, und Gott umhüllt ihn mit seiner Gnade. Der Stolze zerbricht, wenn er fällt. Er zerspringt in tausend Stücke. Den Trost der *Metanoia,* der ihm durch göttliche Gnade geschenkt wird, kann er nicht annehmen. Warum? Weil Stolz und Gnade nicht miteinander vereinbar sind. Die beiden gehen nicht zusammen. An einer Stelle in der Schrift sagt der Heilige Johannes, Gott wende sich gegen die Stolzen. Stellt euch vor, wie schrecklich dies sein muss, wenn einem Gott nicht nur seinen Segen vorenthält, sondern wenn man ihn zum Gegner hat! Gott wird für einen sozusagen zum Feind. An diesem Punkt gibt es nur eine einzige Alternative – die eigene Vernichtung. Deshalb ist Gerissenheit die Ursache fleischlicher Verstöße gegen die Gebote. Der Gerissene wird vernichtet, natürlich immer im Rahmen von Gottes Menschenfreundlichkeit.

Ihr seht«, fuhr Vater Maximos fort, »das stolze Herz kann erst geheilt werden, wenn es gebrochen ist. Es braucht die Vernichtung. Es spricht auf keine Medizin an. Stolz ist nicht wie eine Krankheit, die, sagen wir einmal, mit ein paar Antibiotika in den Griff zu kriegen ist. Nein. Das stolze Herz muss zerschlagen werden, es muss in tausend Stücke zerspringen und dann von Grund auf neu zusammengesetzt werden.«

»Wie wird das Herz zerschlagen, Vater Maxime?«, fragte einer der Pilger. »Das klingt nach einer paradoxen Aussage.«

»Wie ich immer wieder gesagt habe: Das Herz wird vernichtet durch die vielen Anfechtungen, Sorgen und Erniedrigungen, das häufige Scheitern und so weiter, die ein Mensch durchmacht. Das Herz kann dann so gebrochen werden, dass dies möglicherweise zu seiner Erlösung führt. Sie kann dann eintreten, wenn der Mensch an diesem Punkt der Vernichtung seines stolzen Herzens eine tiefe *Metanoia* durchmacht und diese schmerzlichen Erfahrungen zu seinem geistlichen Vorteil nutzt. Unter solchen Umständen wird die Vernichtung des Herzens zur Ursache für die Erlösung. Wenn nicht, läuft der Mensch Gefahr, an Leib und Seele endgültig zugrunde zu gehen.

Gerissenheit ist an sich schon ein Hindernis für die Gefallenen«, fuhr Vater Maximos nach einem kurzen Moment des Innehaltens fort. »Wer gefallen ist, wer im Bann der Gerissenheit steht, der glaubt nicht, dass er gefallen ist. Deshalb hat er auch keinerlei Motivation, sich zu erheben. Bevor man etwas unternehmen kann, um sein Problem zu überwinden, muss man erst einmal einsehen, dass man eines hat. Weiter sagt der Heilige Johannes, dass der Gerissene auf die Verwünschungen anderer reagiert und mit einem Lächeln sowie der Anmutung falscher Gelassenheit zum Gegenangriff übergeht. Damit will er zeigen, dass ihn nicht berührt, was der andere tut. Innerlich aber kocht er und schmiedet bereits Rachepläne. Weiter schreibt der Heilige Johannes, Gerissenheit sei ›sinnlose, geistlose und unnatürliche Härte im Verbund mit falscher Frömmigkeit‹. Und er beendet seine Homilien über Gerissenheit mit den Worten, sie sei ›ein Leben ähnlich dem der Dämonen‹.«

»Das ist ein sehr harter Schluss«, sagte Lavros.

»Nun, Christus hat das im Vaterunser auch gesagt: ›*alla resai emas apo tou ponyrou*‹ … ›und führe uns nicht in Versuchung‹ [*ponyros* meint im Griechischen den gerissenen Menschen]. Damit meinte er den Teufel, den Archetyp und Erzengel der Gerissenheit. Deshalb entspricht ein Mensch, der Gerissenheit zu seiner Lebensweise gewählt hat, den Dämonen. Alles in ihm ist diabolisch verändert.«

»Immerhin bedeutet das Wort *diavolos* [Dämon] im Griechischen wörtlich ›der die Wahrheit verzerrt‹«, unterstrich Lavros.

»Genau. Er ist derjenige, der Gottes Werk verzerrt, wie in dem Beispiel in der Genesis. Der Teufel verzerrte Gottes Worte und wandte dazu seine Gerissenheit auf.«

»Wie können wir die Gerissenheit überwinden, Vater Maxime?«, fragte Mikis, ein dreißigjähriger Rechtsanwalt, der mit dem Gedanken spielte, ins Kloster zu gehen. »Als Anwalt erwartet man doch von mir, dass ich gerissen bin.«

»Kein Wunder, weiß ich von keinem Anwalt, der ein Heiliger geworden wäre«, sagte Vater Maximos, und alle brachen in Gelächter aus. »Nun, als gute geistliche Ärzte haben die heiligen Altväter die Grundregeln festgelegt, die uns helfen können, Gerissenheit zu überwinden. Zuerst müssen wir uns immer vor Augen halten, dass es der Heilige Geist ist, der uns hilft, Gerissenheit zu überwinden und auf unsere Erlösung hinzuarbeiten. Natürlich ist das nur mit unserer vollen, uneingeschränkten Kooperation möglich. Wir können nicht gerettet werden, wenn wir dies nicht mit flammendem Herzen und aus freien Stücken wollen. Das ist ein unumstößlicher Grundsatz.

Zur Heilung von diesem speziellen Leiden, von der Gerissenheit«, fuhr Vater Maximos fort, »ist es ungemein hilfreich, mit einem geistlichen Arzt in Berührung zu kommen, der von dieser Urverzerrung unseres Wesens frei geworden ist. Wir suchen ihn häufig auf, beichten offen und ehrlich und übernehmen allmählich die volle Verantwortung für unsere missliche Lage, ohne uns zu rechtfertigen und herauszureden. Der Mensch muss lernen, bei Schwierigkeiten nicht nach Sündenböcken zu suchen, sondern die Last der Verantwortung voll und ganz anzunehmen.«

»Das fällt uns aber äußerst schwer, sowohl als Einzelne als auch in der Gemeinschaft«, sagte ich. »Zum Beispiel machen wir doch ständig fremde Mächte für die Probleme verantwortlich, die wir uns selber geschaffen haben.«

»Aber was ist, wenn man für eine bestimmte Situation wirklich nicht verantwortlich ist? Was, wenn man wirklich unschuldig ist?«, fragte Mikis.

»Es ist wichtig, dass man diese Haltung als eine Form geistlicher Übung trotzdem beibehält«, riet Vater Maximos. »So machen es die Heiligen. Der Heilige Nektarios wurde von der kirchlichen Hierarchie seiner Zeit verfolgt und hat bis zu seinem Ende mit dem Ehrverlust der falschen Anschuldigung gelebt, er unterhalte sexuelle Beziehungen zu Nonnen. Doch er hat sich geweigert, sich zu verteidigen und seinen Namen reinzuwaschen.« Vater Maximos schwieg einige Sekunden. »Ich werde nie vergessen, was Altvater Paisios einmal einem Priester gesagt hat, der ihn besuchte: ›Vater‹, sagte er, ›die Heimsuchungen durch die Gnade habe ich immer dann am stärksten erfahren, wenn mir Unrecht getan wurde.‹

Natürlich«, ergänzte Vater Maximos, als habe er unsere Gedanken gelesen, »sollte man so eine selbstkritische Methode geistlicher Praxis gerade dann anwenden, wenn man sie kaum aushalten kann. Dann erst fängt man wirklich an, an sich zu arbeiten. Dann verlässt man den Punkt der Selbstrechtfertigung, mit dem man sich von Schuldgefühlen lossprechen will, und übernimmt stattdessen furchtlos die volle Verantwortung für sein Leben.«

Vater Maximos lachte plötzlich auf. »Einmal hatte ich einem alten Mann während der Eucharistiefeier gerade die Kommunion erteilt, und schon passierte ein Unglück. Er stolperte, und sie fiel ihm aus dem Mund auf den Boden. Ich erschrak fürchterlich, aber es war geschehen, und ich konnte nichts mehr daran ändern. Daher ging ich zu Papa Charalambos, einem der Altväter, zur Beichte. Ich erzählte ihm, was passiert war. ›Oh‹, meinte er, ›dafür bist du verantwortlich.‹ ›Aber wieso, warum?‹, protestierte ich. ›Ausgespuckt hat sie doch der andere.‹ ›Aber wenn du in dem Moment dabei bist, bedeutet dies, dass du in gewisser Weise dafür verantwortlich bist. Es geschieht nichts zufällig. Du musst etwas getan haben, was zu den Umständen beigetragen hat, die zu dem Unfall geführt haben.‹ ›Und was muss ich jetzt tun?‹, fragte ich ihn. ›Fünftausend Niederwerfungen für dich und fünftausend für den anderen‹, erwiderte er. ›Da wir ihn nicht finden können, musst du seine ebenfalls machen.‹ Ich musste zehntausend Niederwerfungen machen! Warum hat Papa Charalambos, ein einfacher alter Mann, aber ein großer Altvater, das gesagt? Weil er mir damit die Lektion erteilt hat, dass nichts, was uns geschieht, Zufall ist. *Metanoia* bedeutet, niemals Ausreden zu suchen. In dem Moment, in dem man sich herausreden und rechtfertigen will, hat man nichts mehr mit *Metanoia* im Sinn. Die beiden sind wie Feuer und Wasser. Sie gehen nicht zusammen.

Ein entscheidender Punkt zur Überwindung der Gerissenheit, auf den die Altväter großen Wert legen, ist also, niemals anderen die Schuld zuzuschieben, egal welchen Schmerz und welches Leid man gerade durchmacht. Denkt immer daran, dass ihr an dem scheinbar Schlimmen, das euch geschieht, niemals ganz unschuldig seid. Ein weltlicher Richter befindet euch vielleicht für unschuldig und spricht euch von jeglicher Verantwortung für alles Geschehene frei. Aber die geistlichen Gesetze funktionieren nicht so. Wir müssen grundsätzlich davon ausgehen, dass wir mit zu dem beigetragen haben, was uns geschehen ist. Geistlich ist man mit dieser Einstellung auf der sichereren Seite. In dem Moment, in dem ich die Verantwortung übernehme, habe ich mich in den Prozess der *Metanoia* und der Demut begeben. Dann tritt eine radikale Veränderung meines Verhältnisses zu meinen Mitmenschen ein. Wenn ich auf jemanden zugehe, mit dem ich Differenzen habe, dann tue ich dies nicht in der Absicht, ihn zu beurteilen oder zu korrigieren. Ich gehe vielmehr auf ihn zu in der Absicht, mich selbst zu beurteilen und zu korrigieren. Ich gehe zu ihm, nicht um mich zu rechtfertigen, sondern um herauszufinden, inwiefern ich ihn verletzt habe. Nur so entsteht echte Interaktion, ein echter Dialog. In dem Moment, in dem man seine eigene Verantwortung ignoriert und auf den anderen zugeht, um dessen Fehler zu korrigieren, hat man bereits die Umstände geschaffen, die zu Streit und einem Teufelskreis gegenseitiger Beschuldigungen führen. Wir müssen uns von der absoluten Überzeugung verabschieden, unsere eigenen *Logismoi* seien die richtigen.

So können wir anfangen, Gerissenheit zu überwinden«, fuhr Vater Maximos fort. »Mit Gebet, Trauer, *Metanoia* und der geistlichen

Methodik, die die *Ekklesia* bietet, werden unser Herz und unser Denken nach und nach gereinigt, und wir treten den Rückweg zu der ursprünglichen Einfachheit und Integrität an, mit der Gott uns erschaffen hat. Dies ist die Bedeutung der Worte Jesu, wenn wir ins Himmelreich wollten, müssten wir werden wie die Kinder. Durch dieses Verhalten entsteht in unserer Seele mit der Zeit eine gewisse geistliche Trauer, die sich nach und nach in eine ›freudige Trauer‹ verwandelt, wie die heiligen Altväter sagen.«

»Freudige Trauer?«, fragte ich. Vater Maximos ging davon aus, dass wir die Bedeutung dieser paradoxen Wendung kannten.

»Nach dieser Selbstkritik oder diesem Selbstekel entsteht in uns das Gefühl, dass wir im Herzen Gottes Trauer ausgelöst und uns von ihm entfernt haben. Dann erkennen wir, dass wir tief in uns die Saat des Bösen und der Gerissenheit tragen, und wir werden uns dieser grundlegenden Verzerrung unseres Wesens, das Gott ursprünglich zur Vollkommenheit erschaffen hatte, bewusst. Wir fangen an, über unsere missliche Lage zu trauern und Tränen zu vergießen. Diese existenzielle Form der Trauer ist mit Tränen verbunden. Die Altväter sagen, diese Tränen sind notwendig zur Reinigung der menschlichen Seele. Sie sind wie ein geistliches Bad. Wenn ein Mensch durch sein geistliches Ringen zu der Erkenntnis gelangt, dass seine Seele von Gott abgefallen ist, und daraufhin zu trauern und Tränen zu vergießen beginnt, wird seine Seele zunehmend weicher und sanfter. In einem ersten Schritt weist er diese Verzerrung durch das Böse von sich. Darauf folgen Heimsuchungen durch die Gnade, die in ihm nun allmählich systematischer wirken, sodass sein Dasein neu gestaltet wird. Dann kehrt der Mensch zurück zu seinem Ausgangspunkt, zum Punkt seiner ursprünglichen Einfachheit. Alle seine Kräfte sind nun wieder einer einzigen Bewegung eingegliedert, einer Bewegung, die direkt auf Gott gerichtet ist. Jede Spur von Gerissenheit ist aus seiner Seele ausradiert, und der Mensch erlangt den Zustand der Glückseligkeit.

Aus Selbstkritik, Selbstverleugnung, Beichte und geistlicher Trauer werden beim geistlichen Menschen unablässiges intensives Gebet und ein Anrufen von Gottes Gnade aus tiefer Qual. Erinnert ihr euch an den Heiligen Seraphim von Sarow, der im unwirtlichen Russland drei Jahre lang auf einem Felsen bittere Tränen vergossen und Gottes Gnade für sein sündiges Wesen erfleht hat? So machen es die Heiligen.«

»Warum solche Qualen, Vater Maximos?«, fragte Mikis leise.

»Alle Heiligen haben diese dramatische und qualvolle Suche nach Gottes Gnade durchlaufen, weil ihnen bewusst wurde, welche Distanz sie von Gott trennt. Sie begreifen, was diese Entfremdung bedeutet und wie schrecklich sie ist. Sie haben gemerkt, wo Gott ist, und sie sehen, wo sie selber sind. Dieses Gebet ist wie Feuer, das sie reinigt und vor Gottes Angesicht bringt. Für einen solchen Menschen fügt sich alles in vollkommener Weise. Wie Paulus sagte, *ta panta kathara tois katharies*, den Reinen ist alles rein. Es geschieht nichts, was dem Heiligen Geist Gottes missfällt.

So wird man frei von Gerissenheit«, sagte Vater Maximos zum Abschluss seines langen, geistreichen Monologs und lehnte sich in seinem Stuhl zurück, um seinen Rücken zu entspannen. »Für uns spielen sich alle diese Prozesse innerhalb der Parameter der *Ekklesia* und unter der Aufsicht eines erfahrenen geistlichen Arztes ab.«

Es war bereits halb zehn Uhr abends, als wir auseinandergingen, sehr spät für den klösterlichen Tagesablauf. Um drei Uhr morgens würde das *Symantron* ertönen und alle mit seinem durchdringenden metallischen Klang wecken. Doch Lavros und Antonis kamen noch mit in mein Zimmer auf ein weiteres Stündchen des Gesprächs über die Themen, die Vater Maximos bei seinem spontanen Vortrag angestoßen hatte.

10

Die Macht des Gebets

Ich saß auf dem Balkon unserer Wohnung in Limassol, genoss die Wärme der Morgensonne, machte mir Notizen und ließ den Blick über die blaue Weite des Mittelmeers schweifen. Die See war ruhig und schimmerte im intensiven Licht, und die Temperaturen näherten sich 21 Grad – ziemlich weit weg vom Februarwetter in Maine.

Vor einem Monat war Emily zu mir auf die Insel gekommen, um ihre Arbeit über Friedens- und Umweltthemen fortzusetzen. Es war bereits der letzte Februartag, und die Mandelbäume standen in voller Blüte. Meine Arbeit mit Vater Maximos schritt stetig voran, und dies inmitten weitreichender politischer Veränderungen auf der Insel. Die Europäische Union würde Zypern am 1. Mai 2004 als vollwertiges Mitglied aufnehmen, ein Wendepunkt in der unruhigen Geschichte der Insel und Grund zu Ausbrüchen überschwänglicher Freude bei ihren Einwohnern.

Aufgrund dieser Entwicklungen verstärkten die Vereinten Nationen und die EU nachdrücklich ihre Bemühungen um eine Lösung des Zypern-Konflikts, damit im Mai 2004 die ganze Insel der EU beitreten könnte. In einer öffentlichen Rede wandte sich UN-Generalsekretär Kofi Annan mit folgenden Worten an beide Seiten, die griechischen und die türkischen Zyprioten: »Sie haben eine Verabredung mit dem Schicksal. Lösen Sie dieses Problem jetzt.« Dann warnte er unmissverständlich: »Andernfalls werden die UN das Kapitel Zypern für abgeschlossen erklären.« Dies war eine leise Drohung, die gleichwohl nichts Gutes ahnen ließ. Seit der türkischen Invasion auf der Insel, im Jahr 1974, spielten die Vereinten Nationen eine entscheidende Rolle zur Wahrung des Friedens. Die Invasion hatte zur faktischen Teilung der Insel und damit zu einem seit annähernd dreißig Jahren schwelenden internationalen Problem geführt.

Die Kritik des UN-Generalsekretärs richtete sich damals hauptsächlich gegen den führenden türkisch-zypriotischen Politiker Rauf Denktasch, der seit 1964 mit voller Unterstützung des türkischen Militärs das Schicksal der türkischen Zyprioten lenkte. »Nur Fidel Castro kann mit dieser rekordverdächtigen Amtszeit mithalten!«, schrieb ich damals. Doch im Gegensatz zu Glafkos Clerides, dem damaligen Präsidenten der Republik Zypern, der dem UN-Plan zur Wiedervereinigung der Insel vorläufig zustimmte, lehnte Rauf Denktasch ihn ab, was zu großen Demonstrationen türkischer Zyprioten im Norden führte. Offensichtlich wollte die Mehrheit der türkischen Zyprioten die Wiedervereinigung, damit auch sie Bürger der Europäischen Union werden konnten.

Sehr erstaunt sahen wir in den Abendnachrichten, dass annähernd 100 000 türkische Zyprioten nicht die rote Fahne der Türkei, sondern die blaue der EU trugen und die Annahme des »Annan-Plans« zur Wiedervereinigung forderten. Es war ein vielversprechender Anblick, ein mögliches Licht am Ende eines langen und sehr dunklen Tunnels in den unglücklichen griechisch-türkischen Beziehungen.

Meine Gedanken über diese politischen Entwicklungen, das wichtigste Thema der Landesnachrichten, wurden plötzlich durch einen Anruf von Antonis unterbrochen. Er hatte Vater Maximos überredet, so verkündete er triumphierend, sich eine Auszeit von seinem eng getakteten Terminplan zu gönnen und am Nachmittag zu Tee und Gesprächen zu Antonis zu kommen. Anwesend wären sonst nur Antonis und Frosoula, Stephanos und Erato, Vater Joachim (ein mit Antonis befreundeter und mit Vater Maximos gut bekannter Priester) sowie Lavros. Emily und ich waren ebenfalls eingeladen.

Wir nahmen die Einladung freudig dankend an. Antonis' Haus lag am östlichen Stadtrand von Limassol, direkt am Meer. Mit seiner Umfriedung aus Eukalyptusbäumen war es ein idyllischer Ort für eine Teegesellschaft und geistliche Gespräche. Das Ehepaar veranstaltete regelmäßig solche Zusammenkünfte, bisher jedoch hauptsächlich zu philosophischen Themen. Schon häufig hatte ihr Haus als ein Äquivalent der französischen Salons des 18. Jahrhunderts gedient. Doch seit Antonis den Athos entdeckt hatte, hatte die Philosophie ihren Glanz für ihn verloren, und die Gesprächsthemen verschoben sich – neben der Lokalpolitik – zur östlich-orthodoxen Spiritualität.

Dass Vater Maximos sich eine Auszeit von seinem dicht gefüllten Terminkalender nahm, kam nur äußerst selten vor. Antonis, der mich als Erster mit dem Athos und Vater Maximos bekannt gemacht hatte, wusste von meinem Interesse an Gesprächsmöglichkeiten mit dem Altvater. Ich hatte den Eindruck, dass er die Teegesellschaft teilweise auch mit diesem Hintergedanken einberufen hatte. »Wir müssen aber darauf achten«, sagte ich ihm halb im Scherz am Telefon, »dass wir nicht die ganze Zeit über den Zypern-Konflikt, die Europäische Union und die Demonstrationen im Norden sprechen.«

»Keine Sorge«, beruhigte mich Antonis lachend, »wir werden nur von Dingen reden, die nicht von dieser Welt sind! Ach übrigens, kannst du Vater Maximos abholen und hierherfahren?«

Um halb vier war ich an der Bischofsresidenz. »Was bin ich froh, dass du kommst«, rief Vater Maximos mit erhobenen Armen, als ich sein Büro betrat. »Wir haben hier ein Problem. Wir brauchen einen Übersetzer.«

Er stellte mich einer österreichischen Journalistin vor, einer Frau Mitte dreißig, die soeben angekommen war. Sie erklärte mir in ausgezeichnetem Englisch, der Österreichische Rundfunk produziere eine einstündige Sendung über den Annan-Plan für die Wiedervereinigung Zyperns und habe sie in diesem Rahmen auf die Insel geschickt. Ihr Themenschwerpunkt sei die Rolle der Kirche von Zypern beim gegenwärtigen Stand der Verhandlungen zur Lösung des Konflikts.

Vater Maximos war der erste Bischof, mit dem sie sich traf, und dies durch Zufall. Nach ihrer Ankunft auf dem Flughafen Larnaka und dem Einchecken im Hotel machte sie einen Spaziergang, um die Stadt ein wenig kennenzulernen. Dabei bemerkte sie reges Treiben in der Katholike-Kirche und trat ein. Vater Maximos nahm dort gerade die Beichte ab. Sie erklärte mir, in europäischen Zeitungen würde berichtet, die Kirche von Zypern sei gegen den UN-Plan und stünde auch dem Beitritt der Insel zur Europäischen Union nicht sonderlich begeistert gegenüber. Die Österreicher wollten wissen, was hinter diesen Gerüchten steckte. Vater Maximos stimmte einem Interview sofort zu.

Die ausländische Journalistin in Jeans entschuldigte sich für ihre unangemessene Kleidung. »Hätte ich gewusst, dass ich Ihnen heute begegnen würde«, erklärte sie, »hätte ich mich passender gekleidet.« Vater Maximos lächelte und versicherte ihr, es störe ihn nicht im Geringsten. Dann stellte sie ihre Fragen.

»Ist die Kirche von Zypern gegen den Annan-Plan für die Wiedervereinigung?«

»Nicht, dass ich wüsste«, erwiderte Vater Maximos und fragte sie, wie es komme, dass sich in ganz Europa solche Gerüchte verbreiteten. Offensichtlich gaben einige höhere Kleriker entsprechende Stellungnahmen ab. Die Kirche als solche hatte damals aber offiziell noch nicht Position bezogen.

»Was kann die Kirche von Zypern Europa bieten, wenn die Insel der EU beitritt?«

Vater Maximos antwortete, sie könne die Erfahrung Christi bieten und zeigen, wie die Europäer Gotteserkenntnis erlangen könnten. Als die österreichische Journalistin ihn um nähere Erklärungen bat, wies Vater Maximos darauf hin, dass die orthodoxe Kirche die mystischen Wege zur unmittelbaren Gotteserfahrung in unversehrter Form bewahrt. Dies ist ein Aspekt des Christentums, der im Westen wegen der Überbetonung der Vernunft und infolge der primär intellektuellen und kopflastigen Annäherung an das Göttliche in den Untergrund getrieben worden ist.

Während ich Vater Maximos' Worte übersetzte, bemerkte ich ein zustimmendes Nicken aufseiten der österreichischen Journalistin. Später sagte sie mir, sie kenne diese Ideen, weil sie einen Master in Theologie habe. Deshalb hatte sie den Auftrag zu der Sendung erhalten.

»Sind Sie dafür, dass Zypern der Europäischen Union beitritt?«, fragte sie dann.

»Ja, unbedingt«, antwortete Vater Maximos. Ich stieß einen Seufzer der Erleichterung aus; denn ich wusste, dass es einige ultrakonservative athonitische Mönche gab, die Europa nicht gut gesinnt waren.

»Warum? Warum sind Sie dafür, dass Zypern der Europäischen Union beitritt?«

»Weil Zypern als Insel zu klein und zu verwundbar ist, um in diesem unruhigen Teil der Welt allein existieren zu können. Und weil Zypern zum europäischen Kulturkreis gehört.«

»Haben Sie sich mit dem Mufti im Norden getroffen?«, fragte sie und meinte damit das religiöse Oberhaupt der türkischen Zyprioten.

»Wie sollte ich ihn treffen?«, fragte Vater Maximos. »Herr Denktasch lässt das nicht zu.«

Ich erklärte ihr kurz, dass es eine knapp zweihundert Kilometer lange »Sperrzone« gibt, die das türkisch besetzte Gebiet vom Rest der Republik Zypern und damit die türkischen von den griechischen Zyprioten separiert. Ich erwähnte auch, dass 17 000 Landminen die Griechen von den Türken trennten und die Menschen zwischen dem Norden und dem Süden der Insel nicht hin- und herreisen durften, außer am Checkpoint Ledra Palast in Nikosia. Dieser wurde in erster Linie für Diplomaten und UN-Angehörige offengehalten. Diese strenge Trennung wurde seit annähernd dreißig Jahren vom türkischen Militär durchgesetzt.

»Gut Kyriaco, gehen wir«, sagte Vater Maximos. Die Journalistin dankte ihm sehr herzlich dafür, dass er ihr ohne vorherige Terminansprache ein einstündiges Interview gegeben hatte.

Ich hatte keine Zeit gehabt, der jungen Frau die »Überfalltechnik« zu erklären, die bei mir gut funktionierte. Angesichts des informellen Umgangs, der in Zypern gepflegt wird, hatte sie aber bereits unbewusst denselben Ansatz gewählt. In diesem Moment kam ganz unerwartet Lavros vorbei. Die beiden wurden einander vorgestellt, und Lavros erklärte sich gerne bereit, sie über die Situation in Zypern zu informieren und sich eingehender mit ihr über die Rolle der Kirche zu unterhalten. Man verabredete sich für den nächsten Tag. Unterdessen stiegen wir alle in Lavros' grünen Pajero und fuhren los, um Emily abzuholen und uns dann auf den Weg zu Antonis' Tee-Symposium zu machen. Ich hoffte, mit dem Ende des Interviews würde auch die politische Diskussion aufhören.

»Wie habe ich mich eigentlich geschlagen?«, fragte Vater Maximos mit einem listigen Grinsen, kaum dass wir im Wagen Platz genommen hatten.

»Mir ist erst heute klargeworden, was für ein guter Diplomat Sie sind«, witzelte ich, während Lavros die Zündung anschaltete. Ich nahm an, es war Vater Maximos' erstes Interview mit einer ausländischen Journalistin.

Als wir bei Antonis und Frosoula ankamen, wo uns ihre große Terrasse mit Meerblick erwartete, war es bereits nach 17 Uhr. Stephanos und Erato waren schon da, ebenso Vater Joachim und seine Frau. Vater Joachim war früher Bankdirektor gewesen und noch im Jahr seiner Pensionierung mit sechzig Jahren zum Priester geweiht worden. Nach einem religiösen Erlebnis am Grab Jesu in Jerusalem hatte er beschlossen, Priester zu werden, berichtete er mir. Unter äußerst ungewöhnlichen Umständen war es dazu gekommen, dass er bei einer besonderen nächtlichen Gebetswache zusammen mit Vater Maximos eine ganze Nacht hatte dort verbringen können. So hatten die beiden die ganze Nacht über an Christi Grab gebetet. Das Erlebnis war so überwältigend, dass es sein Leben völlig veränderte. Vater Maximos weihte ihn und wies ihm, zusätzlich zum Dienst in einer städtischen Kirche, die Verwaltung der Finanzen des Bistums zu. Der bescheidene und unaufdringliche Vater Joachim in seinem schwarzen Talar und mit seinem weißen Bart war eng mit Antonis sowie mit Stephanos und Erato befreundet. Als ich ihn kennenlernte, mochte ich ihn sofort, und Emily ging es ebenso. Vater Joachim war das Inbild des herzensguten Gemeindepriesters. »Mein Leben lang war ich ein Wucherer«, verriet er mir humorvoll, »daher bin ich Priester geworden, um für meine Sünden zu bezahlen.«

Wir versorgten uns mit Tee und Gebäck und nahmen dann im Wohnzimmer Platz, wo uns die großen Glasfenster einen spektakulären Meerblick boten. An den Wänden hingen alte Originalbilder mit religiösen Motiven, und in einer versteckten Ecke befand sich eine besondere Sammlung handgemalter byzantinischer Ikonen, die Antonis im Laufe der Zeit bei seinen alljährlichen Reisen zum Athos zusammengetragen hatte. Vor den Ikonen hingen zwei brennende Lampen, was in jenem Teil des Raums eine Atmosphäre der Heiligkeit schuf. Vater Maximos lehrte immer, dass die Gegenwart heiliger Ikonen an einem Ort gute Energien erzeugt, und Antonis war ein überzeugter Konvertit athonitischer geistlicher Tradition und Praxis.

Es wurde allmählich kühl, und Antonis fachte im Kamin ein Feuer an, das die Kühle schnell aus dem Zimmer vertrieb und eine schöne Gesprächsatmosphäre schuf. Ich wollte unbedingt, dass es losging, und bat Vater Maximos daher, uns die Bedeutung des Gebets als Methode geistlicher Praxis zu erläutern. »Heutigen Menschen, die in der modernen Welt leben«, begann ich, »fällt es schwer, sich regelmäßiges Beten anzugewöhnen. Dies gilt insbesondere für Wissenschaftler, Schriftsteller, Journalisten, Künstler und so weiter. Die Vorstellung, dass Gott zuhört, wenn jemand betet, gilt bei ihnen als Wunschdenken oder reine Naivität. Es wäre ihnen richtiggehend peinlich, wenn sie je beim Gebet erwischt würden. Moderne Menschen, die mitten in Manhattan leben, empfinden *Meditation* als wesentlich angenehmer als das Gebet. Sie lässt sich besser mit dem individualistischen Ethos unserer Zeit vereinbaren. In gewisser Weise erscheint Meditation kulturell legitimiert, wohingegen man das Gebet eher mit Fundamentalisten und wenig differenzierten Menschen in Verbindung bringt.«

Vater Maximos hörte schweigend zu und nahm einen Schluck aus seiner Teetasse. Dann holte er auf seine typische Art tief Luft und antwortete auf meine Bemerkungen. »Gebet ist nicht wie Meditation. Es mag Ähnlichkeiten zur Meditation geben, aber es ist etwas völlig anderes. Gebet ist eine schwierige Wissenschaft, die erlernt und geübt werden muss, damit sie uns zur Einheit mit Gott führen kann, der eine Person ist. Aus dem Wenigen, was ich über Meditation weiß, scheint mir, dass sie die Einheit mit dem persönlichen Gott nicht zu ihrem vordringlichen Ziel hat.

Das Gebet birgt große Überraschungen«, fuhr Vater Maximos fort. »Es offenbart das Wesen Gottes und öffnet uns für unvorstellbare geistliche Landschaften in unserem Inneren.« Zustimmendes Strahlen huschte über Vater Joachims und Eratos Gesicht. Offenbar wussten sie aus persönlicher Erfahrung, wovon Vater Maximos sprach.

»Für die meisten Menschen ist dies heute, oder vielleicht schon seit jeher, völliges Neulend«, betonte ich. »Meinem Eindruck nach wird das Gebet häufig sehr mechanisch vollzogen und fördert daher nicht gerade die Entdeckung jener inneren Landschaften, von denen Sie sprachen.«

»Deshalb braucht man Anleitung von denen, die den mystischen Weg des Gebets beschritten haben«, erwiderte Vater Maximos. Nach einer langen Pause fuhr er sehr ernst fort: »Glaube mir, das Gebet ist potenziell die größte Macht, die im Menschen verborgen liegt.«

»›Warum sollte ich beten?‹ Diese Frage wird häufig gestellt«, sagte ich. »Neulich habe ich mich mit einem Freund darüber unterhalten, und er war der festen Überzeugung, Gebet sei eine Beleidigung Gottes. Er meinte, wer bete, nehme an, man müsse Gott bitten, damit er uns gibt, was wir brauchen.«

»Das ist eine grobe Verzerrung von Sinn und Zweck des Gebets«, sagte Vater Maximos und winkte mit der Rechten ab. »Um euch die Wahrheit zu sagen, ich finde, es ist respektlos, Gott um seine Gunst zu bitten, damit er uns unsere weltlichen Wünsche erfüllt …«

»Dann stimmen Sie der Kritik von Kyriacos Freund also zu«, warf Antonis ein.

»Nein, eigentlich nicht. Ich verstehe, was er meint, wenn es uns im Gebet ausschließlich um die Erfüllung weltlicher Ziele geht, etwa um Erfolg im Beruf oder um dauerhafte Gesundheit und so weiter. In Wirklichkeit ist das so, wie wenn wir unsere Mutter bitten: ›Mama, bitte sorge gut für mich.‹ Das ist eine Beleidigung gegen den Allmächtigen. Gottseidank nimmt er so etwas nicht krumm«, sagte Vater Maximos und stimmte in das allgemeine Gelächter ein.

»Trotzdem«, fuhr Vater Maximos fort, »gibt es in der *Ekklesia* Gebete für alle möglichen konkreten Ziele. Im Gottesdienst beten wir für den Frieden, für eine gute Ernte, für den Schutz der Menschen auf See und so weiter. Wir haben sogar besondere Gottesdienste für ergiebigen Regen.«

»Neulich habe ich gelesen«, ergänzte Stephanos, »dass der Heilige Arsenios der Kappadokier Altvater Paisios beigebracht hat, wie man verschiedene Abschnitte der Psalmen für ganz konkrete Zwecke einsetzen kann, etwa, welches Gebet man rezitiert, wenn man seine Hausschlüssel verloren hat.«

»Ja, daran kann ich mich erinnern«, sagte Vater Maximos. »Es ist legitim, Gott um gutes Wetter, Regen, eine gute Ernte, Frieden und so weiter zu bitten. Das ist in Ordnung, solange es nicht zur Priorität wird, wenn wir Gott um etwas bitten.«

»Worum müssen wir Gott dann in erster Linie bitten, Vater Maxime?«, fragte Antonis.

»Jesus hat uns gelehrt, dass wir im Gebet nicht um Überflüssiges bitten dürfen, wie es die Götzendiener tun oder die, die Gott nicht kennen. Er sagt uns ganz genau, worum wir Gott bitten müssen, nämlich um sein Reich. Alles andere wird uns dazu geschenkt. Was wir vor allem anderen brauchen, ist die Erfahrung von Gottes Liebe.«

»Ich vermute, dies ist die Essenz des Jesus-Gebets«, sagte ich, »Herr Jesus Christus, erbarme dich meiner.«

Das Jesus-Gebet, hatte Vater Maximos mir bereits einmal gesagt, ist die stärkste Form der Kontaktaufnahme zu Gott. Es erfüllt den Geist mit Gnade, wenn die Betenden das Gebet im Herzen tragen und in Gedanken vor sich hinsprechen. Idealerweise sollte man jeden Tag eine bestimmte Zeit der Versenkung in diese Form des Gebets vorbehalten. Außerdem kann man es bei Routinetätigkeiten wie Geschirrwaschen, Spazierengehen oder beim Warten an der Bushaltestelle rezitieren. Dann kommt man irgendwann an einen Punkt, an dem man das Gebet ständig im Bewusstsein trägt, sogar im Schlaf oder bei geistig fordernden Tätigkeiten wie der Lösung mathematischer Gleichungen. Das Gebet wird zu einer Form des Atmens, eine andauernde Tätigkeit im Inneren des Menschen, die sein gesamtes Wesen heiligt.

»Das Gebet«, antwortete Vater Maximos, »bedeutet wörtlich: ›Jesus Christus, gewähre mir deine Barmherzigkeit, denn ich brauche sie, um dir zu begegnen, damit du in mir leben kannst und ich so lebe, wie du es von mir willst, damit du in meinem Wesen und in meinem Dasein ruhen kannst.‹ Das ist die Gnade Gottes. Das ist Gottes Liebe.«

»Wahres Gebet ist also das Mittel, mit dem wir Gott bitten, dass er uns hilft, ihn zu lieben«, sagte Antonis.

»Genau dies ist der Sinn des wahren Gebets, wie es die Heiligen verstehen. Gottes Liebe ist eine Gegebenheit. Wir sind es, die lernen müssen, Gott zu lieben. Wir bitten Gott nicht, uns zu lieben. Seine Liebe ist allumfassend und bedingungslos. Wir sind es, die uns heilen müssen, damit wir fähig werden, Gottes Liebe zu erleben. Wir sind es, die in dieser Beziehung ein Problem haben. Die Barmherzigkeit, die wir suchen, bedeutet daher, Gott möge unser Dasein so heilen, um zulassen zu können, dass er in uns Wohnung nimmt. Es ist, als bäten wir Gott, Raum in uns zu schaffen, damit es ihm möglich wird, unsere Einswerdung mit seiner Liebe herbeizuführen. Darum müssen wir Gott vor allem bitten. Wenn dies geschieht, dann schenkt uns Gott alles andere, was wir wirklich brauchen, hinzu.«

»Ich vermute, wenn das primäre Bedürfnis nach Einheit mit Gott befriedigt ist, verblassen alle anderen Wünsche. Dies erklärt vielleicht, warum Heilige weltlichen Zielen, Ehrungen und Besitztümern so gleichgültig gegenüberstehen«, spekulierte ich.

»Ganz genau. Unser wahres existenzielles Bedürfnis ist die Einheit mit Gott. Das Verlangen nach weltlichen Erfolgen und Zielen ist eine falsche Ersatzbefriedigung für dieses Bedürfnis. Wenn es befriedigt ist, arbeiten Herz und Sinn in ihrem natürlichen, ursprünglichen Zustand der ständigen Vergegenwärtigung und Kontemplation Gottes. Dann betritt der Mensch in Wirklichkeit die innerste Region seines Wesens.«

»Wir können also sagen, dass Gebet die Methode ist, die uns hilft, zur Mitte unseres Daseins vorzudringen«, schloss Lavros, der bis dahin untypisch still gewesen war.

»Tatsächlich lehrt uns Christus, dass wir uns im Gebet in unsere ›Schatzkammer‹ zurückziehen sollen, das heißt in die Tiefe unseres Wesens, ohne alle äußere Ablenkung, damit wir den Schmerz, den wir in Gottes Abwesenheit verspüren, zu Gott hinausschreien können. Unsere Leidenschaften und die Folgen unserer Verfehlungen, die uns quälen und die zusammen die Gesamtsumme der Probleme ergeben, vor denen wir stehen, können ein starker Antrieb zum Gebet werden.

Ich bin überzeugt«, fuhr Vater Maximos fort, »dass das Gegenmittel gegen alle Probleme, unter denen die Menschen aufgrund ihres isolierten Lebens in modernen Städten, oder übrigens auch sonstwo, leiden, das Gebet ist. Systematische Gebetspraxis führt sie an jenen Ort in ihrem Inneren, wo Gott wohnt und wo sie ihr wahres Menschsein und ihre Einzigartigkeit entdecken. Ganzheit finden sie nicht in äußeren Ereignissen und flüchtigen Erscheinungen, sondern im Kontext ihrer Beziehung zu Gott. Ich glaube fest, dass das Gebet der beste Widerstand und die beste Schutzimpfung des Menschen gegen Atomisierung und Einsamkeit ist.«

»Diesen Faktor haben mit Sicherheit weder die Soziologen noch die existentialistischen Philosophen als Mittel zur Überwindung der modernen Entfremdung in Betracht gezogen«, sagte ich. »Dabei steht das Thema Entfremdung im Zentrum der modernen Soziologie.«

»Durch das Gebet«, erklärte Vater Maximos, »erlangt der Mensch sein Dasein wieder. Eben dies versuchen Mönche und Eremiten in Klöstern und Einsiedeleien.«

»Für normale Menschen in der modernen Welt ist eine solche Position meist unhaltbar«, merkte ich an. »Sie glauben, dass Mönche und Nonnen dort ihr Leben verschwenden. So lautet die Standardkritik am Klosterwesen.«

»Aber wenn man in einem echten Kloster lebt, erkennt man, dass dies in Wirklichkeit ein Ort ist, an dem man nicht nur nicht verloren ist, sondern sich vielmehr sogar wahrhaft selbst finden kann. Hier kann man die Stärke des eigenen Menschseins entdecken.«

»Das heißt?«

»Das heißt, dass man die Fähigkeit zur Gemeinschaft mit Gott und infolgedessen zur Gemeinschaft mit seinen Mitmenschen entwickeln kann. Wenn dies einmal gelungen ist, kann man sich nie mehr einsam fühlen, Angst haben oder sich verloren vorkommen.«

»Dies ist schließlich der Sinn des Gebotes, dass wir zuerst Gott und dann unseren Nächsten lieben sollen«, sagte Stephanos.

»Selbstverständlich. Wenn man durch das Gebet lernt, Gott zu lieben, dann ist es nur natürlich, dass man auch seinen Nächsten liebt. Es ist sogar unvermeidlich, denn beides gehört zusammen. Außerdem entdecken wir durch das Gebet, wer wir wirklich sind; und wenn dies geschieht, dann verschwinden ein für alle Mal alle Ängste und Unsicherheiten, die wir im Herzen tragen. Das Gebet schenkt uns eine Gewissheit, mit der wir das Leben anders sehen können. Wir entwickeln die Gewissheit, dass Gott in unserem Leben immer gegenwärtig ist.«

»Deshalb fühlen sich Mönche und Nonnen nie einsam«, fügte Lavros hinzu. Wie Antonis war auch Lavros schon mehrfach auf dem Athos gewesen.

»Das ist ihr Geheimnis«, sagte Vater Maximos. »Wo wir auch sind, wir sind uns der Gegenwart Gottes bewusst. Deshalb muss man sich immer vor Augen halten, dass das Gebet wie ein Hafen ist, der stets in der Nähe liegt. In unserem Leben muss es unweigerlich viele Stürme und so manche raue See geben, was einige zur Verzweiflung und sogar in den Suizid treiben kann. Das Gebet ist der Hafen, in den wir jederzeit und unter allen Umständen einlaufen können. Nur dort finden wir wahren Frieden und Gelassenheit. Nichts kann diesen Frieden erschüttern, denn Gott ist da, in der Tiefe unseres Wesens. Daher kann kein weltlicher Aufruhr diese Ruhe stören, kein einziger. Wenn die Menschen die Macht des Gebets wirklich kennen würden, würden sie keine Mühe scheuen, Schritt für Schritt Beten zu lernen. Davon bin ich überzeugt.«

»Wenn das beste Gegenmittel gegen die heutige Einsamkeit und Entfremdung das Gebet ist«, überlegte ich, »dann haben westliche Philosophen und Intellektuelle eines der wirkungsvollsten Heilmittel zur Bewältigung der Schwierigkeiten im Leben übersehen.«

»Ganz offensichtlich. Aber man braucht Ausdauer und Beharrlichkeit, bis man Ergebnisse erzielt. Wenn man diesen Raum in seinem Herzen zum ersten Mal betritt, stößt man auf große Widerstände. Es ist, als käme man in einen Raum, den seit Jahren kein Mensch mehr betreten hat. Er ist voller Staub und Dreck. Am Anfang ist man verzweifelt und sagt sich womöglich: ›Meine Güte, wie soll ich an so einem Ort leben, wo es vor Kakerlaken nur so wimmelt?‹ So geht es einem, wenn man sich zum ersten Mal in sein Herz begibt. Deshalb wagen sich die Menschen heute nur ungern bis zu ihrem Herzen vor und sehen sich darin gründlich um. Sie erschrecken vor der Leere und der Negativität, die sie darin vorfinden.«

Bei diesen Worten sah Vater Maximos Stephanos an, der zustimmend nickte. Wir alle wussten, was dieser stille Austausch bedeutete. Stephanos hatte mir einmal erzählt, er habe Gott eines Tages im tiefen Gebet dummerweise gebeten, ihm zu zeigen, wie er, geistlich betrachtet, tatsächlich aussehe. Dieses Bittgebet löste in Stephanos ein negatives mystisches Erlebnis aus, das ihn in große Verzweiflung stürzte. Er versank in einem Albtraum. Erato erklärte uns, er sei fast verrückt geworden und habe ein halbes Jahr nicht mehr aufhören können zu weinen. Der gesellige Mann mit dem großen Freundeskreis wagte sich nicht mehr in die Öffentlichkeit, weil er sein unablässiges Weinen und Klagen nicht kontrollieren konnte. Er sagte mir, er sei sich vorgekommen wie der stinkendste aller Müllhaufen. Er eilte zu Vater Maximos, der ihn, nachdem er erfahren hatte, was geschehen war, scharf zurechtwies, weil er Gott um so etwas gebeten hatte. »Nicht einmal die erfahrensten Eremiten vom Athos würden es wagen, Gott um so etwas zu bitten«, tadelte er Stephanos. Stephanos brauchte Monate enger und ständiger Begleitung und Führung durch Vater Maximos, bevor er wieder zur Besinnung kam. Es war ein gravierender spiritueller Notfall, der wahrscheinlich Stephanos' Gesundheit angegriffen und seinen späteren Herzproblemen den Weg bereitet hatte.

»Wenn das die Aussichten sind«, fragte Frosoula, »warum sollten die Menschen sich dann solchen Gefahren aussetzen?«

»Wenn man weiß, was vor sich geht und unter der Obhut eines geistlichen Führers steht, kann man diese Anfangsschwierigkeiten überwinden. Wichtig ist, dass wir in solchen Situationen nicht verzweifeln. Sobald wir aufrichtig zu Gott oder zur Heiligen Jungfrau um Hilfe beten, findet in unserem Herzen Heilung statt. Es ist, als riefen wir unsere Nachbarn und Freunde, damit sie uns helfen, den Raum zu putzen. Ähnlich rufen wir im Gebet Gott, damit er kommt und unser Herz, unser ganzes Sein rein macht. Dann wandeln sich unsere Qualen und unsere Verzweiflung in verstärktes Gebet. Wie die Altväter lehren, folgen auf einen solchen Zustand häufig Tränen. Aber bittet Gott um Himmels willen nicht darum, Euch zu zeigen, wie ihr geistlich betrachtet ausseht, wie Stephanos es getan hat!« Bei dieser Warnung überzog ein breites Lächeln Vater Maximos' Gesicht.

»Warum die Tränen?«, fragte Frosoula.

»Sie sind integraler Bestandteil des Gebets«, erklärte Vater Maximos. »Wenn man sich dynamisch auf den Weg zur Entdeckung Gottes machen und seine Gegenwart im eigenen Inneren erfahren will, muss man das Geheimnis des Gebets unter Tränen erlernen.«

»Das ist nicht leicht zu begreifen«, wandte ich ein. »Wie macht man das?«

»Lasse einfach deinen Widerstand los und lasse zu, dass du zusammenbrichst und weinst.«

»Wie bei Stephanos?«, fragte ich.

»Nein. Das war etwas völlig anderes. Er hat eine gefährliche Bitte getan.«

»Und wenn man im Gebet keine Tränen vergießen kann?«, fragte Antonis.

»Dann bedeutet dies, dass die Türen deines Herzens immer noch fest verschlossen sind. Es bedeutet, dass du dich beim Beten mehr anstrengen musst. Das erste Anzeichen dafür, dass die Tür aufgebrochen ist und du diesen geistlichen Raum betreten hast, ist das Phänomen der Tränen. Wie gesagt, im intensiven Gebet fließen Tränen.«

»Wie leicht es jemandem fällt, diese Tränen zu erleben, hängt wohl zum großen Teil mit seinem spezifischen Charakter zusammen, vermute ich. Manche weinen schneller als andere«, bemerkte Frosoula.

»Ganz richtig. Viele Menschen können heute gar nicht mehr weinen. Sie sind emotional behindert. Tatsächlich höre ich in der Beichte mit Entsetzen von der Unfähigkeit der Menschen sich mitzuteilen. Männer wissen nicht, wie sie mit ihren Frauen umgehen sollen, und Eltern können ihre Kinder nicht mehr in den Arm nehmen und küssen. Die Beziehungen in der Familie sind schal und unlebendig. Solche Menschen sind in ihrer Entwicklung verkümmert und können sich daher weder in ihren Beziehungen zueinander mitteilen noch in ihrer Beziehung zu Gott.«

»Dann können wir also daraus schließen, dass unsere Persönlichkeit unserer Fähigkeit zu beten im Weg stehen kann«, sagte ich.

»Vielleicht.« Vater Maximos schwieg eine Zeit lang. »Der Mensch ist nicht nur Geist. Wir müssen unsere Liebe mit unserem ganzen

Wesen ausdrücken. In den ersten Jahren des Christentums haben die Menschen sich während der Eucharistie und kurz danach, wenn der Priester die Worte sprach: ›Lasst uns einander lieben, sodass wir einen Herzens bekennen‹ umarmt und geküsst. Heute wissen wir nicht, wie wir Gott unsere Liebe zeigen sollen, weil wir nicht wissen, wie wir einander unsere Liebe zeigen sollen.

Als ich zum ersten Mal den heiligen Männern auf dem Athos begegnet bin, etwa Altvater Paisios, Porphyrios oder Ephraim, war ich tief beeindruckt, wie gut sie sich ausdrücken konnten. Wenn man zum Beispiel die Briefe liest, die Altvater Joseph der Hesychast seinen Kindern im Geiste geschickt hat, erkennt man in seiner Art der Beratung eine erstaunliche Feinfühligkeit und Schönheit. Er war ein Meister der Kommunikation.«

»Und Sie glauben«, sagte ich, »dass diese Gaben ein Produkt ihrer Fähigkeit zu tiefem Gebet sind.«

»Das habe ich bereits gesagt. Da sie ständig im Gebet waren, lernten diese Altväter zuerst, Gemeinschaft mit sich selbst zu halten. Dieses Eindringen in ihr innerstes Wesen hat sie gelehrt, mit sich selbst zu kommunizieren.«

»Das klingt merkwürdig«, warf Lavros ein. »Was bedeutet das?«

»Es bedeutet, dass man sich geradewegs in die Augen sieht, so wie man ist, mit allen seinen Fehlern, Unzulänglichkeiten und Problemen. Aber man bleibt dabei nicht stehen. Man bleibt nicht in sich selbst gefangen, wie es vielen mit heutigen Methoden der Selbsterforschung ergeht.«

»Diese Methoden verkommen oft zur Falle der Selbstbefangenheit und des Narzissmus«, betonte ich. »Ich kenne Menschen, die geradezu besessen sind von ›Spiritualität‹, und doch ist ihre ganze spirituelle Arbeit nichts weiter als eine Übung in Bauchnabelschau und Narzissmus.«

»Genau. Deshalb muss der nächste Schritt dieser Selbsterforschung darin bestehen, den Blick auf Gott zu richten. Sonst kann man in seinem Ego gefangen bleiben.«

»Es scheint, als müsse man sich selbst überwinden, um zu einem wahren Dialog mit Gott zu gelangen«, sagte Stephanos.

»Das versteht sich von selbst. Wir flehen Gott an, dass er unser zerrüttetes Dasein in Ordnung bringt. Wenn wir dies tun, eröffnet sich ein Dialog zwischen uns und unserem Gott. Etwas Wunderbares geschieht. In dem Moment, in dem Gott unser Herz heimsucht, vereinen wir uns in einer Liebesfülle unmerklich zugleich mit der gesamten Welt.

Wenn wir uns in Gott verlieben und seine Liebe unser ganzes Wesen durchströmt, erleben wir, wie sich unser Herz öffnet und die ganze Menschheit darin Platz findet. In diesem Zustand wird der Mensch mit der gesamten Schöpfung in Liebe vereint, mit Vögeln, Pflanzen, Steinen, Bergen, Flüssen, mit allem. Was er empfindet, beschreiben die Altväter als die erste Erfahrung der Gnade, als die *logoi ton onton*.«

Vater Maximos dachte einen Moment nach. »Die *logoi ton onton*, wie die Altväter sagen, sind der Sinn und der Grund hinter dem Dasein von allem. Der Mensch lernt, nicht intellektuell, sondern empirisch, dass alles Dasein Sinn und Zweck hat.«

»Die Schöpfung ist nicht irrational«, sagte ich. »Sie folgt einem Zweck. Dieses Thema hat die meisten großen Philosophen vordringlich beschäftigt.«

»Für die Orthodoxie ist dieser Zweck nichts anderes als die *Gnosis* oder Gotteserkenntnis. Sinn und Zweck der Existenz eines jeglichen Dings ist die Erkenntnis des Schöpfers und die Vergöttlichung des Erschaffenen. Durch Erkenntnis der Schöpfung werden wir zur Gotteserkenntnis geleitet, die wiederum zu unserer *Theosis* [Einheit mit Gott] führt. Wer diese Wahrheit erkennt, ist Herr der Schöpfung, und diese Schöpfung wurde für ihn als Mittel zur Erkenntnis des Schöpfers geschaffen.«

»Manche Menschen reagieren heute negativ auf diesen gefährlichen Anthropozentrismus, wie sie sagen würden, der zur Zerstörung der Umwelt führt«, sagte Lavros, ein leidenschaftlicher Umweltaktivist.

»Nein, nein. Dies ist eindeutig ein Missverständnis«, versicherte Vater Maximos ungehalten. »Wenn die heiligen Altväter sagen, dass alles für den Menschen erschaffen wurde, dann bedeutet dies nicht, dass der Mensch damit auch einen Freibrief erhalten hat, sich seine natürliche Umwelt sinnlos zu unterwerfen und sie zu missbrauchen. Die Umwelt ist als heiliges Geschenk zu betrachten, als eine Arena, die dem Menschen zur Gotteserkenntnis und zu seiner Vergöttlichung, seiner *Theosis*, verhelfen kann. Wenn dies geschieht, beginnt der Mensch, im Einklang mit seinem wahren Wesen zu handeln. Er lebt in Gemeinschaft mit sich selbst, mit Gott, mit anderen Menschen und mit der ganzen Welt.«

»Wie tritt dieser Zustand im Leben des Menschen in Erscheinung, Vater Maxime?«, fragte Frosoula.

»In dem Moment, in dem Liebe in dein Herz dringt, verflüchtigt sich alle Angst. Dies ist das entscheidende Anzeichen dafür, dass die Gnade dein Herz heimgesucht hat. Deshalb waren die Heiligen so furchtlos. Sie haben alles und jeden geliebt. Diesen Zustand haben sie durch ständiges Gebet erlangt. Ein Heiliger ist mit der gesamten Schöpfung im Reinen. Wenn man beobachtet, wie die Schöpfung in Gegenwart eines Heiligen gezähmt wird, ist dies tatsächlich eine zutiefst ehrfurchtgebietende Erkenntnis. Viele Heilige haben friedlich unter wilden Tieren gelebt, ohne dass sie je von ihnen angegriffen worden wären. Der Heilige Gerasimos hatte in Palästina einen Löwen zum Haustier. Dem Heiligen Seraphim von Sarow leistete ein wilder russischer Bär Gesellschaft, und Altvater Paisios freundete sich mit Schlangen an. Auf dem Athos und bei den Wüstenvätern des frühen Christentums waren und sind solche Phänomene häufig. Wie Abba Isaak der Syrer sagt, trägt die Natur das Gespür für den Adam vor dem Fall in sich. Menschen, die sich wieder in ihrem ursprünglichen, paradiesischen Zustand befinden, haben genau dieselbe Beziehung zur Natur wie Adam, der friedlich unter wilden Tieren lebte, ohne dass sie ihm je etwas angetan hätten.«

»Modern denkenden Menschen erscheinen solche Argumente natürlich unglaubhaft«, wandte ich scherzhaft ein.

»Wenn Menschen diese Stufe geistlicher Entwicklung erreichen, ist die Schöpfung keine bedrohliche Kraft mehr. Aus diesem Grund übertreten Heilige verschiedentlich die Naturgesetze, ohne dass ihnen etwas geschieht. Die Natur selbst beschützt den Menschen, der in seinem Innersten seine ursprüngliche, ihm von Gott bei seiner Erschaffung geschenkte Schönheit entdeckt hat. Das merkt man, wenn man die Biographien der Heiligen liest.«

Hier schritten unsere Gastgeber ein und schlugen eine Pause am Abendbrottisch vor, der mit Köstlichkeiten aller Art gedeckt war. Die Teetafel hatte sich zu einem Abendessen weiterentwickelt. »Auch dies gehört zur ›Überfall‹-Methode«, sagte Lavros und zwinkerte mir zu, als er zu Tisch ging.

Während wir um den Abendbrottisch standen, sprach Vater Joachim, der bis dahin dem Austausch mit Vater Maximos schweigend zugehört hatte, ein kurzes Gebet. Dann segnete Vater Maximos das Essen, indem er mit der rechten Hand das Kreuzzeichen darüber schlug, und wir nahmen ein leichtes Abendessen ein. Unweigerlich wandelte sich unser Gespräch zu einem Meinungsaustausch über die politischen Entwicklungen in Zypern und den Krieg, der sich in der Region zusammenbraute. Dies war eine »Versuchung« von der Art, wie ihr nicht einmal Vater Maximos, der einst der Welt um des Heiligen Berges willen entsagt hatte, widerstehen konnte.

11

Der Glaube der Heiligen

Der »Kofi-Annan-Plan«, die von den UN angestoßenen Bemühungen für eine Wiedervereinigung Zyperns, war das zentrale Gesprächsthema bei Tisch. Unsere Gastgeber sowie auch Emily waren in Famagusta geboren und aufgewachsen, der einzigen besetzten Stadt der Welt, die mit Stacheldraht umzäunt ist. Spürbare Erwartung lag in der Luft angesichts der Aussicht auf eine politische Lösung und möglicherweise sogar eine Rückkehr in Heimathäuser, die vor über dreißig Jahren hatten aufgegeben werden müssen. Bei unserem allseitigen großen Interesse an einer friedlichen Zukunft auf der Insel nahm ich an, dass es an diesem Abend keine Gespräche über geistliche Themen mehr geben würde.

Sobald wir mit dem Essen fertig waren, segnete Vater Maximos die Reste mit einem kurzen Gebet, dann begaben wir uns wieder ins Wohnzimmer. Stets den Grund meines Zypern-Aufenthalts vor Augen, ergriff Lavros die Initiative und lenkte das Gespräch wieder auf das Thema, das durch das Abendessen unterbrochen worden war. »Vater Maxime, systematisches Gebet ist für uns Laien nicht einfach. Wie sollte man beten?«

Vater Maximos lächelte, weil er offensichtlich die Absicht hinter Lavros' Frage bemerkt hatte. Er sah mich an, als vermute er eine geheime Absprache zwischen uns, dachte eine Sekunde nach und sagte dann: »Zuerst müssen wir es unbedingt ernst meinen, wenn wir uns an Gott wenden.«

»Ich dachte, das sei selbstverständlich.«

»Damit meine ich, wir dürfen uns keinesfalls oberflächlich und beiläufig an Gott wenden. Altvater Sophronius geht deshalb sogar so weit zu behaupten, die Sprache, die wir im Gebet verwenden, müsse eine andere sein als unsere normale Alltagssprache. Deshalb beharrte er darauf, dass die liturgische Sprache nicht in die heute gebräuchliche Umgangssprache übersetzt werden sollte.«

»Dem würden heute sehr viele vehement widersprechen«, betonte ich. »Sie fordern, dass Gottesdienste in der Sprache abgehalten werden, die üblicherweise gesprochen wird, damit man versteht, was gesagt wird. Warum hat Altvater Sophronius eine derartige Position vertreten?«

»Altvater Sophronius behauptete, wenn wir die Liturgie in der Alltagssprache halten, senken wir das Niveau unserer Kommunikation mit Gott.«

»Inwiefern?«, fragte ich.

»Er glaubte, die Umgangssprache enthalte Bedeutungen und Bilder aus unserem Alltag, denen für gewöhnlich das Element der Heiligkeit und Reinheit fehlt. Wenn wir uns aber andererseits in einer Sprache an Gott wenden, die gewissermaßen exklusiv in den Grenzen der *Ekklesia* gebraucht wird, dann rufen schon allein die Worte und der Klang dieser Sprache heilige Empfindungen und Bilder in uns hervor, die die Kommunikation mit Gott erleichtern. Eine besondere Sprache mit einem präzisen und exklusiven Bedeutungsgehalt kann automatisch als Sprache der *Ekklesia* erlebt werden. Sie trägt größere geistliche Kraft in sich.«

»Ja, ich verstehe, was Sie meinen. Das ergibt sogar aus psychologischen Gründen Sinn.«

»Nun ja, dies ist nur eine Theorie des inzwischen verstorbenen Altvaters, die aus seinem geistlichen Erleben erwachsen ist.«

Ich erklärte, die Vorstellung, dass Sprache unser Weltverständnis strukturiert, gelte in der modernen Soziologie und Psychologie als gesichert. Aus meiner persönlichen Erfahrung kann ich sagen, dass moderne neugriechische Übersetzungen des Neuen Testaments weniger ansprechend sind als das ursprüngliche Griechisch des Neuen Testaments. Ähnlich empfinde ich auch die *King James Version* der Bibel ansprechender als die neuere *Standard Revised Version*. Im Lichte von Altvater Sophronius' Theorie frage ich mich, ob die völlige

Abschaffung der Lateinischen Messe durch die Katholische Kirche eine kluge Entscheidung war. Noch interessanter wird diese Frage, wenn man bedenkt, welche Faszination die östlichen Religionen in esoterischen Kreisen ausüben. Ernüchtert von den Rationalisierungen ihrer eigenen religiösen Tradition, wenden sie sich dem Buddhismus oder Hinduismus zu und rezitieren Mantras oder Gebete auf Sanskrit, die sie nicht verstehen. Dennoch sind ihnen solche Rituale in ästhetischer und geistlicher Hinsicht angenehmer als der kirchliche Sonntagsgottesdienst.

»Selbstverständlich dürfen wir nicht vergessen«, sagte Vater Maximos, »dass wir für eine effektivere Art des Betens wissen und verstehen müssen, was wir sagen. Der Heilige Johannes Chrysostomos hat betont, wenn wir selbst beim Beten nicht aufmerksam sind, sollten wir auch nicht erwarten, dass Gott unserem Gebet aufmerksam zuhört.«

»Ich habe mitbekommen, dass etliche Leute behaupten, sie beteten deshalb nicht, weil sie sich nicht konzentrieren können«, sagte Lavros. »Und ohne Konzentration halten sie das Gebet für eine fruchtlose und sinnlose Übung.«

»Das ist keine kluge Einstellung. Die Worte des Heiligen Johannes Chrysostomos richten sich nicht an Menschen mit diesem speziellen Problem; denn seht ihr, es kommt darauf an, dass wir uns im Gebet aufrichtig bemühen, dass wir unser Bestes tun, mit allen unseren Fähigkeiten und Einschränkungen. Dann lernen wir allmählich, uns zu konzentrieren und intensiv zu beten.«

»Wir sollten also nicht verzweifeln, wenn wir im Gebet immer wieder einschlafen oder unsere Gedanken abwandern«, sagte ich.

»Natürlich nicht. An solchen Unzulänglichkeiten leiden wir doch alle. Wir können ganze Abschnitte aus den Psalmen lesen, und nach einer Weile merken wir, dass wir in Gedanken ganz woanders waren und keine Ahnung haben, was wir gerade gelesen haben. Nur Engel und diejenigen, die den engelhaften Zustand erreicht haben, leiden beim Gebet nicht an Konzentrationsschwierigkeiten. Wenn wir in die Grundschule kommen, müssen wir zuerst das Alphabet lernen und dann auf dieser Grundlage weitermachen. Wir bestrafen kleine Kinder nicht, wenn sie

Schwierigkeiten haben und unbeholfen versuchen, ein Buch zu lesen. Es braucht Zeit, Übung und Entwicklung, bis man solche Fertigkeiten beherrscht. Wir können von einem Kind nicht erwarten, dass es sich verhält, als habe es bereits einen akademischen Abschluss. Dasselbe gilt für das Gebet. Als Anfänger ist es ganz unvermeidlich, dass wir Schwierigkeiten haben und Fehler machen. Wir beten auf unvollkommene Weise. Dies vor Augen, dürfen wir nicht den Mut und das Interesse daran verlieren, uns das Beten anzugewöhnen.«

»Ausdauer und Fleiß braucht man schließlich für jede Fähigkeit«, sekundierte ich. »Aber was hat Johannes Chrysostomos mit diesen Worten eigentlich gemeint?«

»Er sprach von gleichgültigen Menschen«, antwortete Vater Maximos. »Solche Menschen tun so, als ob sie beten, aber ohne jede innere Beteiligung. Sie geben sich keine Mühe, und es ist ihnen egal. Solche Gebete erhört Gott nicht …«

»Ich kenne eine ganze Reihe von Geistlichen, die so sind«, warf Lavros ein. »Sie spulen den Gottesdienst völlig mechanisch ab, und das merkt man.«

Vater Maximos nickte. »Wer absichtlich gleichgültig ist, aber so tut, als ob er betet, wird nicht mit der Gegenwart Gottes in seinem Herzen begnadet. Andererseits sucht die Gnade Gottes einen Menschen, der geistlich aufrichtig mit sich kämpft, irgendwann auch dann heim, wenn er beim Gebet ständig die Konzentration verliert. Die Vorsehung wirkt in der Form, dass sie den Geist des Betenden nach und nach stärkt, sodass er sich länger konzentrieren kann. Mit der Aufmerksamkeit beim Gebet zu bleiben, ist ein nie endendes Bestreben. Wichtig ist nicht, wie gut es uns gelingt, sondern wie aufrichtig wir uns darum bemühen.«

»Das macht Mut. Mir fällt es immer schwer, mich zu konzentrieren«, sagte Antonis und sprach damit wahrscheinlich den meisten Anwesenden aus dem Herzen.

»Aufrichtiges Bemühen ist nie vergeblich. Der Beweis dafür ist, dass wir uns geistlich verarmt fühlen, wenn wir aufhören zu beten, ganz gleich wie unvollkommen unser Gebet war.«

Nachdenklich schwiegen wir einen Moment, und ich vermutete

schon, unser abendliches Gespräch sei an sein Ende gelangt. Ich war mir sicher, dass Vater Maximos inzwischen sehr müde sein musste, war er doch seit weit vor Sonnenaufgang auf den Beinen. Aber er hatte uns noch mehr über das Gebet zu sagen. Das Gespräch hatte ihn offenbar belebt.

»In unserem geistlichen Ringen und im Leben im Allgemeinen ist es sehr wichtig, dass wir uns darin schulen, auf die Worte zu achten, die wir äußern. Ich meine das wortwörtlich.« Vater Maximos wandte sich mir zu, um sich zu vergewissern, dass ich ihn verstanden hatte. »Wir müssen unsere Worte beobachten, wenn wir sie äußern. Wenn wir sehen könnten, wie sie uns eines nach dem anderen aus dem Mund kommen, wäre allein dies schon eine starke Lektion. Es würde uns helfen zu erkennen, welche Macht in den Worten liegt. Stellt euch vor, wie wichtig Worte dann erst sind, wenn wir sie dazu benutzen, uns an Gott zu wenden.«

Es war klar, dass wir weitere Erklärungen brauchten, und Vater Maximos machte anhand einer Geschichte deutlich, worauf es ihm ankam.

»Während meines Aufenthalts auf dem Athos wurde ein Freund, ein junger Mönch wie ich, von Zweifeln geplagt. Er ging vor Beginn des Gottesdienstes in die Kirche und fragte sich: ›Was tun wir hier eigentlich? Wir leben allein, und jeden Tag wiederholen wir dieselben Worte, hören dieselben Gebete, immer und immer wieder.‹ Er war entmutigt. Es war Zeit für den *Apodypnon,* den kurzen Gebetsgottesdienst, den wir nach dem Abendessen halten. Der leitende Priester begann mit den Worten, die zu Beginn der meisten Gottesdienste gesprochen werden: *Evlogytos oh Theos ymon pantote, nyn kai ai kai es tous aeonas ton aeonon Amen* (Gelobt sei unser Gott, jetzt und immerdar und von Ewigkeit zu Ewigkeit, Amen). Während dieses *Apodypnons,* genau in dem Moment, in dem mein Freund diese Worte hörte, schenkte Gott ihm ein spirituelles Erlebnis. Durch die Hilfe des Heiligen Geistes begriff er, was es für einen Menschen bedeutet, Gott von *Ewigkeit zu Ewigkeit* zu preisen. Er erzählte mir: ›Es war, als ob alle Horizonte der gesamten Schöpfung, von Zeit, von Raum, von allem, sich vor mir auftäten.‹«

»Es ist immer schwer, wenn nicht unmöglich, das mystische Erleben eines anderen nachzuvollziehen«, sagte ich und schüttelte frustriert den Kopf.

»Ja, schon. In diesem speziellen Fall hat er mir erklärt, es sei so ähnlich, wie wenn man in einer Schlucht einen lauten Schrei ausstößt und hört, wie sich das Echo immer weiter fortsetzt, bis in die Tiefen der Schlucht hinein. So ist es ihm geschehen, als der Priester die heiligen Worte sprach. Er spürte buchstäblich, wie sich der Segen von Ewigkeit zu Ewigkeit fortsetzte. Er erkannte aus eigenem Erleben, was für eine ernste Sache es ist, wenn man den Mund auftut, um Gott anzusprechen. Dies ist die größte Aufgabe und das größte Privileg, das einem Menschen zufallen kann.

Worte haben also Macht«, betonte Vater Maximos noch einmal. »Vor allem aber verfügen die konkreten Worte, die Menschen wählen, um Gott anzusprechen, über eine ewige Dynamik und eine außergewöhnliche geistige Energie, die sich in ihnen angesammelt hat.«

»Gilt das auch, wenn Worte in die umgekehrte Richtung zielen?«, fragte ich.

»Oh ja! Gotteslästerungen werden in die Ewigkeit hinausgeschleudert. Jedes Wort, das wir aussprechen, und jeder Gedanke, den wir aussenden, ist eine greifbare Realität mit Auswirkungen auf unsere Welt.«

»Auch Kraftausdrücke?«, fragte Antonis.

»Unbedingt. Es ist schrecklich, wenn man sich eine ordinäre Sprache angewöhnt; und es ist eine schreckliche Sünde, Gott zu lästern. Dem Evangelium zufolge wagen dies noch nicht einmal die Dämonen. Wenn Dämonen den Namen Gottes hören, erschaudern sie. Leider fehlt uns Menschen dieses Feingefühl.

Wenn wir uns bereit machen zum Gebet, müssen wir uns darüber im Klaren sein, dass Gott buchstäblich gegenwärtig ist und wir mit voller Aufrichtigkeit des Herzens und präzisen Worten mit ihm sprechen müssen. Wir müssen daran denken, dass Gott zuhört und jedes Wort, jeden Gedanken und jedes Gefühl registriert. Es erfüllt mich immer wieder mit Ehrfurcht, mit welcher Ernsthaftigkeit die Heiligen Gott in ihren Gebeten angesprochen haben. Sie waren völlig konzentriert und hoch präzise – was wir selbstverständlich noch lernen müssen.«

Dann schlug Vater Maximos vor, wir sollten alle jeden Tag eine Stunde lang eine einfache Übung machen, indem wir nämlich in dieser Stunde darauf achten, welche Worte wir äußern. Sagt euch, jeden Morgen zwischen neun und zehn beobachte ich jedes Wort, das ich spreche, als sähe ich es schriftlich vor mir, sobald es meinen Mund verlässt.

Diese Übung«, erklärte Vater Maximos, »schult uns darin, auf die Worte zu achten, die wir von uns geben, und sie verhilft uns zu Konzentration und Aufmerksamkeit. Im Idealfall muss unser Gebet klingen wie ein intensiver Schrei, der zu Gott aufsteigt, wie es in den Psalmen geschrieben steht. König David bezeichnet das Gebet als ›Schrei‹. Dies bedeutet, dass der betende Mensch als einer erscheinen muss, der aus vollen Kräften schreit.«

»Ich dachte immer, Gebet sei etwas Stilles«, sagte Lavros halb im Scherz.

»David spricht von der Notwendigkeit innerer Intensität«, erwiderte Vater Maximos. »Stelle dir vor, jemand stößt einen anderen aus dem 25. Stockwerk eines Gebäudes. Dieser Mensch wird einen herzzerreißenden, entsetzten Hilfeschrei ausstoßen. Es ist sein letzter, verzweifelter Schrei. Dies ist die Kraft, die man idealerweise im Gebet aufbringen sollte.«

»Aber wie realistisch oder möglich ist es, Vater Maxime, dass man sich beim Beten in eine derartige seelische Verfassung begibt?«, fragte Antonis.

»Theoretisch ist es möglich. Aber praktisch nicht. Wir sind Menschen, und unsere Lebensumstände lassen normalerweise nicht zu, dass wir uns dieser intensiven Form des Gebets hingeben. Wenn wir jedoch mit den Widrigkeiten und Sorgen des Lebens konfrontiert sind, dann sind wir wie Wasser, das komprimiert wird und daher überläuft. Wenn die Seele derartig unter Druck gerät, dann kann man nach Gottes Hilfe schreien, wie David es in den Psalmen beschreibt.

Wenn Sorgen jemanden niederdrücken, wird sein Gebet möglicherweise intensiver«, fuhr Vater Maximos fort. »Der Heilige Siluan, ein Altvater vom Athos aus dem 20. Jahrhundert, kannte einen Laien, einen Arbeiter, der mit großer Intensität betete. ›Wo hast du so beten gelernt?‹, fragte er ihn. Der Arbeiter antwortete, das sei im Krieg gewesen, als es Spitz auf Knopf stand, ob er leben oder sterben würde.«

Um dies noch deutlicher zu veranschaulichen, erzählte Vater Maximos von dem außergewöhnlichen Erlebnis eines Altvaters vom Athos, den er persönlich kannte: »Eines Tages ging der Altvater nach Abschluss der Vesper in seine Zelle, um dort alleine weiter zu beten. Dabei versetzte ihn der Gedanke in Staunen, dass in diesem Moment jeder – alle etwa zweitausend Mönche auf der gesamten Athos-Halbinsel – betete. Und er fragte sich, wie der Heilige Berg unter solch intensivem Gebet wohl aussähe.

Im selben Moment spürte er, wie er vom Heiligen Geist hoch in die Luft katapultiert wurde. Es war, als schaute er aus einem Flugzeug herunter. Aus dieser erhöhten Position sah er, dass die Athos-Halbinsel Feuer spie wie ein aktiver Vulkan, als stünde der ganze Berg in Flammen. Einige Flammen reichten geradewegs in den Himmel hinauf. Andere erschienen schwach wie eine kleine Kerzenflamme, und wieder andere flackerten und waren kaum zu sehen. Eine gab es jedoch, die wie ein Feuerstrom geradewegs nach oben führte. Da hörte er eine Stimme aus dem Himmel, die sprach: ›Was du gesehen hast, ist der Heilige Berg, und dies sind die Gebete der Mönche, die zu Gott aufsteigen.‹ Da fragte der Altvater: ›Und wessen Gebet ist dieser große Feuerstrom?‹ Gott antwortete, es sei das Gebet eines bestimmten Abtes in einem bestimmten Kloster. Sein Name kann aber nicht offenbart werden, weil er noch am Leben ist.

Ihr seht«, fuhr Vater Maximos fort und lehnte sich in seinem Sessel zurück, »Gott ist nicht irgendeine unpersönliche Intelligenz. Gott ist persönlich und kommuniziert mit uns, spricht zu uns und kann uns, wie im Falle dieses Abtes, in andere Teile seines Reiches katapultieren.«

»Wenn dem nicht so wäre, hätte es ja keinen Sinn zu beten«, dachte ich laut und hatte dabei die moderne Auffassung vieler wohlmeinender heutiger Theologen im Sinn, von Gott nicht in persönlichen Begriffen zu sprechen, sondern die neutralere Formulierung »Urgrund allen Seins«[1] zu verwenden. »Zum Urgrund allen Seins zu beten, ist schwierig.«

»Es ist absolut unmöglich, zu einer unpersönlichen Intelligenz zu beten«, erklärte Vater Maximos. »Wollte man dies tun, hieße das ja, dass Gott entweder an Unaufmerksamkeit oder Nichtexistenz leidet. Gott ist persönlich und nicht irgendeine abstrakte Idee.«

»Für viele gewöhnliche Menschen wie mich«, sagte ich, »ist dies eine schwer verdauliche Realität. Die meisten Menschen glauben, wenn sie beten, höre eigentlich keiner zu.«

»Das gehört zur Tragödie des modernen Menschen. Unsere Vorbilder dafür, was es wirklich heißt zu beten, sollten immer die Heiligen und die Propheten sein, sei es nun König David oder Altvater Paisios. Ich erinnere mich, wie ich eines Tages zufällig in Altvater Paisios' Eremitage war und ein Mittagessen, bestehend aus Brot und ein paar Oliven, vorbereitete. Wir erhoben uns zum Gebet, und er begann mit dem Vaterunser. Leider kann ich euch nicht begreiflich machen, was ich empfunden habe, als dieser alte Eremit anfing: ›Vater unser, der du bist im Himmel ....‹ Wisst ihr, das Vaterunser hatte ich mehrmals täglich gehört und gesprochen, mehrere tausend Mal im Jahr. Doch wenn Altvater Paisios diese Worte sprach, dann wusste man, dass er direkt mit Gott kommunizierte, dass er ebenso vor Gott stand, wie Moses auf dem Sinai vor dem brennenden Dornbusch gestanden hatte. Es gab keine Schranke zwischen ihm und Gott.«

Zur Antwort auf Frosoulas Frage nach der Rolle des Schriftstudiums im geistlichen Ringen des Menschen betonte Vater Maximos, dass die Altväter Gebet und Schriftstudium als Zwillinge und notwendige Voraussetzungen auf dem Weg zur Heiligkeit betrachteten. »Über die praktischen Aspekte geistlicher Übungen hinaus, also etwa seine Wut zu zügeln, freundlich gegenüber anderen zu sein, zu beten, an einer wohltätigen Einstellung zu arbeiten und so weiter, müssen wir auch Zeit für das Schriftstudium aufbringen. Das Schriftstudium ist eine Möglichkeit, sein Denken mit Gott zu erfüllen. Wassertropfen, die über lange Zeit rhythmisch auf Marmor treffen, werden ihn eines Tages zweiteilen. Dasselbe gilt für unser Herz. Die vordringliche Beschäftigung mit geistlicher Arbeit im Verbund mit dem Studium des Lebens der Heiligen kann dafür sorgen, dass unser Denken immer auf Gott oder das *Agathon*, das Gute, ausgerichtet ist. Und mit der Zeit öffnet sich unser Herz.«

»Vater Maxime, neulich haben Sie davon gesprochen, dass es zwei Arten des Glaubens gibt«, sagte Stephanos, »aber Sie haben dies nicht näher erläutert. Da wir gerade über das Gebet sprechen, frage ich mich, ob Sie vielleicht näher erklären können, was Sie mit den zwei Arten des Glaubens gemeint haben.«

Vater Maximos dachte einige Sekunden über Stephanos' Frage nach. »Ja«, sagte er dann, »der Glaube hat grundsätzlich zwei Stufen. Die erste Stufe ist das, woran der Durchschnittsmensch üblicherweise glaubt, nämlich, dass es einen Gott gibt. Ich glaube an den einen Gott, an Christus und an den Heiligen Geist. Ich glaube an die wesentlichen kirchlichen Lehren über das Evangelium und an die *Ekklesia*. In der Sprache der heiligen Altväter ist diese Form des Glaubens der Anfangs- oder Kinderglaube.«

»Und sie meinten, dass man einen solchen Glauben nicht haben sollte?«, fragte ich.

»Nein, selbstverständlich nicht. Er ist eine notwendige Stufe unserer geistlichen Entwicklung, aber er ist eine kindliche Stufe. Er ist ein Ausgangspunkt, eine Grundlage, auf der man seinen Rückweg zu Gott beginnt. Und das ist gut so. Diese Form des Glaubens hat allerdings nicht viel Kraft.«

»Auf dieser Stufe sollte man nicht stehen bleiben«, bemerkte Stephanos.

»Genau. Bloßer Glaube ist nicht das Ziel der *Ekklesia*.«

»Aber gerade so denken sich die meisten Menschen den Glauben an Gott«, fügte ich hinzu. »Sie werden fromm und fühlen sich ›neu geboren‹ und so weiter.«

»Die Lehren der *Ekklesia* gehen über den Glauben hinaus. Wenn man glaubt, ohne irgendeinen Beweis dafür zu haben, dann ist man in Wirklichkeit naiv. Man muss sich die Existenz Gottes erst selbst durch eigene unmittelbare Erfahrung beweisen, bevor man anderen etwas über Gott erzählen kann. Man kann behaupten, dass man an Gott glaubt. Gut. Aber wo ist der Beleg, dass Gott wirklich existiert? Paulus sagt, dass der Mensch geistlich an einen Punkt gelangen kann, wo der Glaube aufgehoben wird. An diesem Punkt werden Glaube und Hoffnung ausgelöscht, und nur die Liebe bleibt.«

»Der Glaube an Gott ist also kein Ziel an sich, sondern nur eine Stufe, die uns zur liebevollen Einheit mit Gott führt«, fügte ich hinzu.

»Ja. Das heißt aber natürlich nicht, dass der Mensch nicht mehr an Gott glaubt, sondern dass Gott für einen solchen Menschen nicht mehr Glaubenssache, sondern unmittelbare Erfahrung ist. Die Altväter lehren, dass der Mensch durch diesen Anfangsglauben zur zweiten Glaubensstufe geleitet wird, die sie als *Pistis tes Theorias* bezeichnen. Damit ist der Glaube gemeint, der auf der unmittelbaren Anschauung Gottes [*Theoria*] beruht statt auf einer philosophischen Kontemplation über die Realität Gottes. Man glaubt nicht mehr an etwas Unbekanntes und Fernes, sondern an etwas, das man aus eigener Erfahrung kennt. Es ist konkret und fassbar.«

»Ich vermute, das ist so, als ob man an jemanden glaubt, der einem nah und lieb ist«, bemerkte ich. »Man glaubt daran, dass der gute Freund einen nicht hintergeht oder bestiehlt. Diesen Glauben hat man, weil man den Freund auf einer Herzensebene kennt. Man ist sich seiner Integrität absolut sicher.«

»Das ist ein guter Vergleich. Es genügt nicht, wenn andere Realitäten beschreiben, die unsere persönliche Erkenntnisfähigkeit und Überprüfungsmöglichkeit übersteigen. Es genügt nicht, wenn jemand uns schildert, wie beseligend es ist, mit Christus eins zu sein. Diese Seligkeit müssen wir selbst erleben.« Vater Maximos dachte ein paar Sekunden nach. »Nur wenn man über unmittelbare Gotteserfahrung verfügt, hat man das Durchhaltevermögen, den geistlichen Weg weiterzugehen, das muss ich betonen. Dies liegt daran, dass Sünde empirisch ist und sich oft mit den Verlockungen der Sinne und großem Vergnügen vermischt. Mit einer bloßen Theorie über Gott kann man der Anziehungskraft weltlicher Freuden nicht widerstehen. Aber mit der überwältigenden Seligkeit in der Gegenwart Gottes hat man der Anziehungskraft der Sünde etwas entgegenzusetzen. Ein Altvater hat es einmal so ausgedrückt: ›Wir bekämpfen die Erotik mit dem Erotischen.‹ Das heißt, man kann weltliche Versuchungen durch das unendlich schönere unmittelbare Erleben und die Liebe Gottes überwinden.«

»Den großen Heiligen und Mystikern aus allen Zeiten zufolge ist die unmittelbare Schau von Gottes Liebe die stärkste Erfahrung, die ein Mensch machen kann, und stellt alles andere in den Schatten«, sagte Vater Joachim, der bis dahin geschwiegen hatte. Es war unmittelbares Erleben, das ihn vom erfolgreichen Banker zum schwarz gekleideten, bärtigen, geweihten Priester hatte werden lassen.

»Ich nehme an, der Anfangsglaube kennzeichnet die ›Sklaven‹ und ›Angestellten‹ Gottes, über die wir bereits gesprochen haben, wohingegen die Stufe des unmittelbaren Gotteserlebens eher die ›Gott Liebenden‹ auszeichnet«, sagte ich.

»Ja, genau.«

»Für jeden normalen Menschen«, fuhr ich fort, »stellt sich nun die naheliegende Frage: Wie kommt man vom Anfangsglauben zum zweiten Glauben der unmittelbaren Schau Gottes, der *Theoria*?«

»Befolge einfach Gottes Gebote und habe Geduld. Die Gebote sind Formen geistlicher Übung. Sie entsprechen in etwa den Arbeiten, die man in der Schule schreibt und anhand derer der Lehrer überprüft, wie viel von dem vorgegebenen Stoff man gelernt hat. Zum Beispiel verlangt Gott von uns, dass wir Böses nicht mit Bösem vergelten. Aber dann kommt eine Zeit, in der uns die Umstände zur Rache drängen oder ein Verlangen nach ausgleichender Gerechtigkeit wecken oder Eifersucht schüren. Wegen Christi Gebot aber bemühen wir uns, der Versuchung zu widerstehen, Rache nehmen zu wollen oder eifersüchtig zu sein. Dieser fortwährende Kampf, sozusagen ›bis zum Tod‹, ist notwendige Voraussetzung für wahren Glauben. Laut Abba Isaak erwächst diese Art des Glaubens aus Versuchungen. Durch Versuchungen, Sorgen, Irrungen und Wirrungen kommt Gott und belohnt sozusagen das Ringen des gläubigen Menschen und überreicht ihm als Trophäe die Erfahrung der Herrlichkeit seiner Gegenwart. Diese Erfahrung ist so überwältigend, dass der Mensch beim nächsten Mal noch stärker darum kämpft, sie wiederzuerlangen.«

»Man wird sozusagen süchtig nach Gott«, sagte ich.

»Ja! Man kämpft mit mehr Energie, weil die Gnade ihre Gegenwart sogar noch intensiver zeigt. Für einen Menschen, der diese Stufe erreicht, ist es unmöglich, auch nur die Spur eines Zweifels an der Realität Gottes zu haben. Das ist wahrer Glaube.«

Noch einmal wiederholte Vater Maximos, dass bei dem Bemühen, zur zweiten Stufe wahren Glaubens voranzuschreiten, systematisches Gebet von höchster Wichtigkeit ist. »Gebet schenkt uns die Kraft, die uns schließlich zur Gotteserfahrung führt. Gerade so wie der Mensch essen muss, um gesund zu bleiben und die Kraft zur Bewältigung seines Alltags zu haben, braucht er auch das Gebet, um Widerstandskraft und Immunität gegenüber Versuchungen und Akten des Bösen zu entwickeln. Es ist wie das System der Antikörper, das wir in unserem physischen Leib haben und das ihn gesund erhält. Wenn ein Virus in den Körper eindringt, werden die Antikörper aktiviert und erhöhen unsere Widerstandskraft.«

»Ist das narrensicher?«, fragte ich. »Kann man nicht der Versuchung erliegen, auch wenn man im Gebet noch so fortgeschritten ist?«

»Natürlich ist es nicht narrensicher«, erwiderte Vater Maximos. »Selbst große Heilige und Propheten sind in katastrophaler Weise Versuchungen erlegen. Sie sind jäh vom Glauben abgefallen. Deshalb bleiben die heiligen Altväter bis zum letzten Atemzug wachsam.«

Plötzlich zog Vater Maximos seine Uhr aus der Tasche, als sei ihm eingefallen, dass er noch etwas vorhabe. Dann entschuldigte er sich, er müsse schnell wieder in die Bischofsresidenz. Es war bereits 21 Uhr, und es warteten Menschen zum Beichtgespräch auf ihn.

»Ich habe *eine* Frage, Vater Maxime«, sagte Emily, die den ganzen Abend über ungewöhnlich still gewesen war, während Lavros uns nach Hause fuhr, Vater Maxime auf dem Beifahrersitz und Emily und ich hinten. »Sie haben heute Abend sehr viel über das Gebet und seine Kraft, insbesondere über die ständige Wiederholung des Jesus-Gebets gesprochen. Was können Sie Menschen sagen, die nicht orthodox sind, dieses Gebet aber innerhalb ihrer eigenen Konfession praktizieren möchten?«

»Das ›Jesus-Gebet‹ oder das ›Herzensgebet‹, wie wir es manchmal nennen, kann jeder sprechen. Wichtig ist allerdings, dass man in Demut betet und das Gebet nicht auf eine Art Mentaltechnik reduziert.

Eine solche Herangehensweise kann nach hinten losgehen und zu unerfreulichen Entwicklungen führen.«

Vater Maximos erläuterte nicht näher, was diese »unerfreulichen Entwicklungen« sein könnten, sondern betonte im Weiteren, die systematische Gebetspraxis könne drei grundlegende existenzielle Probleme lösen, vor denen alle Menschen stünden. Er drehte sich um, schaute Emily an und zeigte drei Finger seiner rechten Hand. »Erstens befreit es uns aus der Einsamkeit. Wir können uns nicht einsam fühlen, wenn wir mit Christus verbunden sind. Zweitens werden wir von allen Befürchtungen befreit, sei es um unsere Gesundheit, unseren Besitz, unsere Arbeit, unsere Kinder und so weiter. Drittens werden wir von der Angst befreit. Indem wir uns Christus ergeben, überwinden wir die Angst vor dem Tod, denn in Wirklichkeit gibt es keinen Tod. Wie wir aus Erfahrung wissen, hilft uns also das Herzensgebet, unsere grundlegenden existenziellen Probleme zu lösen.«

Ich erwähnte, dass ich Menschen, die nicht orthodox sind, oft die Neufassung des Heiligen Gregorios Palamas empfehle, der stundenlang betete: »Herr, erleuchte meine Finsternis«, »Herr, erleuchte meine Finsternis«, »Herr, erleuchte meine Finsternis« und so weiter. Offenbar hatte dies dieselbe Wirkung wie die ursprüngliche Formulierung des Jesus-Gebets. Diese zweite Version sei für Menschen aus anderen religiösen Traditionen womöglich einfacher, behauptete ich. Vater Maximos ging nicht darauf ein. Dann wies ich darauf hin, dass diese Form des Gebets für Menschen hilfreich sein könnte, die in großen Städten leben.

»Oh ja«, sagte Vater Maximos lebhaft. »Die moderne Stadt ist das Äquivalent zur Wüste, die die frühen Kirchenväter für ihre geistliche Praxis aufgesucht haben. In einer Großstadt kann man als Eremit leben, ohne dass es jemand merkt.«

»Die Anonymität, die man in der modernen Stadt erlangen kann, ist also das Äquivalent zur ägyptischen Wüste?«, wunderte sich Lavros.

»Richtig. Sogar etwas, was als problematisch gilt. Ich meine die Einsamkeit, die viele Menschen in der Stadt erleben, kann in eine Wüste verwandelt werden, die für das Gebet lebensspendend ist. Altvater

Paisios pflegte zu sagen: Wichtig ist, dass man sich zu einer ›Wüste‹ ohne alle destruktiven und egoistischen Leidenschaften macht.«

»Ich habe eine Bitte, Vater Maxime«, sagte Emily entschlossen. »Wie kann ich die östlich-orthodoxe Spiritualität besser kennenlernen und Gott aus eigenem Erleben erfahren? Bitte verweisen Sie mich nicht an irgendwelche heiligen Bücher«, ergänzte sie heiter, während Lavros seinen Pajero vor den Toren der Bischofsresidenz parkte.

»Gehe zehn Tage ins Frauenkloster in Patmos«, sagte er und stieg aus dem Wagen.

»Was? Warum?« Emily war überrascht.

»Das findest du heraus, wenn du dort bist. Du musst unbedingt die Anweisungen der Mutter befolgen«, antwortete er geheimnisvoll, stieg die Treppen hinauf und winkte uns zur guten Nacht.

12
Tod und Nahtod

Von Stephanos und Erato erfuhr ich, dass Vater Maximos einige Tage vor meiner Ankunft Anfang Januar bei einer öffentlichen Diskussionsveranstaltung mit einem bekannten Psychiater über das Wesen des Todes und »Nahtod-Erfahrungen« debattiert hatte. Erstmals entdeckt und allgemein bekannt wurde das Phänomen der Nahtod-Erfahrungen durch den gefeierten amerikanischen Psychiater und Philosophen Dr. Raymond Moody.[1] Meinen Freunden zufolge war der Saal, in dem das Gespräch stattfand, übervoll mit Leuten, die mehr über den Tod und das Leben danach erfahren wollten. Ich bedauerte, dass ich das Ereignis um nur wenige Tage verpasst hatte, aber meine klugen Freunde und Informanten rieten mir, dieses Thema bei Vater Maximos in einem günstigen Moment anzuschneiden. Sie waren sich sicher, dass er zumindest die wichtigsten Punkte dieses Gesprächs noch einmal aufgreifen würde.

Insbesondere die Nahtod-Erfahrung interessierte mich, und dies aus zwei Gründen. Erstens betrachtete ich sie als außergewöhnliche Entwicklung in unserem Verständnis des Sterbeprozesses. Tatsächlich glaubte ich, dass sich durch dieses Phänomen revolutionäre Möglichkeiten für das Verständnis des Todes an sich und möglicherweise auch des Lebens danach auftun könnten. Vor Professor Moodys bahnbrechenden Forschungen war es undenkbar, dass Menschen, deren Tod von Ärzten mithilfe zuverlässiger medizinischer Methoden festgestellt worden war, wieder lebendig werden und von erstaunlichen, vollständig bewussten Erfahrungen während ihres »Todes« berichten konnten. Außerdem faszinierten mich die Ähnlichkeiten zwischen bekannten mystischen Erfahrungen und dem Nahtodzustand. Häufig verwandelten diese Erfahrungen die Lebenseinstellung der Betroffenen grundlegend und befreiten sie unter anderem vollständig von der Angst vor dem Tod.

Mein Interesse an dem Phänomen gründete darüber hinaus auch auf dem Wunsch, Vater Maximos' Ansichten zu diesem kontroversen Thema kennenzulernen. Seine Sicht würde die der Altväter vom Athos widerspiegeln, so nahm ich an, also sozusagen der Spezialisten für das »Phänomen des Todes«. Ihren Höhepunkt erreichte meine Neugierde, als ich bei einer Konferenz in Kanada von Dr. Moody persönlich erfuhr, dass christliche Fundamentalisten in seiner Heimat Alabama sein Werk als »antichristlich« verteufelten, was dem Doktor das Leben manchmal schwermachte.

Die Gelegenheit, den Rat meiner Freunde zu befolgen, kam, als ich Vater Maximos auf eine Fahrt in ein Dorf an den Osthängen des Troodos-Gebirges begleitete, etwa anderthalb Autostunden westlich von Limassol. Als Bischof hatte er es sich zur Regel gemacht, jeden Sonntag eine andere Kirche zu besuchen und dort den Gottesdienst zu leiten. Auf diese Weise wollte er mit allen Gemeinden in seiner Diözese in Verbindung bleiben. Nach dem offiziellen Gottesdienst war es Brauch, bei einem Gemeindemitglied zu Mittag zu essen. Der Gastgeber betrachtete es als Ehre, dem Bischof und seiner Begleitung – in diesem Fall Vater Nikodemos und mir – eine Mahlzeit anzubieten.

An jenem Sonntag Mitte März fand das Mittagessen beim örtlichen Arzt statt, der zugleich der Bürgermeister war. Es war ein schöner warmer Tag. Nach einer Woche Dauerregen, über den die chronische Dürre gewohnten Zyprioten sich sehr gefreut hatten, war der Himmel nun kristallklar. Die Stauseen waren voll und versprachen einen Sommer mit ausreichend fließendem Wasser. Unsere Gastgeber hatten den Tisch mitten in ihrem Innenhof unter dem für Bergdörfer typischen Blätterdach aus wildem Wein gedeckt. Das Haus war von Kirsch- und Apfelbäumen umgeben, die in voller Blüte standen. Es war Frühling in Zypern, und die Insel zeigte sich von ihrer schönsten Seite.

Ein schöneres Arrangement hätte ich mir nicht vorstellen können, und ich freute mich auf gutes Essen und lebhafte Gespräche. »*Wegen des Basilikums kriegt auch der Topf Wasser*«, flüsterte ich Vater Maximos zu, als wir das neugebaute Steinhaus des Arztes betraten. Er schmunzelte über das bekannte zypriotische Sprichwort, das in diesem Fall bedeutete, dass wegen ihm – dem Basilikum – auch ich – der Topf – eingeladen worden war.

Kaum dass wir die großzügigen Portionen Fisch, Salate und Obst verspeist hatten, folgte die fast schon vorhersehbare Frage-Antwort-Stunde zu geistlichen Themen. Die Leute hatten sich daran gewöhnt, solche Beziehungen mit Vater Maximos zu pflegen, und er ermunterte sie ausdrücklich dazu. Für ihn gehörten solche Gespräche zu seinen Pflichten als Bischof und waren integraler Bestandteil seiner »Stellenbeschreibung«. Durch diese sokratischen Dialoge konnte er unter den Gläubigen die Weisheitstradition der orthodoxen Spiritualität verbreiten.

Zufällig befand sich unter den Gästen am Tisch eine Frau, die erst kürzlich bei einer Operation am offenen Herzen selbst eine Nahtod-Erfahrung gehabt hatte. Margarita, eine Cousine unseres Gastgebers in mittleren Jahren, behauptete, sie sei buchstäblich »gestorben«, aber als neuer Mensch wieder ins Leben zurückgekehrt. Sie brannte darauf, dieses Thema zur Sprache zu bringen und von Vater Maximos eine Rückmeldung dazu zu erhalten. So erwies sich, dass Stephanos und Erato mit ihrem prophetischen Rat, es werde sich eine günstige Gelegenheit zum Gespräch über Nahtod-Erfahrungen bieten, voll ins Schwarze getroffen hatten.

Margarita war bei der öffentlichen Diskussion über das Thema im Publikum gesessen, hatte aber aus Schüchternheit vor so vielen Leuten nicht über ihr Erlebnis sprechen wollen. Doch bei dieser kleinen und informellen Zusammenkunft mit acht Teilnehmern im Haus ihres Cousins öffnete sie sich und ließ uns an ihrer lebensverändernden Erfahrung teilhaben.

Margarita, die an der Highschool englische Literatur unterrichtete, schilderte ihre Nahtod-Erfahrung in allen Einzelheiten. Ihre Geschichte passte genau zu den verschiedenen Phasen einer Nahtod-Erfahrung, wie sie Raymond Moody in seinem Werk beschreibt und wie sie von anderen, die über dieses außergewöhnliche Phänomen forschen, wiederholt bestätigt werden. Sie befand sich außerhalb ihres Körpers und beobachtete, wie die Ärzte sich an einem Körper zu schaffen machten, der sich in einem komatösen Zustand befand und schließlich für tot erklärt wurde. Sie wusste genau, was in anderen Teilen des Krankenhauses vor sich ging und beobachtete die Qualen ihrer Freunde und Verwandten. Dann ging sie durch einen Tunnel, an dessen Ende ein unbeschreibliches Licht auf sie wartete. In diesem Licht befand sich ein Christus-Wesen, das die tiefste persönliche Liebe ausstrahlte, die sie je erlebt hatte. Es war, als hätte sie nach langer Abwesenheit ihre liebevollen Eltern wiedergetroffen. Die Intensität dieser Liebe spürte sie so stark, dass sie dort bleiben wollte, in ihrer »wahren Heimat«, wie sie sagte. Das christusähnliche Wesen riet ihr jedoch, in ihren Körper und zum Leben auf der Erde zurückzukehren, weil es für sie noch nicht an der Zeit sei, die Schwelle zur geistigen Welt zu übertreten. Margarita erfuhr, dass sie in diesem Leben noch unerledigte Aufgaben hatte, um die sie sich kümmern musste.

»Vor diesem Erlebnis hatte ich große Zweifel an einem Leben nach dem Tod«, gestand Margarita. »Tatsächlich war ich eher Nihilistin als Gläubige. Bis dahin hatte ich noch keinerlei Bücher von Heiligen gelesen, die mir ein intellektuelles Verständnis des Lichts vermittelt hätten, von dem alle sprechen und das ich bei meiner Nahtod-Erfahrung auch selbst erlebt habe.«

Weiter behauptete Margarita, die absolute Schönheit und Liebe, die sie bei der Begegnung mit dem Licht am Ende des Tunnels erlebt habe, habe ihre Einstellung zum Leben und ihre Auffassung vom Tod radikal verändert.

Margaritas Geschichte erinnerte mich an Dannion Brinkleys Fall. Der Studienteilnehmer und Mitarbeiter von Raymond Moody hatte nicht nur eine, sondern drei Nahtod-Erfahrungen, die erste nachdem ihn ein Blitzschlag getroffen hatte, und die beiden anderen bei Herzoperationen. Als ich ihn 1993 bei der Konferenz, bei der das *Office of Alternative Therapies* an den National *Institutes of Health* in Washington D.C. gegründet wurde, erstmals kennenlernte, berichtete er fast wörtlich genau dasselbe, was auch Margarita erlebt hatte. Seit ihm bewusst geworden war, dass es ein Leben jenseits des Grabes gibt, hatte er jegliche Angst vor dem Tod verloren. Außerdem war das Erlebnis selbst absolut überwältigend. Mr. Brinkley behauptete tatsächlich, er habe sich mit Händen und Füßen gewehrt und nicht den geringsten Wunsch verspürt, in seinen Körper zurückzukehren, weil er in seinem Nahtodzustand das Gefühl gehabt hatte, *zu Hause* zu sein.

Ich schilderte der Tischgesellschaft sein Erlebnis, und Margarita freute sich, dass ihre Erfahrung von anderen in anderen Teilen der Welt bestätigt wurde. Vater Maximos hörte interessiert zu und nickte häufig.

»Es freut mich wirklich sehr zu hören, dass die Wissenschaft angefangen hat, solche Phänomene zu erforschen«, sagte er, nachdem er zuvor betont hatte, dass das, was Margarita beschrieben und was er bei der öffentlichen Diskussion über Nahtod-Erfahrungen gehört hatte, kaum im Widerspruch zur christlichen geistlichen Überlieferung steht, wie man sie in den Lehren der heiligen Altväter findet.

Als ich die negativen Reaktionen auf die Arbeit von Raymond Moody und anderen bahnbrechenden Thanatologen erwähnte, schüttelte Vater Maximos den Kopf und sagte: »Ganz im Gegenteil, mir scheint, dass alle diese Phänomene die Lehren der *Ekklesia* in vieler Hinsicht untermauern. Oder vielleicht sollte ich sagen, es gibt eine Konvergenz zwischen dem, was die Wissenschaft enthüllt und was die Theologie der *Ekklesia* über das Wesen des Todes verkündet.«

Dass Vater Maximos Nahtod-Erfahrungen so positiv gegenüberstand, faszinierte mich. Ich wusste, dass andere orthodoxe Altväter wie etwa der Amerikaner Vater Seraphim Rose, der aus dem Protestantismus konvertiert war, wesentlich negativere Ansichten vertraten.[2] Daher war ich neugierig, Vater Maximos' Position im Einzelnen kennenzulernen.

»Vielleicht können Sie die grundlegenden Lehren der *Ekklesia* über den Tod für uns kurz zusammenfassen, Vater Maxime, damit wir sie mit dem vergleichen können, was Wissenschaftler wie Raymond Moody über Nahtod-Erfahrungen sagen und was Margarita durchgemacht hat«, bat Yiannis, der Arzt und unser Gastgeber.

Vater Maximos ließ seinen Blick leichthin über die gespannten Gesichter streifen, die unbedingt hören wollten, was er zu dieser Urfrage der Menschheit zu sagen hatte. »Wenn wir versuchen, dieses Problem zu verstehen, dürfen wir die grundlegende Position der *Ekklesia* nicht vergessen, dass Gott alles *ek tou me ontos* [ex nihilo, aus dem Nichts], wie wir sagen, erschaffen hat. Außerdem hat Gott den Menschen nach seinem Bilde geschaffen und in eine paradiesische Welt gestellt, in der es weder Tod noch Leiden gab. Die Menschen befanden sich in ständiger Kontemplation Gottes und hatten das Potenzial, auf ewig in diesem Zustand zu verweilen. Daneben dürfen wir eine weitere wichtige Überzeugung der *Ekklesia* nicht vergessen, dass nämlich der Mensch eine psychosomatische Einheit ist. Die *Ekklesia* akzeptiert die dauerhafte Trennung von Leib und Seele nicht, sondern betrachtet beide als untrennbare Einheit. Dies ist der natürliche, gottgewollte Zustand. So lehrt es die *Ekklesia*.

Erst mit dem Fall«, fuhr Vater Maximos fort, »kommt der Tod ins Bild und führt zur Spaltung zwischen Leib und Seele. Oft werde ich gefragt, ob dies eine Art Strafe für Adams und Evas Verfehlungen sei. Meine Antwort ist ein kategorisches Nein. Gott straft niemanden für die Übertretung seiner Gebote.«

»Aber wie sollten wir dies sonst verstehen, Vater Maxime?«, fragte Yiannis.

»Man kann es schlicht als natürliche Folge des Bruchs der Beziehung zwischen dem Menschen und Gott betrachten. Nicht mehr und nicht weniger. Aufgrund der Erfahrungen der Heiligen und aufgrund dessen, was in der Heiligen Schrift geschrieben steht, spricht die *Ekklesia* von drei Arten des Todes. Erstens der biologische Tod des Körpers, den wir alle kennen und vor dem wir uns zutiefst fürchten«, sagte Vater Maximos heiter. »Dann gibt es den psychischen Tod, wenn ein Mensch von Gott, vom Leben selbst, abgeschnitten wird. Wisst Ihr noch, was Jesus sagte? ›Ich bin der Weg, die Wahrheit und das Leben …‹«

»Eine ähnliche Stelle finden wir in der Apokalypse«, warf Vater Nikodemos ein, der neben Vater Maximos saß. »Dort sagt Jesus einem unwürdigen Bischof, dass er nur dem Namen nach lebendig, in Wirklichkeit aber tot sei.«

»Gut. Dieser Bischof hatte keinerlei Beziehung zu Gott, dem Ursprung des Lebens. Er war biologisch lebendig, seelisch aber tot. Die

Ekklesia lehrt, dass der seelische Tod in dem Moment aufgehoben ist, in dem der Mensch durch geistliche Übung und Anstrengung die Verbindung zu Christus, der das ewige Leben ist, wiederherstellt. Darüber hinaus wird nach der Lehre der *Ekklesia* bei der Wiederkunft Christi sogar der biologische Tod aufgehoben. Dann kommt es zur Auferstehung der Toten und zur Wiedervereinigung von Leib und Seele eines jeden Menschen.«

»Entschuldigen Sie, wenn ich unterbreche«, sagte Helen, unsere Gastgeberin, »aber hätten Sie gerne Kaffee?« Wenn man Gäste hat, wird in Zypern zum Abschluss einer Mahlzeit traditionell türkischer Mokka gereicht. Obwohl Vater Maximos kaum einmal Kaffee trinkt, bat er um einen *Sketos*, also schwarzen Kaffee ohne Milch und Zucker. Andere taten es ihm gleich, und während jedem sein Kaffee gereicht wurde, unterhielten wir uns über andere Themen: Den bevorstehenden Krieg im Nahen Osten, die politischen Entwicklungen im Zusammenhang mit dem Zypern-Konflikt und den Zustand des Erzbischofs, dessen Gesundheit sich so sehr verschlechterte, dass er seinen Pflichten nicht mehr nachkommen konnte.

»Was ist die dritte Art des Todes, Vater Maxime?«, fragte Margarita nach der kurzen Unterbrechung und nachdem unsere Gastgeber das Ritual der Kaffeezubereitung abgeschlossen hatten.

»Die *Ekklesia* spricht vom ewigen Tod«, antwortete Vater Maximos finster.

»Ich muss gestehen, dass ich gewisse Vorbehalte gegen diese Vorstellung habe, Vater Maxime«, sagte ich. »Die Auferstehung des Leibes und der ewige Tod passten nicht so recht zu meiner Denkungsart.«

»Mit diesem Begriff ist eigentlich kein Tod gemeint, wie wir ihn verstehen«, beeilte sich Vater Maximos zu erklären. »Kein Mensch ist je verloren. Unter dem wahren Tod verstanden die Altväter schlicht das Abgeschnittensein von der unmittelbaren Gemeinschaft mit Gottes Liebe.«

Da ich von unserem Hauptthema nicht ablenken wollte, hakte ich nicht mit einer weiteren Frage zum ewigen Tod nach.

»Nahtod-Erfahrungen«, wiederholte Vater Maximos, »stehen nicht im Widerspruch zur Lehre der heiligen Altväter.«

»In welcher Hinsicht?«, fragte Margarita.

»Wie du selbst beschrieben hast, zeigen Menschen, die eine solche Erfahrung machen, ungewöhnliche Kräfte und Fähigkeiten. Menschen in diesem Zustand erleben, dass sie sich an einen anderen Ort begeben können und dass sie hören und sehen, was die Ärzte tun, solange die Patienten angeblich tot sind. Wenn sie dann aus ihrer Nahtod-Erfahrung zurückkommen, sprechen sie darüber. Was sie berichten, schockiert ihre Ärzte; denn diese erkennen, dass das, was die Patienten während ihres Nahtodzustandes irgendwo beobachtet haben, tatsächlich genauso geschehen ist, wie die Patienten es beschreiben, als wären sie hellwach und dabei gewesen. Sagen das nicht auch die Wissenschaftler, die sich mit diesem Phänomen beschäftigt haben, Kyriaco?«

»Ja, genau«, antwortete ich. »Die Patienten waren auf andere Art wach und bewusst, während ihr Körper im Koma lag und sie von den behandelnden Ärzten für klinisch tot erklärt worden waren.«

»Genauso war es auch bei meinem Erlebnis«, sagte Margarita ernst. Yiannis, der Arzt, bestätigte die Angaben seiner Cousine.

»Solche Erfahrungen sollten eigentlich nicht überraschen«, sagte Vater Maximos. »Geschichten wie diese hat es im Leben der Heiligen zu allen Zeiten gegeben. Wenn man auf dem Athos gelebt hat, sind solche Phänomene, und sogar einige noch außergewöhnlichere, völlig normal.«

»Wie sind sie zu erklären?«, fragte unser Gastgeber.

»Siehst du, mein lieber Yianni, solche Phänomene sind echt, weil die Seele in Wirklichkeit mit außergewöhnlichen Kräften versehen ist. So hat Gott uns erschaffen, nach seinem Bilde. Tief in unserem menschlichen Wesen sind wir mit außergewöhnlichen Fähigkeiten begabt, die aufgrund der Verzerrungen durch den Fall vergraben sind. Doch in kritischen Momenten, wie bei einer Nahtod-Erfahrung, können diese Kräfte an die Oberfläche kommen. Derartige Geistesgaben zeigen sich oft nach einer systematischen und langanhaltenden geistlichen *Askesis*.

Um euch ein Beispiel zu nennen: Wenn wir uns mit dem Leben der Heiligen beschäftigen«, fuhr Vater Maximos fort, »dann erfahren wir, dass ihre physischen Funktionen häufig aufgehoben waren, wenn sie sich im Zustand der *Theosis* befunden haben. Deshalb heißt es von einem Heiligen wie Paisios dem Großen [nicht der Altvater von Vater Maximos], dass er 72 Jahre nichts gegessen habe. Seinem Biographen zufolge hielt er sich einzig mit der Heiligen Kommunion am Leben.«

»Medizinisch gesehen, ist das unmöglich«, widersprach Yiannis, der seine Skepsis trotz seiner Neigung zur Frömmigkeit nicht unterdrücken konnte.

»Aber im Zustand der *Theosis* sind die Naturgesetze manchmal aufgehoben«, erklärte Vater Maximos. »Osios Savvas aus dem Kloster Vatopedi, der als ›Narr in Christus‹ galt, verharrte drei Monate lang unbeweglich ohne Nahrung und Wasser. Er litt weder Hunger noch Durst, denn in diesen drei Monaten befand er sich in einem Zustand der Ekstase unter der direkten Energie der *Theosis*.«

»In einem solchen Zustand kann man buchstäblich übers Wasser gehen«, betonte Vater Nikodemos.

»Natürlich«, bestätigte Vater Maximos, als verstehe sich dies von selbst. »Ich würde sogar hinzufügen, dass die Menschen manchmal auch unter normalen physischen Bedingungen an innere Kräfte herankommen, die man als außergewöhnlich bezeichnen könnte. So etwas passiert ständig.«

Vater Maximos' Worte erinnerten mich daran, was mir ein Pilger einmal erzählt hatte. Er behauptete, dabei gewesen zu sein, als sich vor seinen Augen auf dem Athos ein außergewöhnliches Phänomen abgespielt hatte. Nach dieser Beobachtung änderte er sein Leben radikal. Ermutigt durch meine Gastgeber und Vater Maximos, erzählte ich den Fall in allen Einzelheiten.

»Kennengelernt habe ich diesen Pilger vor einem Jahr durch einen gemeinsamen Freund. In einem örtlichen Pub, den viele Friedens- und Umweltaktivisten besuchen, hat er mir bei einem Bier mit großer Aufrichtigkeit erzählt, was er beobachtet hat. Seit siebzehn Jahren kam er als regelmäßiger Besucher auf den Athos, daher kannte er den Heiligen Berg und seine Gebräuche recht gut. Bei einem seiner Besuche beobachtete er während der Vesper in einem abgelegenen Kloster, dass einer der Mönche beim Gebet vor einer Ikone der Heiligen Jungfrau mit einer Kerze in der Hand allmählich levitierte, bis er etwa einen Meter über dem Boden schwebte. Erschrocken wandte er sich seinem Begleiter zu und fragte, ob er dasselbe sähe. Sein Begleiter war ebenso bestürzt. ›Beim Abendessen dann‹, so erzählte mir der Mann, ›mussten wir immer wieder zu diesem Mönch hinüberschauen, der an einer Ecke des Tisches still vor sich hin aß. Wir konnten einfach nicht essen und mussten ihn immerzu sprachlos anstarren. Ohne den Kopf zu heben und uns anzusehen und fest auf sein Essen konzentriert, murmelte er schließlich: »Leute, esst und vergesst, was ihr heute Abend gesehen habt.«‹ Als ich diese Geschichte hörte, fiel mir ein, dass auch Marco Polo, nachdem er zwanzig Jahre den Osten bereist hatte, seinen venezianischen Mitbürgern berichtete, er habe ein solches Phänomen beobachtet. Er hatte mitangesehen, wie sich ein tibetischer Mönch im Zustand meditativer Ekstase in die Luft erhoben hatte. Sobald allerdings die für die Inquisition zuständigen Mönche Interesse an seiner Erzählung bekundeten, berichtete er nicht weiter davon.«

Vater Maximos wiederholte noch einmal, solche Phänomene seien auf dem Athos weder überraschend noch ungewöhnlich. Sie sind die Folge unermüdlicher und konzentrierter geistlicher Arbeit.

»Kann man solche Phänomene auch außerhalb der Grenzen der *Ekklesia* beobachten?«, fragte Yiannis.

»Aber ja. Dies sind Kräfte, die tief im Menschen vergraben sind, und zwar allein deshalb, weil er Mensch und nach dem Bilde Gottes erschaffen ist. Sie wirken übernatürlich, sind aber eigentlich vollkommen natürlich. Diese Fähigkeiten übersteigen lediglich die Sphäre der dreidimensionalen Welt, mit der wir über unsere fünf Sinne in Verbindung stehen, aber sie gehören immer noch zu dieser Welt. Sie gehören nicht zur jenseitigen Welt, sie sind Bestandteil des erschaffenen Kosmos.«

»Was ist mit Nahtod-Erfahrungen wie Margarita sie gerade beschrieben hat?«, fragte Yiannis. »Sind das nicht Jenseits-Erlebnisse?«

»Nicht unbedingt«, erwiderte Vater Maximos etwas zögerlich.

»Nein?« Die Augen des Arztes weiteten sich.

»Ich will es erklären. Auf dem Athos bin ich mindestens zehn Menschen begegnet, die bei der Beichte von einer solchen Erfahrung berichtet haben. Das hat mich neugierig gemacht, und ich habe versucht, in den Erfahrungen der heiligen Altväter eine Erklärung dafür zu finden. Um solche Dinge wirklich zu verstehen, müssen wir zwischen dem erschaffenen Kosmos und der ungeschaffenen Welt der Energien Gottes sowie der geistigen Welt unterscheiden. Dabei müssen wir uns vor Augen halten, dass es sich hier um Erfahrungen in Todesnähe, nicht aber um Erfahrungen des Todes an sich handelt. Im besten Falle sagen sie uns etwas über den Sterbeprozess, nicht aber über den eigentlichen Tod. Niemand ist gestorben und dann zurückgekommen, um uns darüber zu berichten. Es freut und beruhigt mich aber zu erfahren, dass die Menschen, die eine solche Erfahrung machen, mehrheitlich berichten, dass sie dabei voller Freude waren.«

»Nicht nur das, Vater Maxime«, warf ich ein. »Menschen, die eine solche Erfahrung gemacht haben, berichten von einer radikalen Veränderung ihres Weltbilds. Zum Beispiel verlieren sie alle Todesangst. Viele verändern ihre Lebensweise, werden liebevoller und fürsorglicher und sehr wissbegierig. Sie entdecken, so behaupten sie, dass wir hier sind, um zu lieben und zu lernen. Sie entdecken, dass Wissen und Liebe ewig währen und das Einzige sind, was wir mitnehmen, wenn wir aus dem Leben scheiden.«

»Das ist natürlich alles sehr gut«, sagte Vater Maximos. »Was ich jedoch sagen möchte, ist, dass diese Erfahrungen Bestandteil dieser Welt der Schöpfung sind, auch wenn sie in einer anderen Dimension stattfinden als der, die uns normalerweise bewusst ist. Sie finden nicht in der Welt des Geistes statt, in der Welt der Engel und Dämonen, die sich jenseits unserer Welt befindet. Diese Regionen hat meines Wissens noch niemand besucht und ist danach zurückgekommen, um davon zu berichten. Aus der Sicht der *Ekklesia* gründet alles, was wir über diese Welt wissen, auf dem, was die Heiligen uns durch den Heiligen Geist darüber berichtet haben.

Die Wissenschaft besagt«, fuhr Vater Maximos fort, »dass die Nahtod-Erfahrung in fünf Stufen verläuft. Was ist mit der sechsten Stufe? Von da an ist sie eine Reise ohne Wiederkehr. Solange man sich auf der fünften Stufe befindet, gibt es kein Problem. Man schwebt unter der Decke und beobachtet, was die Ärzte unternehmen, um einen wiederzubeleben und so weiter. An dem Punkt jenseits der Decke, jenseits der Möglichkeit zur Rückkehr – da beginnt das Mysterium.«

»Ah, ich verstehe, was Sie meinen«, sagte Yiannis. »Wissenschaftler, die Nahtod-Erfahrungen erforschen, sagen uns etwas über Prozesse in dem Raum, über den sie die Hoheit haben, nämlich über die Welt der Schöpfung. Daher kann die Wissenschaft uns helfen, die Nahtod-Erfahrung zu verstehen, nicht aber den Tod als solchen und die geistlichen Dimensionen jenseits der Schöpfung.«

»Du hast es erfasst! Die Wissenschaft hat nicht die Methodik zur Erforschung der Welten jenseits des erschaffenen Universums. Dies ist das Gebiet der Heiligen, derjenigen also, die zu wahren Gefäßen der heiligen Weisheit geworden sind, der Menschen, die *Theosis* erlangt haben. Wie bereits gesagt, wissen wir zuverlässig, dass im Menschen außergewöhnliche Fähigkeiten verborgen liegen, die die Wissenschaft, wie ich höre, erst allmählich zu dokumentieren und zu entdecken beginnt.«

»Welche Fähigkeiten, Vater Maxime?«, fragte Yiannis.

»Manche Menschen verfügen über die Fertigkeit, mit geschlossenen Augen und über Entfernungen hinweg zu sehen. Ich habe dies häufig beobachtet, etwa im Falle des verstorbenen Altvaters Porphyrios. Auf dem Athos sind solche Phänomene ganz selbstverständlich. Ich habe viele Altväter und gewöhnliche Mönche kennengelernt, die über solche Fähigkeiten verfügen. Ja, anscheinend machen sie solche Erfahrungen von dem Moment an, in dem sie ins Kloster eintreten und ihr mönchisches Leben beginnen. Für uns Mönche ist das nichts Besonderes. Im Leben von Mönchen und Asketen gehört dies zum Alltag.«

»Parapsychologen bezeichnen dies als Hellsichtigkeit«, sagte ich.

»Wir sprechen vom Sehen *en Pneumati Agio* [durch den Heiligen Geist]. Die Leute erleben aber noch viele andere Phänomene. Bei der Beichte höre ich ständig davon. Solche Erfahrungen spielen sich jedoch innerhalb der natürlichen Grenzen unseres Daseins ab. Und das Licht, das bei Nahtod-Erfahrungen gesehen wird, das die heiligen Altväter auch selber sehen und dann davon berichten, ist normalerweise nicht das Ungeschaffene Licht Gottes, sondern das erschaffene Licht der Menschen.«

»Was ist der Unterschied?«, fragte Yiannis.

»Das Ungeschaffene Licht ist das Licht, das Gott selbst ist. Die großen Heiligen sind im Zustand der *Theosis* damit in Berührung gekommen. Das erschaffene Licht kommt aus dem Wesen des Menschen.«

»Das verstehe ich nicht«, meldete sich Margarita zu Wort.

»Schau. Da Gott Licht ist und im Licht weilt, hat auch der Mensch, der nach Gottes Bild erschaffen ist, Licht in sich. Die Grundlage seiner Existenz ist Licht. Es ist das erschaffene Licht, von dem auch die heiligen Altväter sprechen und das sie als eine Stufe der Entwicklung des Menschen hin zu Gott erkennen. Es kann sich bei der Rezitation des *Noera Prosefchi* [des Noetischen oder Jesus-Gebets] zeigen. Damit möchte ich also sagen, dass das Licht, das Menschen bei einer Nahtod-Erfahrung sehen, wohl eher das Licht ist, das aus ihrem eigenen Inneren strahlt, als das Ungeschaffene Licht, das sich jenseits der erschaffenen Welt befindet.«

»Das Ungeschaffene Licht ist die höchste Stufe geistlicher Verwirklichung«, versuchte ich zur Klärung beizutragen. »Es ist die endgültige Vereinigung der Seele mit Gott.«

»Aber es ist wunderschön«, sagte Margarita mit Bezug auf ihr eigenes Erlebnis.

»Natürlich ist es wunderschön«, rief Vater Maximos aus. »Wir sind nach dem Bilde Gottes geschaffen, und was wir sehen, ist die Schönheit unseres Daseins«, behauptete Vater Maximos. »Das ist keine geringfügige Sache. Allerdings lauert hier eine Falle. Wer mit der Herrlichkeit seines eigenen Daseins in Berührung kommt und das strahlende Licht in sich erlebt, kann davon so fasziniert sein, dass er das Gefühl hat, er habe Gott erreicht und Gottes Licht erfahren. Tatsächlich aber hat er lediglich die Schönheit des Lichts erlebt, das seinem eigenen Wesen innewohnt, das Licht, das von ihm selbst ausstrahlt.«

»Diese feinen Unterschiede sind für uns Normalsterbliche schwer zu verstehen«, wandte ich scherzhaft ein.

»Wie ich bereits gesagt habe, das Licht, das Menschen bei ihrer Nahtod-Erfahrung nach dem Tunnelerlebnis sehen, ist nicht unbedingt das Ungeschaffene Licht Gottes, von dem die Heiligen gesprochen haben. Es sollte nicht mit der göttlichen Gnade verwechselt werden, die normalerweise nach schwerem geistlichen Ringen, nach der Reinigung des Selbst, nach der *Katharsis,* kommt. Es ist vielmehr das geschaffene Licht in den tiefsten Tiefen unseres Daseins, das in Extremsituationen wie einer Nahtod-Erfahrung nach außen dringen kann.«

»Oder in tiefem Gebet und geistlicher Übung«, fügte ich hinzu.

»Genau. Die heiligen Altväter kennen dieses Licht sehr gut, da sie es selbst erlebt haben. Sie können daher unterscheiden zwischen diesem Licht, das der Erfahrung des Ungeschaffenen Lichtes Gottes vorausgeht, und dem Licht, das erscheint, nachdem das Selbst von egoistischen Wünschen gereinigt worden ist.«

»Was die Menschen also bei einer Nahtod-Erfahrung normalerweise erleben, ist eigentlich eine erste Stufe dessen, was man beim Aufstieg zu Gott erfährt«, sagte ich.

»In gewissem Sinne ist dies offenbar so. Der Mensch braucht keine Nahtod-Erfahrung, um in Berührung mit diesem Licht zu kommen. Wenn er systematisch betet, erreicht er zunächst die Stufe, auf der er das Licht erlebt, das sich in seinem eigenen Inneren befindet. Die heiligen Altväter haben eine ganze Theologie, die sich um das Wesen des Lichtes und die verschiedenen Stufen seines Erlebens im Gebet dreht. Bevor man das Ungeschaffene Licht erreicht, muss man zunächst die Stufe durchlaufen, auf der man das seinem eigenen Wesen eingebettete Licht erlebt.«

»Ist das ein Problem?«, fragte ich.

»Natürlich ist das kein Problem. Aber wir dürfen nicht vergessen, dass es aus den genannten Gründen nur eine Stufe ist.«

Ich erinnerte mich lebhaft an eine entsprechende Stelle aus dem Werk von Altvater Sophronius, die unterstützt, was Vater Maximos gesagt hatte. Ich fasste sie für die anderen zusammen: »Der Theologe, der Intellektualist ist, konstruiert sein System so, wie ein Architekt einen Palast baut. Empirische und metaphysische Ideen sind das Material, das er verwendet, und ihm liegt mehr an der Großartigkeit und logischen Symmetrie seines idealen Bauwerks als daran, dass es mit der tatsächlichen Ordnung der Dinge übereinstimmt. ... Viele Theologen des philosophischen Typs bleiben im Grunde Rationalisten und schwingen sich in übernatürliche ... Gedankensphären auf, doch diese Sphären sind noch nicht die göttliche Welt. ... Menschen dieser Kategorie ... erkennen, dass die mit menschlichem Denken entwickelten Gesetze beschränkte Gültigkeit besitzen und es unmöglich ist, das gesamte Universum in die stählernen Bande logischer Syllogismen zu fassen. Dadurch vermögen sie zu einer überrationalen Kontemplation zu gelangen, doch was sie dabei kontemplieren, ist immer noch lediglich nach Gottes Bild erschaffene Schönheit. Da Menschen, die diese Sphäre der ›Stille des Geistes‹ zum ersten Mal betreten, eine gewisse mystische Ehrfurcht empfinden, halten sie ihre Kontemplation fälschlicherweise für mystische Gemeinschaft mit dem Göttlichen.«[3]

»Das ist gut«, sagte Vater Maximos und nickte.

»Was passiert also mit einem Menschen, der eine solche Erfahrung macht?«, fragte ich.

»Wenn er dabei stehen bleibt, verfällt er womöglich *plani* oder der Täuschung, und betet am Ende, wie es in der *Ekklesia* heißt, die Schöpfungsdinge statt den Schöpfer an. Mir scheint, dass dies entweder Menschen passieren kann, die eine Nahtod-Erfahrung hatten, oder die systematisch beten und nach und nach ihr eigenes Licht erleben, oder die exosomatische, also außerkörperliche Erfahrungen unterschiedlichster Art haben, aber auch Theologen, die ganz verliebt sind in die Schönheit, die sie mit ihrem Verstand entdecken. Tatsächlich heißt es, eben dieser Fehler sei der wahre Grund für Luzifers Fall als Erzengel. Er ließ sich von der Schönheit seines eigenen Seins, seines eigenen Lichtes verzaubern.«

»Allerdings öffnen solche Erlebnisse die Menschen für die Erkenntnis, dass es da draußen Welten jenseits unserer fünf Sinne gibt«, behauptete ich. »Ich persönlich habe jedenfalls bisher immer nur erlebt, dass bei diesen Erfahrungen etwas Gutes herausgekommen ist.«

»Das bezweifle ich nicht. Erfahrungen wie die von Margarita haben sehr positive geistliche Folgen. Ich sage nur, dass ernsthaft Suchende sorgfältig achten müssen, die Versuchung zur Wichtigtuerei zu überwinden. Demut und geistliche Führung sind ausschlaggebend, damit sie zwischen dem geschaffenen Licht in ihrem Inneren und dem Ungeschaffenen Licht Gottes, dem höchsten geistlichen Lohn, unterscheiden können.«

»Ich habe eine Frage, Vater Maxime«, sagte Yiannis. »Schon seit meiner Jugend habe ich ein Problem mit der Vorstellung von der ›Auferstehung der Toten‹, von der wir jeden Sonntag in der Kirche sprechen. Was bedeutet das eigentlich genau?«

»Noch einmal und immer im Einklang mit der offiziellen Lehre der *Ekklesia*«, antwortete Vater Maximos mit einem breiten Lächeln, »der Mensch ist eine psychosomatische Einheit aus Leib und Seele. Der Tod des Leibes ist ein abnormales Phänomen, ein Affront gegen Gottes vollkommenes Werk und eine Entartung desselben. Deshalb lässt Gott nicht zu, dass der Tod am Ende die Oberhand behält. Durch eine endgültige Auferstehung stellt Gott die Einheit von Leib und Seele wieder her, die im Tod auseinandergerissen wurde.«

»Am Ende werden also Leib und Seele auferstehen?«, fragte Yiannis.

»Nein. Die Seele stirbt nie. Nur der tote Leib wird auferstehen – in neuer, unvergänglicher und unzerstörbarer Form, genau wie Christi Leib nach der Auferstehung. Dann werden die Menschen in der Lage sein, nicht nur als Seele, sondern als psychosomatische Einheit die Ungeschaffene Herrlichkeit Gottes zu erleben.«

In einem früheren Gespräch hatte ich Vater Maximos gesagt, dass einem modernen Menschen die Vorstellung von der Auferstehung des Leibes im schlimmsten Falle lächerlich und im besten Falle als lediglich symbolisch für eine tiefere Bedeutung vorkommt. Außerdem hatte ich erwähnt, dass modernen Menschen eine symbolische Deutung dieser Lehren eher schmackhaft zu machen wäre, etwa die Vorstellung, die »Auferstehung der Toten« sei die Wiedervereinigung des Menschen mit Gott und das Erlangen von *Theosis*. So verstanden, sind die »Toten« alle Menschen, die sich nicht in bewusster Gemeinschaft mit dem Göttlichen befinden. Vater Maximos behauptete, dies sei nur ein Aspekt der Geschichte. Als Funktionsträger der *Ekklesia* sei er auch der Idee von der Auferstehung des Leibes sowie der Tatsache verpflichtet, dass wir als Menschen eine psychosomatische Realität sind und dies auf ewig bleiben, allerdings in veränder-tem Kontext.

»Wie sollen denn die Milliarden Menschen, die gestorben sind, wieder auf die Erde kommen und Fleisch und Knochen annehmen wie früher?«, fragte Yiannis und schüttelte ungläubig den Kopf. »Und wenn es tatsächlich so sein sollte, wie bewältigen wir dann das Problem der Überbevölkerung? Wie wird diese Welt geordnet sein? Wovon sollen die Menschen leben und so weiter?«

»Eine völlig logische Frage«, erwiderte Vater Maximos unter allgemeinem Schmunzeln. Etwas ernster fuhr er fort: »Wir glauben an die Auferstehung aller Menschen ungeachtet von Religion, Ethnizität oder was auch immer. Alle Menschen, von den allerersten bis zu den heutigen, werden diese Transformation durchlaufen. Doch zugleich erwarten wir nach christlicher Lehre nicht nur die Auferstehung der Toten, sondern auch einen neuen Himmel und eine neue Erde. Das bedeutet, nicht auf dieser vergänglichen Erde werden wir alle leben, sondern in einer neuen Schöpfung. Diese Schöpfung wird erneuert werden, damit sie bereit ist für die neuen Leiber der Menschen, die dann nicht mehr mit diesem vergänglichen Fleisch angetan sind, das altert und stirbt. Alle Menschen werden in einem Alter sein, das unvergänglich ist, genau wie der Leib Christi nach der Auferstehung, wie ich ja bereits gesagt habe. Es wird keine jungen und alten Menschen mehr geben, keine Menschen mittleren Alters und keine Säuglinge.«

»Müssen sie dann noch essen?«, fragte Yiannis scherzhaft.

»Nahrung, die vergänglich ist, wird nicht mehr nötig sein. Die Menschen beziehen ihre Energie dann stattdessen aus der reinen Liebe zu und der Kontemplation über Gott. Auch Geld und Gebäude werden daher nicht mehr gebraucht«, fügte Vater Maximos lächelnd hinzu. »Außerdem, so lehren die Heiligen, wird es auch keine Gefahren für Sicherheit und Wohlbefinden mehr geben. Die ›Röcke von Fellen‹ sind nicht mehr vonnöten. Den Verfall und die Vergänglichkeit, die wir in unserer momentanen Gestalt erleben, wird es nicht mehr geben. Alle Naturelemente werden verwandelt, und die Menschheit lebt in einer grundlegend anderen Dimension der Wirklichkeit.«

»Ich verstehe. Dies ist der ›andere Rahmen‹, von dem Sie gesprochen haben«, sagte Yiannis. »Die Auferstehung der Toten findet also in einer völlig neuen Schöpfung statt?«

»So lehrt es die *Ekklesia*. Sie wird in einer Schöpfung stattfinden, die so wiederhergestellt ist, wie Gott sie wollte. Wie sollten die heutigen Bedingungen denn sonst der Herrlichkeit der Wiederkunft Christi und der Auferstehung aller Toten Raum geben können?«

»Eine Frage noch, Vater Maxime«, sagte Yiannis. »Wenn sich die Seele vom Körper löst, wo bleibt sie dann bis zur endgültigen Auferstehung? Was macht sie? Entwickelt sie sich weiter oder verweilt sie in einem, sagen wir, tiefen Schlaf?«

»Noch eine logische Frage! Leider ist sie nicht mit Logik zu beantworten. Die Idee des Raums gehört zu dieser Welt. Wo die Seele bis zur allgemeinen Wiederauferstehung bleibt, kann daher nur folgendermaßen beantwortet werden: Sie ist in der Welt der Geister, in der die Engel wohnen. Dies ist eine Welt jenseits von Zeit und Raum. Wir sprechen hier von einer radikal anderen Welt, einer radikal anderen Dimension, die unsere Erkenntnisfähigkeit übersteigt, also unsere logische Erkenntnisfähigkeit. Niemand kann mit Worten beschreiben, was jenseits von Raum und Zeit liegt. Zugleich findet in dieser Wartezeit ein, sagen wir einmal, Entwicklungsprozess auf Gott hin statt. Es ist ein dynamischer Prozess, da die Seele nach oben, zur Größe Gottes hin marschiert.«

»Die Seele wächst also weiter«, sagte ich. »Sie verfällt nicht in einen statischen Zustand und wartet auf die Wiederkunft Christi.«

»Genau. So sagen es die heiligen Altväter. Wäre es anders, befände sich die Seele in einem Zustand der Trägheit, des Stillstands, dann wäre sie irgendwann müde und die Gottesschau würde ihr langweilig, ungeachtet aller Güte und Schönheit Gottes. Alles, worauf wir uns ununterbrochen und unverändert konzentrieren, würde unweigerlich zu Ermüdung und Interessensverlust führen. Aber der Mensch schreitet in einer evolutionären Aufwärtsbewegung voran zu einem Gott, der unendlich ist. Innerhalb dieses unendlichen Gottes-›Raums‹ ist das Leben des Menschen eine ununterbrochene Bewegung, die sozusagen von einer Überraschung über Gottes Herrlichkeit zur nächsten führt. Deshalb rühmen Heilige, und auch die Engel, Gott unaufhörlich – weil sie fortwährend beobachten, wie groß die Liebe Gottes ist, die sich in ihrem Herzen entfaltet. Auch dies ist also wiederum eine evolutionäre Bewegung in der Unendlichkeit von Gottes Größe. Es ist kein statischer Zustand, der Langeweile gebiert. Zugleich jedoch befindet er sich im Stillstand.«

»Was bedeutet dieses Paradoxon?«, fragte ich.

»Dieser Zustand ist Evolution und Stillstehen zugleich, Kyriaco«, antwortete Vater Maximos. »Man steht vor Gott und bewegt sich zugleich auf Gott zu und umgekehrt.«

»Aber was bedeutet das?«, fragte ich noch einmal. Ich musste an die *Koan*-Rätsel der Zen-Lehrer denken.

»Wir können nicht sagen, dass die Seele an einem bestimmten Fleck verbleibt, in einer Art stationärem Hafen, weil dies, wie ich bereits gesagt habe, zu Saturiertheit und Langeweile führen würde. Zugleich befindet sich die Seele nicht in einem fortwährenden Zustand ungestillter Suche.«

»Die Seele ist also erfüllt und vollständig, entwickelt sich zugleich aber auf ewig in der Unendlichkeit von Gottes Herrlichkeit weiter«, schloss ich.

»Ja, so könnte man es sagen. Ich weiß, das ist paradox, aber bedenke, wir sprechen über Dinge, die über das hinausgehen, was Sprache benennen kann. Diese Dinge übersteigen Vernunft und Logik.«

»Ich verstehe, was Sie meinen.«

»In dem Zusammenhang habe ich eine Frage, Vater Maxime«, sagte Margarita. »Wenn die Seele sich vom Körper löst, erfährt sie dann eine Erweiterung ihres Wissens über die Welt? Ich meine, weiß sie nach dieser Trennung mehr über die Wirklichkeit als während sie noch im Körper gefangen ist? Kann sie außerdem auf die materielle Ebene einwirken? Kann sie zum Beispiel für Nahestehende beten, die noch am Leben sind und die dann von diesem Gebet profitieren, so wie wir in Gedenkgottesdiensten für die Verstorbenen beten?«

»Das sind sehr viele Fragen«, protestierte Vater Maximos lachend. »Wie ich gerade gesagt habe, ist unser Weg zu Gott dynamisch und nicht statisch. Unser Weg führt von Erkenntnis zu Erkenntnis und von Herrlichkeit zu Herrlichkeit und von einer hinreißenden Überraschung zur nächsten.«

»Man könnte behaupten, so sei das Leben auf dieser Welt nun einmal«, wandte ich ein. »Diese Dynamik ist dem menschlichen Dasein eingebettet. Sie ist der Ursprung aller Kreativität und führt die Menschheit in einer nie endenden Spirale von einer Entdeckung zur nächsten.«

»Ja, aber mit dem Vorbehalt, dass die Erkenntnis, von der ich spreche, keine intellektuelle Erkenntnis in dem Sinne ist, dass ich heute weiß, was ich gestern nicht wusste. Den Heiligen zufolge ist diese nachtodliche Erkenntnis vielmehr eine niemals endende empirische *Gnosis* oder Gotteserkenntnis. Es ist eine andere Form der Erkenntnis als die, die wir kennen.«

»Andererseits erleben wir dies ganz genauso auch in dieser Dimension der Realität«, sagte ich. »Wir können in unserem Wissen über diese Welt nie an einen Sättigungspunkt gelangen, genau wie wir auch in unserem Wissen über Gott nie an einen Sättigungspunkt gelangen können. Unsere Wissenschaften erweitern sich in einem grenzenlosen, nach außen gerichteten Universum. Man kann nie behaupten, man wisse alles, was es über die physikalische Welt oder übrigens auch über die soziale Welt zu wissen gibt.«

»Wenn das für diese Welt gilt, dann stellt euch nur vor, um wie viel mehr dies dann für das Streben nach Gotteserkenntnis gilt«, fügte Vater Maximos hinzu. »Deshalb hat uns der Apostel Paulus die Worte mitgegeben, dass unser Weg zu Gott in einem nie endenden Prozess von Herrlichkeit zu Herrlichkeit und von einer Verzückung zur nächsten führt. Deshalb behält der Mensch nach dem Tod die Kraft seines Bewusstseins und kann weiterhin Verbindung mit dem Geist Gottes aufnehmen. Damit meine ich nicht, dass die Seele zu Gott betet, um etwas Bestimmtes zu erreichen oder um einen Gefallen zu erbitten. Mit Gebet meine ich die Methode, die den Menschen mit Gott vereint. In diese Art des Gebets können die Verstorbenen die gesamte Menschheit einschließen und mit ihr Verbindung aufnehmen, gerade so wie wir mit den Seelen der Verstorbenen Verbindung aufnehmen und für sie beten. Deshalb haben wir Gedenkgottesdienste. Dies ist unsere Art, durch den Heiligen Geist mit jenen zu kommunizieren, die sich bereits auf die große Reise begeben haben.«

»Man sagt, und so hören wir es auch bei Begräbnisfeiern«, sagte Yiannis nach einer kurzen Gesprächspause, »dass die Trennung der Seele vom Körper im Moment des Todes gewaltsam und einschneidend erfolgt. Heißt das, dass dies ein schmerzhaftes Erlebnis ist? Und wenn ja, ist der Schmerz psychisch oder somatisch?«

»Die Worte ›einschneidende Trennung‹ in dem Begräbnisgesang, auf den du anspielst, bedeuten nicht Schmerz«, erwiderte Vater Maximos. Ich möchte euch noch einmal daran erinnern, dass Leib und Seele gemäß der Theologie der heiligen Altväter eigentlich nicht getrennt werden sollten. Worte wie diese symbolisieren diesen Glauben. Nach der ›einschneidenden‹ Trennung betritt der Mensch einen rein geistigen Raum und begibt sich auf den Weg zu Gott. Ob ein Mensch im Moment der Trennung von Leib und Seele Schmerz empfindet oder nicht, hängt von seinem geistlichen Zustand ab, so will mir scheinen. Hat er im Leben um geistliche Vervollkommnung gerungen und den Tod besiegt, solange er sich noch im Diesseits befand, dann sollte die Erfahrung des Todes nicht schmerzhaft, sondern beseligend sein, wie wir es bei sehr vielen Heiligen beobachten können.«

»Steht deshalb über dem Eingang des Klosters Stavrovouni das paradoxe Motto: ›*Wenn du stirbst, bevor du stirbst, wirst du nicht sterben, wenn du stirbst*‹?«, fragte ich.

»Genau. Dieses Motto ist unter Mönchen und Asketen sehr bekannt. Wer hingegen hermetisch an seine irdischen Leidenschaften gebunden ist, sagen wir einmal an Hedonismus oder weltlichen Besitz oder Ruhm und Erfolg, für den ist der Tod schmerzhaft, weil er dabei die Trennung vom Quell seiner Leidenschaften und Wünsche erlebt. Dies kann in seinem Herzen Angst und Schrecken auslösen. Gleichwohl«, fügte Vater Maximos hinzu, »dürfen wir nicht vergessen, dass der Tod, eben weil er nicht zum gottgegebenen menschlichen Wesen dazugehört, ganz gleich wie weit man geistlich fortgeschritten ist, nach wie vor kein wünschenswertes Element des menschlichen Daseins und ein Quell der Tragik und der Trauer ist.«

Es war drei Uhr nachmittags, als Vater Maximos aufstand und damit unser Gespräch über Tod, Nahtod, die Auferstehung des Leibes und das Jenseits beendete. »Diese Themen sind unerschöpflich«, sagte er. »Wir können sie niemals in einem einzigen Gespräch abschließend behandeln.«

Als ich bei Sonnenuntergang in unsere Wohnung in Limassol zurückkehrte, kreisten meine Gedanken immer noch um Tod und Jenseits, Nahtod und die Auferstehung des Leibes. Ich setzte mich an den Computer, um noch ein paar Notizen einzutippen, bevor sie aus meinem Gedächtnis verschwinden würden.

Eines wurde für mich mehr als deutlich: Die im üblichen Christentum verbreitete Vorstellung von ewiger Hölle und Verdammnis, ein Thema, das Vater Maximos tunlichst mied, lässt mich völlig kalt und unberührt. Es gehört zu den Elementen des fundamentalistisch-christlichen Verständnisses vom Leben nach dem Tod, die viele Christen dazu gebracht haben, Antworten in anderen Religionen zu suchen, insbesondere im Hinduismus und Buddhismus, in der keine derart finstere und unattraktive Eschatologie vorzufinden ist. Dies habe ich Vater Maximos auch mehrfach gesagt; und stets hat er sich meine Bedenken mit stillschweigendem Verständnis angehört. Seine Standardantwort lautete, dass Gott jeden Menschen »am Ende aller Zeiten« voller Liebe und Mitgefühl richten wird. Unter den gegebenen Umständen genügte mir diese Aussage.

Das Mantra der Höllen-Liebhaber lautet hingegen, dass Gott uns Entscheidungsfreiheit *(aftexousion)* gegeben hat, was auch die Freiheit einschließt, zwischen Hölle und Paradies zu wählen. Dies unterscheidet uns von anderen Tieren, heißt es. Meinem Verständnis nach steht diese Position jedoch in scharfem Kontrast zu dem durch und durch liebevollen »Himmlischen Vater«. Ich bin selbst Vater, und natürlich möchte auch ich, dass meine Kinder ihre Persönlichkeit entwickeln und Initiative zeigen. Auch ich möchte ihnen daher zu eben diesem Zweck maximale Freiheit lassen, damit sie ganz erwachsen werden. Aber wenn ich sehe, dass mein Kind drauf und dran ist, in einen Abgrund zu stürzen, würde ich dann als liebevoller Vater nicht auf alle *aftexousion* pfeifen und mein Kind stattdessen im letzten Moment packen und verhindern, dass es zu Tode kommt? Wenn dies schon auf mich als bloßen unvollkommenen Menschen mit allen meinen

Einschränkungen zutrifft, um wie viel mehr muss es dann auf den absolut liebenden und mitfühlenden »Gottvater« zutreffen? Wird er zulassen, dass auch nur *eine* Seele in den Abgrund einer ewigen Hölle, eines »ewigen Todes« stürzt? Solche problematischen Überlegungen, wie man sie häufig von der Kanzel hört, erscheinen mir irregeleitet. Sie sind eine Auslegung, die auf unvollständiger geistlicher Reife beruht, und die Vater Maximos als die »Religion der Sklaven« bezeichnet.

Glücklicherweise widersprechen die Lehren einiger meiner Lieblingsheiligen meines Erachtens der formellen, äußerlichen Sicht, die die Theologen von Hölle und Verdammnis so lieben. Wie kann ich im Paradies glücklich sein, sagte der Heilige Siluan, wenn ich weiß, dass auch nur ein einziger Mitmensch zu ewiger Verdammnis verurteilt ist? Etwas gebieterisch, wie es Heilige nun einmal an sich haben, erklärt er weiter:

> Meine Seele kennt die Gnade Gottes gegenüber der sündigen Menschheit. Im Angesicht Gottes schreibe ich die Wahrheit: Dass jeder von uns sündigen Menschen errettet werden wird. Nicht eine einzige Seele ist verloren, wenn sie sich der *Metanoia* unterzieht. Dem ist so, weil der Herr in Seinem Wesen so unendlich gütig ist, dass man es mit Worten gleichwelcher Art nicht zu beschreiben vermag.[4]

Der Heilige Gregor von Nyssa, der Bruder des Heiligen Basilius des Großen, spricht von der *apokatastasis ton panton*, der Wiedereinsetzung von allem in seinen Zustand vor dem Fall, womit gemeint ist, dass am Ende auf geheimnisvolle Weise insofern alle gerettet werden, als alle Sünder früher oder später geistlich reifen und ihre *Metanoia* durchlaufen, was ihnen wiederum die Tore zur Erfahrung der ewigen Liebe des Schöpfers öffnet. Selbst Menschen wie Hitler erhalten diese Chance, allerdings immer unter dem Vorbehalt, dass sie sich einer echten *Metanoia* unterziehen müssen. Meines Erachtens versteht es sich von selbst und ist völlig klar, dass ohne *Metanoia* keiner gerettet wird. Zugleich vermag ich aufgrund meiner begrenzten Logik nicht zu erkennen, wo Gottes Fairness geblieben sein soll, wenn er mir dazu nur *eine* kurze Chance in *einem* unbedeutenden Leben einräumt. Dies muss bedeuten, dass die Entscheidungsfreiheit für *Metanoia* über das Grab hinausreichen muss. Das Leben nach dem Tod muss einen ewigen evolutionären Reinigungsprozess beinhalten, die *Katharsis* der Seele im Rahmen der *aftexousion*. Die unendliche Liebe und das unendliche Mitgefühl Gottes setzen ein solches Jenseitsverständnis voraus. Zumindest sehe ich das so. Wie es dann tatsächlich vor sich gehen soll, dass ein Hitler die Gelegenheit zur *Metanoia* erhält, dies ist ein Geheimnis, das ich Gott überlasse. Für mich war es jedoch tröstlich, in den Briefen, die einer der führenden Altväter vom Athos aus dem 20. Jahrhundert an seine geistlichen Kinder geschrieben hat, wiederholt die Schlussworte zu lesen: »Verzweifelt nicht! Wir werden zusammen ins Paradies eingehen. Und wenn ich euch nicht hineinbringe, dann will ich auch selber nicht drinnen sein.«[5]

Zufällig las ich gerade Huston Smiths neuestes Buch *Why Religion Matters,* das ich nach Zypern mitgebracht hatte. Da ich ihn sowohl als Mensch wie auch als führenden Experten für die Religionen der Welt sehr bewundere, war es mir eine Freude zu sehen, dass er gegen Ende seines Buches das Problem der ewigen Verdammnis behandelt. Vor allem aber las ich mit Befriedigung, dass er bei diesem Thema zum selben Schluss kommt wie ich – gibt es doch nichts Erfreulicheres, als zu erfahren, dass Menschen, die man achtet und bewundert, bei Themen, die einem am Herzen liegen, derselben Meinung sind.

1964 habe er, so schrieb Huston Smith, während eines Freisemesters an seiner Universität, Forschungen in Indien durchgeführt. Im Zuge dessen habe er sich eines Tages mit mehreren Gurus unterhalten, die in ihrem Metier hohes Ansehen genossen und ihn ins Vorland des Himalaya führten.

> Plötzlich erschien in der Eingangstür des Bungalows, den ich bewohnte, eine so beeindruckende Gestalt, dass ich einen Augenblick lang glaubte, ich sähe eine Erscheinung. Es war ein großer Mann mit weißem Gewand und Vollbart, den ich als Vater Lazarus kennenlernen sollte, einen Missionar der östlich-orthodoxen Kirche,

der seit zwanzig Jahren in Indien lebte. Zehn Minuten nachdem ich ihm vorgestellt worden war, hatte ich meine Gurus völlig vergessen – er war sehr viel interessanter als sie – und eine ganze Woche lang zogen wir durch das Himalaya-Vorland und redeten ununterbrochen.

Huston Smith erklärte weiter, er habe Vater Lazarus gesagt, dass er sich wegen der Lehre von der Erlösung aller stark zum Hinduismus hingezogen fühle. »Am Ende schafft es jeder. Die Alternative, ewige Verdammnis, erschien mir als monströse Lehre, die ich nicht akzeptieren konnte.« »Ich auch nicht!«, schrieb ich an den Rand der Seite.

> Zur Antwort schilderte Bruder Lazarus mir seine Sicht der Dinge. Sie baut auf dem Abschnitt im zweiten Korintherbrief 12, 2 auf, in dem Paulus schreibt, er kenne jemanden, der vor vierzehn Jahren in den dritten Himmel entrückt worden sei, ob in seinem Körper oder außerhalb seines Körpers, er wisse es nicht. … In diesem Himmel hörte er ›unaussprechliche Worte, die kein Mensch sagen kann‹. … Vater Lazarus war überzeugt, dass Paulus von sich selbst spricht und das Geheimnis, das er im dritten Himmel erfahren hat, eben dies ist, dass am Ende jeder errettet wird. Das steht unumstößlich fest, glaubte Vater Lazarus, aber man darf es nicht aussprechen, weil die Verständnislosen es als Freibrief für Verantwortungslosigkeit begreifen würden. Wenn sie am Ende ohnehin erlöst werden, warum sich dann überhaupt Mühe geben? Diese Exegese hat mein Problem gelöst, und daran hat sich seither nichts geändert.[6]

Genau wie ich fand er diese Schlussfolgerung in Leben und Werk von Heiligen aus der ganzen Welt immer wieder bestätigt. Mit dieser beruhigenden Antwort schaltete ich den Computer aus und ging zu Bett. Die Vorstellung von der Auferstehung des Leibes hob ich mir für ein anderes Mal auf. Vor dem Einschlafen schlug ich das Werk des Heiligen Siluan an einer zufälligen Stelle auf und las den ersten Abschnitt, der sich vor meinen Augen auftat:

> Gerade so, wie ein lebendiger Mensch weiß, wann ihm kalt und wann ihm heiß ist, verhält es sich auch mit einem Menschen, der den Geist Gottes erfahren hat. Er weiß, wann seine Seele mit Gnade erfüllt ist und wann er von Foppgeistern heimgesucht wird.

In einem anderen Abschnitt las ich: »Der Geist Gottes lehrt die Seele, alles Lebendige so sehr zu lieben, dass die Seele nicht einmal ein grünes Blatt von einem Baum brechen oder auf eine Wildblume treten will.«[7]

13

Gedenken Gottes

Im März 2003 wurden wieder einmal die Hunde des Krieges losgelassen und in die Sandstürme des Nahen Ostens geschickt. Nur wenige hundert Kilometer von Zypern entfernt starben die Menschen zu Tausenden. Der Lärm der Militärflugzeuge, die auf den nahen britischen Stützpunkten tagtäglich starteten und nach ihren Bombenkommandos wieder landeten, ließ den Krieg in nervenzerfetzender Weise gefährlich nahe an unsere Heimat heranrücken. Wie Emily deprimierte es auch mich, ohnmächtig mitansehen zu müssen, wie die Tragödie ihren Lauf nahm, und genau wie der Rest der Welt über bloßen Protest hinaus nichts tun zu können, um einen unseres Erachtens katastrophalen und vermeidbaren Krieg zu verhindern.

Deprimiert war ich nicht nur wegen der unschuldigen Iraker, die getötet wurden, sondern auch wegen des Todes Hunderter junger amerikanischer Soldaten. Viele, da war ich mir sicher, wussten nicht einmal, wo der Irak auf der Karte liegt und wie sich das Land schreibt, in das sie geflogen wurden. Ich wusste, dass unter den Nationalgardisten, die man nun in die Gefahr schickte, einige ehemalige Studenten von mir waren, die aus benachteiligten Familien stammten und daher zum Militär gegangen waren, um studieren zu können. Angehörige dieser amerikanischen Schicht würden nun den Sand Mesopotamiens mit ihrem Blut tränken.

Zum ersten Mal befand ich mich in der Defensive und war immer wieder gezwungen, Freunden und Bekannten zu erklären, dass die Entscheidung einiger weniger aus der Regierung Bush für den Krieg nicht unbedingt den Wünschen der amerikanischen Mehrheit entsprach. Unterdessen begleiteten Emily und ich Stephanos und Erato zu mehreren nächtlichen Gebetswachen für Frieden und ein Eingreifen Gottes, die Vater Maximos initiiert hatte und leitete. Gott kommt uns meist erst in Momenten tiefster Ohnmacht und Verzweiflung wieder in den Sinn.

Zu den kleineren Folgeschäden des Ausbruchs der Feindseligkeiten in der Region gehörte, dass Lavros und ich unseren gemeinsamen Plan aufgeben mussten, ein paar Tage in dem berühmten, aus den 4. Jahrhundert stammenden Katharinen-Kloster am Fuße des Sinai zu verbringen, auf dem Moses die Zehn Gebote empfangen hat. Bei all dem Hass und politischen Eifer, der sich mit Kriegsbeginn ausbreitete, fanden wir es unklug, nach Kairo zu reisen und dann die lange Busfahrt in die Sinai-Wüste zu unternehmen. Stattdessen erschien es Lavros und mir sinnvoller, Antonis bei einem seiner regelmäßigen Besuche auf dem Athos zu begleiten.

Als ich Vater Maximos um Rat ersuchte, ob ich Antonis' Einladung zu einer weiteren Pilgerfahrt zum Athos annehmen sollte, war er überrascht, dass ich überhaupt fragte. »Natürlich solltest du gehen«, gebot er mir mit erhobener Stimme. »Eine solche Gelegenheit darf man nicht verpassen. Ein Besuch auf dem Heiligen Berg ist immer segensreich.« Dank über tausend Jahren des ununterbrochenen Gebets durch athonitische Mönche ist die ganze Halbinsel stark mit göttlicher Gnade und Energie aufgeladen. Etwas von dieser Energie können Pilger entsprechend dem Grad ihrer Empfänglichkeit aufnehmen, zu ihrem eigenen geistlichen Nutzen oder zu dem anderer. »Du musst uns hier mindestens einmal im Jahr besuchen kommen«, hatte mich ein gastfreundlicher Abt bei einem Besuch auf dem Heiligen Berg einmal gedrängt.

Nach dieser Reaktion von Vater Maximos rief ich Antonis an und bekräftigte meinen Entschluss, ihn auf seiner einwöchigen Pilgerreise zu begleiten. Es sollte mein zweiter Besuch auf dem Heiligen Berg mit Antonis sein, meinem »Athos-Patenonkel«, wie ich ihn scherzhaft nannte. Er war derjenige, der dafür gesorgt hatte, dass ich 1991 zum ersten Mal den Athos kennenlernte, wo ich Vater Maximos begegnete und die geistliche Tradition entdeckte, die sich in den uralten Klöstern verbarg. Wir wollten uns noch einmal auf die Spuren dieser über ein

Jahrzehnt zurückliegenden Reise begeben, die sich als ein derartiger Wendepunkt in meinem geistlichen Leben und in meinem Schreiben erwiesen hatte.

»Trage es in deinen Kalender ein«, wies Antonis mich am Telefon an. »Wir reisen am Freitag, den 18. April, ab und kommen am Gründonnerstag, den 24., wieder. Ich habe bereits alles gebucht. In Vatopedi [dem zweitgrößten Kloster und dem Ort, an dem ich Vater Maximos zum ersten Mal begegnet war] erwartet man uns schon. Außer Lavros kommen noch zwei weitere Freunde von mir mit«, fügte Antonis hinzu.

Dass Lavros ebenfalls an der Pilgerreise teilnehmen würde, motivierte mich zusätzlich zum Mitkommen. Er hatte gute Verbindungen zu einer ganzen Reihe von Äbten und Mönchen und verfügte über unschätzbare Einblicke in Kultur und Lebensweise auf dem Heiligen Berg. Vor allem aber war er ein perfekter Begleiter für ein solches Unterfangen, weil er auch bei aller Trauer über den Verlust seiner Frau, mit der er über vierzig Jahre verheiratet gewesen war, nie seinen Humor verlor.

Wir verließen die Insel, als die erste Phase des Irak-Krieges allmählich abflaute, und inmitten der überschäumenden Freude über die formelle Einladung an Zypern zum Beitritt zur Europäischen Union zum 1. Mai 2004. Bei unserer Ankunft am Flughafen Larnaka herrschte eine festliche Atmosphäre, weil Würdenträger auf die Ankunft des griechischen Ministerpräsidenten warteten, der damals Vorsitzender des Europäischen Rates war. Überall wehte die Europäische Fahne, sodass sogar die Fahne der Republik Zypern in den Hintergrund trat. Der Beitritt war ein großer Erfolg für die Zyprioten, die mit Unterstützung Griechenlands jahrzehntelang unermüdlich darauf hingearbeitet hatten, die übrigen europäischen Länder davon zu überzeugen, bei der bevorstehenden großen EU-Erweiterung im Jahr 2004 Zypern ebenfalls aufzunehmen. Zum ersten Mal fühlten sich die Zyprioten gegenüber der Türkei, die ebenfalls einen EU-Beitritt anstrebte, weniger verwundbar.

Um vier Uhr nachmittags setzte unser Flugzeug auf der Landebahn des Flughafens Thessaloniki auf. Dank Antonis' Initiative wartete bereits ein Taxi auf uns, das uns in dreistündiger Fahrt nach Ouranoupolis bringen sollte, in die Fischerstadt an der Grenze, die die Halbinsel Chalkidiki von der knapp fünfzig Kilometer langen Athos-Landzunge trennt. Wie bei früheren Pilgerreisen mussten wir in Ouranoupolis übernachten, um am nächsten Morgen mit der Fähre *Axion Esti* (so benannt nach einer wundertätigen Ikone auf dem Athos) in zweieinhalbstündiger Fahrt nach Daphni, dem westlichen Zugang zum Athos, überzusetzen. Die Athos-Gemeinde, eine halbautonome Republik innerhalb der rechtlichen Grenzen des griechischen Staates, war gezwungen, sich durch eine Begrenzung der täglichen Besucherzahlen auf ihrem Territorium zu schützen. Aus diesem Grund mussten wir uns zunächst in Ouranoupolis unsere *diamoniteria* (Visa) besorgen, bevor wir an Bord der Fähre gehen durften. Antonis hatte sich schon von Zypern aus um alle Formalitäten gekümmert, sodass wir nach unserer Ankunft in Ouranoupolis den Abend am Hafen genießen konnten. Hätte Antonis nicht bereits im Vorhinein für alles gesorgt, wären uns angesichts der langen Schlangen wartender Menschen womöglich Visa verweigert worden, und unsere Reise hätte hier im Hafen von Ouranoupolis bei griechischem Wein und Oktopus geendet.

Um diese Zeit war die Nachfrage groß, und die zwanzig Klöster konnten jeweils nur eine bestimmte Anzahl von Pilgern aufnehmen. Andere Unterkunftsformen gab es auf dem Heiligen Berg nicht. Deshalb musste allen Besuchern in den Klöstern Gastfreundschaft gewährt werden, eine zunehmend schwierigere Aufgabe in Zeiten, in denen das Reisen immer einfacher wurde. Doch die Mönche boten den Pilgern weiterhin großzügig ihre Gastfreundschaft an. Trotz seiner Abgelegenheit wird der Athos von einer wachsenden Anzahl geistlich Suchender entdeckt, aber auch von Abenteuerreisenden und Betrügern, die es nur auf einen kostenlosen Urlaub abgesehen haben. Ich musste daran denken, was mir bei einem früheren Besuch einmal ein besorgter Schotte gesagt hatte, der von Kloster zu Kloster wanderte: »Der Athos ist Europas größtes Geheimnis. Möge es immer so bleiben. Deshalb«, hatte er scherzhaft ergänzt, »erzähle ich auch keinem, dass es ihn gibt.«

In unserer Gruppe waren wir zu sechst. Außer Antonis, Lavros und mir waren Nikos, ein Geschäftsmann und Kollege von Antonis, Andreas, pensionierter Diplomat und Cousin von Antonis, sowie Paul, ein Arzt aus Athen, dabei. Die beiden letzteren waren angenehm überrascht, als sie einander am Flughafen Thessaloniki begegneten, wo wir in die beiden Taxis nach Ouranoupolis stiegen. Was Antonis, unser aller gemeinsamer Nenner, nicht wusste: Paul war der Hausarzt von Andreas.

Im Gegensatz zu dem jovialen Schotten, dem ich bei einem früheren Besuch begegnet war, fühlte sich Antonis verpflichtet, alle seine Freunde und Bekannten in die Welt des Athos einzuweihen. Drei aus unserer Gruppe – Nikos, Andreas und Paul – waren noch nie auf dem Athos gewesen. Aus diesem Grund betrachtete es Antonis als seine Aufgabe, kaum dass wir ins Taxi nach Ouranoupolis gestiegen waren, seine Freunde mit einigen grundlegenden Fakten und Legenden rund um den Heiligen Berg vertraut zu machen. Für sie war alles neu. Trotz des unfreundlichen Wetters genossen sie die dreistündige Fahrt, weil sie Antonis' Geschichten lauschen konnten, insbesondere denen über die Wunder, die nach wie vor auf dem Heiligen Berg geschehen.

Als wir am Tag darauf an Bord der *Axion Esti* gingen, war die Luft ungewöhnlich kalt. Einige Passagiere, die auf solche Wetterbedingungen nicht vorbereitet waren, fröstelten. Ein leichter Nieselregen vermehrte das Unbehagen und machte die Fahrt zu einem noch unfreundlicheren Erlebnis als sie es ohnehin schon war, besonders für Nikos, der in Frühlingskleidung an Bord gegangen war. Ganz Europa lag unter dem Einfluss einer für das späte Frühjahr kalten und rauen Witterung. Sie reichte bis Griechenland und sogar Zypern, das doch angeblich die wärmste Insel im Mittelmeer ist.

Trotz des Wetters wollten wir auf dem ungeschützten Oberdeck stehen, damit wir beim Vorüberfahren freie Sicht auf die ungewöhnlichen Sehenswürdigkeiten hätten. Dank des außergewöhnlich tiefen Wassers um die Halbinsel konnte die Fähre dicht an der Küste entlangfahren und so den Pilgern die Möglichkeit bieten, die in die Felsen gebauten Klöster und Eremitagen, die Relikte der geheimnisvollen Welt des Athos und seiner Wunder, aus der Nähe zu sehen.

Antonis, der erfahrene Kenner der Geschichte des Heiligen Berges, genoss seine Rolle als Reiseführer für seine Freunde, die noch Neophyten waren. »Dies ist das russische Kloster Panteleimon«, verkündete er, als wir daran vorüberfuhren. »In diesem Kloster hat der Heilige Siluan seine Laufbahn als Mönch begonnen.« Dann erklärte er, wer der Heilige Siluan war und ergänzte, dass es ebenfalls das Kloster des russischen Altvater Sophronius Sacharow war, Schüler des Heiligen Siluan und Gründer des bekannten Klosters Johannes des Täufers im englischen Essex.

»Es gab eine Zeit, in der dieses russische Kloster annähernd fünfzehnhundert Mönche hatte und aussah wie eine richtige Stadt. Zu Beginn des 20. Jahrhunderts lebten auf dem Athos insgesamt zwischen drei- und viertausend russische Mönche. Doch nach der Machtübernahme der Bolschewisten in Russland 1917 versiegte die Quelle ihrer finanziellen Unterstützung, und ihre Anzahl schrumpfte. Heute leben in St. Panteleimon nur noch etwa fünfzig Mönche.

Das Kloster von Altvater Sophronius in Essex ist übrigens meines Wissens das einzige seiner Art«, fügte Antonis hinzu, »in dem Mönche und Nonnen zusammen leben, arbeiten, essen und beten. Wie ihr euch vorstellen könnt, steht dies in ziemlich scharfem Kontrast zum Athos.« Weiter erzählte er von der tausendjährigen Geschichte des Heiligen Berges, seit dem 9. Jahrhundert ein Refugium für Mönche und Nonnen, das ihnen durch Verfügung des damaligen Kaisers von Byzanz ausschließlich vorbehalten blieb.

Antonis' Lehrstunde basierte auf Fakten, die Lavros und ich gut kannten, die für Uneingeweihte wie Nikos, Andreas und Paul aber neu waren. Für Andreas, den pensionierten Botschafter, hatte der Heilige Berg eine besondere Bedeutung. Mit etwas Ermutigung von Antonis überwand er seine ursprüngliche Zurückhaltung und erzählte, was ihm vor einigen Jahren geschehen war, als er an einem bösartigen Tumor an seinem Hinterkopf beinahe gestorben wäre.

»Dass ich noch lebe, kann ich nur einem Wunder zuschreiben«, sagte Andreas, während wir uns, den Regenschirm in der Hand, an die Reling lehnten. »Mein guter Doktor hier«, fuhr er fort und deutete dabei auf Paul, »hat mich zu einer Untersuchung gedrängt, weil sich an dieser Stelle ein Knoten gebildet hatte.« Er wandte den Kopf um und legte einen Finger genau an den Übergang zwischen Schädelrand und Halswirbelsäule. »Als die Spezialisten ihn untersuchten, ordneten sie sofort die operative Entfernung an. Ich war starr vor Angst. Die Operation war gefährlich. Selbst wenn ich überlebte, bestanden gravierende Risiken, sagte man mir. Die Wahrscheinlichkeit, dass ich mein Leben lang gelähmt bliebe oder stumm würde, war hoch. Am schlimmsten aber war, dass die Gefahr bestand, ich könnte ins Wachkoma fallen. Doch mir blieb nichts anderes übrig, als diese Risiken einzugehen und die Operation vornehmen zu lassen. Der Tumor hätte mich auf jeden Fall umgebracht.«

Im Anschluss offenbarte uns Andreas, was in der Nacht, bevor er ins Krankenhaus kam, geschehen war. Er hatte einen Traum, behauptete er, der eigentlich kein Traum, sondern eine sehr luzide und reale Vision war. Eine Frau, die wie eine Ordensschwester gekleidet war und sich in Begleitung seines verstorbenen Onkels befand, zog ihn an sich und versicherte ihm, die Operation würde ein voller Erfolg, und er habe nichts zu befürchten. Ihm war sofort klar, dass die Nonne niemand anderer war als die Heilige Jungfrau. Dessen war er sich vollkommen sicher, obwohl er in seinem Leben bis dahin nur marginal religiös gewesen war. Ja, er hielt sich für einen Skeptiker.

»Am nächsten Morgen wurde ich zum Operationstisch gebracht, als ginge es in den Frühstücksraum«, sagte Andreas nachdrücklich. »Ich hatte absolut keine Angst. Und noch am selben Nachmittag, ob ihr es glaubt oder nicht, habe ich das Krankenhaus auf eigenen Beinen verlassen. Viele Jahre sind seither vergangen, und mein Problem ist nie wieder aufgetreten.« Dieses Erlebnis, so fuhr er mit Tränen in den Augen fort, hatte ihn vom Skeptiker zum Gläubigen gemacht. Als sein Cousin Antonis anrief, zögerte er daher keinen Moment, ihn auf dieser Pilgerreise zu begleiten. Andreas, der inzwischen ein Unternehmen in Athen leitete, verschob alle Termine und ergriff die Gelegenheit, den Athos zu besuchen, wo die Heilige Jungfrau im Mittelpunkt des von ständigem Gebet geprägten Lebens der Mönche steht.

»Der ganze Athos ist ein Ort der Verehrung der Heiligen Jungfrau«, sagte Antonis. »In jedem Kloster gibt es Ikonen der *Theotokos*, die als wundertätig gelten.«

»Interessant ist ja, dass keiner Frau je gestattet ist, den Athos zu betreten«, sagte Andreas, während der Anfahrt auf Daphni.

»Ja, das ist ein Problem, insbesondere jetzt, wo Griechenland in die EU aufgenommen worden ist«, sagte Lavros und verzog sich an den Rand des linken Korridors der Fähre, wo man etwas geschützter stand. »Mehrere Frauenorganisationen betrachten es als Verletzung ihrer Menschenrechte. Ich glaube allerdings, dass hier viele Missverständnisse vorliegen.«

Lavros' Bemerkungen lösten einen lebhaften Wortwechsel aus, der sich geraume Zeit hinzog. Das überraschte mich nicht. Immer wenn ich den Athos besuche oder über ihn spreche, kommt unweigerlich das Thema *Avaton* auf, das Verbot, das Frauen von einem Besuch auf dem Athos ausschließt. Ich habe mitbekommen, wie Äbte und gewöhnliche Mönche versucht haben, skeptischen Besuchern zu erklären, dass das *Avaton* nichts mit einer negativen Einstellung gegenüber Frauen zu tun hat, sondern ausschließlich der *Askesis* dient und also die völlige und ablenkungsfreie Konzentration auf die Arbeit ermöglichen soll, mit der sich die Mönche befassen. Einzig aus diesem Grund hat der Kaiser von Konstantinopel dies im 9. Jahrhundert als Regel verfügt, und seither ist sie unverändert in Kraft. Zementiert wurde das kaiserliche Edikt noch durch den Glauben, das *Avaton* sei tatsächlich der ausdrückliche Wunsch der *Theotokos*.

Der Legende nach hat sie sich den Heiligen Berg zu ihrem persönlichen Garten erwählt, in dem sie als Einzige unter allen Frauen das alleinige Aufenthaltsrecht genießt. Wie man sich auf dem Athos erzählt, begab sich die Heilige Jungfrau in Begleitung des Apostels Lukas auf eine Reise, um Lazarus in Zypern zu besuchen, kam aber wegen starker Winde und dicken Nebels vom Kurs ab. So legte ihr Boot stattdessen an der Ostküste des Athos an. In dem Moment, in dem sie an Land ging, gab es ein Erdbeben, und alle heidnischen Statuen wurden zerstört. Die Schönheit des Ortes entzückte sie so sehr, dass sie erklärte: »Dies ist mein Garten« und ihren Sohn Jesus bat, ihn ihr zum Geschenk zu machen. Seither dreht die Jungfrau auf dem Athos ihre Runden, besucht Klöster und Eremitagen und erscheint den großen Altvätern und Heiligen in ihren Visionen und Ekstasen und lässt Heilungen und andere Wunder geschehen. Durch diese Erscheinungen und Wunder hat sich der Glaube, nur sie allein könne sich auf dem Heiligen Berg bewegen, weiter verfestigt.

Die Anzeichen für die Gegenwart der Heiligen Jungfrau bilden den Kern und das Rückgrat der Tradition auf dem Athos und verstärken das Tabu der Anwesenheit anderer Frauen. Paradoxerweise wird das Weibliche in Gestalt der Heiligen Jungfrau nirgendwo auf der Welt mehr verehrt und angebetet als auf dem Athos. Legenden und Tatsachen wurden im Laufe der Jahrhunderte so sehr miteinander verflochten, dass sie praktisch nicht mehr voneinander zu trennen sind. Doch ganz abgesehen von Faktizität oder mythischer Natur der ursprünglichen Geschichte kommen tatsächlich ungewöhnliche Heilungen und andere Phänomene vor, die dem Eingreifen der Heiligen Jungfrau zugeschrieben werden. So ist es zumindest Konsens unter denen, die über intime Kenntnisse der Kultur des Heiligen Berges verfügen und mir ihr tief vertraut sind.[1]

EU-Funktionäre, die über den griechischen Staat hohe Summen für die Restaurierung der Klöster zur Verfügung gestellt haben, vermögen diese Denkungsart allerdings nicht nachzuvollziehen. Im Namen der Gleichstellung und der Menschenrechte üben sie enormem Druck auf die klösterliche Gemeinschaft aus, diese Tradition aufzugeben. Dieser Druck bringt die Mönche und Eremiten in eine Zwickmühle. Ein Aufgeben der Tradition, die seit über tausend Jahren ein derart integraler Bestandteil des Weltbilds und der asketischen Lebensweise auf dem Athos ist, könnte die Existenz des gesamten Heiligen Berges gefährden. Die Tradition zu wahren, hat andererseits zu Schwierigkeiten mit europäischen Feministinnen und säkularen Aktivisten geführt, die für derartige Traditionen keine Sympathie aufbringen können. Ungewollt hat sich der Athos in der Europäischen Union wiedergefunden und ist daher Gesetzen und Erlassen unterworfen, die nicht aus dem Konstantinopel des 9. Jahrhunderts, sondern aus dem Brüssel des 21. Jahrhunderts stammen. »Kein Wunder«, sagte ich meinen Begleitern, »hegen die Mönche auf dem Athos ambivalente Gefühle gegenüber dem Westen und allem, wofür er steht.«

Dennoch ist es Griechenland als dem Hüter des Heiligen Berges gelungen, eine gewisse angespannte Ruhe ins Thema *Avaton* zu bringen, indem es seine europäischen Partner davon überzeugt hat, der Athos solle vom europäischen Recht ausgenommen werden, damit die einzigartige Lebensweise dort bewahrt und respektiert werden könne. In die Charta zur Aufnahme Griechenlands in die Europäische Union wurde daher eine besondere Klausel aufgenommen, die die Beibehaltung des *Avaton* auf dem Athos zuließ. Doch trotz dieser rechtlichen Klausel hält der politische Druck an, den Heiligen Berg auch für Besucherinnen zu öffnen.

Diese Gedanken teilte ich meinen Begleitern mit, als das Schiff schon kurz vor Daphni war. »Die Väter vom Athos würden eher sterben, als das *Avaton* aufzuheben«, behauptete Antonis, während das Schiff in Daphni anlegte. »Für sie ist es eine heilige Tradition, die direkt von der Muttergottes kommt, und daran wird nicht gerüttelt.«

»Also kann nur sie selbst diese Regel ändern«, schloss ich. »Ich kann mir vorstellen, dass mehrere heilige Altväter Visionen der Heiligen Jungfrau haben, die ihnen verkündet, dass es an der Zeit ist, das *Avaton* aufzuheben. Dies ist die einzige legitime Möglichkeit, die mir einfällt und die eine Veränderung dieser Regel erlaubt, ohne die Mönchsgemeinschaft in ihren Grundfesten zu bedrohen.«

»Wir können nie wissen, wann dies womöglich tatsächlich geschieht«, fügte Lavros hinzu, während wir auf den Kleinbus zugingen, der dank Antonis bereits auf uns wartete und uns zu unserem Ziel, dem Kloster Vatopedi, bringen sollte.

Am Rande des Athos sind in den letzten Jahren eine ganze Reihe großer, blühender Frauenkloster errichtet worden, die derselben geistlichen Regel folgen, die auch in allen anderen Klöstern auf dem Athos gelebt wird. Außerdem liegt in einem dieser Frauenklöster, in Souroti, Altvater Paisios begraben, der in seinen späteren Jahren der Altvater dieses Klosters war. In einem weiteren Frauenkloster in Ormylia war Altvater Emilianos, ein weiterer heiliger Altvater vom Athos, der Altvater gewesen. Es ist, als entstünde nach und nach ein Parallel-Athos, um auch Frauen aufzunehmen.

Der Weg von einem Kloster zum anderen wird normalerweise zu Fuß zurückgelegt, was zum Gesamterlebnis eines Aufenthalts auf dem

Athos dazugehört. Aber um nach Vatopedi zu kommen, hätten wir sechs Stunden gebraucht, und Antonis litt unter chronischen Rückenbeschwerden. Um Pilger wie Antonis aufnehmen zu können und um den Bedürfnissen der Klöster entgegenzukommen, die sich wachsenden Pilgerströmen gegenübersehen, hatte die Verwaltung des Athos den Einsatz einiger Kleinbusse und Lastwagen zugelassen. Die Straßen ließ man jedoch absichtlich unbefestigt. Bei schlechtem Wetter waren sie heimtückisch.

Während der Fahrt auf den Berg geriet der Bus auf der matschigen Strecke gefährlich ins Schlingern. Ich hielt den Atem an und glaubte, es stünde auf Messers Schneide, ob er auf der schmalen Straße bliebe oder mitsamt dem matschigen Boden den Hang hinunterrutschte. Dass unser leicht erregbarer Fahrer uns wissen ließ, dass dieser Kleinbus keinen Allradantrieb hatte, machte die Situation ebenfalls nicht gerade einfacher. Als Antonis protestierte, es sei geradezu unentschuldbar, mit einem Bus ohne Allradantrieb auf einer solchen Straße zu fahren, schlug er vor Wut beinahe mit der Faust gegen die Decke. Autos mit Allradantrieb kosteten ein Vermögen, bellte der Fahrer, und die durchschnittliche Lebensdauer eines Wagens betrage auf dem Athos drei Jahre. Wir sagten nichts mehr, um unseren gestressten Fahrer nicht noch weiter aufzubringen. Stattdessen konzentrierten wir uns auf die Schönheit der Landschaft, vergaßen den Matsch und setzten unser Vertrauen auf *Unsere Liebe Frau*, die über ihren Garten wachte.

Endlich am Kloster angekommen, entfuhr uns ein kollektiver Seufzer der Erleichterung. Wir entlohnten den Fahrer, der sich inzwischen wieder merklich beruhigt hatte, großzügig. Dann gingen wir auf dem kürzesten Weg zum *Archondariki*. Vater Gennadios und Vater Nyphon, zwei Mönche, mit denen wir uns bei früheren Besuchen angefreundet hatten, verwöhnten uns mit Likör, der im Kloster hergestellt wurde, und etwas türkischem Honig. Dies war Teil der traditionellen Gastfreundschaft. Unsere Freunde freuten sich besonders, Lavros wiederzusehen, der bei vielen Besuchen auf dem Athos eine besondere Beziehung zu den jungen zypriotischen Mönchen im Kloster Vatopedi aufgebaut hatte. Sie behandelten ihn wie eine Vaterfigur und bedrängten ihn um Rat und Informationen über die Unruhen in der Kirche von Zypern und die möglicherweise bevorstehende Wahl eines neuen Erzbischofs. Nachdem Lavros ihnen versichert hatte, dass Vater Maximos gute Chancen hatte, der neue Erzbischof zu werden, begleitete uns Vater Gennadios, der *Archondaris*, also der Mönch, der für die Unterbringung der Pilger zuständig ist, zu unseren Zellen in einem kürzlich umgebauten Teil des Klosters. Ich wohnte mit Lavros und Paul, dem Arzt, zusammen. Nebenan teilten sich Antonis und Andreas, der ehemalige Botschafter, sowie Nikos, der Unternehmer, ein Zimmer. Wir richteten uns rasch ein und folgten dann den Mönchen zur Vesper, an die sich ein leichtes Abendessen nur für die Pilger anschloss. Während der Großen Fastenzeit aßen die Mönche nur einmal am Tag.

Bald nach dem *Apodeipnon*, dem kurzen Gebetsgottesdienst, der auf das Gemeinschaftsmahl folgt, wurden wir benachrichtigt, der Abt wünsche, mit allen Neuankömmlingen zu sprechen. Über hundert Pilger, so viele wie Mönche in dem Kloster wohnten, versammelten sich in dem großen *Archondariki*. Lächelnd begrüßte der blondbärtige Abt jeden Einzelnen in dem historischen Kloster, das auch Prinz Charles häufig besuchte, wie wir erfuhren. Er hatte Geld für den Bau einer kleinen Kapelle ganz in der Nähe gespendet.

Der Abt saß in der Mitte des Raums, und nachdem er seiner Freude Ausdruck verliehen hatte, so viele Pilger hier zu sehen, hob er an zu einem kurzen Begrüßungsvortrag. Die Gnade, die auf dem Athos ruhe, führe Pilger wie uns immer wieder hierher. »Wer einmal von den Wassern des Athos getrunken hat, wird immer wiederkommen.« In ernsterem Ton fuhr er dann fort: »Das Problem der modernen Menschen ist ihre Amnesie. Sie konzentrieren sich viel zu sehr auf die Gegenwart und lassen sich von ihrem Beruf, ihrer Familie und ihrer Gemeinde vollkommen vereinnahmen. Folglich vergessen sie Gott. Ein paar Tage lang hier unter uns zu sein, bietet euch die Chance, dass es eure einzige und vordringliche Beschäftigung wird, an Gott zu denken.«

Leichter gesagt als getan. Kaum hatten wir das *Archondariki* verlassen, hatten es einige aus unserer Gruppe sehr eilig, an ihr Mobiltelefon zu kommen. Um Empfang zu haben, gingen sie auf den Balkon vor unseren Zimmern im dritten Stock – ein Phänomen, das man 1991 bei meinem ersten Besuch auf dem Athos noch nicht kannte. Paul, der Arzt, wollte wissen, wie es seinen Patienten gehe. Ich bekam mit, wie er Medikamente verschrieb. Antonis rief seine Frau an, die sich in Thessaloniki mit ihm treffen wollte, um die Osterfeiertage gemeinsam in Griechenland zu verbringen. Nikos rief in einer dringenden Angelegenheit seinen Hotelmanager an. So konnte die Außenwelt sogar bis in dieses abgelegene Kloster auf einer relativ unzugänglichen Halbinsel im Norden Griechenlands vordringen, wohin Pilger mit dem angeblichen Ziel kommen, ihre Sorgen hinter sich zu lassen und sich ausschließlich auf Gott zu konzentrieren. »Mit Handys kann der Allmächtige einfach nicht mithalten«, sagte ich scherzhaft, als Lavros gerade jemanden in Limassol anrufen wollte. Irgendwie muss mein bissiger Kommentar wohl Eindruck gemacht haben, und schon bald änderte sich die Atmosphäre spürbar. Als alle ihre Mobiltelefone ausschalteten, kehrte endlich Ruhe ein.

Wir zogen unsere Wintermäntel über, kamen auf einem der Balkone zusammen und plauderten noch ein Stündchen in der Ruhe der Nacht. Der Himmel klarte auf, hell und deutlich zeigte sich der Halbmond und beschien den Klosterhof. Antonis spielte weiter den Reiseführer für seine Freunde und erklärte, wie das Kloster, das größte auf dem Athos, nach Jahren des Verfalls und der Vernachlässigung wieder seine Vormachtstellung erlangt hatte. »Es gab einmal eine Zeit, in der dieses Kloster über viertausend Mönche beherbergt hat, ob ihr's glaubt oder nicht. Aber es verfiel, und Anfang der 1970er Jahre lebten hier nur noch sechs oder sieben ältere Mönche, die kaum über die Runden kamen. Das Kloster wurde praktisch aufgegeben. Die Mönche, alle in den 80ern, konnten es einfach nicht unterhalten. Alles zerfiel, nicht nur in Vatopedi, sondern überall auf dem Athos,« sagte Antonis in ernstem Ton und verfiel in Schweigen.

»Es ist ganz erstaunlich, wie sich die Dinge gewendet haben und wie es gekommen ist, dass Vatopedi und der ganze Athos wiederaufleben«, staunte Lavros.

»Das ist wirklich erstaunlich«, stimmte Antonis zu. »Vor fünfzig

Jahren, mit Joseph dem Hesychasten, einem großen Altvater und Eremiten, hat alles angefangen. Es war eine Zeit der Schwäche und des Niedergangs auf dem Heiligen Berg. Man war sich allgemein einig, dass es nur noch eine Frage der Zeit war, bis es auf dem ganzen Berg kein Leben und kein Gebet mehr gäbe. Aber diesem charismatischen Vater ist es gelungen, eine Gruppe junger Mönche um sich zu scharen, und er ließ sich mit ihnen in einer entlegenen *Skite* irgendwo auf dem Athos nieder. Er schulte sie in den geistlichen Künsten und führte einen Kampf um ihre Erlösung, um *Theosis*. Seine Mönchsbrüder zogen ihn gerne auf: ›Was hast du mit diesen Jungspunden vor, Bruder?‹, fragten sie ihn. ›Diese Jungspunde‹, erwiderte er dann, ›werden eines Tages auf dem Athos eine Revolution bewirken.‹ Und so ist es gekommen. Aus seinen Begleitern sind mehrere charismatische Altväter hervorgegangen, die den Niedergang aufgehalten und diese außergewöhnliche Renaissance des Klosterlebens bewerkstelligt haben. Auch Altvater E. aus Arizona stammt aus dieser Gruppe. Er hat in Nordamerika bereits sechzehn athonitische Klöster gegründet. Die Gesellschaft der ›Jungspunde‹ hat außerdem den inzwischen verstorbenen Altvater Ephraim von Katounakia, der für sein prophetisches Charisma berühmt war, hervorgebracht und Altvater Joseph von Vatopedi, der wiederum eine neue Gruppe junger Mönche um sich versammelt hat. Diese Gruppe ist in den 1980ern von Nea Skete hierhergezogen und hat sich um Vatopedi gekümmert.«

Antonis unterbrach sich, und wir betrachteten den mondbeschienenen Innenhof unter uns. »Heute leben in Vatopedi etwa hundert Mönche, und sowohl sein Abt, der gerade zu uns gesprochen hat, als auch Vater Maximos gehörten zu der ursprünglichen Gruppe junger Mönche, die Altvater Joseph, der Schüler von Joseph dem Hesychasten, von Nea Skete hierher geführt hat. Altvater Joseph von Vatopedi, Altvater Ephraim von Katounakia und Altvater E. von Arizona sowie der verstorbene Altvater Paisios waren die Altväter von Vater Maximos. Sie haben ihn ausgebildet und angeleitet; und wie Kyriacos in seinem Buch geschrieben hat, wurde Vater Maximos dann von diesen Altvätern angewiesen, den Athos zu verlassen und nach Zypern zurückzukehren. Drei weitere Mönche begleiteten ihn 1993 bei seiner

Rückkehr nach Zypern, Vater Isaak, Vater Arsenios und Vater Nicholas. Zusammen ließen sie innerhalb von zehn Jahren das Klosterwesen in Zypern wieder aufleben. Wie ihr seht«, schloss Antonis, »hat also alles vor fünfzig Jahren mit dem Werk eines erleuchteten Eremiten begonnen, Josephs des Hesychasten.«

»Mit der Hilfe der *Theotokos,* der Herrin des Heiligen Berges, natürlich«, warf Lavros ein.

»Natürlich. Das versteht sich von selbst.«

All dies war Andreas und den beiden anderen Neulingen Paul und Nikos noch unbekannt. Sie stellten weitere Fragen zur Geschichte des Klosters, die Antonis und Lavros nur zu gerne beantworteten. Dies war eine zwanglose Möglichkeit, uns näher kennenzulernen. Noch am Vortag waren wir füreinander größtenteils Fremde gewesen. Andreas erzählte uns von seinen fünfunddreißig Jahren als Diplomat; er verfügte über ein reiches Repertoire an Anekdoten über die wichtigsten historischen Ereignisse in der jüngeren Geschichte Zyperns und Griechenlands. Paul erzählte von seinem abenteuerlichen Leben als junger Mann in einer wohlhabenden und angesehenen griechisch-zypriotischen Familie in Alexandria. Mit dem Anwachsen des arabischen Nationalismus in Ägypten wurde er zusammen mit Hunderttausenden weiterer Griechen und allen übrigen Menschen anderer Nationalität vom ägyptischen Staat gezwungen, Alexandria, das einst ein Zentrum griechischer Bildung und Kultur gewesen war, zu verlassen. Nach dem Abschluss seines Medizinstudiums in Griechenland und London praktizierte Paul einige Jahre als Arzt in England. Sein Heimweh nach der mediterranen Welt zog ihn jedoch wieder nach Athen, so behauptete er, wo er seine Facharztausbildung abschloss. Durch seine vielfältigen Erfahrungen war er offen dafür, dass auf dem Athos »etwas sein könnte«, wie er sich ausdrückte. Als sich das Gespräch in Richtung außergewöhnliche Heilungsphänomene entwickelte, wirkte er durchaus aufgeschlossen für die Möglichkeit von »Wunderheilungen« und »alternativen Behandlungsformen«.

Lavros erzählte uns Geschichten aus seinem Leben in Saudi-Arabien. »Ibrahim war Ingenieur in meiner Firma und ein sehr guter Freund. Er war ein frommer Muslim und hielt alle Gebote des Koran, er betete fünfmal am Tag, fastete im Ramadan, spendete erhebliche Summen für gemeinnützige Organisationen und so weiter. Eines Tages berichtete mir meine verstorbene Frau, die wiederum mit seiner Frau befreundet war, Ibrahim sei untröstlich. (Seine Frau konnte mir dies nicht direkt sagen, da es unter Muslimen streng verboten ist, dass Männer und Frauen Umgang miteinander pflegen.) Jede Nacht vergoss Ibrahim bittere Tränen und konnte nicht schlafen. ›Wie kann ich ins Paradies gehen‹, sagte er seiner Frau, ›wenn mein Freund Lavros in der Hölle enden wird. Er ist kein Muslim!‹« Lavros schilderte, wie der arme Ibrahim ihn förmlich anbettelte, zum Islam zu konvertieren, damit sie zusammen ins Paradies kommen könnten.

»Das erinnert mich an ähnliche Sorgen unter Christen«, sagte ich. »Es ist ein universelles Problem. Nur *wir* haben Zugang zu Gottes Reich.«

»Na, dann hört mal zu«, fuhr Lavros lebhaft fort. Unser Interesse schien ihn zu beleben. »Als ich das erste Mal auf dem Athos war, wurde ich Vater Ignatios vorgestellt, einem geistlichen Führer und Beichtvater aus einem anderen Kloster. Er war damals relativ jung, und im Gegensatz zu Vater Maximos stand er in dem Ruf, bei der Beichte streng und hart zu sein. Allzu schnell war er dabei, den Leuten wegen kleiner Verstöße Strafen aufzubrummen. Tatsächlich galt er als der strengste Beichtvater auf dem ganzen Athos. In Wirklichkeit war er so gutmütig wie mein Freund Ibrahim und sehr fromm. In religiösen Fragen allerdings war er wirklich ein Zelot. Bevor er Mönch wurde, hatte Vater Ignatios übrigens ein sehr erfolgreiches Bauingenieursbüro in Athen betrieben.

Bei einem Besuch in seinem Kloster«, fuhr Lavros fort, »beschloss ich, bei ihm zur Beichte zu gehen und ihm über mein Leben im Allgemeinen zu erzählen. Beiläufig erwähnte ich, dass ich in Saudi-Arabien, wo es keine Kirchen gab, gelegentlich in die Moschee gegangen bin und neben meinem Freund Ibrahim gebetet habe. Er betete zu Allah, und ich betete zu Christus. ›Das ist eine sehr ernste Sache, sehr schlimm‹, sagte Vater Ignatios. ›Du hast deine Religion verraten und musst dich einem besonderen Ritus unterziehen, um wieder in die Orthodoxie aufgenommen zu werden.‹ Ich widersprach, dass ich meiner Meinung nach meine Religion nicht verraten hätte. Ich bin ganz bestimmt kein Muslim geworden. Vergeblich versuchte ich, ihm zu erklären, dass es in Saudi-Arabien keine Kirchen gibt, in die Christen gehen und wo sie beten könnten. Vater Ignatios blieb ungerührt. ›Du kannst so lange keine Kommunion empfangen, bis wir morgen das Ritual vollzogen haben‹, sagte er nachdrücklich. Nun ja, ich musste mich seiner Anordnung beugen. In diesem Kloster begannen die Gottesdienste um zwei Uhr morgens. Also ging ich am nächsten Morgen um diese Zeit in die Kirche, setzte mich in eine Ecke, dachte über Vater Ignatios' Reaktion nach und wunderte mich. Es herrschte völlige Finsternis, da während des Gottesdienstes kein Licht brennt, mit Ausnahme einiger weniger Kerzen, damit die Kantoren die Verse lesen können. Vater Ignatios hielt die Liturgie.

In einem bestimmten Moment«, fuhr Lavros fort, »sah ich, dass er mit einer brennenden Kerze aus dem Altarraum heraustrat. Er schritt die Kirche ab, als suche er jemanden. Schließlich kam er an meinen Platz, hielt mir die Kerze vors Gesicht und rief aus: ›Ah, endlich habe ich dich gefunden. Hör zu, vergiss, was ich gestern gesagt habe. Ich habe mich geirrt. Wenn es so weit ist, komme nach vorne und empfange die Kommunion.‹ ›Was ist passiert, Vater?‹, flüsterte ich völlig überrascht. Er sagte mir, während der Eucharistiefeier habe Gott zu ihm gesprochen und seinen Geist erhellt. Gott half ihm zu erkennen, dass ich dadurch, dass ich in einer Moschee zu Christus gebetet habe, keine Sünde begangen habe. Deshalb war es nicht notwendig, dass ich mich dem besonderen Ritus unterzog, den Vater Ignatios zunächst für unbedingt erforderlich gehalten hatte, bevor ich wieder zur Kommunion zugelassen werden könnte.«

»Diese Geschichte ist es aber wirklich wert, dass du sie in dein Buch aufnimmst, Kyriaco«, rief Antonis aus.

Ich meinte, dies sei ein interessanter Aspekt der geistlichen Kultur auf dem Athos. Die Altväter lehren, dass man seiner eigenen Meinung immer kritisch gegenüberstehen solle. Dies ist natürlich ein sehr schwer zu erreichendes Ideal und wird sowohl innerhalb als auch außerhalb des Athos öfter gebrochen als gehalten. Aber wenn man es sich tatsächlich angewöhnt, bleibt Raum, damit Gott hin und wieder eingreifen und ein anderes Vorgehen anbieten kann. Vater Ignatios war ein zutiefst spiritueller Mensch, verfügte aber nur über begrenztes Verständnis für die äußere Welt. Durch seine Demut und sein Gebet hatte er Gott aber Raum gelassen, ihm einen Rat zu erteilen, der seiner eigenen Meinung und Schlussfolgerung widersprach. In solchen Fällen ist ein athonitischer Altvater gehalten, stets dem Diktat Gottes zu folgen und nicht seiner eigenen Logik.

»Aus meiner persönlichen Erfahrung als Arzt weiß ich«, sagte Paul, »wenn deine Intuition deiner Logik widerspricht, ist es fast immer klüger und sicherer, den Vorgaben deiner Intuition zu folgen.«

»Ich habe gehört, dass Vater Ignatios mit den Jahren milder geworden und kein so strenger Beichtvater mehr sein soll wie früher«, sagte Lavros.

»Jahre asketischer Praxis und des Gebets haben ihn offensichtlich weicher gemacht«, fügte Antonis hinzu, der Vater Ignatios persönlich kannte.

Im Zusammenhang mit dem umstrittenen Beichtvater und geistlichen Ratgeber kam Lavros eine weitere Erinnerung. »Hört mal zu! Bei der Beichte fragte er mich, ob ich je Sex mit Tieren gehabt hätte, etwa mit Ziegen, Stuten oder sogar Hühnern! Ich habe protestiert. ›Vater Ignatie, für was für einen Menschen halten Sie mich denn!‹, hielt ich ihm vor. ›Entschuldige‹, sagte er, ›aber ich musste das fragen.‹ Offenbar hatte er derartige Beichten schon gehört und wollte sichergehen, dass ich in Sachen Sex mit Ziegen und Schafen unschuldig war«, sagte Lavros und lachte laut auf. »›Tatsächlich erinnert mich Ihre Frage an einen Fall, mit dem ich persönlich zu tun hatte‹, erwiderte ich. Dann erzählte ich ihm, dass einer meiner Arbeiter in Saudi-Arabien, ein armer Pakistani, von der Polizei festgenommen und beschuldigt wurde, mit einem Kamel Verkehr gehabt zu haben. Dem armen Mann drohte die Enthauptung, denn nach ihren Gesetzen ist Unzucht mit Tieren eine schwere Sünde. Ich musste vor Gericht erscheinen und zu seinen Gunsten aussagen, dass er der Inbegriff eines guten Charakters und es undenkbar sei, dass er mit einem Kamel geschlafen haben könnte. Ich glaube, meine Aussage hat ihn gerettet, den armen Kerl. Er hat gezittert wie Espenlaub.«

»Vielleicht hat Vater Ignatios das in deiner Vergangenheit ›gesehen‹, und es hat ihn verwirrt«, vermutete ich. In diesem Moment hörten wir ein Klopfen an der Tür. Es war Vater Nyphon, der uns dringend bat, schlafen zu gehen, weil nach 20 Uhr im Kloster völlige Stille herrschen müsse. Um halb vier Uhr morgens würden die Glocken zum vierstündigen Gottesdienst läuten, und wir bräuchten unseren Schlaf.

Zwei Tage nach unserer Ankunft waren die Straßen abgetrocknet, und wir beschlossen, einen der wenigen Kleinbusse zu mieten und einen ganztägigen Ausflug an die Spitze der Halbinsel zu unternehmen. Unser Ziel war das Kloster Megisti Lavra, das vor etwa tausend Jahren als erstes Kloster auf dem Athos errichtet worden war. Uns allen war klar, dass die Reise selbst mit einem motorisierten Gefährt nicht einfach werden würde.

Normalerweise gelangt man in diesen Teil der Insel entweder zu Fuß oder mit dem Boot. Wegen der rauen See war eine Bootsfahrt keine Option. Wandern allerdings ebenso wenig. Der Hinweg hätte mehrere Tage beansprucht und der Rückweg ebenfalls. Unterwegs wollten wir bei mehreren Klöstern einen Zwischenhalt einlegen und berühmten wundertätigen Ikonen der Heiligen Jungfrau sowie anderen heiligen Reliquien huldigen. Daher war es praktisch, den Kleinbus zu mieten. Wir hofften nur, dass der Fahrer gute Laune hätte. Zum Glück war der Fahrer ein anderer Mann, ein Rentner und Großvater, der den Bus hin und wieder anhielt, um ein paar Wildkräuter zu pflücken, die dank des reichlichen Regens der vergangenen Tage aufgegangen waren. »Die sind toll mit Olivenöl und Zitronensaft«, verriet er uns. Er hatte vor, sie seiner Frau in Ouranoupolis mitzubringen, die er am Wochenende besuchen wollte.

Obwohl es keinen Matsch mehr gab, war der Straßenzustand für motorisierte Fahrzeuge immer noch ungeeignet. Doch nach dem Besuch mehrerer Klöster auf unserer Route verspürten wir alle neue Kraft und vergaßen die Unannehmlichkeiten. »Wenn das Reisen auf dem Athos einfach und bequem wäre, wäre es nicht mehr der Athos«, bemerkte Lavros weise, als wir an der äußersten Spitze der Halbinsel aus dem Bus stiegen. Jenseits dieses Punktes gab es keine Straßen mehr. Eine steile Klippe fiel jäh über dreihundert Meter zum Meer hin ab. An dieser Stelle hatte die Flotte des Perserkönigs Xerxes auf dessen erstem Kriegszug gegen Griechenland Schiffbruch erlitten. Im Westen erhob sich mächtig die Spitze des Berges Athos. Mit ihrer Schneehaube bot sie einen beeindruckenden Anblick, und etliche in unserer Gruppe machten Fotos.

»Dort unten«, sagte unser Fahrer und deutete die Klippe hinunter, »liegt die Höhle des Heiligen Athanasios. Zweihundertzwanzig Stufen führen euch hin. Wenn ihr zur Höhle wollt, dann haltet den Blick immer auf den Fels gerichtet. Schaut nicht zum Meer hinunter. Es gibt kein Geländer, und euch könnte schwindlig werden. Ich warte hier auf euch.«

Ich überlegte, ob ich das Risiko eingehen und den steilen Abhang hinuntersteigen sollte. Die schmalen Stufen waren buchstäblich aus dem Granitfelsen gehauen. Ich war noch nie der große Abenteurer gewesen, und Höhe begeisterte mich auch nicht gerade. Aber wenn ich mich nicht in die Höhle dieses Heiligen aus dem 19. Jahrhundert gewagt hätte, der den Grundstein für die Mönchsgemeinschaft auf dem Athos gelegt hatte, wäre meine Reise für mich unvollständig gewesen. Bei unserer Exkursion waren wir zu zehnt. Die Hälfte der Teilnehmer beschloss, die Stufen hinunterzusteigen.

Schwer atmend und innerlich das Jesus-Gebet zitierend, heftete ich den Blick auf die Felsenseite und stieg ganz langsam alle zweihundertzwanzig Stufen hinab. Einmal sah ich zum Meer hinunter, erkannte aber schnell, wie klug der Rat des Fahrers gewesen war. Mein Herz schlug schneller, und ich spürte ein leichtes Zittern in den Knien. Sofort wandte ich den Kopf wieder der Felswand zu, weg von dem Abgrund, der unter mir lag. Als ich ankam, waren alle anderen schon da und erkundeten die enge Höhle. Direkt daneben entdeckten wir nicht nur eine winzige Kapelle mit der Ikone des Heiligen Athanasios, sondern auch eine moderne Toilette und einen Ort, an dem sich Pilger die Füße waschen oder sogar duschen konnten. Sogar in der Höhle des Heiligen Athanasios war die Moderne angekommen. Doch diese Annehmlichkeiten brachten uns nicht aus dem Staunen: Wie konnte ein Mensch an einem Ort leben, der nur für Adler und andere Greifvögel geeignet war? Doch schon seit den Anfangsjahren des Christentums haben Anachoreten immer wieder in völliger Abgeschiedenheit in solchen Eremitagen gelebt und eine noch intensivere Form des Gebets und entsagungsreichen Lebens gepflegt als im Kloster.

Ich setzte mich etwa einen Meter vor dem Rand der Höhle auf den Boden und betrachtete die blaue Ägäis unter mir. Dabei versuchte ich mir vorzustellen, wie es gewesen sein musste, Tag für Tag, Jahr um Jahr in solcher Abgeschiedenheit zu leben. Es gelang mir nicht. Vater Maximos' Worte kamen mir wieder in den Sinn, wonach es für das geistliche Leben letztendlich darauf ankäme, eine »Wüste« im Herzen zu schaffen, das heißt, alle Spuren egoistischer Leidenschaften auszumerzen, wenn wir zu Gott gelangen wollen. Eben dies haben die Wüstenväter auf ihre eigene, einzigartige und unnachahmliche Weise versucht. Eben dies hat der Heilige Athanasios in diesem ehrfurchtgebietenden Unterschlupf praktiziert, und eben dies versuchte Altvater E. auch in Amerika einzuführen. In seinem Buch *Inner Christianity* schreibt Richard Smoley:

> Wenn sich die Unruhe des Geistes und der Gefühle gelegt hat, wird das Bewusstsein still und klar, und die Gegenwart Gottes spürbar. Obwohl Gott allgegenwärtig ist, wie man uns immer wieder sagt, ist uns dies selten bewusst, weil unsere innere Unruhe es unmöglich macht, seine Gegenwart zu erfahren. Praktisch alle Gebets- und Meditationstechniken sind darauf ausgerichtet, den Geist zur Ruhe zu bringen, damit sich das Absolute in uns kundtun kann.[2]

Ich zog gerade mein Notizbuch aus der Tasche und hielt ein paar Beobachtungen fest, als Lavros, der eben hier angelangt war, zu mir kam und sich schwer atmend neben mich setzte. Ich ließ ihn an meinen Gedanken zum Thema innere Stille teilhaben. »Sieh es doch einmal so«, sagte er. »Nehmen wir an, du hast dir gerade eine CD mit Beethovens Neunter Sinfonie gekauft und möchtest sie hören. Du legst sie in deinen CD-Spieler ein und drückst den Knopf. Die CD beginnt zu spielen. Aber überall um dich herum ist Lärm: Straßenverkehr, trommelnde Kinder, schreiende und streitende Nachbarn, bellende Hunde. Unter solchen Umständen kannst du von der Sinfonie gar nichts hören. Erst müssen alle anderen Geräusche abgeblockt werden, dann kannst du die ›Ode an die Freude‹ hören. So ist mir dieser unfassbare Rückzug von Menschen wie dem Heiligen Athanasios begreiflich geworden. Er ist hierher gekommen, damit er die Stimme Gottes klar und deutlich hören konnte, die Sinfonie, die in unserem Inneren spielt, die wir aber wegen all des Lärms um uns herum gar nicht bemerken.«

Auf dem Rückweg nach Vatopedi machten wir Zwischenhalt beim Kloster Iviron, in der Hoffnung, uns mit dessen Abt, Archimandrit Basilios, treffen zu können. Stephanos, der ihn persönlich kannte, hatte mich gedrängt, alles irgend Mögliche zu tun, um ihn kennenzulernen. Die Aussicht auf eine Begegnung mit dem Altvater war einer der Gründe, warum ich mich der Reise angeschlossen hatte. Aber wie im Falle von Altvater E. in Arizona sollte es auch hier nicht sein. Vater Basilios war an jenem Tag nicht auf dem Athos, und so blieb mir nur, ein paar seiner neu erschienenen Bücher zu kaufen. Bei einer Rast neben einer heiligen Quelle (die der Heilige Athanasios durch ein Wunder mithilfe der Heiligen Jungfrau entdeckt haben soll), während der unser Fahrer weitere Wildkräuter pflückte, schlug ich in einem stillen Moment eines der Bücher auf. Da verstand ich, warum Stephanos so sehr auf einem Treffen mit Vater Basilios bestanden hatte. Auf Griechisch las ich: »Das gesamte Leben der Menschheit, der Schöpfung und der Geschichte ist eine Göttliche Liturgie, die zu einem glückseligen *telos* [Ende] aller Universen führt. ›*Ta epegia gegonen ouranos*‹ [weltliche Dinge werden verwandelt in himmlische Dinge].«[3]

Ich dachte über diese Idee nach und empfand sie als kompatibel mit meinem eigenen metaphysischen Schöpfungsverständnis – dass nämlich am Ende alles wieder in seinen himmlischen Stand eingesetzt wird. Unterdessen sammelte unser Fahrer in rasendem Tempo sein Grünzeug. Bald forderte er uns auf, wieder in den Bus zu steigen, damit wir nach den verbleibenden zwei Stunden unserer holprigen Fahrt noch rechtzeitig wieder im Kloster wären, um den Gesang der Kassiana zu hören. Es war der Heilige und Große Dienstag [Dienstag der Karwoche, Anm. d. Ü.], und einmal im Jahr, in dieser Nacht, wird etwa eine halbe Stunde lang dieser wunderbare Trauergesang angestimmt. Wenn die Sänger gut sind, kann dies ein ästhetisches und spirituelles Erlebnis höchster Güte sein. Sind sie hingegen kakophon, ist es eine wahre Tortur. Ich war verwöhnt, weil ich einen absolut erhabenen Vortrag dieser Hymne durch meinen Freund Lambros erlebt hatte. Seit dreißig Jahren sang er dieses *Troparion* der Heiligen Kassiana in unserer Gemeinde in Bangor. Ich war mir sicher, dass die Mönche von Vatopedi uns nicht enttäuschen würden, daher wollten wir unbedingt rechtzeitig in der Kirche sein.

Ich erwähnte, dass eine sentimentale Tante von mir jedes Mal weinte, wenn sie dieses *Troparion* hörte, und bevor wir ankamen, erzählte uns Lavros die Geschichte seiner Komposition:

Kassia war eine außergewöhnlich schöne junge Adlige in Konstantinopel zur Zeit des byzantinischen Kaisers Theophilos. Die hochgebildete Kassia war eine vollendete Dichterin und die heimliche Liebe des neuen Kaisers, der vorhatte, sie zu heiraten. Nach seiner Krönung musste der Kaiser sich eine Gemahlin wählen, und wie es Brauch war, wurden ihm die schönsten und hochwohlgeborensten künftigen Bräute Konstantinopels in einer besonderen Zeremonie vorgeführt. In deren Verlauf würde der noch ledige Kaiser eine von ihnen zu seiner Gemahlin und Kaiserin erwählen. Dem Ritual folgend, schritt der Kaiser die Versammlung junger Frauen ab, um derjenigen, die er sich zur Braut erkoren hatte, einen goldenen Apfel zu überreichen. Natürlich befand sich auch Kassia darunter. Der goldene Apfel galt ihr. Doch als der Kaiser vor ihr stand, wollte er sie ein wenig necken und erklärte: »Das Weib ist der Ursprung allen Übels, denn sie hat Adam überredet, von der verbotenen Frucht zu essen.«

Kassia war keine fügsame Frau und gab zurück: »Aber aus dem Mutterleib einer Frau wurde der Erlöser der Welt geboren.« Der stolze Kaiser ärgerte sich, dass er von Kassia überlistet worden war und reichte den Apfel spontan der Frau neben ihr, Theodora, die damit zur neuen Kaiserin von Byzanz wurde.

Kassia war untröstlich. In ihrer Trauer und Verzweiflung zog sie sich aus der Welt zurück und ging ins Kloster, wo sie das Nonnengelübde ablegte. Untröstlich war auch der Kaiser, der sich nun mit der falschen Kaiserin vermählt fand. Verzweifelt bestieg er eines Abends sein Pferd und suchte überall wie von Sinnen nach Kassia. Er fragte in mehreren Klöstern nach, bis ihm schließlich jemand sagte, wo er seine Geliebte finden könnte. Als die Äbtissin das Tor öffnete und erkannte, wer der Besucher war, befahl sie ihm sofort umzukehren, denn Kassia sei nicht mehr frei, und er solle sie in Ruhe lassen. Doch er drängte die Äbtissin beiseite und lief zu Kassias Zelle. Unterdessen hatte Kassia erfahren, was vor sich ging, und lief fort, um sich zu verstecken. In der Eile vergaß sie auf ihrem Schreibtisch ein Gedicht, das sie begonnen hatte, über die »gefallene Frau«, eine Allegorie auf ihr eigenes Leben, gestützt auf die Erzählung im Evangelium von der Prostituierten, die Jesu Füße mit ihrem Haar trocknete. Als der Kaiser in ihre Zelle stürzte, fand er nur das unvollendete Gedicht. Er nahm Kassias Stift und schrieb mit eigenen Worten weiter: »Jene Füße, deren Schreiten Eva zur Nacht im Paradies vernahm und sich voll Furcht verbarg.« Sodann bestieg er wieder sein Pferd und verließ das Kloster, ohne seine Geliebte je wiederzusehen. Als Kassia in ihr Zimmer zurückkam, setzte sie sich hin und beendete unter Tränen das Gedicht. Die Zeilen ihres früheren Geliebten und jetzigen Kaisers ließ sie unberührt stehen. Schließlich wurde Kassia von der Kirche heiliggesprochen und ihr Gedicht zu einem Hymnus, der seit über tausend Jahren an jedem Großen und Heiligen Dienstag gesungen wird. Im Herzen von Menschen wie meiner Tante, die sehr jung Witwe wurde, rührt das Gedicht starke Gefühle auf.

Da die Frau, die vielen Sünden erlegen war,
deine Göttlichkeit erkannte, oh Herr,
übernahm sie die Rolle der Myrrhenträgerin.
Und unter Klagen
brachte sie dir das wohlriechende Öl der Myrrhe dar, noch bevor
du begraben wardst.
Weh mir, da Nacht mich umfängt,
der Lüsternheit Wahn,
düsteres, mondloses Verlangen nach Sünde!
Empfange meiner Tränen Ströme,
der du durch Wolken des Meeres Wasser vergießt.
Neige dich zu mir
zu meines Herzens Seufzern,
der du die Himmel wölbtest,
dich unsagbar erniedrigend.
Deine reinen Füße werde ich küssen
und sie wieder durch mein Haupthaar reinigen.
Jene Füße, deren Schreiten Eva zur Nacht im Paradies vernahm,
und sich voll Furcht verbarg.
Die Fülle meiner Sünden und die Tiefe deiner Urteile,
wer wird sie ergründen,
Seelenretter, du mein Erlöser?
Übersieh mich nicht, deine Magd,
der du unendlich großes Erbarmen hast.[4]

14

Synaxis

Immer wenn ich den Athos besuche, treffe ich interessante Pilger und Reisende aus aller Welt, die das Erlebnis für mich bereichern. Dies kommt nicht von ungefähr. Allein die Unannehmlichkeiten und Strapazen der Anreise auf sich zu nehmen, erfordert bereits eine gewisse Eigenheit, ganz zu schweigen davon, dass man sich an die anspruchsvollen Tagespläne mit langen Gottesdiensten und die asketische Lebensweise der Klostergemeinschaft zu halten hat. In Anbetracht des Zwecks ihres Aufenthalts gehen die Besucher auf dem Heiligen Berg sehr entgegenkommend miteinander um. Disharmonisches Verhalten ist selten, kommt aber vor.

Am nächsten Morgen entdeckten wir, dass sich ein griechischer Medienmogul, der berüchtigt war für sein übergroßes Ego, in der Zelle neben uns einquartiert hatte. Im Flur des Klosterflügels, in dem wir wohnten, hing schwerer Zigarrengeruch. Jemand rauchte Kette, ein eklatanter Verstoß gegen eine strenge Regel, die derlei auf dem Gelände eines athonitischen Klosters verbietet. Seinen Status als »wichtige« Persönlichkeit demonstrativ zur Schau stellend, ignorierte der Neuankömmling das klösterliche Rauchverbot. Als wir einander unweigerlich vorgestellt wurden, betonte er dies noch einmal, nur für den Fall, dass wir nicht wüssten, wie wichtig er war. Er trug stets einen dreiteiligen Anzug, auf dem Athos eine Kuriosität, und zeigte unablässig das Bedürfnis, uns mit seinen Erfolgen, seinen Verbindungen, seinen Einfluss in der Politik und seinem außergewöhnlichen Wissen auf allen Gebieten zu beeindrucken.

Warum, so fragten wir uns, kommt ein Mensch, der in seinem ganzen Auftreten so eitel ist, auf den Athos, wo Demut die höchste und erstrebenswerteste Tugend ist? Dieser wohlhabende und politisch extrem rechte Pilger verpestete nicht nur unsere Atemluft, sondern unterbrach gelegentlich sogar den Abt, wenn dieser unmittelbar nach dem Mittagessen zu seinen Mönchen sprach, und »korrigierte« ihn. Dies war ein grober Verstoß gegen das klösterliche Protokoll. Der Mann mit Geld und Einfluss benahm sich, als gehöre das Kloster ihm.

»Armer Kerl«, murmelte Lavros beim Kirchgang. »Er tut mir leid. Bestimmt leidet er.« Ich nickte zustimmend, und meine Einstellung gegenüber unserem Mitpilger veränderte sich plötzlich drastisch. Manchmal kann ein einfacher Hinweis eines Freundes unserem Herzen die richtige Richtung weisen. Dann sehen wir klarer.

Ich erinnere mich, dass ein Altvater mir einmal gesagt hat, der Athos sei kein Ort, an dem nur Engel und heilige Männer wohnen. Er ist ein Garten von großer Vielfalt – Blumen, Unkraut und Früchte, aber auch Giftsumach. Man kann dort auf sehr gute, aber ebenso auch auf sehr schlechte Menschen treffen, Pilger und Mönche ausdrücklich eingeschlossen. Vater Maximos hielt uns unaufhörlich vor Augen, dass die *Ekklesia* ein geistliches Krankenhaus zur Genesung belasteter Seelen ist. Daher heißt sie alle willkommen: Heilige und Sünder, Demütige und Eitle, Reiche und Arme.

Lavros' Bemerkung war genau im richtigen Moment gekommen. Ich dachte über diese Dinge nach, und dadurch wandelte sich meine Haltung dem Mann gegenüber von Abscheu zu Mitgefühl. Danach ging es mir besser.

Wir verließen den Athos einen Tag früher als geplant und verpassten daher eine weitere Exkursion zu verschiedenen Klöstern entlang der Westküste an der entgegengesetzten Seite der Halbinsel. Nikos, der Unternehmer, klagte über Herzschmerzen, ein chronisches Leiden bei ihm. Paul, der Arzt in unserer Gruppe, und ein weiterer Internist, der zufällig gerade das Kloster besuchte, waren sich einig, dass es für Nikos besser wäre, so schnell wie möglich vom Athos abzureisen und sich in einem Krankenhaus in Thessaloniki untersuchen zu lassen. In einem Notfall kommt man nur auf dem Seeweg vom Athos herunter, und nicht immer ist dies zuverlässig möglich. Bei ausgezeichnetem Wetter gingen wir um elf Uhr vormittags an Bord der täglichen

Fähre, die direkt von Vatopedi ablegt. Unser Ziel war Ierisos, eine Fischerstadt, die auch Pilger aufnimmt. Sie liegt auf der Ostseite der Landspitze, gegenüber von Ouranoupolis, dem üblicheren Einlaufhafen zum Athos.

Wir genossen die dreistündige Schifffahrt sehr. Der Himmel war klar, und da kein Wind ging, war die See vollkommen ruhig, sehr ungewöhnlich an dieser ungeschützten Seite des Athos. Wir kamen alle auf dem Oberdeck zusammen und genossen die Wärme der Aprilsonne. Unser Freund, der Arzt, behielt Nikos ständig im Auge und erzählte uns nebenbei weitere Geschichten aus seiner Kindheit in Alexandria. Lavros erweiterte das Repertoire um Geschichten aus seinem Leben und über seine Abenteuer auf der arabischen Halbinsel. Für einen versierten Schriftsteller hätten diese Geschichten wunderbares Rohmaterial abgegeben, dachte ich bei mir.

Im Flugzeug zurück nach Zypern nahm ich meinen Platz ein und zog augenblicklich Graham Speakes neu erschienenes Werk über den Athos aus meinem Handgepäck, das mich auf meiner Pilgerreise begleitet hatte. Ich las in jeder ruhigen Minute darin. Der zweistündige Flug war perfekt, um diesen sachkundigen und detaillierten historischen Bericht über den Heiligen Berg zu Ende zu lesen. Ich las und unterstrich Folgendes:

> Die Exklusivität des Athos ist ausschlaggebend, damit er überleben kann. Würde sie aufgehoben, würde der einzige noch bestehende heilige Berg ohne jeden Zweifel binnen eines sehr kurzen Zeitraums dasselbe Schicksal erleiden wie alle anderen, wie Meteora und zahllose weitere Klöster in Griechenland und im Nahen Osten, die heute entweder Museen für byzantinische Kunst oder verlassene Ruinen sind. Vor dreißig Jahren schien es, als sei dieses Schicksal auch für den Athos unvermeidlich. Aber die Gottesmutter war nicht bereit, ihren Garten aufzugeben. Sein Boden wurde wieder fruchtbar gemacht und hat einen neuen Frühling hervorgebracht. Der Garten erblüht wieder so lebendig wie eh und je, begrüßt Neuankömmlinge in seinen Hainen und exportiert seine Früchte in alle Welt. … Die Mönche betrachten es als ihre oberste

Pflicht, für die Welt zu beten, für eine Welt, der sie nicht mehr angehören, für eine Welt, der sie gestorben sind, und doch für eine Welt, die ihnen lieb ist, fast als wäre sie ihre Schöpfung. Die Welt hat diese Gebete nötiger denn je. Was könnte für uns beruhigender sein, wenn wir nachts im Bett liegen, als zu wissen, dass auf dem Athos gerade um die 1600 Mönche *für uns* beten?[1]

Ich las noch etwas weiter, dann schloss ich die Augen und dachte über meine Exkursion auf den Athos sowie die Werke des Altvaters nach, der mich ermahnt hatte, den Heiligen Berg mindestens einmal im Jahr zu besuchen.

Die Gelegenheit, mit Vater Maximos über meine Reise zum Athos zu sprechen, kam gleich nach Ostern, als er mich beiläufig fragte, ob ich ihn am nächsten Sonntag zum Kloster Panagia fahren wolle. Meine anderweitigen Pläne habe ich selbstverständlich sofort gestrichen.

Unser Thema während unserer Fahrt waren jedoch größtenteils und unvermeidlicherweise die außergewöhnlichen politischen Entwicklungen auf der Insel. Unter dem Druck der internationalen Gemeinschaft und insbesondere Europas hatte die türkische Regierung das Reiseverbot zwischen dem besetzten Norden der Insel und der Republik Zypern aufgehoben. Nach dreißig Jahren völliger Trennung konnten griechische und türkische Zyprioten einander nun wieder besuchen. Hoffnung auf eine mögliche Lösung des Zypern-Konflikts keimte auf. Mut machte insbesondere die Begeisterung und ehrliche Gastfreundschaft, die griechische und türkische Zyprioten einander erwiesen. Angesichts solcher außergewöhnlicher Entwicklungen konnte man schwerlich über anderes sprechen, und wir hoben uns das Thema meines Besuches auf dem Athos für ein anderes Mal auf.

Doch kurz bevor ich vor dem Tor des Klosters Panagia den Motor ausschaltete, streifte ich kurz die Episode mit dem Medienmogul und beichtete meine negativen Gefühle ihm gegenüber. Vater Maximos fand die ganze Geschichte eher amüsant als problematisch und meinte, dies sei einfach eine geistliche Übung für mich gewesen.

Vater Arsenios, der Abt und ein guter Bekannter von Vater Maximos, erwartete uns zusammen mit mehreren weiteren jungen Mönchen. Wie üblich freuten sie sich, ihren Altvater zu sehen. Nach der Begrüßung mit Verbeugungen und Handküssen, wie es unter orthodoxen Mönchen Brauch ist, begaben wir uns geradewegs in die Küche zu einem späten Abendessen. Es war bereits 21 Uhr. Mehrere junge Mönche setzten sich zu uns und sahen uns beim Essen zu, während Vater Maximos ihnen zwischen den einzelnen Bissen Witze erzählte und damit schallendes Gelächter auslöste. Danach gingen wir alle schlafen. Wenn ich recht verstanden hatte, würde ich Vater Maximos am nächsten Tag spätnachmittags nach Limassol zurückfahren.

Es war 19 Uhr, unmittelbar nach dem *Apodeipnon*, dem kurzen Gebetsgottesdienst, der stets auf das Abendessen folgt. Die Sonne war bereits hinter den Berggipfeln verschwunden, die das Kloster Panagia umgeben, und hinterließ ein rötliches Abendglühen, das an die mystischen Landschaftsbilder meines Freundes Michael Lewis erinnerte. Ich machte mich gerade bereit, Vater Maximos nach Limassol zurückzufahren, da erhielt ich die Nachricht, er habe in letzter Minute beschlossen, seinen Aufenthalt um einen weiteren Abend zu verlängern und früh am nächsten Morgen zurückzufahren. Nach den Gründen für seinen plötzlichen Entschluss habe ich nicht gefragt, nahm aber an, er brauche mehr Zeit für sein Vorhaben, den jungen Mönchen, die ihm unterstanden, die Beichte abzunehmen und Rat zu erteilen. Erfreut darüber, dass unser Aufenthalt im Kloster verlängert würde, begab ich mich zur Telefonzelle vor den Toren des Klosters und rief Emily an, um ihr zu sagen, sie solle mich nicht vor Dienstag zur Mittagessenszeit in Limassol erwarten.

Normalerweise verlassen die Mönche nach dem *Apodeipnon* die Kirche und halten sich dann noch ein paar Minuten im Innenhof auf, bevor sie sich in ihre Zellen zurückziehen. Es ist eine der wenigen Gelegenheiten, bei denen die Mönche ungezwungen Kontakte pflegen können. Aber an jenem Tag war alles anders.

»Was ist los, Vater Arsenie?«, fragte ich, als alle unter Verzicht auf ihr übliches Geplauder zum Außentor eilten.

»Es wird eine Synaxis geben«, antwortete der vierzigjährige Abt, winkte mir zum Abschied und machte sich auf, den anderen zu folgen.

»Ah, ich verstehe«, sagte ich. »Ich nehme an, sie ist nur für Mönche, stimmt's?«

Vater Arsenios wandte sich um und nickte. Bedauernd zuckte er mit den Schultern, und sein Gesichtsausdruck schien eine Entschuldigung anzudeuten, dass er die Einladung nicht auf einen Laien wie mich ausdehnen konnte. Die *Synaxis*, die Versammlung der Mönche, war ausschließlich für die Angehörigen der Klostergemeinschaft bestimmt. Ich nahm an, Vater Maximos hatte vor, ihnen Lehren zu vermitteln, die nur für Mönche und Novizen gedacht sind. Jetzt wurde mir die Planänderung klar.

Ich stieg die Treppe hinauf, ging in meine vorübergehende Zelle und schaltete das Licht an. Ich hatte vor, den Abend mit Lesen und Notizenmachen zu verbringen und mir dabei vorzustellen, welche geheimen Lehren Vater Maximos seinen Schülern wohl enthüllen würde. Doch als ich gerade die Schuhe abgestreift und es mir auf dem Bett bequem gemacht hatte, hörte ich ein Klopfen an der Tür. Es war Vater Arsenios.

»Der Altvater hat gesagt, du kannst auch kommen«, sagte er hocherfreut. »Komm schnell.«

Ich war freudig überrascht, zog unverzüglich meine Schuhe wieder an, schloss die Tür und ging hinter ihm her. Zum ersten Mal erhielt ich Gelegenheit, im Kloster Panagia an einer *Synaxis* teilzunehmen, und natürlich war ich sehr neugierig. Ich wusste, dass Vater Maximos für mich eine Ausnahme machte und fühlte mich privilegiert. Glücklicherweise hatte es sich so gefügt, dass ich an jenem Montagabend der einzige Laienpilger im Kloster war. Die Wochenendbesucher waren bereits am Sonntagnachmittag abgereist. Daher konnte Vater Maximos seine eigene Regel etwas aufweichen, ohne Bedenken haben zu müssen, damit andere Pilger, die nicht zu der ausschließlich Mönchen vorbehaltenen *Synaxis* zugelassen werden konnten, vor den Kopf zu stoßen.

Die Versammlung fand in einem erst kürzlich errichteten Holzpavillon neben dem Kloster statt. Bis dahin hatte ich noch nicht einmal gewusst, dass es ihn überhaupt gibt. Er war am Rand des Felsvorsprungs erbaut worden, mit Panoramablick über die Berge und die darunterliegende Schlucht. Alle etwa fünfunddreißig Mönche waren anwesend. Schweigend saßen sie nebeneinander, dicht gedrängt auf der langen, festgeschraubten Bank, die sich im Rechteck an den Innenwänden des Pavillons entlang zog. Es war ein ungewöhnlicher Anblick, und einen Moment lang kam ich mir deplatziert vor. Ich sah mich einem Meer aus schwarzen Talaren, Bärten und *Kamboschinia* gegenüber, die die Väter in Händen hielten, um das unablässige Gebet zu vereinfachen.

Ich entdeckte einige Mönche, die ich im Laufe der Jahre kennengelernt hatte. Im Gespräch mit Stephanos hatte ich einmal sinniert, vermutlich habe jeder dieser Mönche eine Lebensgeschichte, die das Rohmaterial für einen epischen Roman abgeben könnte. Stephanos kannte sie besser als ich, da er seit vielen Jahren Verbindungen zum Kloster hatte und für die jüngeren Mönche eine Art Ersatzvater war. In beiläufigen Begegnungen erfuhr Stephanos dieses und jenes über ihre Vergangenheit, über die sie normalerweise nicht sprechen dürfen, außer mit ihrem Altvater, und dies auch nur zum Zweck ihrer geistlichen Weiterentwicklung.

Mein Blick begegnete dem von Vater Joachim, der mir mit einem reservierten Lächeln zunickte. Als ich ihn 1997 kennenlernte, war er ein bartloser Laie, der hin und wieder ein paar Tage im Kloster verbrachte. Nie wäre ich auf die Idee gekommen, dass er dabei ausprobierte, ob der Eintritt ins Kloster eine Option für ihn wäre. Damals war er neununddreißig und Kinderarzt mit einer florierenden Praxis in Nikosia. Auf langen Spaziergängen hatte er mir von seinen Abenteuern als Medizinstudent in Italien und von seiner Beschäftigung mit verschiedenen mystischen Gruppen östlicher wie abendländischer Tradition erzählt. Erfahren in unterschiedlichsten Methoden geistiger und geistlicher Praxis, wollte er sich, wie er mir sagte, einfach mit der Lebensweise des christlichen Mönchtums vertraut machen. Als begeisterter Leser war er auch ein guter Gesprächspartner, was mich oft veranlasste, seine Gesellschaft zu suchen. Mit seiner neuen Ruhe und Gelassenheit war er nun ein verwandelter Mensch. Jetzt konnten wir keine endlosen Spaziergänge mehr machen und uns dabei über philosophische und geistliche Fragen unterhalten sowie einander von unseren jeweiligen Erlebnissen in Amerika und Italien erzählen. Neben anderen Pflichten war Vater Joachim jetzt für den Nahrungsbedarf der Mönche zuständig und diente vor Ort als Arzt. Als ich ihn eines Tages beim Kräuterpflücken in den Bergen entdeckte, erfuhr ich, dass er sich außerdem auf alternative Behandlungsformen spezialisiert hatte und Experimente zur Entwicklung natürlicher Salben durchführte. Ich war dabei, als er im vorigen Sommer Vater Maximos' Stiefvater das Leben rettete, der bei einem Besuch im Kloster einen schweren Herzinfarkt erlitten hatte. Ich brauchte einige Zeit, um mich an die grundlegenden Veränderungen in Vater Joachims Persönlichkeit zu gewöhnen. Jetzt hatte er einen langen Bart, trug den schwarzen Talar, und statt mich formlos als »Kyriaco« anzusprechen, verwendete er das formellere »Herr Markides«. Ich selbst durfte ihn natürlich nicht mehr mit seinem Laiennamen Andreas anreden, sondern musste »Vater Joachim« sagen.

Neben ihm saß Vater Athansios, ebenfalls ein ehemaliger Laie, dem ich 1997 im Kloster zum ersten Mal begegnet bin. Damals überlegte er hin und her, ob er Mönch werden oder heiraten und eine Familie gründen sowie weiterhin Filialleiter der *Bank of Cyprus* bleiben sollte. Zu der Zeit hieß er noch Euripides. Drei Jahre später war er Vater Athanasios. Er hatte seine gut bezahlte Stelle aufgegeben, war mit seiner weißen Limousine mit all seinem Hab und Gut darin zum Kloster gefahren und der Gemeinschaft der Mönche beigetreten. Nachdem er bereits die schwerwiegende Entscheidung getroffen hatte, der Welt zu entsagen, so erzählte er mir, sei er es leid gewesen, sein Leben in einer Bankkarriere zu fristen, die ihm von da an als sinnloses Unterfangen erschien. Wie Vater Joachim sah auch er jetzt grundlegend anders aus, heiter und zufrieden mit seiner endgültigen Entscheidung. Vater Athanasios trug einen buschigen schwarzen Bart und einen langen Talar und wandte ungeheuer viel Zeit für das Gebet, Niederwerfungen vor den heiligen Ikonen und den Gesang auf. Seine Fähigkeiten als Bankfachmann, die er mitgebracht hatte, waren dem Kloster sehr nützlich. Zusätzlich zu seinen übrigen Pflichten war er für die Buchführung zuständig, was er mithilfe von Computern und Vater Elias erledigte, der in seinem vorklösterlichen Leben

Betriebswirtschaftler mit Abschluss an der New York University gewesen war.

Auf der anderen Seite des Pavillons, den anderen gegenüber, saßen Vater Abraham und Vater Christodoulos. Vater Abraham war Novize gewesen, als ich ihn kennenlernte. Der ehemalige Grundschullehrer hatte eine Begabung für Musik und Malerei. Dies im Hinterkopf wies ihm Vater Maximos die Aufgabe zu, Ikonografie und byzantinische Musik zu erlernen. Ähnlich war Vater Christodoulos, was »Diener Gottes« bedeutet, für die Felder und Gemüsegärten verantwortlich. Bevor er Mönch wurde, war er den größten Teil seines Lebens Bauer gewesen. Nachdem seine Frau verstorben war und seine Kinder geheiratet hatten, kehrte Vater Christodoulos der Welt den Rücken und trat ins Kloster ein, um sich voll und ganz seiner Erlösung widmen zu können. Mit seinen über sechzig Jahren war er unter den Mönchen der älteste. Trotz seines Alters war er robust und von gesundem Aussehen und verbrachte seine Zeit mit Beten und Ackerbau. Seine Hände wirkten derb und kräftig, wie es einem Bauern gut ansteht. Neben ihm saß Vater Chariton, einst der Leiter von Pizza Hut in Nikosia. Jetzt verwaltete er die Bibliothek des Klosters und suchte sehr gerne meinen Rat, welche Bücher er bestellen sollte.

Wie ich sie alle bei der *Synaxis* so zusammensitzen sah, kam mir plötzlich der verblüffende Gedanke, dass in solchen Gemeinschaftsklöstern die ideale kommunistische Gesellschaft, wie Karl Marx sie sich vorgestellt hat, vollständig verwirklicht ist. Hier wird das Motto »jeder nach seinen Fähigkeiten, jedem nach seinen Bedürfnissen« in die Praxis umgesetzt. Jeder Mönch trägt nach seinen Fähigkeiten und Begabungen zum Wohl aller bei, und jeder Mönch erhält das, was er braucht, um seine primäre Aufgabe, seine Seele in dem Bestreben, sich mit Gott zu vereinen, von egoistischen Leidenschaften zu reinigen, erfüllen zu können. Ihr Ziel ist nicht die »Selbstverwirklichung«, wie Karl Marx und moderne humanistische Psychologen sie verstehen, sondern Gotteserkenntnis. Eine etwaige Selbstverwirklichung, die in Form von Kreativität aus diesem Bemühen heraus entsteht, ist sekundär und dem obersten Ziel der *Theosis,* der Einheit mit Gott und des Erlangens der Gnade des Heiligen Geistes, nachgeordnet. Den wahren Kommunismus, so hatte mir Vater Maximos vor vielen Jahren einmal gesagt, findet man nur im Kloster. Die Kommunisten sind gescheitert, weil sie geglaubt haben, sie könnten die gute Gesellschaft mit Zwang und Gewalt aufbauen. Aber so eine Gesellschaft lässt sich nur mit geistlichem Wachstum und Liebe verwirklichen, sagte er damals weiter. Wie ich erfuhr, war ein alternder griechischer Kommunist und Parlamentsangeordneter so begeistert von dem »echten Kommunismus«, den er bei einem Besuch auf dem Athos vorfand, dass er für ein Gesetz zur Finanzierung der Renovierung und Restaurierung der Klöster stimmte, eine wichtige Entwicklung in der Geschichte des Athos.

Vater Maximos nahm mir das Gefühl, ein Fremdkörper unter den Mönchen zu sein, indem er mir bedeutete, neben ihm Platz zu nehmen. Durch diesen Empfang ermutigt, bat ich darum, den Vortrag aufzeichnen zu dürfen, und erhielt die Erlaubnis dazu. Ich legte mein Diktiergerät auf einen kleinen Tisch vor Vater Maximos. Er sprach ein kurzes Gebet und begann dann seinen Vortrag.

»Mönch zu sein, liebe Väter«, begann er und ließ den Blick durch den Pavillon schweifen, »ist eine große Verantwortung, sowohl gegenüber der *Ekklesia* als auch gegenüber uns selbst. Ihr dürft nie vergessen, dass das Klosterwesen wegen der überwältigenden Vorherrschaft des weltlichen Ethos überall um uns herum heute großen Gefahren ausgesetzt ist. Dieses Ethos kann ins klösterliche Leben eindringen, ohne dass wir es merken. Früher gab es Wüsten, in die Eremiten und Mönche sich zurückziehen und wo sie alleine leben konnten. Heute gibt es solche Orte nicht mehr. Nehmt nur dieses Kloster als Beispiel. Früher kostete es Laienpilger von Nikosia aus einen drei- bis viertägigen Fußmarsch, wenn sie das Kloster besuchen wollten. Das Kloster Panagia war praktisch eine echte Wüste, wo die Mönche ohne Ablenkung ihr Ziel verfolgen konnten, die Einheit mit Gott. Heute, da das Kloster zugänglich ist, ist dies anders. Deshalb müssen wir besonders wachsam sein, die richtige Atmosphäre für die geistliche Arbeit zu wahren.

Ist es also möglich, in der heutigen Welt Mönch zu sein?«, fragte Vater Maximos rhetorisch. »Seht ihr, Väter, allein zu sein, macht einen noch nicht zum Mönch. Schließlich gibt es auch in den umliegenden Dörfern Menschen, die alleine leben. Und doch sind sie keine Mönche. Was ist der Unterschied? Wie ihr sehr gut wisst, liegt der Unterschied in der Lebensweise. Dreh- und Angelpunkt für den Mönch ist seine Vertiefung in Gott. Alles andere sollte diesem obersten Ziel, dem Ziel des Gebets, untergeordnet werden. Nicht der Ort ist entscheidend, sondern die Lebensweise, der Weg des Gebets. In diesen Zeiten fortschreitender Weltlichkeit und zunehmenden Materialismus ist es unsere Verantwortung als Mönche, das klösterliche Leben für künftige Generationen zu erhalten. Deshalb müssen wir besonders auf die Details achten. Wir müssen uns bewusst machen, dass wir immer dann, wenn wir anfangen zu modernisieren und Neuerungen einzuführen, und seien es unbedeutende Veränderungen, Gefahr laufen, unser Erbe auszuhöhlen. Wenn wir nicht auf die Details achten, leiten wir womöglich einen Veränderungsprozess ein, der das mönchische Leben verzerrt und unkenntlich macht, was die Aussichten für die geistliche Arbeit künftiger Generationen von Mönchen beeinträchtigt.

Liebe Väter, ich muss außerdem darauf hinweisen, dass ein Mönch eine andere Aufgabe hat als ein Bischof. In eine Bischofsresidenz, in der ich mich jetzt befinde, lässt sich die mönchische Lebensweise unmöglich integrieren. Es wäre einfach nicht angebracht. Die Rolle eines Menschen in einer Bischofsresidenz ist eine andere als die eines Mönchs hier im Kloster Panagia. Deshalb, meine Brüder, ist es wichtig, dass ihr euch vom weltlichen Denken nicht vereinnahmen lasst.

Um euch ein Beispiel zu nennen«, fuhr Vater Maximos fort, »es ist nicht lange her, da habe ich ein anderes Kloster besucht, und der Abt brannte förmlich darauf, mir die großen Gebäude, die sie errichtet hatten, sowie den Kirchenboden zu zeigen, der eine exakte Nachbildung des Kirchenbodens in einem Kloster auf dem Athos ist. Aber er war auf Äußerlichkeiten fixiert. In diesem Kloster herrschte kein klösterliches Ethos. Die Mönche führten ein weltliches Leben. Sie hatten Fernsehen in ihrer Zelle, sie rauchten, spielten Backgammon und tranken Kaffee in einem benachbarten Caféhaus. Ihre Zellen sahen aus wie Luxusapartments, und es gab keinen Altvater, der eine geistliche Atmosphäre geschaffen hätte. Dies alles sage ich, um zu betonen, wie wichtig Wachsamkeit ist. Gebäude sind notwendig, neue Zellen und Kapellen zu errichten, ist notwendig. Aber sie sollten kein Ersatz für den Weg des Gebets sein. Selbst unbedeutende Neuerungen und Veränderungen können die Büchse der Pandora öffnen, und ehe man sich's versieht, gewinnt der weltliche Geist die Oberhand, wie im Falle jenes Klosters, das ich vor Kurzem besucht habe.«

Vater Maximos hielt kurz inne: Er wirkte nachdenklich und konzentriert. »Wir Mönche ringen um Gnade, welche nichts anderes ist als die ungeschaffenen Energien des Heiligen Geistes.« Er holte tief Luft. Sie heiligen uns und jeden einzelnen Menschen und helfen uns allen, Gotteserkenntnis zu erreichen, *Theosis* zu erlangen.

Angesichts der Tatsache, dass wir Mönche sind, müssen wir uns bewusst machen, auf welche besondere Weise wir in unserem Herzen Raum schaffen müssen, damit der Heilige Geist, der *Parakletos* [Tröster], dort dauerhaft Wohnung nehmen kann. Wie ihr sehr wohl wisst, liebe Väter, kann nur der Heilige Geist dem Menschenherzen wahren Trost spenden, nichts sonst. Aus diesem Grund hat Abba Makarios den Mönch als einen Menschen definiert, der in seinem Leben nichts hat außer Christus. Diese Worte müssen wir uns unbedingt stets vor Augen halten. Warum? Weil das Mönchtum vor allem anderen ein Ehebund zwischen Mensch und Gott ist. Es ist ein Mysterium der Liebe.

In einem echten Liebesbund kann man sein Herz niemand anderem schenken als dem Geliebten. Man kann zum Beispiel nicht zwei Frauen oder zwei Männer haben. Damit verrät man den Ehebund. In der *Ekklesia* gilt dies als Ehebruch, und es ist ein legitimer Scheidungsgrund.

Stellt euch nun vor, um wie viel ernster eine solche Verpflichtung für einen Menschen ist, der gelobt hat, sein ganzes Dasein in Geist und Körper einem Ehebund mit Gott, mit Christus zu widmen. Wir haben uns nicht dafür entschieden, Mönch zu werden, weil wir ein besserer Mensch werden oder sündhaftem Verhalten entsagen oder ein abgesichertes, angenehmes Leben in einer friedlichen Gemeinschaft führen wollen.

Nein, nicht deshalb sind wir Mönch geworden. Wir sind Mönch geworden, weil wir durch unser Mönchsein auf eine ewige und absolut liebevolle Beziehung zu Gott hinarbeiten wollen. Nicht zufällig nennt man uns *Monachoi* [die alleine leben], Mönche. Wir haben uns entschieden, in diesem Leben allein zu sein, absolut allein. Wir sind nicht dazu berufen, mit anderen Dingen oder Menschen zusammen zu sein. Was, glaubt ihr, ist der Grund für dieses Mysterium des Alleinseins, das so schmerzlich sein kann?« Vater Maximos verharrte einen Moment in nachdenklichem Schweigen.

»Seht ihr, Väter, als wir hierhergekommen sind, um Mönch zu werden, haben wir etwas unternommen, was uns damals in unserer ursprünglichen Begeisterung wohl nicht schmerzlich erschienen ist. Wir haben der Welt entsagt und damit Eltern, Brüder, Schwestern, Verwandte, Freunde, unseren Beruf, unser gesamtes familiäres Umfeld, in dem wir aufgewachsen sind und unser gesamtes bisheriges Leben gelebt haben, hinter uns gelassen. Wir sind an diesen Ort gekommen, wo es belanglos ist, wer wir waren und was wir bisher getan haben. Jetzt kommt es darauf an, ob uns gelingt, wofür wir hergekommen sind, nämlich uns geistlich weiterzuentwickeln und unser Ziel, die Vereinigung mit Gott, zu erreichen. Andernfalls hat das Mönchtum absolut keinen Sinn. Erinnert ihr euch an jenen Mönch, der einst römischer Senator war und vor dem Heiligen Basilios mit seinem früheren hohen weltlichen Status geprahlt hat? Basilios sagte: ›Wahrlich, du hast dein Senatorenamt aufgegeben, aber als Mönch bist du gescheitert.‹ Mit anderen Worten, sein Verlust war ein doppelter. Er hatte seiner wichtigen weltlichen Stellung entsagt, zugleich aber blieb er emotional an seinen früheren Status und sein altes Selbstempfinden gebunden.

Ein wahrer Mönch zu sein«, fuhr Vater Maximos fort, »bedeutet, alles, was uns mit der Welt verbindet, zu durchtrennen und abzuwerfen: Eltern, Freunde, Gewohnheiten, Orte, das Streben nach weltlichem Erfolg, die Ehe und so weiter. Das Einzige, was wir ins Kloster mitbringen, sind wir selbst. Alles andere bleibt zurück, seien es Reichtum, Ehrungen, unser Land, unser Dorf, alles. Wir kommen ins Kloster und lassen uns auf diese therapeutische Pädagogik ein. Es ist kein leichter Weg, und er ist nicht jedem zu empfehlen.«

Vater Maximos machte eine kurze Pause, und draußen legte sich die Dämmerung über die gesamte Region. Mit seinem schwachen roten Licht hob sich mein Diktiergerät deutlich gegen die voranschreitende Dunkelheit ab. »Wir sind aufgefordert«, fuhr er schließlich fort, »uns zu drei sehr schwierigen klösterlichen Gelübden zu verpflichten: *Besitzlosigkeit, Keuschheit* und *Gehorsam*. Zunächst halten wir sie vielleicht für einfach. Aber sie sind extrem schwer und von hoher Wichtigkeit. Sie wurzeln sich tief ins Dasein des Menschen ein und entfalten eine hohe Reichweite. Betrachten wir zunächst das Gelübde der Besitzlosigkeit.

Es beginnt natürlich mit der Vorschrift, nichts zu besitzen. Wir sind aufgefordert, alles aufzugeben – Geld, Wohlstand oder alle anderen Dinge, mit denen wir uns verbunden fühlen. Ich erinnere mich an einen Mönchsanwärter auf dem Athos, der abgelehnt wurde, weil er seine Briefmarken ins Kloster mitbringen wollte. Er war Sammler. Dies war seine Leidenschaft und sein Hobby. Man kann nicht echter Mönch sein und zur selben Zeit an etwas hängen. Man kann einfach nicht Mönch und Briefmarkensammler zugleich sein.

Das Wichtige hierbei ist, dass wir uns von allem lösen, was der Besitz von Dingen uns gibt. Mit anderen Worten, wir besitzen auf dieser Welt buchstäblich nichts, keinen Cent. Absolut nichts. Wenn wir jung sind und noch nicht viel haben, finden wir diese Anforderung vielleicht nicht besonders schmerzlich. Für einen älteren Menschen ist sie aber sehr schwer, sehr schmerzlich.«

Vater Maximos hielt inne. »Nehmen wir einmal an, es passiert etwas, und dieses Kloster wird zerstört. Dann fragen wir uns vielleicht: Was fange ich jetzt an, so ganz ohne alles auf der Welt? Ich habe nichts Materielles, auf dem ich aufbauen, nichts, was mir Unterstützung bieten könnte.

In der Kontemplation über Besitzlosigkeit sind die heiligen Altväter zu dem Schluss gekommen, dass Habgier eine Form des Götzendienstes ist, weil der Mensch, der durch eine solche Leidenschaft angefochten wird, seine Hoffnung auf materielle Dinge setzt. Wir finden Trost darin, dass wir, sagen wir einmal, eine gute Arbeit oder eine gute Rente oder ein schönes Haus haben und dadurch eine gewisse Sicherheit verspüren. Wenn wir nichts dergleichen haben, dann zerstören wir eine Säule der Sicherheit, die das Leben in der Welt uns bietet.

Vielleicht tröstet es uns, wenn wir ein Haus haben, und wir loben Gott dafür. Ob es uns bewusst ist oder nicht, für normale Menschen sind solche materiellen Besitztümer Formen des Trostes, die sie aufrechthalten.

Doch seht ihr, wenn wir uns im Mönchsleben täuschen lassen und Trost bei Dingen finden, die wir besitzen, oder beim Geld oder bei was auch immer, dann geben wir unsere Konzentration und Hoffnung auf Gott auf und verlassen uns stattdessen auf die Annehmlichkeiten unseres Besitzes. Aus diesem Grund haben die heiligen Altväter Besitzlosigkeit zur Voraussetzung für das mönchische Leben gemacht.«

Als Vater Maximos diese Worte sprach, kam mir der Onkel eines Freundes in den Sinn, der sich sehnlichst wünschte, ein Leben als Mönch zu führen. Aber er war ein wohlhabender Mann, und als er vor seinem Eintritt ins Kloster gebeten wurde, sein ganzes Vermögen loszuwerden, änderte er seine Meinung. Vor etlichen Jahren, als Vater Maximos noch Abt im Kloster Panagia war, schenkte ihm mein Freund Stephanos einmal ein Paar gute Sandalen. Stephanos freute sich, als er am Tag darauf sah, dass Vater Maximos sie trug. Es war das erste und letzte Mal, dass er sie anlegte. Als Stephanos ihn nach den Sandalen fragte, antwortete Vater Maximos, sie hätten ihm so sehr gefallen, dass er sie hergeben musste. Er sagte, er befürchtete, er könnte zu sehr an ihnen hängen.

Einmal fragte ich Vater Maximos, ob das Himmelreich nur den Armen offenstünde. Nein, sagte er und deutete Jesu Worte, wonach eher ein Kamel durch ein Nadelöhr geht als dass ein Reicher in den Himmel kommt, radikal anders als sie für gewöhnlich verstanden werden. Er sagte, man könne so lange nicht in den Himmel kommen, wie das Herz noch voller Anhänglichkeit an weltliche Dinge sei. Man kann Millionen besitzen, sagte er, aber wenn das Herz frei und kein Gefangener des eigenen Reichtums ist, kann man Gotteserkenntnis erlangen. Man kann seinen Reichtum nutzen, um viel Gutes auf der Welt zu bewirken. Andererseits kann man auch sehr wenig besitzen, buchstäblich nur einen Nagel, aber wenn das Herz an diesem Nagel hängt, kann man nicht in den Himmel kommen. In den Himmel kommen, bedeutet, Befreiung von allen weltlichen Leidenschaften und Besitztümern zu erlangen. Der Reiche aus der Bibel ist derjenige, dessen Herz von allen möglichen weltlichen Dingen eingenommen ist.

»Sprechen wir jetzt über die zweite mönchische Tugend, die Keuschheit«, fuhr Vater Maximos fort. »Als Mönche sind wir aufgefordert, uns jeglicher körperlichen Beziehung zu einem anderen Menschen zu enthalten. Aber nicht nur im körperlichen Sinne. In Wirklichkeit sind wir aufgefordert, zu keinem anderen Menschen eine besondere Beziehung zu pflegen – Punkt. Wir sind aufgefordert, völlig allein zu bleiben. Wir haben keine Kinder, wir haben keine Nachkommen. Wir sollen keinen anderen Menschen haben, auf den wir unsere Liebe richten können und der uns wiederlieben kann.

Wir können unser Leben nicht mit einem anderen Menschen teilen«, sagte er, »mit einem Menschen, der bei uns ist und Tag und Nacht an unserer Freude und unserem Leid teilhat. Wir als Mönche können nicht sagen, ›das ist der Mensch, den ich liebe‹. Einen solchen Menschen dürfen wir nicht haben. Keuschheit in ihrem wahren mönchischen Sinn bedeutet das Abstellen aller Beziehungen zu anderen Menschen. Wir sind aufgefordert, uns ›besonderer Freundschaften‹, wie die Altväter sagen, zu enthalten. Was bedeutet das? Es bedeutet, eine besondere Sympathiebeziehung zu einem anderen Menschen zu pflegen. Jetzt könne man fragen: ›Ist es denn schlecht, einen Freund zu haben?‹ Natürlich nicht. Aber für den Mönch ist es ein Nachteil, weil es seine Leidenschaft für den Aufstieg zu Gott und seine Freude daran untergräbt. Es ist wie eine Wasserpumpe, die Wasser über eine bestimmte Strecke pumpt. Wenn es auf der Strecke Löcher gibt und hier und da Wasser abfließt, führt dies dazu, dass der Wasserdruck unweigerlich sinken muss.

Alle ›Annehmlichkeitslöcher‹ zu schließen, oder mit anderen Worten, unser ganzes Vertrauen und unsere ganze Hoffnung auf Gott zu setzen, hilft uns, unser Ziel zu erreichen. Es hilft uns, alle Liebeskraft, die wir als Menschen in uns tragen, zu bewahren und vollständig auf Gott auszurichten. Daher schließen wir das Loch für materielle Dinge. Ebenso schließen wir das Loch für Trost und Unterstützung von anderen Menschen. Wir beginnen damit, indem wir jeglichen natürlichen sexuellen Kontakt ausschließen. Wir heiraten nicht. Zugleich weiten wir diese Abstinenz aus auf einen allumfassenden Rückzug von jeglicher menschlichen Quelle des Trostes und der Unterstützung, von jeglicher ausschließlichen und besonderen Freundschaft. Alle diese Entbehrungen sind nicht einfach.

Das dritte Mönchsgelübde, das zugleich das schwierigste ist, ist der Gehorsam. Wir sind aufgefordert, unseren eigenen Willen abzustellen. Unseren Willen oder Wunsch abzustellen, bedeutet nicht nur, unserem Altvater zu gehorchen, wenn er uns bittet, den Kirchenboden zu wischen oder diese oder jene Besorgung zu machen. Die Essenz des Gehorsams ist es, Selbstverleugnung zu lernen. Wir lehnen unsere Meinung, unsere Gedanken, unser Urteil, unser ganzes Denken ab. Wir sind völlig entblößt von jeglichem menschlichen Kontakt, von unseren Eltern, von unserem Umfeld, von allem, was wir früher besessen haben oder was uns lieb war, von jeglichen guten Freunden, die uns Trost spenden könnten. Da sollte man doch denken, dass wir zumindest unseren Willen behalten können. Doch wir sind aufgefordert, sogar diesen aufzugeben.

Man kann Trost bei seinen Gedanken und Ansichten finden. Die heiligen Altväter sagen, es gibt Menschen, für die ihre Gedanken, ihre Worte, die Produkte ihres Geistes ihre Kinder sind. Philosophen und Intellektuelle sind ein gutes Beispiel. Beim Philosophieren oder Hervorbringen von Ideen können sie Freude und Vergnügen empfinden oder ein Gefühl innerer Vollständigkeit entwickeln.

Und dann kommt das Mönchswesen und verlangt von uns, selbst diese Form des Trostes abzustellen. Wir sind aufgefordert, sogar die einfachsten und natürlichsten geistigen Regungen aufzugeben. Wir sind aufgefordert, uns komplett selbst zu verleugnen. Christus drängt uns dazu. An irgendeiner Stelle im Markus-Evangelium sagt Jesus, dass wir dahin kommen müssen, unsere eigene Seele zu hassen, alles, was aus uns selbst heraus entsteht.

Die Gesamtsumme dieser Selbstverleugnung, von der ich spreche, Väter, führt den Menschen unweigerlich ins psychische Chaos. Ich weiß nicht, wie ich es sonst bezeichnen sollte, und ich weiß nicht, wie lange dieser Zustand andauern kann. Wir verfügen ganz offensichtlich nicht über die Stärke, diesen Weg bis zu unserer Vervollkommnung zu gehen, wie es einige alte Wüstenväter vermocht haben. Aber nehmen wir es dennoch einmal an. Wenn wir alle diese Unterstützungsquellen abstellen, erleben wir in uns einen Zustand des Chaos. Eine schreckliche Leere, Finsternis, die Hölle. Eben dies macht die Hölle aus, alles abzulehnen und nichts und niemanden zu haben, wohin man sich wenden könnte, um Verbundenheit und Mitgefühl zu erfahren. Aber in dem Moment, in dem wir an diesem Grenzpunkt anlangen, müssen wir an die wichtigen Worte denken, die Gott dem Heiligen Siluan offenbart hat: ›Belasse deinen Geist in der Hölle, aber verzweifle nicht.‹ Dies ist die Finsternis der Hölle, der Verzweiflung, der Verlassenheit, das Gefühl, dass wir nichts sind und nirgends Hoffnung sehen, weil von nirgendwoher Hoffnung kommt. Wir stellen alles ab, wovon uns Hoffnung hätte kommen können: Materielle Dinge, menschliche Beziehungen, Eltern, Freunde, unser eigenes Ich. Woher soll uns Hoffnung kommen? Wie können wir getröstet werden? An diesem Punkt der Verzweiflung bleibt uns nur Gott als Quell der Hoffnung und Befreiung.

Die Heiligen waren eben jene Menschen, die diesen äußerst schwierigen Weg gegangen sind. Sie haben die Verzweiflung der Hölle gekostet und ihre Hoffnung allein in Gott verankert. Jeden anderen Quell der Hoffnung und des Trostes haben sie kategorisch von sich gewiesen, genau wie Jesus am Kreuz.

Natürlich ist es unter normalen Umständen weder wünschenswert noch ratsam, dass der Mensch allein sei, und daher empfehlen wir eine solche Lebensweise nicht und ermutigen auch nicht dazu. Sie ist die reine Hölle. Tatsächlich ist normalerweise nur der Teufel allein; und doch sind wir als Mönche paradoxerweise aufgefordert, allein zu leben, um uns mit Christus zu vereinen. Allerdings bedeutet dies nicht, dass wir vom ersten Moment, in dem wir uns auf diese höllischen Zustände einlassen, die lebendige Gegenwart Christi spüren und erleben, wie Heilige Christus erfahren. Dadurch wird alles noch beschwerlicher. Weil wir aber schwache Geschöpfe sind, schenkt die Gnade uns hin und wieder vorübergehend Erleichterung und Glückseligkeit, damit wir nicht völlig zunichtewerden. Alle diese vorübergehenden Interventionen der Gnade erfolgen aufgrund unserer Schwäche. Das Ideal aber ist, sich furchtlos in diese Umstände zu begeben, die Hölle des Alleinseins zu durchleben und jeglichen Kompromiss zu verweigern. Wir sind aufgefordert, uns Trost aus allen Quellen zu versagen, außer von Gott. Dies ist der mühselige Kampf, zu dem wir als Mönche aufgerufen sind.

Ich bekenne, Väter, dass ich in mir selbst und in uns allen bemerke, dass wir es uns in unserem Mönchsein bequem gemacht haben. Wir haben uns an das Klosterleben gewöhnt und lassen uns in unserem mönchischen Leben von tausend Dingen ablenken. Deshalb haben wir das Gefühl der Trauer aus der Tiefe unserer Seele verloren, das Gefühl für die Anstrengung, mit der wir aus eigenem Antrieb in die Hölle hinabsteigen und dort völlig alleine verweilen müssen. Dies ist der Preis, den wir bezahlen müssen, und die Voraussetzung, damit wir unsere Aufgabe überhaupt erfüllen können. Doch stattdessen knüpfen wir besondere Freundschaften, die uns emotionale Unterstützung und Trost spenden. Im Kloster finden wir alle möglichen Auswege, die uns Zuspruch schenken. Ich erinnere mich an die Klage eines alten Hieromönchs: ›Wir haben alles abgelehnt, was irgendwie mit Annehmlichkeiten zu tun haben könnte, außer einem Teller Essen und einem Bett zum schlafen.‹ Wir vergessen die Gründe, die uns ins Kloster geführt haben, wenn wir uns mit alten Freunden treffen, die uns besuchen kommen, mit ihnen spazieren gehen, miteinander lachen, uns über die Vergangenheit und alles Mögliche austauschen. Dann fühlen wir uns wohl. Es ist eine Form des Trostes, eine Annehmlichkeit.

Für normale Menschen ist all dies natürlich menschlich, sehr menschlich und tatsächlich auch sehr gut, sehr gesund. Es sind unschuldige Formen des Zeitvertreibs. Für uns Mönche aber können sie ein Hindernis auf dem Weg zu unserem vordringlichsten Ziel sein, weil sie uns von unserer *Askesis* ablenken, von unserem obersten Ziel, dass wir nur in Gott Ruhe finden. Einige heilige Väter haben ein Verhalten an den Tag gelegt, das aus der Sicht eines normalen Lebens wirklich verrückt erscheint. Ich denke da an den Fall jenes Altvaters, der jahrelang am Rand einer wunderschönen Schlucht gelebt, aber sich geweigert hat hinunterzuschauen. Jetzt könnt ihr natürlich einwenden, was falsch daran sein soll, hinunterzuschauen und zu sagen

›gelobt sei Gott, dass er solche Schönheit erschaffen hat‹? Ist das etwa schlecht? Natürlich nicht. Aber die Altväter wussten, je konsequenter wir menschliche Annehmlichkeiten und menschlichen Trost abstellen, desto mehr kommt Gott, uns zu trösten. Selbst für uns Mönche ist ein solches Verhalten unvorstellbar, nicht einmal in der Schönheit der Natur Trost finden zu wollen. Was sollen wir erst über den Heiligen Neophytos sagen, der an seinem vierundzwanzigsten Geburtstag in ein Loch in einem Felsen gezogen und sechzig Jahre dortgeblieben ist!

Altvater Paisios lehnte ein Teesieb ab, das ihm ein Pilger schenken wollte, weil er sagte, dann müsse er sich um einen Nagel kümmern, um das Sieb an die Wand zu hängen. Seine Eremitage war so karg ausgestattet wie nur irgend möglich. So haben die Wüstenväter gelebt. In den schrecklichen Wüsten Nordafrikas haben sie ihre Eremitagen kilometerweit von der nächsten Wasserquelle eingerichtet, um sich das Leben nur ja nicht einfach zu machen. Erscheint es nicht vernünftig, dass man sich in der Nähe eines Wasserlochs aufhalten sollte? Doch sie wollten lieber kilometerweit weg sein, um sich das Leben schwer zu machen. Es gab den Fall eines Eremiten, der beschlossen hatte, näher an ein Wasserloch heranzuziehen und dem daraufhin ein Engel erschien und ihm riet zu bleiben, wo er war, damit er nicht zu bequem würde und seine *Askesis* untergrabe.

Selbstverständlich sage ich dies alles nicht, weil ich euch drängen wollte, es diesen Eremiten gleich zu tun. Wir sind Menschen, und wir dürfen nur auf uns nehmen, was wir auch tragen können. Aber es ist wichtig, von diesen Dingen zu wissen, Väter, damit wir uns vor unserer natürlichen Neigung schützen können, menschliche Annehmlichkeiten und andere Ablenkungen zu suchen. Von dem Moment an, in dem wir beschließen, Mönch zu werden, müssen wir wissen, dass wir in dem Maße, in dem wir menschliche Unterstützung und Erleichterung abzulehnen vermögen, von der Gnade Gottes getröstet und gehalten werden. Deshalb sind die Wüstenväter wie der Große Antonios unsere großen Lehrer. Deshalb hat Altvater Paisios zwei Jahre in der Wüste Sinai verbracht, bevor er auf den Athos kam. Wir dürfen uns nicht fürchten vor diesem Abstieg in den Hades, der wirklich eine sehr schmerzliche Erfahrung ist. Er ist ein Grenzpunkt in unserem geistlichen Ringen. Ich habe es öffentlich ausgesprochen: Ein Mönch kann denselben Zustand der Verzweiflung erreichen, in dem normale Menschen angelangt sind, wenn sie sich das Leben nehmen wollen.

Aber wir müssen uns immer wieder klarmachen, dass wir uns früher oder später ganz allein in diesen Verzweiflungszustand hineinbegeben müssen. Dort allein werden wir genau wie Jonas im Bauch des Wals aus ganzer Kraft nach Gottes Gnade schreien. Stellt euch nur einmal vor, wie es sein muss, im Bauch eines Wals zu stecken. Dort kann dir keiner zu Hilfe kommen, außer Gott.

Es erübrigt sich zu sagen«, fuhr Vater Maximos fort, »dass ein solches Alleinsein, das die Hölle ist, unerträgliches Leid bedeutet, denn solange wir uns in diesem Zustand befinden, schweigt Gott und verbirgt sich vor uns. Gott erscheint uns nicht noch in dem Moment, in dem wir vor Verzweiflung in Tränen ausbrechen und nach ihm rufen. Er kommt nicht zu uns wie eine Mutter, die herbeieilt, um ihr Baby zu trösten, kaum dass es einen Schrei ausstößt. Wir weinen, wir befinden uns in einem Zustand tiefster Verzweiflung und größten Schmerzes, wir rufen Gott mit aller Kraft, die noch in uns ist, aber Gott lässt sich nirgendwo blicken. Gott lässt uns eine Zeit lang in diesem Zustand der Finsternis. Warum? Weil er uns gegenüber nicht ungerecht sein will. Er will uns nicht zu kleinen Kindern machen, sondern er möchte uns dazu verhelfen, dass wir reife Erwachsene werden, vollkommene Menschen. Er möchte uns alle geistlichen Chancen bieten, alle Möglichkeiten, die in uns angelegt sind, zu verwirklichen. Deshalb lässt er uns genau dort in der Hölle, damit wir trauern, uns quälen und leiden und dabei unseren Erlöser suchen.

Außerdem müssen wir wissen«, fuhr Vater Maximos fort, »dass es über all dieses Leid hinaus auch heftige Angriffe von Satan geben wird. Wir werden dem Krieg unserer Leidenschaften ausgeliefert. In solchen kritischen Momenten melden sie sich und kochen in uns hoch. Wir werden die Hölle erleben und überall Finsternis empfinden. Doch nichts wird geschehen, wir erhalten keine Antwort von Gott. Es ist, als gäbe es Gott gar nicht. Es wird uns ähnlich ergehen wie David, als er ausrief: ›Gott, wo ist deine Barmherzigkeit? Früher habe ich ein

Gebet gesprochen und noch im selben Moment habe ich deine Gegenwart gespürt. Jetzt bist du nirgendwo zu finden.‹

Wir müssen uns unbedingt darüber im Klaren sein, was geschieht, sobald wir diesen Zustand äußerster Verzweiflung an den Grenzen des Erträglichen erreicht haben. Und damit meine ich nicht das trügerische subjektive Gefühl des vermeintlich Unerträglichen, sondern vielmehr unsere echte, objektive Grenze, an der kein Raum für weiteres Erdulden mehr ist. An diesem Punkt, in eben diesem Moment, tritt Gott allmählich in uns in Erscheinung. Dies ist der Punkt, an dem in unserem Herzen der Prozess göttlichen Trostes einsetzt, zunächst allerdings noch nicht vollständig und nicht absolut.

Es ist eine ähnliche Situation wie sie auch im Hohelied beschrieben wird. Die Braut sucht ihren Geliebten. Sie findet ihn kurz und verliert ihn wieder. Verzweifelt sucht sie hier und da und fragt einen nach dem anderen: ›Hast du ihn gesehen? Wo kann er nur sein? Man schickt sie hierhin und dorthin. Sie eilt hin, nur um festzustellen, dass ihr Bräutigam soeben wieder fortgegangen ist. Sie riecht sozusagen seine Gegenwart, verliert ihn aber. Sie streckt die Hand nach ihm aus, aber Mal um Mal entzieht er sich ihr. Es ist die fortwährende Suche der Seele nach dem Geliebten, nach Gott, der sich verbirgt, bis die Seele reift und die tiefsten Tiefen der Demut erreicht, die tiefsten Tiefen der Vernichtung, wo vom alten Menschen nichts mehr übrig bleibt. Dann endlich schenkt sich Gott der Menschenseele als höchsten Preis für ihren titanenhaften Kampf. Dann kommt Gott als Gnade, als der wahre Tröster, der nun dauerhaft in der Seele des Menschen Wohnung nimmt. Dies geschieht, weil ein Mensch sich geweigert hat, sich in diesem Leben von irgendetwas anderem trösten zu lassen als vom Warten auf den Großen Geliebten. Der Mensch erlangt Gotteserkenntnis, und sein Dasein ist gänzlich in Gott verankert. Dies ist *Theosis*, das Paradies, der Zustand der Heiligkeit.

In den letzten Tagen, Väter, haben wir Pfingsten gefeiert, jenes denkwürdige Ereignis, die Herabkunft des Heiligen Geistes über die Apostel fünfzig Tage nach der Auferstehung. Für uns Mönche dient dies dem besonderen Gedenken, dass es keine andere Annehmlichkeit und keinen anderen Trost geben darf außer Gott, damit auch wir unser Pfingsten erleben. Um es noch einmal zu wiederholen: In dem Maße, in dem wir menschlichen Trost annehmen, wird uns göttlicher Trost entzogen. Wenn wir über dieses Problem nachdenken, können wir leicht erkennen, welche Fehler wir als Mönche heute begehen.

Manchmal gerate ich ins Grübeln. Wir modernen Mönche und Altväter, und ich zähle mich zu den modernen, haben die alte Art der *Askesis* verändert, um das Leben im Kloster weniger schmerzhaft und anstrengend zu machen. Vielleicht ist dies ein Fehler. Die alten Hasen würden fragen: ›Abba, wohin soll ich gehen, damit ich errettet werde?‹ Und die Antwort würde lauten: ›Gehe dahin, wo Unehrlichkeit und Leid herrschen und wo harte Arbeit auf dich wartet, an einen Ort, an dem du keinerlei Annehmlichkeiten vorfindest.‹ Ein anderer Altvater würde in ein Kloster gehen und sagen: ›Ich muss weg hier. Hier sind alle heiligmäßig und gut. Es gibt hier keinerlei harte Arbeit, keine Mühen. Wie soll ich da an meiner Erlösung arbeiten? Ich will gehen und mir einen Ort suchen, an dem Unehre und Elend herrschen.‹

Was ich damit sagen will, Väter, ist, dass wir heute oft ins Kloster gehen, um Frieden und Trost zu finden. Wir gehen in eine gute Bruderschaft, in eine gute Gemeinschaft. Und wir suchen diesen Trost. Doch häufig vermögen wir ihn nicht zu finden. Unsere moderne Vorgehensweise ist anders als die der alten Hasen, die einen Ort des Leids und des Elends suchten, damit sie sich in geistlicher *Askesis* üben konnten. Ihr seht, wenn wir einen Ort des Trostes suchen, dann folgen wir in Wirklichkeit unseren Wünschen.

Natürlich will ich damit nicht sagen, dass wir auf raue pädagogische Methoden zurückgreifen sollten wie manche alten Eremiten, denen ich auf dem Athos begegnet bin. Ich sage euch dies nur, um zu betonen, wie wichtig es ist, dass wir in unserem Klosterleben, soweit dies nur irgend menschenmöglich ist, ein asketisches Ethos aufrechterhalten. Wir müssen uns bewusst machen, dass wir Mönche sind. Dies ist der Weg, den wir gewählt haben. Wenn wir wirklich in den Genuss der höchsten Tröstung durch Gott kommen wollen, dann müssen wir alle anderen Quellen des Trostes abstellen und immer daran denken, ›selig sind die da Leid tragen, denn sie sollen getröstet werden‹ [Matthäus 5, 4].

Und noch etwas möchte ich betonen: Aufgrund meiner eigenen Erfahrungen mit heutigen Altvätern und mit den Altvätern aus früherer Zeit, über die ich gelesen habe, ist mir klar geworden, dass es ihnen wesentlich darum ging, ihren Schülern das Leben nicht angenehm zu machen. Zum Verständnis ihres Anliegens möchte ich zu einem Vergleich greifen. Stellt euch einen General vor, der aus jungen Wehrpflichtigen Soldaten machen will. Aber er ist sanft und macht sich Gedanken um das Wohlbefinden der jungen Männer. Er macht ihnen das Leben in der Armee so leicht und angenehm wie möglich. Stellt euch vor, ich wäre in dieser Position. Als General hätte ich eine Katastrophe über die Armee heraufbeschworen. Ich sehe mich wie eine Mutter, die diesen siebzehnjährigen Jungen jeden Morgen Milch ans Bett bringt.«

Gelächter brach aus, als Vater Maximos mit seinem typischen Humor fortfuhr. »Ich würde die Kinder ausschlafen lassen und sie nicht mit diesen barbarischen und strapaziösen militärischen Übungen quälen. Schön und gut. Aber so macht man keine Soldaten. Ich hätte die jungen Männer kriegsunfähig gemacht, was sie das Leben hätte kosten können.

Aus ganz ähnlichen Gründen riet der Heilige Johannes Klimakos einst einem Altvater: ›Achte darauf, deine Kinder regelmäßig zu schulen, damit sie ihre Lektionen nicht verlernen.‹ Heute achten wir in besonderem Maße darauf, niemanden vor den Kopf zu stoßen, nicht grob zu erscheinen und die jungen Novizen nicht zu verletzen. Noch einmal, damit will ich weder sagen, wir sollten so entsetzliche Methoden anwenden wie die Wüstenväter, noch vertragen sich strenge Formen der *Askesis* mit meinem eigenen Naturell. Ich möchte Euch, Väter, und auch mich selbst nur daran erinnern, was auf dem Spiel steht und was von uns gefordert ist, damit wir den Heiligen Geist erlangen.

Der alte Paisios stellte regelmäßig die Frage, warum so viele reiche und gottlose Menschen ein so leichtes und bequemes Leben hätten, ein schönes Leben, und warum es für sie anscheinend ständig Rosen regnen würde. Er sagte, hätte Gott ihnen für ihre guten Werke, die sie möglicherweise getan haben, etwas geschuldet, wären sie jetzt reichlich entlohnt. Alle Verdienste, die sie sich möglicherweise erworben haben, sind damit abgegolten. Sie haben keinerlei Ansprüche mehr.

Dies lässt mich an den Fall des Heiligen Arsenios des Kappadokiers denken. Immer, wenn er mit seinem *Komboskini* betete und sich im Herzen tief getröstet fühlte, machte er sich Sorgen, dass Gott ihn womöglich sofort für seine Mühen belohnte und dann für die Zukunft kaum noch etwas übrig wäre.

Stellt euch das nur einmal vor! Manchen Altvätern war selbst der Trost unheimlich, den sie infolge ihrer geistlichen Arbeit empfanden. Der Heilige Arsenios pflegte zu sagen: ›Ich möchte jetzt gar keinen Trost. Ich möchte den Trost, der später vom Heiligen Geist kommt. Jetzt interessieren mich nur Mühen, Schmerz und harte Arbeit.‹ *Das* haben die Heiligen gesucht.

Daher hoffen wir, dass die Gnade des Heiligen Geistes uns Kraft schenkt, damit jeder von uns nach seinen Fähigkeiten und nach seinem Duldungsvermögen ringen kann. Wir brauchen sie, damit wir selbstständig in die Hölle hinabsteigen können, um das Zepter unseres Sieges zu erringen.

Wir müssen erkennen und uns immer vor Augen halten, Väter, dass dies unser Weg ist, und wir müssen wachsam sein, damit wir nicht davon abkommen. Wir müssen lernen, auf festem Boden zu gehen und dürfen uns nicht von der Suche nach Unterstützung durch andere Mittel und Wege ablenken lassen. Gott allein ist unser Tröster, und nur auf ihm darf all unsere Hoffnung ruhen. Damit wir, wenn wir schließlich vor unserem Schöpfer stehen, sagen können: ›Gut, mein Gott, wir haben in unserem Leben nichts anderes getan, als auf dich zu vertrauen und zu hoffen. Du warst uns Vater, Bruder, Freund und Lehrer. Du warst unser einziger Trost. Keine anderen Annehmlichkeiten haben wir gesucht im Leben als nur dich, unseren Geliebten. Daher haben wir deine Barmherzigkeit und zärtliche Liebe verdient.‹ Wenn er nun sieht, dass wir ihm treu geblieben sind, wird der Herr als unser einziger Quell des Trostes dauerhaft Wohnung in unserem Herzen nehmen. Dies wird noch in diesem Leben geschehen, nicht erst nach unserem Tod. In diesem Leben und auf dieser Welt werden wir die unbeschreibliche Freude der Verwandlung unseres Herzens in einen dauerhaften Kelch für den Heiligen Geist erfahren. Amen!«

Vater Maximos beendete seinen Vortrag in tiefer Nacht und Dunkelheit, was symbolisch zum Thema seiner Lektion passte, dachte ich. Ohne künstliches Licht und ohne Kerzen konnten wir kaum das Gesicht des anderen erkennen. Nur das Sternenlicht bot uns Anhaltspunkte, wo wir uns befanden.

Bei Vater Maximos' letzten Worten erhoben sich alle. Er sprach ein kurzes Gebet, und dann stimmten alle fünfunddreißig Mönche eine Hymne auf die *Theotokos* an. Es war ein Erlebnis, das ich nie vergessen werde.

Ich hatte viele Fragen, die ich Vater Maximos stellen wollte, aber es wäre nicht angemessen gewesen, dies gleich nach seinem Vortrag zu tun. Schweigend gingen wir in unsere Zellen. Die Gelegenheit, Fragen zu stellen, bot sich am Dienstag auf unserer Rückreise nach Limassol. Nach dem Morgengottesdienst und einem kurzen gemeinschaftlichen Frühstück traten wir unsere zweistündige Rückfahrt nach Limassol an.

»Was denkst du über gestern Abend, Kyriaco?«, fragte Vater Maximos auf dem Weg zum Wagen. Er muss mir meine Fragen förmlich vom Gesicht abgelesen haben.

»Auf jeden Fall weiß ich jetzt, dass ich nie und nimmer zum Mönch taugen würde. Dabei ist mir natürlich klar, dass es ein Vortrag ausschließlich für Mönche und Eremiten war, und ich bin Ihnen sehr dankbar, dass Sie mir einen kurzen Einblick in diese Welt gewährt haben.« Vater Maximos nickte. »Allmählich kann ich ermessen, wie außerordentlich schwierig ein solches Leben ist. Ich verstehe, dass jemand, der nicht voll und ganz mit dem mönchischen Leben vertraut ist, allem, was Sie gestern Abend gesagt haben, vehement widersprechen muss, insbesondere der Vorstellung, dass man, wenn man sein Herz einem anderen Menschen schenkt, etwa einem Freund, weniger Energie für den Aufstieg zu Gott hat.«

»Wie du sehr gut weißt, Kyriaco, ist der mönchische Weg nicht für jeden geeignet«, sagte Vater Maximos sanft, als wir in den Wagen einstiegen und losfuhren. »Deshalb versuchen wir nicht, Menschen für diese Lebensweise zu gewinnen. Es muss eine besondere Berufung sein, die aus dem Inneren kommt. Bevor man Mönch werden kann, muss man mindestens zwei Jahre Novize gewesen sein, um zu prüfen, ob man wirklich so zu leben vermag. Das Leben als Mönch bedeutet wortwörtlich, sich von allen Beziehungen zu trennen, um eine vollkommene Beziehung zu Gott zu entwickeln; und sobald man eine solche vollkommene Beziehung zu Gott entwickelt hat, entwickelt man automatisch auch eine vollkommene Beziehung zu allen anderen Menschen. Dies ist ein Gesetz, ein geistliches Gesetz, das die heiligen Altväter zu allen Zeiten immer wieder entdeckt haben. Da Gott allgegenwärtig und überall ist und man eins mit Gott wird, wird man wie Gott, *Kata Charin,* durch Gnade. Wenn man an diesen Punkt gelangt, beginnt man, die Welt zu lieben wie Gott sie geliebt hat, absolut und bedingungslos. Kannst du mir folgen?«

»Ich glaube, ja. Man liebt vollkommen und unterschiedslos.«

»Auf jeden Fall unterschiedslos. Das ist das Wesentliche. Gott liebt alle seine Geschöpfe. Die Menschen können nur schwer verstehen, dass Gott gute und schlechte Menschen gleichermaßen liebt, ohne besondere Gunst, absolut, persönlich und bedingungslos. Manchmal sind die Leute schockiert, wenn ich ihnen sage, dass Gott den Teufel ganz genauso liebt wie die Heilige Jungfrau.«

»Sonst wäre er nicht Gott.«

»Aber ich will dir im Hinblick auf deine Bedenken noch ein weiteres Beispiel nennen. Stelle dir vor, du bist Chirurg und führst eine sehr heikle Operation durch, um einem Patienten das Leben zu retten. Unter solchen Umständen möchtest du keinen Besuch von deinen Eltern, deinen Freunden oder deiner Frau. Du möchtest dann keinerlei Ablenkung, nicht wahr? Ähnlich braucht auch ein Mönch, der versucht, sich ausschließlich auf Gott zu konzentrieren, um den Heiligen Geist zu erlangen, den Rückzug von der Welt, von dem ich gesprochen habe.«

Vater Maximos fuhr fort: »Wenn der Mensch von allen Quellen abgeschnitten ist, die ihm sein Selbstempfinden und seine Identität vermitteln, dann erlebt er früher oder später die Finsternis und das

Chaos, von dem ich gesprochen habe. An einem bestimmten Punkt kommt Christus und baut das Selbst wieder auf. Dann erwirbt der Mensch ein radikal neues Selbstempfinden. Er entwickelt eine völlig neue Identität.«

»Ich frage mich nur«, sagte ich etwas widerstrebend, »wenn man sich, um zu Gott zu gelangen, solch entsetzlichen Formen der *Askesis* unterziehen muss, welche Chancen haben dann wir, die wir in der Welt leben? Welche Chancen hat jemand wie ich, ein verheirateter Mann, der sich seiner Frau, seinen Kindern und Freunden verpflichtet fühlt, Einheit mit Gott zu erlangen? Ich weiß natürlich, dass wir darüber bereits gesprochen haben. Aber dieser Gedanke kommt mir einfach immer wieder.«

»In der Welt zu leben, ist genauso entsetzlich schwierig, wie Mönch zu sein«, erwiderte Vater Maximos. »Es erscheint dir nur schwieriger, Mönch zu sein, weil du keiner bist. In Wirklichkeit ist es dasselbe. Du bist aufgefordert, dich um des anderen willen zu transzendieren und zu vergessen. Dies ist die tiefere Bedeutung von Ehe und Familie, die *Askesis* der Selbsttranszendenz um des anderen willen. Familie zu haben, bedeutet Opfer und Mühen, die nicht weniger anstrengend sind als das Leben im Kloster. Tatsächlich kenne ich Frauen, die echte Märtyrerinnen sind; ihr Leben ist wesentlich fordernder und schwieriger als das Leben von Mönchen und Eremiten, glaube mir.«

»Oh, ich glaube Ihnen«, sagte ich und nickte. Tatsächlich machte sich Vater Maximos, nachdem er in der Beichte von häuslicher Gewalt und Missbrauch erfahren hatte, so große Sorgen um die Lage von Frauen, die Probleme mit gewalttätigen Männern hatten, dass er es sich nach dem Aufbau eines Drogenentzugszentrums zum obersten Ziel seiner Sozialarbeit gemacht hatte, ein Zentrum zur Unterstützung von Frauen einzurichten, die Opfer häuslicher Gewalt waren.

»Was ist mit anderen, die in der Welt leben und nicht verheiratet sind?«, fragte ich.

»Noch einmal, es gibt unterschiedliche Wege zu Gott. Das Mönchtum ist einer. Das Leben in Ehe und Familie ist ein anderer. Alleinstehende haben wieder andere Möglichkeiten zur Überwindung von Egoismus. Jeder Mensch begegnet in seinem Leben Herausforderungen in der einen oder anderen Form. Wichtig ist, dass man lernt, diese Herausforderungen zu nutzen und sich geistlich weiterzuentwickeln.«

Es war fast Mittag, als wir bei der Bischofsresidenz in der Innenstadt von Limassol ankamen. Ich dankte Vater Maximos für die einmalige Gelegenheit, bei der *Synaxis* dabei gewesen sein zu dürfen, und machte mich bereit, den Wagen zu tauschen und in meinen in die Jahre gekommenen Honda zu steigen.

»Lies heute Abend in diesem Buch«, sagte Vater Maximos und überreichte mir ein Buch über Altvater Porphyrios, eine Sammlung von Homilien, die seine Schüler nach dem Hinscheiden des legendären Altvaters vor einigen Jahren zusammengestellt hatten. »Vielleicht findest du darin weitere Erklärungen zu diesen Fragen.«

Ich dankte Vater Maximos und fuhr davon. Am Abend fing ich an, in dem Buch zu lesen, das mir Vater Maximos gegeben hatte. Ich las es bis zwei Uhr morgens an einem Stück durch, ganz versunken in die schlichte Weisheit von Altvater Porphyrios:

> Zwei Wege führen zu Gott. Der eine ist der harte und anstrengende Weg mit den grausamen Kämpfen und Angriffen des Bösen. Der andere ist ebener; es ist der Weg über die Macht der Liebe. Es gibt viele, die den gewundenen, schwierigen Weg gewählt haben, und man sagt, sie hätten »Blut vergossen, um Geist zu erlangen«. Mit dieser Methode sind sie in große Höhen der Tugendhaftigkeit und geistlichen Errungenschaften vorgedrungen. Ich selbst bevorzuge die zweite und leichtere Methode, denn ich halte sie für den kürzesten und direkteren Weg zu Gott. Dies ist der Weg, den ich normalen Menschen ans Herz lege. ... Ringt um das geistliche Leben in Einfachheit und ohne Hast oder Druck.[2]

Nun, ich bin ein normaler Mensch, schrieb ich in mein Notizbuch, und als normaler Mensch passt dieser »mittlere Weg« besser zu meinem Naturell und zu meiner Situation. Mir gefiel, was Altvater Porphyrios zu sagen hatte. Ich vermutete, dass auch Vater Maximos dies so vertrat. Zugleich bewundere ich den Heroismus des mönchischen Weges. Aber wie die meisten Sterblichen bin ich nicht dafür gemacht.

Ich bin fest überzeugt, dass der mönchische Weg, der sich um »das Erlangen des Heiligen Geistes« dreht, für das Wohl der Welt notwendig ist, zum Nutzen von uns allen, die wir nicht wie Mönche und Nonnen leben können.

Ich schaltete das Licht aus und schlief langsam ein, Herz und Hirn, mein *Nous*, wie die Altväter sagen, erfüllt von den liebevollen und wohltuenden Worten dieses neuzeitlichen Heiligen athonitischer Spiritualität.

15
Grundlegende Leidenschaften

Inzwischen brauchte ich mich nicht mehr ausschließlich auf Lavros' »Überfall«-Taktik zu verlassen, um meine Arbeit fortzusetzen, denn es bot sich öfter Gelegenheit, mit Vater Maximos zusammen zu sein. Nach unserer Rückkehr vom Kloster Panagia lud er mich ein, ihn bei einigen Tagesfahrten zu Grundschulen zu begleiten, wo er Kindern begegnen und zu ihnen sprechen wollte.

Er hatte es sich zur Regel gemacht, erklärte er mir, alle Schulen in seiner Diözese mindestens einmal im Jahr zu besuchen. Diese Strategie fußte auf seiner Überzeugung, dass Kinder »früh mit dem Wort Gottes in Berührung kommen sollten, damit sie, wenn sie erwachsen werden, eine solide Grundlage im Leben haben«.

Am nächsten Montagmorgen traf ich pünktlich um halb acht am Bischofssitz ein. Bei dieser formellen Dienstreise wäre ich nicht in der Position des Fahrers, sondern einfach Gast in seiner Begleitung. So saß ich bequem neben Vater Maximos auf dem Rücksitz des offiziellen, aber bescheidenen Dienstwagens des Bistums, während Andreas, ein fröhlicher und engagierter Ehrenamtlicher, uns zu unserem Ziel fuhr. An jenem Montag wollten wir drei Grundschulen besuchen, eine in einem Dorf am Meer und zwei in den Ausläufern des Troodos-Gebirges, was insgesamt etwa drei Stunden Fahrtzeit bedeutete.

Unser erster Besuch würde einer Schule am Meer gelten, etwa eine Viertelstunde westlich von Limassol. Beim Einsteigen ins Auto erzählte ich Vater Maximos von dem krassen Gegensatz zwischen Amerika und Zypern. Er hörte interessiert zu, als ich ihm erklärte, in Amerika wäre es undenkbar, dass ein Bischof in eine öffentliche Schule kommt, die von Kindern unterschiedlichster nationaler und religiöser Herkunft besucht wird. Dies wäre ein Skandal, wenn nicht sogar ein gesetzeswidriger Verstoß gegen die Trennung von Kirche und Staat. In Zypern spielte diese Frage jedoch keine Rolle. Praktisch alle Kinder und Lehrer gehörten der griechisch-orthodoxen Kirche an, und die Trennung von Kirche und Staat war nicht so streng. Ein Bischof, der in die Schule kommt, war etwas völlig Normales und eher ein Grund zur Freude statt für gerichtliche Klagen wütender Eltern anderer Konfessionen und Glaubensrichtungen. Ich wies ihn jedoch darauf hin, dass solche Besuche nach Zyperns Beitritt zur Europäischen Union zunehmend problematischer werden könnten. Schon jetzt wurde Zypern unweigerlich zur multikulturellen Gesellschaft, in der immer mehr Menschen anderen Religionen als der östlichen Orthodoxie angehörten.

»Ich bin sehr gerne unter Kindern«, sagte Vater Maximos, während Andreas uns durch das ländliche Fasouri mit seinen Orangenhainen und Zypressen fuhr. »Ihre Arglosigkeit schenkt mir gute Gefühle und neue Energie. Aber natürlich weiß ich nicht, ob die Lehrerinnen und Lehrer meine Ansichten teilen.« Weiter gestand er, dass Erwachsene ihn in der Beichte oft ermüdeten, Kinder hingegen immer entspannend wirkten. In ihrer Arglosigkeit sind sie oft sogar unterhaltsam.

»Kinder brauchen von früh an eine geistliche Erziehung, wenn sie sich zu gesunden Erwachsenen entwickeln sollen«, sagte Vater Maximos und ließ den Blick auf dem Meer zu unserer Linken ruhen. »Sie brauchen gute Bilder im Kopf, die ihnen im Leben als Kompass dienen können.«

Während er sprach, wanderten meine Gedanken zurück in meine eigene Kindheit in Agioi Omologitai, damals ein Vorort von Nikosia. Ich erzählte Vater Maximos, wie wichtig es für mich als Kind gewesen war, dass ich immer zu Vater Paul und Vater Vasili kommen konnte, den beiden inzwischen verstorbenen freundlichen Priestern unserer Gemeinde. Ich denke stets mit Zuneigung an sie, wenn ich in Kindheitserinnerungen schwelge. Sie haben uns außergewöhnliche Geschichten aus dem Leben der Heiligen erzählt. Tatsächlich haben mir vielleicht diese beiden älteren Priester zum ersten Mal jene verschwindend seltene Sorte Menschen zu Bewusstsein gebracht, die still und unaufdringlich über die Erde gehen.

Die ganze Schule mit etwa hundert Kindern zwischen sechs und zwölf Jahren sowie ihre sechs Lehrer versammelten sich in der Aula und bereiteten Vater Maximos einen begeisterten Empfang. Der Direktor verlas eine kurze Begrüßungsrede und überließ die Bühne dann Vater Maximos für seine Ansprache an sein junges Publikum. Vater Maximos brachte zum Ausdruck, wie sehr er sich freue, an jenem Morgen bei ihnen zu sein, erzählte ein paar Witze, die die Aula mit Gelächter erfüllten, und nannte den Schülerinnen und Schülern dann den Grund für seinen Besuch – die Notwendigkeit, einen guten Charakter zu bilden, bevor man erwachsen wird. »Was ist leichter«, fragte er, »eine Zypresse auszureißen, wenn sie noch ein kleiner Sämling ist oder wenn sie so ein großer Baum ist wie der da drüben?« Die Kinder schauten aus dem Fenster zu der großen Zypresse in der Mitte des Schulhofes hinüber, auf die Vater Maximos zeigte. Wie aus einem Munde sagten alle, es sei leichter, einen Zypressen-Sämling auszureißen als eine ausgewachsene Zypresse.

»Prima«, rief Vater Maximos. »Deshalb solltet ihr eure schlechten Angewohnheiten jetzt ausmerzen, solange ihr noch jung seid, und nicht warten, bis ihr erwachsen seid. Bis dahin haben eure schlechte Angewohnheiten so tiefe Wurzeln gebildet, dass ihr sie kaum noch herausbekommt.« Weiter erklärte er seinem ungewöhnlich aufmerksamen Publikum die Bedeutung des Wortes *Morphosis* [Bildung]. »Das Verb *morphono* meint im Griechischen wörtlich *formen*. Dies bedeutet, dass wahre Bildung zuerst zum Ziel haben muss, euren Charakter zu formen. Denkt also in eurer Schulzeit immer daran, meine Kinder, dass die Anhäufung von Wissen nicht das einzige Ziel sein darf. Schließlich werden auch die Bomben, die heute Menschen umbringen, von Leuten gebaut, die in die Schule gegangen sind. Diese Leute haben einen Schulabschluss, sie sind schlau und wissen sehr viel, aber sie sind keine *Morphomenoi*, sie sind nicht wahrhaft gebildet.

Auf der Fahrt zur nächsten Grundschule in einem Bergdorf erzählte ich Vater Maximos, dass ich meinen Studentinnen und Studenten an der Universität genau dasselbe sagte wie er den Kindern heute. Wenn wir die Welt bei einer nuklearen Katastrophe zerstören oder aufgrund der industriellen Umweltverschmutzung unbewohnbar machen, lastet die Verantwortung dafür direkt auf den Schultern von Lehrern, Professoren und der gut ausgebildeten Wirtschafts- und Wissenschaftsgemeinde, der »Gebildeten« also. Wir haben gelernt, die Geheimnisse der Natur zu entschlüsseln, aber die Weisheit, zerstörungsfrei mit der Macht umzugehen, die wir losgelassen haben, lassen wir schmerzlich vermissen.

Vater Maximos hörte meinen Ausführungen aufmerksam zu und nickte schweigend. Ermutigt fuhr ich fort und erklärte meine Vorstellungen zur Bildung des ganzen Menschen, Ideen, die sich mit denen von Vater Maximos trafen. Natürlich rannte ich damit offene Türen ein. Kaum zwanzig Minuten später, waren wir an unserem nächsten Ziel angekommen.

Im Gegensatz zu unserer Ankunft an der vorherigen Schule, wo Lehrer und Schüler mit Blumen in der Hand am Tor gestanden hatten, war hier niemand da, um uns zu begrüßen, außer einer etwas aufgelöst wirkenden Schulleiterin, die uns um Entschuldigung bemüht aus ihrem Büro entgegeneilte. Wir erfuhren, dass wir eine Stunde zu früh dran waren! Offensichtlich hatte es bei der Terminierung unserer Ankunft zwischen der Schule und dem Sekretariat des Bistums ein Missverständnis gegeben. Vater Maximos versicherte ihr, es würde uns nichts ausmachen, eine Stunde zu warten. Die Schule lag am Rand des Dorfes etwas erhöht am Fuß eines schönen Hügels. Auf dem Gipfel des Hügels, von der Schule aus in zwanzig Minuten Fußweg zu erreichen, stand eine neu errichtete Kapelle zu Ehren des Propheten Elias, eines beliebten Heiligen der griechisch-orthodoxen Kirche. Vater Maximos betrachtete die Terminpanne als seltene Gelegenheit für eine kleine Bergwanderung, bei der er dem Propheten seine Ehrerbietung erweisen könnte. Während Andreas in der Schule blieb und die Stapel mit den besonders schönen und stabilen Schreibheften vorbereitete, die Vater Maximos den Kindern regelmäßig schenkte, begleitete ich den Altvater bei seiner Pilgerwanderung. Die Griechen haben keinen Hügel ohne eine Kapelle zu Ehren des Heiligen belassen, der, wie manche sagen würden, in ihrer religiösen Vorstellungswelt den Platz Apollons eingenommen hat. Für mein Empfinden ist der Prophet Elias seit jeher mit einem Berggipfel verbunden. Dank ungewöhnlich ergiebiger Regenfälle in den Wintermonaten, ein Segen für eine regenarme Insel, waren die Hügel mit einem satten, saftigen Grün überzogen. Ich konnte sehen, wie sehr Vater Maximos diese ungewöhnliche Gelegenheit genoss, einfach zu gehen, ohne dass die Menschen ihm in Scharen folgten und versuchten, seinen Ring zu küssen und seinen Segen zu ergattern. Ich war mir allerdings nicht ganz sicher, ob er nicht lieber völlig allein gewesen wäre.

In der Kapelle zündete er eine Kerze an, und wir huldigten dem Propheten; danach setzten wir uns vor der Kirche auf eine Bank, von der aus man einen weiten Blick über das Tal unter uns und das malerische Dorf am Berghang hatte. Dies war die Gelegenheit, weiter über die unterschiedlichen Bildungsbegriffe zu sprechen, die Vater Maximos' Vortrag hatte anklingen lassen. Kaum waren wir mitten im Gespräch, kam Andreas den Hügel hinaufgelaufen, um uns mitzuteilen, dass in der Schule bereits alle auf uns warteten. Rasch gingen wir den Berg hinunter. Dort erwartete uns der übliche begeisterte Empfang durch Schüler und Lehrer. Darüber hinaus waren aus den umliegenden Dörfern Geistliche gekommen, um ihren Bischof zu begrüßen. Mitten unter ihnen stand Lavros.

Nach Abschluss der Zeremonien schlug Vater Maximos Lavros vor, uns beim Besuch der letzten Schule zu begleiten. Um mit uns mitfahren zu können, stellte er seinen Wagen schnell bei einem Freund unter, der in der Nähe wohnte, während Vater Maximos, Andreas und ich mit Kaffee und Gebäck verwöhnt wurden.

Kurz vor der Abfahrt bot ich Lavros den Platz neben Vater Maximos an. Ich nahm derweil auf dem Beifahrersitz Platz, zwischen mehreren Blumensträußen, die die Lehrer und Schüler Vater Maximos bei der Begrüßungszeremonie überreicht hatten. Lavros hatte einiges mit dem Bischof zu besprechen. An diesem Tag ging es um dringende Fragen im Zusammenhang mit der Anlage eines Olivenhains auf dem Gehöft des Bistums. Dies war ein großes Vorhaben, das dem armen

Lavros, der sich als ehrenamtlicher Verwalter des Besitzes anerboten hatte, viel Kopfzerbrechen bereitete.

Nachdem etliche praktische Probleme im Zusammenhang mit dem Gartenprojekt besprochen waren, zog Lavros eine Zeitung hervor, in der über die neuesten Entwicklungen im Zusammenhang mit der Wahl eines neuen Erzbischofs berichtet wurde.

»Hier ist die offizielle Pressemitteilung der Kommunistischen Partei«, sagte Lavros. Er schlug die Zeitung auf und las vor: »›Das Zentralkomitee der Kommunistischen Partei schließt sich dem Vorschlag des Politbüros der Partei an und unterstützt Bischof X. Laut Parteibeschluss ist Bischof X der geeignetste Kandidat. Der offiziellen Verlautbarung zufolge ist er unter anderem *Polymehanos* [ein Mann von Vermögen und mit Beziehungen], weltlich, gut vernetzt und wählbar, wohingegen man im anderen Lager‹ – womit Sie gemeint sind«, sagte Lavros in scherzhaftem Ton und deutete mit dem Finger auf Vater Maximos, »›auf Zeloten, Fanatiker und mittelalterliches Denken trifft.‹«

Wir lachten mit Vater Maximos, der den Kopf schüttelte und seufzte. Nicht zum ersten Mal war er zur Zielscheibe der örtlichen Kommunisten geworden. Als er kurz vor der Wahl zum Bischof stand, soll die Partei gegen ihn zu Felde gezogen sein und das Gerücht verbreitet haben, die Mönche vom Athos seien wie fanatische »Ajatollahs«. Doch die kommunistische Parteibasis, zumeist treue Kirchgänger, verweigerte ihrer Führung den Gehorsam und stimmte mit »Ja« für den damaligen Abt des Klosters Panagia. Da der derzeitige Erzbischof sein Amt aufgrund einer Alzheimer-Erkrankung nicht mehr ausüben konnte, wuchs der Druck, einen neuen Erzbischof zu wählen. Vor dieser Perspektive wollte der harte Kern der Kommunisten dafür sorgen, dass Vater Maximos' Chancen möglichst gering wären. Insbesondere beunruhigte sie seine wachsende Popularität. In Anbetracht der Tradition, dass sowohl die Bischöfe als auch der Erzbischof per Volksabstimmung gewählt werden, wollten die Kommunisten die Wahlentscheidung zugunsten eines Bischofs kippen, der weltlich eingestellt ist und kaum für ein Wiederaufleben der Religiosität auf der Insel sorgen würde.

Die Ironie des Ganzen lag darin, dass Vater Maximos' Eltern selbst ehemalige Mitglieder der Kommunistischen Partei waren, wohingegen er sich aus der Lokalpolitik vollkommen heraushielt und sich ausschließlich auf seine geistlichen Aufgaben konzentrierte. Eben dies störte offensichtlich die sowjetisch geschulte Parteiführung. Vater Maximos könnte, so befürchteten sie, die Energie der Leute von einer möglichen Parteimitgliedschaft zu geistlichen Versammlungen und nächtlichen Gebetswachen umlenken. Für sie stellte Vater Maximos das »Opium für das Volk« schlechthin dar. Daher war es besser, einen geschäftsmäßigen Erzbischof als Kirchenoberhaupt zu haben, der keine geistliche Anziehungskraft auf junge Menschen oder auf die ältere Generation ausüben würde. Verständlicherweise wollten sie keinen haben, der die Aufmerksamkeit der Menschen vom Diesseits auf das Jenseits lenkt.

Im weiteren Verlauf unseres Gesprächs über diese Entwicklungen brachte Vater Maximos tiefes Unbehagen zum Ausdruck. Gerade so wie er nie den Wunsch verspürt hatte, Bischof zu werden, schreckte ihn jetzt die Aussicht, sich eines Tages auf dem erzbischöflichen Stuhl wiederzufinden. Ganz sicher führte er keinen Wahlkampf um den Posten. Doch der Erzbischof von Zypern wurde vom Willen des Volkes bestimmt, wie Lavros ihm vor Augen hielt, und was immer auch geschehen würde, seine persönlichen Wünsche und Vorstellungen würden dabei ebenso wenig eine Rolle spielen wie damals, als er entgegen seinen Wünschen und Vorstellungen den Athos verlassen und nach Zypern gehen musste.

»Meine Güte«, rief Vater Maximos mit spürbarer Verzweiflung aus, »wo bin ich da nur hineingeraten?« Als Bischof, so sagte er, habe er die Freiheit verloren, einfach die Straße entlangzugehen, ohne dass die Leute ihm hinterherlaufen. »Stellt euch nur einmal vor, was passieren würde, wenn ich, Gott bewahre, Erzbischof würde!«

Anschließend erzählte uns Vater Maximos, wie schön es für ihn war, als er vor Kurzem bei einem Besuch in Athen durch die Stadt schlendern konnte, ohne dass ihn jemand erkannt hätte oder ihm gefolgt wäre. »Ich konnte einen Laden oder eine Buchhandlung betreten und mich in Ruhe umsehen, ohne dass irgendjemand auf mich zugekommen wäre. Das war wunderbar.« Doch selbst in der Megastadt mit fünf Millionen Einwohnern konnte er sich seinem wachsenden Ruhm nicht ganz entziehen. Als er gerade in die U-Bahn steigen wollte, erkannte ihn eine Gruppe von Universitäts-Studenten. Sie versammelten sich um ihn, stellten Fragen und baten um seinen Segen.

Dann erging sich Vater Maximos in Erinnerungen an »die gute alte Zeit«, als er noch ein unbekannter Mönch auf dem Athos war. Schon damals warnte ihn Altvater Paisios: »Wehe dem Mönch, Vater, der berühmt wird.« Damals konnte er den Sinn dieser prophetischen Worte nicht verstehen. Aber Vater Maximos lernte, sich in das Schicksal zu fügen, das ihm die Vorsehung beschieden hatte. Ich hatte sogar den Eindruck, dass er aufgrund seiner extrovertierten, umgänglichen Persönlichkeit allmählich Gefallen an seinem Leben und Werk »in der Welt« fand. Mittlerweile konnte ich ihn mir gar nicht mehr als Klausner vorstellen, der den Rest seines Lebens als Mönch oder Eremit in einer Höhle auf dem Athos verbringt.

Etwa um 13 Uhr kamen wir in Pyrgos an. Doch statt die Grundschule zu besuchen, gingen wir auf direktem Wege in die Kirche. »Der Termin mit der Grundschule ist um halb drei«, sagte Vater Maximos. »Ich möchte, dass du eine Ikone der Heiligen Jungfrau siehst, zu der es eine Geschichte gibt.«

In der Kirche war niemand außer dem örtlichen Priester, der an der Eingangstür wartete. Offenbar war bereits ein Treffen vereinbart worden. Der Priester, ein Familienvater Anfang fünfzig, trug einen schwarzen Talar, die Priesterkappe und einen langen grauen Bart. Er freute sich sehr, seinem Bischof zu begegnen. Er freute sich auch, Lavros zu sehen, der in der Region um Limassol sehr bekannt war, hatte er Limassol doch im zypriotischen Parlament vertreten, als die Insel 1960 die Unabhängigkeit von Großbritannien erlangte.

Der freundlich wirkende Priester begleitete uns ins Kircheninnere und zeigte uns die wundertätige Ikone der Heiligen Jungfrau. Vater Maximos machte eine tiefe Verbeugung vor der Ikone, schlug das Kreuzzeichen und küsste sie. Dann sagte er: »Der hiesige Vater wird uns später erzählen, warum diese Ikone als etwas Besonderes gilt.«

Anschließend lud uns unser Gastgeber zu sich nach Hause ein, wo seine Frau für uns vier ein Mittagessen zubereitet hatte. Gleich nach dem Mittagessen erzählte uns unser Gastgeber von dem ungewöhnlichen Phänomen, das mit der *Panagia Pyrgiotissa* (Madonna von Pyrgos) in Verbindung gebracht wird. Der Geschichte zufolge, die es bis in die landesweiten Nachrichten geschafft hatte, hatte eine Frau aus Athen einen vollständig gelähmten rechten Arm. Er war völlig »hinüber«, sie hatte keinerlei Empfindungen mehr darin. Eines Nachts hatte sie einen Traum, in dem ihr ihre verstorbene Mutter erschien und ihr mitteilte, die Heilige Jungfrau *Pyrgiotissa* würde sie heilen. Die Frau begriff nicht, was dies bedeutete. Sie suchte in ganz Griechenland, konnte aber keine solche Ikone finden. Dann versuchte sie es mit Zypern. Sie fand heraus, dass es auf der Insel zwei Dörfer namens Pyrgos (Turm) gibt, eines in der Region um Paphos und das andere bei Limassol. Sie rief den Priester in dem bei Limassol gelegenen Pyrgos an, und dieser sagte ihr, die Ikone der Heiligen Jungfrau in seiner Kirche heiße nicht *Pyrgiotissa,* sondern *ChrysoPyrgiotissa* (Goldene Madonna von Pyrgos). Neugierig geworden, ließ der Priester die Ikone von Experten untersuchen und fand heraus, dass der ursprüngliche Name der Ikone nur *Pyrgiotissa* gewesen war, der Bestandteil *Chryso* (»golden«) war später hinzugefügt worden, weil sie im Volksmund so genannt wurde.

Die Athenerin kam nach Zypern, um der *Panagia Pyrgiotissa* zu huldigen. Ihren Angaben zufolge spürte sie, kaum dass sie vor der Ikone stand, wie eine Hand ihren kranken Arm packte. Zum ersten Mal empfand sie einen Schmerz, der sich von den Fingern ausgehend über den ganzen Arm erstreckte. Über Nacht spürte sie allmählich wieder ihre Fingerspitzen. Als sie am nächsten Morgen zur Kirche ging, fixierte sie sich die ganze Zeit auf die Ikone. Sie selbst und auch ihr Mann behaupteten, sie hätten gesehen, wie ein strahlendes Licht aus der Ikone auf sie zugekommen sei und ihren gesamten Körper eingehüllt hätte. Nach diesem Erlebnis erlangte ihr Arm wieder seine vollständige Empfindungsfähigkeit und Beweglichkeit. Skeptiker hatten, wie zu erwarten, andere Erklärungen.

»Interessierst du dich für solche Geschichten?«, fragte Vater Maximos, als wir das Haus des Priesters verließen und Andreas uns zu der Schule fuhr, wo uns die Schüler und Lehrer bereits erwarteten.

»Natürlich.«

»Warum?«, fragte Vater Maximos.

Seine Frage überraschte mich. Er stellte mir selten Fragen. Eigentlich war ich es, der in unserer Beziehung die Rolle des unerbittlichen Fragenstellers übernommen hatte.

»Wenn sie wahr sind«, erwiderte ich, »können solche Erfahrungen Anzeichen und fortlaufende Bestätigung dafür sein, dass die materielle Ebene und andere, höhere Wirklichkeiten sich gegenseitig durchdringen. Sagen wir, sie sind verborgene Signaturen nichtmaterieller Wirklichkeiten.«

»Rede weiter«, bat Vater Maximos noch einmal mit einem neugierigen Lächeln. Vielleicht spürte er eine gewisse Zurückhaltung meinerseits.

Vater Maximos' Nachfrage gab mir zum ersten Mal Gelegenheit, einige meiner wichtigsten Schlussfolgerungen über das Wesen der Wirklichkeit für ihn zu umreißen – das Resultat meiner langjährigen Erforschung der Welt der Heiler, Mystiker und Heiligen. Ich erwähnte, dass die mittlerweile aufgelaufenen Indizien etwa bei außergewöhnlichen Heilungsphänomenen, Nahtod-Erfahrungen, Entwicklungen in der modernen Quantenphysik sowie aus den Berichten von Mystikern aus allen Zeiten zu dem Schluss führen, dass die materialistische Metaphysik, die die moderne Kultur seit dreihundert Jahren dominiert, grundlegend überdacht werden muss. Wie es der Zufall wollte, hatten Lavros und ich gerade erst vor ein paar Tagen in einem Café am Meer über diese Ideen gesprochen, deshalb haftete unserem jetzigen Gespräch ein gewisses Déjà-vu-Gefühl an.

Im Grunde paraphrasierte ich für Vater Maximos, was ich in einem meiner früheren Bücher geschrieben habe. Darin schlage ich einen neuen Thesensatz vor, an dem sich die menschliche Erforschung des Wesens der Wirklichkeit im 21. Jahrhundert orientieren könnte. In diesem früheren Werk schreibe ich:

> These Nummer eins ...: Die Welt der fünf Sinne ist nicht die einzige Welt, die es gibt. ... These Nummer zwei: Es existieren andere Welten, die die unsrige durchdringen. Diese Welten sind

in Schichten angelegt, das heißt, dass sie hierarchisch angeordnet sind. Die Welt der fünf Sinne befindet sich am Boden dieses spirituellen Totempfahls. Diese Schichten sind nicht nur in der Natur, also objektiv, vorhanden, sondern sie gehören auch zum Aufbaumuster des menschlichen Bewusstseins. Drittens, die verschiedenen Welten stehen in ständiger Kommunikation untereinander, wobei die Kommunikation meistens auf bewusste Weise von der Spitze abwärts erfolgt und nicht umgekehrt. Die höheren Sphären beeinflussen die niederen ständig auf eine Weise, die den niederen nicht bewusst wird. Auf sämtlichen Ebenen dieser Hierarchie gibt es bewusste Lebewesen. Die Wesen über uns befinden sich hinsichtlich des Bewusstseins und des Wissens auf einem höheren, weiterentwickelten Stand als wir. Einige Bewohner unserer eigenen Wirklichkeit stellen Kontakt zu den Bewohnern höherer Sphären her. Wir nennen sie Schamanen, Medien, Propheten, Heilige und so weiter. Ihre Berichte über ihre Kontakte sind stets in der Sprache der jeweiligen Kultur gehalten, in der diese besonders begabten Menschen leben. Deshalb ist das Wissen über diese höheren Welten immer durch die kulturellen Konstrukte der Zeit und des Ortes gefärbt, gefiltert und in unterschiedlichen Graden verzerrt. Auch heute lebende Heilige sind diesem Gesetz unterworfen.

Viertens, wenn die bisherigen Thesen richtig sind …, dann folgt daraus logischerweise, dass wir als Spezies und als Einzelpersonen niemals alleine sind. Das Universum, oder besser, die Universen sind von höheren Intelligenzen bevölkert als wir selbst es sind, und vielleicht auch von niedrigeren.

Fünftens ist die Welt – entgegen dem, was Sartre, Camus und Beckett gesagt haben – äußerst sinnvoll. Ihr Sinn ergibt sich aus der Tatsache, dass die Schöpfung kein Zufall, sondern das Ergebnis eines göttlichen Plans ist. Das Projekt der Schöpfung und die Existenz der ganzen Hierarchie dienen der Entfaltung und Entwicklung des Bewusstseins. Es ist die Bestimmung dieses Bewusstseins, die Hierarchie selbst zu transzendieren und sich bewusst mit dem absoluten Geist oder dem persönlichen Gott, aus dem wir kommen und in dem wir wie Fische in einem Ozean ständig sind, wiederzuvereinigen. Dies bedeutet, dass die Geschichte nicht ziellos dahintreibt, sondern ihrem inneren Wesen nach absichtsvoll ist – wie die individuellen Leben, aus denen sie zusammengesetzt ist. Sie ist, wie Hegel sagen würde, die Autobiographie Gottes. Dies bedeutet zugleich, dass im Kosmos alles mit allem verbunden ist. Aus diesem Grund haben die Mystiker die scheinbar absurde Behauptung aufgestellt, dass ein einziger Gedanke das gesamte Universum beeinflusst.[1]

Vater Maximos hörte sehr interessiert zu, was ich zu sagen hatte. Natürlich hatte ich keine Ahnung, wie viel von dem, was ich sagte, im Einklang mit seinem athonitischen Denken stand. Meine Vorschläge richteten sich an ein größeres, multikulturelles Publikum, und auf diesem Verständnis baute auch die Sprache auf, die ich verwendete. Ausdrücke wie »Entfaltung und Entwicklung des Bewusstseins« und »die Hierarchie transzendieren« sind Formulierungen, die Vater Maximos nie verwenden würde. Ich hatte das Gefühl, aber wirklich nur das Gefühl, dass das, was ich damals geschrieben und jetzt für Vater Maximos paraphrasiert hatte, den wesentlichen Lehren der Altväter vom Athos nicht widerspricht.

Andreas parkte den Wagen vor der Schule, wo eine ganze Armee von Schülern und Lehrern auf uns wartete. Jedes weitere Gespräch mit Vater Maximos über meine vorgeschlagenen Thesen oder das »Paradigma« zur Erforschung der Wirklichkeit musste auf einen späteren Zeitpunkt verschoben werden.

Auf dem Rückweg nach Limassol kam das Gespräch wieder auf die Geschichte der *Panagia Pyrgiotissa.* Statt auf meine eigenen Ideen abzuheben, bat ich Vater Maximos dieses Mal, zu erklären, warum er trotz der Wunder, wie er sie auf dem Athos und in Zypern selbst erlebt hatte, vor einigen Tagen bei einer Versammlung in Limassol auch auf Bitten nur ungern über die Heilige Jungfrau gesprochen hatte.

»Es ist sehr schwierig, über die Heilige Jungfrau zu sprechen«, sagte er nachdenklich.

»Aber warum?«

»Wir wissen sehr wenig über die Heilige Jungfrau. Es gibt keine schriftlichen Aufzeichnungen. Wir kennen lediglich ihre Wunder, die unendlich viele sind, wie etwa in diesem bestimmten Fall.« Er schwieg einen Augenblick. »Es ist einfach unmöglich, dass ein Mensch die Heilige Jungfrau um Hilfe bittet und diese dann nicht bekommt. Das ist einfach so, weißt du. Und doch gibt es sehr wenig über sie zu sagen.« Dann lachte Vater Maximos und schilderte den Fall eines Journalisten, der in der Absicht auf den Athos gekommen war, einen Artikel über die Heilige Jungfrau zu schreiben, und mit leeren Händen wieder abziehen musste. Die Altväter sagten ihm, es gebe keine Worte, die das große Geheimnis der Heiligen Jungfrau beschreiben oder erklären könnten.

Nach dem Besuch einer weiteren Grundschule kehrten wir am späten Nachmittag nach Limassol zurück. Bei unserer Ankunft, Lavros und ich wollten die Bischofsresidenz gerade verlassen, überreichte mir Vater Maximos einen riesigen Strauß roter Rosen, den er in einer der Schulen erhalten hatte. »Bring ihn Emily mit«, sagte er mit einem Lächeln, »sie liebt Rosen.«

Anschließend fragte Lavros, ob Vater Maximos bereit sei, zu einem Gesprächsabend mit einer kleinen Gruppe von Freunden in seinem bescheidenen Hause in einem Vorort von Limassol zu kommen. Zu Lavros' und meiner Freude zog Vater Maximos seinen Kalender hervor und wählte einen Abend, der noch frei war.

»Widmen wir den Abend dem Gedenken an Maroulla [Lavros' verstorbene Frau]«, sagte Vater Maximos. Diese Antwort berührte Lavros tief. Vater Maximos war noch nie bei meinem Freund zu Hause gewesen. Jetzt bot sich ihm die Gelegenheit, und er konnte damit ein Versprechen erfüllen, das er Lavros' frommer Frau vor ihrem Tod gegeben hatte.

Bei dem Treffen sollte es ein Büffet geben, zu dem jeder etwas mitbringen konnte. Außer Lavros, Emily und mir sowie Stephanos und Erato würden auch Helen und Patrick, ein Paar aus Kalifornien, dabei sein. Die vierzigjährige Helen war Kunstprofessorin, Patrick war Professor für Geschichte. Wegen ihrer ausgedehnten Aufenthalte auf einer griechischen Insel sprachen beide fließend Griechisch. Vor Kurzem waren Helen und ihr Mann zum griechisch-orthodoxen Glauben übergetreten. Sie freute sich sehr auf die Gelegenheit, mit Vater Maximos zu sprechen, dem sie noch nie persönlich begegnet war, von dem sie aber durch ihren guten Freund Lavros und aus meinen Büchern schon viel gehört hatte.

Die rote Sonne stand knapp über dem Horizont, als wir um 20 Uhr in Lavros' Haus zusammenkamen, das von einem üppig grünen Garten umgeben war. Als Umweltschützer hatte er den Raum um sein Haus mit einer Vielfalt heimischer und exotischer Pflanzen und Bäume gefüllt, was seinen Garten zu einem kleinen smaragdgrünen Wald am Rande der Stadt machte. Vater Maximos sprach ihm seine Anerkennung für das Ambiente aus, während wir auf der Terrasse unter einem Blätterdach aus Jasmin, der die Atmosphäre mit seinem sommerlichen Duft erfüllte, Platz nahmen. Die Sonne versank im Meer, und eine kühle Brise wehte herauf.

Wir wurden einander vorgestellt, und nach ein paar humorvollen Bemerkungen von Vater Maximos und Lavros, der dank seiner vielen Reisen in alle Welt Spezialist für multikulturelle Witze war, setzten wir uns an den Tisch mit den mitgebrachten Köstlichkeiten. Vater Maximos sprach das übliche Gebet, dann ließen wir es uns schmecken. Es war gerade keine Fastenzeit (in der weder Fleisch noch Fisch, Geflügel oder Fleischprodukte gegessen werden), daher übertrafen wir einander mit einem wahren Füllhorn an mitgebrachten Delikatessen, insbesondere Stephanos, der einst ein schickes Restaurant in London besessen und als Chefkoch geführt hatte.

Beim Essen sprach Helen verschiedene Themen an, die sie gerne mit Vater Maximos diskutieren wollte, etwa die angebliche Verbindung Jesu nach Indien. Vor ihrer Konversion zur Orthodoxie hatten sich Helen und auch Patrick intensiv mit Hinduismus und Buddhismus beschäftigt, waren auf der Suche nach spiritueller Weisheit nach Nepal und Indien gereist und hatten sogar verschiedene Ashrams besucht, darunter auch den des berühmten Sai Baba. Vater Maximos sagte, er sei zwar kein Bibelwissenschaftler, aber es gebe offensichtlich keinen Grund, an eine andere Version der Kindheit und Jugend Jesu zu glauben als sie in den Evangelien geschildert wird. Anschließend beantwortete er Fragen seiner kleinen Zuhörerschaft, die sich unmittelbar auf das geistliche Leben und nicht auf die biblische Geschichte bezogen. Für ihn waren diese ohnehin die wichtigsten.

»Der Kampf, den wir innerhalb der *Ekklesia* führen«, antwortete Vater Maximos auf eine Frage von Helen, »gilt der Überwindung unserer Leidenschaften, die wie dunkle Wolken die innere Schönheit unseres Wesens überschatten. Wenn die Wolken weg sind, können wir entdecken, wer wir wirklich sind. Mehr noch, wenn uns dies bei uns selbst gelingt, vermögen wir auch die innere Schönheit in anderen Menschen zu erfassen. Das heißt, wir können sie dann so sehen, wie sie wirklich sind, und nicht so, wie sie sich durch ihre niederen weltlichen Leidenschaften geben.«

»Wer also die Kraft hat, über die Wolken hinauszublicken, kann die Sonne sehen«, fügte Helen mit einem Nicken hinzu. Als Künstlerin gefielen ihr offenbar die Bilder, mit denen Vater Maximos die innere Verfassung der menschlichen Seele beschrieb.

»Genau. Deshalb können die, die reinen Herzens sind, das heißt, die sich vom Egoismus geheilt haben, dieses innere, aber verborgene Strahlen auch in anderen erkennen.«

»Ihrem innersten Wesen nach sind die Menschen also gut«, betonte ich. Vor meinem geistigen Auge blitzten die Ideen der Romantiker des 18. und 19. Jahrhunderts auf. Vermittels ihrer in erster Linie säkularen Kanäle des Wirklichkeitsverständnisses könnten sie intuitiv die mystische Wahrheit erfasst haben, auf die Vater Maximos her anspielte, so dachte ich – dass nämlich der Mensch seinem Wesen nach von Natur aus gut ist.

»Unbedingt«, sagte Vater Maximos. »Es gibt keinen Menschen, der seinem Wesen nach böse ist. Es sind die Leidenschaften, die die grundlegende Gutheit, die im innersten Kern eines jeden Menschen wohnt, verzerren. Und die, die sich von ihren Leidenschaften gereinigt haben, also die Heiligen, können auch in anderen deren grundlegende Göttlichkeit erkennen.«

»Hochwürden, können Sie uns mehr darüber sagen, was Sie, was die Kirche mit ›Leidenschaften‹ meint?«, fragte Patrick und sprach damit Vater Maximos mit jener formellen Höflichkeitsform an, die für uns andere ungewohnt war.

»Die meisten Leidenschaften«, erklärte Vater Maximos, »sind einfach Verzerrungen göttlicher Gaben und Tugenden.«

»Zum Beispiel?«

»Als Abbilder Gottes tragen wir die Macht der Liebe in uns, eine göttliche Leidenschaft. Aber sie ist mit Egoismus verseucht worden. Hass ist die absolute und totale Verzerrung der Liebe.«

»Das heißt, dass Hass derselben Kraftquelle entspringt wie die Liebe«, mutmaßte ich, eine Auffassung, auf die ich zum ersten Mal im *Kybalion*, einem alten hermetischen Klassiker, gestoßen war.[2]

»Ja. Hass ist in Wirklichkeit Liebe, die mit Egoismus verschmolzen und dadurch korrumpiert worden ist. Dies hat sie in Hass verwandelt.«

»Liebe und Hass bilden also, wie es die alten Weisen gelehrt haben, die gegensätzlichen Ausschläge derselben Frequenz«, schloss ich. »Deshalb können Menschen, die einander einmal leidenschaftlich geliebt haben, zu unversöhnlichen Feinden werden, wenn sich diese Liebe mit ihren egoistischen Wünschen vermischt oder wenn der Narzissmus der Partner verletzt wird. Zugleich kann Hass sich unter bestimmten Umständen auch zu leidenschaftlicher Liebe wandeln. Dies bringt mich wiederum zu dem Schluss, dass das Gegenteil von Liebe in Wirklichkeit nicht Hass, sondern Stumpfsinn und Gleichgültigkeit ist.«

»Genau«, sagte Vater Maximos und erklärte weiter, auch Stolz könne ein Beispiel für eine solche Verzerrung in unserem Wesen sein. Wir sind so geschaffen, dass uns Stolz durchaus eingebettet ist, behauptete er, und zwar insofern als wir »die Krone der Schöpfung« und »Kinder des lebendigen Gottes sind«. Dieser göttliche Stolz ist zu einer pathologischen Form des Stolzes verkommen, der uns nun quält.

»Wie kann man diese destruktiven Leidenschaften überwinden, Vater Maxime?«, fragte Helen. Wir anderen schwiegen, damit Helen und Patrick ihre Fragen stellen konnten. »Wie können wir unsere ursprüngliche Schönheit wiedererlangen?«

»Das Leben Christi ist für uns der Archetyp für unser Leben. Durch sein Beispiel hat er uns gezeigt, wie wir darum ringen können, uns von den Leidenschaften zu befreien, die uns zu Sklaven dieser Welt machen. Im Evangelium lesen wir, dass Jesus nach seiner Taufe durch seinen Cousin Johannes der Täufer vom Heiligen Geist in die Wüste geführt wurde, wo er vierzig Tage lang alleine verweilte. Am vierzigsten Tag erschien ihm Satan und wollte ihn versuchen, indem er die drei wichtigsten menschlichen Leidenschaften gegen Jesus aufbot. Die heiligen Altväter sind zu dem Schluss gekommen, dass Jesu Erfahrungen eine Art Offenbarung sind. Lehrreich sind sie insofern, als sie die grundlegenden Leidenschaften betreffen, die den Menschen belasten.«

»Von welchen Leidenschaften sprechen Sie, Hochwürden?«, fragte Patrick nach einigen Sekunden Stille.

»Satan hat Jesus drei Angebote gemacht. Man kennt sie als die drei Versuchungen Christi. Zuerst drängte Satan ihn, hungrig, wie er nach seinem vierzigtägigen Fasten war, Steine in Brot zu verwandeln, damit er sein körperliches Verlangen befriedigen konnte. Die zweite Versuchung kam, als Satan Jesus auf den Tempel in Jerusalem führte und ihn aufforderte, sich hinabzustürzen. Satan wollte ihm weismachen, es werde ihm nichts geschehen, er sei doch der Sohn Gottes. Sein himmlischer Vater werde ja wohl alle Engel aussenden, um ihn zu retten. Die letzte Versuchung kam, als Satan ihm alle Reiche und Schätze der Erde zeigte und versprach, sie ihm zu schenken, wenn Jesus sich ihm unterwerfe. Jesus hat allen drei Versuchungen widerstanden und über Satan gesiegt.

Den heiligen Altvätern zufolge«, fuhr Vater Maximos fort, »sind diese drei Versuchungen archetypisch und lehrreich. Sie betreffen die drei grundlegenden Leidenschaften, die die Menschheit heimsuchen: *Hedonismus, Philodoxie* [Ruhmsucht] und *Habgier.* Weiter behaupten die Altväter, diese drei wichtigsten Leidenschaften bildeten den Mutterleib, dem alle anderen weltlichen Leidenschaften entstiegen.«

»Inwiefern lässt die erste Versuchung Christi auf Hedonismus schließen?«, fragte Helen.

»Die Altväter waren der Auffassung, dass Hedonismus aus der Notwendigkeit entspringt, uns um unser körperliches Wohl zu kümmern, um auf dieser Welt überleben zu können. Deshalb führt Satan Christus in Versuchung, sein Fasten zu brechen und Steine in Brot zu verwandeln. Die zweite Versuchung, wonach die Engel zur Rettung des Gottessohnes herbeieilen würden, wenn dieser vom Tempel springt, bezieht sich laut den Altvätern auf unsere Selbstgefälligkeit und Selbstverherrlichung; und die dritte Versuchung schließlich, das Angebot, die ganze Welt zu besitzen, bezieht sich auf die Leidenschaft der Habgier, der unersättlichen Gier. Ich will ein wenig konkreter werden. Betrachten wir zunächst den Hedonismus.« Hier holte Vater Maximos auf seine typische Art zunächst einmal tief Luft. »Auch diese Leidenschaft wirkte vor dem Fall im Einzelnen ganz natürlich und im Einklang mit Gottes Wünschen.«

»Wollen Sie damit sagen, Vater«, fragte Helen mit einem breiten Lächeln, »dass Gott uns zum Zwecke des Hedonismus erschaffen hat?«

»Aber unbedingt«, verkündete Vater Maximos und drehte die Handflächen nach oben, als verstünde sich das von selbst.

»Was Sie sagen, Vater Maxime, ist kaum zu fassen«, sagte Lavros in scherzhaftem Ton.

»Du weißt, was ich meine, Lavro. Der größte Hedonismus, den der Mensch erlangen kann, ist die Liebe Gottes und unsere Beziehung zu ihm. Für diese Liebe und zu dieser Freude hat Gott uns erschaffen.«

»Das ist das, was der Heilige Maximus Confessor als *Eros Maniakos* bezeichnet, nicht wahr?«, sagte ich.

»Genau. Wem es gelingt, seine niederen Leidenschaften zu überwinden und *Theosis* zu erlangen, der erlebt diesen göttlichen Eros, diese erlesene Form der Wonne, die alle menschlichen Worte oder Vergleiche übersteigt.«

»Gott als betörender Liebhaber«, staunte Patrick, »sehr interessant!«

»Genau darum geht es beim wahren Hedonismus«, fügte Vater Maximos hinzu als spreche er aus eigener Erfahrung. »Jeder Mensch muss danach streben, ein leidenschaftlicher Liebhaber Gottes zu werden. Glaubt mir, dies ist die stärkste und betörendste Form der Wonne.«

»Dies ist eine völlig neue Sicht des Hedonismus«, bemerkte Helen.

»Aber genau deshalb hat Gott uns ursprünglich ins Paradies gestellt. Er hat uns nicht in eine Welt des Leidens und der Qualen gestellt, sondern ins Paradies, damit wir die Erfahrung dieser unbeschreiblichen Freude und Wonne machen konnten. Der Fall hat diesen glückseligen Zustand ruiniert. Damit wurde unsere innere Macht, Gott zu lieben und durch Gott andere Menschen und die gesamte Schöpfung zu lieben, korrumpiert. Gott geriet in Vergessenheit, und die Menschen richteten ihre Liebe ausschließlich auf die Dinge dieser Welt und sich selbst.«

»Wie drückt sich diese Verzerrung des Hedonismus konkret aus, Vater?«, fragte Helen.

»Wenn die *Ekklesia* von Hedonismus spricht, dann meint sie damit nicht bloß den Hedonismus des Körpers, etwa die Lust auf Essen und Sex. Sie macht nur einen kleinen Teil des Hedonismus aus. Es gibt Menschen, die von den Verlockungen körperlicher Freuden befreit sind, aber von Hedonismus in anderer Form geplagt werden. Diese Menschen sind dann vielleicht in ihre eigene Cleverness und Brillanz verliebt.«

»Wie können wir uns vom Hedonismus heilen, Vater Maxime? Das ist sehr schwer«, sagte Lavros.

»Man heilt sich durch harte Arbeit und Gründlichkeit, durch *Philoponia*.«

»Aber was bedeutet das im Hinblick auf die persönliche Erlösung?«

»*Philoponia* bedeutet, dass der Mensch eine Haltung der Liebe zu Arbeit und Mühe kultivieren muss. Wie du gesehen hast, Lavro, ist alles, was wir in der *Ekklesia* tun, insbesondere in den Klöstern, ein Ausdruck von *Philoponia*. Ein Beispiel ist das Fasten. Die *Ekklesia* legt fest, dass wir uns an bestimmten Tagen gewisser Speisen enthalten müssen. Vierzig Tage vor Ostern sollen wir kein Fleisch und keine Fleischprodukte essen. Die *Ekklesia* sagt, dass wir nur an bestimmten Tagen Fisch essen dürfen. An bestimmten Tagen sollen wir Öl meiden und so weiter. Die *Ekklesia* setzt uns auf Diät und sagt uns, was wir essen dürfen und was nicht …«

»Die naheliegende Frage, die ein Außenstehender da stellen würde, lautet: Warum alle diese Einschränkungen?«, warf ich ein.

»Aber das habe ich doch gerade gesagt, um *Philoponia* zu entwickeln. Um uns daran zu gewöhnen, unsere Wünsche und Gelüste abzustellen. *Philoponia* zu pflegen, bedeutet auch, auf dem Feld zu arbeiten und viele Stunden bei Liturgien, Gottesdiensten und nächtlichen Gebetswachen zuzubringen.«

»Warum ist es notwendig, so viele Stunden mit nächtlichen Gebetswachen zuzubringen?«, wunderte sich Helen. Im Vorfeld hatte ich ihr von meiner Verwunderung erzählt, dass ich auf dem Athos an einer elfstündigen Gebetswache hatte teilnehmen können, ohne müde zu werden oder Langeweile zu empfinden.

»Seht ihr«, erklärte Vater Maximos, »die *Ekklesia* hat sich nie auf Kompromisse mit der Welt eingelassen. Warum? Weil sie immer therapeutisch handelt. Sie handelt genau wie ein Arzt, der weiß, dass ein kranker Patient, sagen wir einmal, zehn sehr bittere Pillen einer bestimmten Medizin einnehmen muss, um wieder gesund zu werden. Ein gewissenhafter Arzt wird niemals nur vier verschreiben, weil sie nicht ausreichen würden, um die Gesundheit des Patienten wiederherzustellen. Ziel der *Ekklesia* ist es, die Menschen geistlich zu trainieren. Wir gehen in die Kirche und stehen dort über Stunden. Wir haben die Vespern, nächtliche Gebetswachen, Liturgien, Schriftlesungen und so weiter. Selbst hier in der Welt dauert ein Gottesdienst drei bis vier Stunden.«

»Im Westen gibt das Anlass zur Skepsis«, sagte ich.

»Das erinnert mich an einen deutschen lutherischen Geistlichen, der den Athos besuchte«, erzählte Vater Maximos leichthin. »Er hielt sich gerade im Kloster Megisti Lavra auf, als dort eine achtzehnstündige *Agrypnia* gehalten wurde. Der arme Kerl musste die ganze Zeit stehen, weil es keinerlei Sitzgelegenheit gab. Wie es der Zufall wollte, waren damals dreihundert Mönche und ebenso viele Besucher anwesend.«

»Auch so kann man die Menschen von einem Besuch auf dem Athos abhalten«, witzelte Patrick.

»Nein. Ganz im Gegenteil. Nach der *Agrypnia* verkündete er während der *Trapeza* (dem gemeinsamen Mahl), er wolle orthodox werden. Wir waren verblüfft und fragten ihn nach den Gründen. Seine Antwort lautete, allein die Tatsache, dass er einen achtzehnstündigen Gottesdienst überstanden habe, sei schon ein Wunder, ein Omen Gottes. Er wurde schließlich Mönch und blieb auf Dauer.«

»Kaum zu glauben.« Patrick schüttelte verwundert den Kopf.

»Solche Geschichten sind auf dem Athos ganz normal«, erklärte Lavros, der den deutschen Mönch kennengelernt hatte.

»Seht ihr, was passiert?«, fragte Vater Maximos. »*Philoponia*, die zur geistlichen Methodik der *Ekklesia* gehört, wird als eine Form der Heilung und als Gegenmittel gegen die Krankheit des Hedonismus angeboten. Schließlich ist es eben diese Form des Hedonismus, die die Menschen aus dem Garten Eden vertrieben hat. Das Lieblingskind des Hedonismus ist der Narzissmus. Dies bedeutet, dass der Mensch sich selbst über alle Maßen liebt, er liebt sich über alles und jeden. Das ist pathologisch.«

»Narzissmus und extremer Individualismus gelten bei vielen modernen sozialen Denkern als schwere Pathologie«[3], erklärte ich.

»Jeder vernünftige Mensch würde solche Tendenzen als schwere Krankheit betrachten«, fügte Vater Maximos hinzu. »Ich sollte außerdem erwähnen, dass Narzissmus, dieser obsessive Atomismus, ein Produkt der Angst ist.«

»Der Angst?«, fragte Patrick.

»Ja, der Angst. Die Menschen haben Angst vor Krankheit, vor Alleinsein, vor dem Verlust ihres Wohlstands, vor einem Unfall, vor dem Verlust ihres Ansehens sowie vor dem Entzug von diesem und jenem. Sie sind wie der Reiche im Evangelium, den Jesus als ›Narr‹ bezeichnet. Sie sind besessen von dem Streben, es in diesem Leben gut zu haben, statt ihre Hoffnung auf das ewige Leben in Gott zu setzen. Närrische Leute verwenden ihren Reichtum für sich selbst und versuchen, in sich selber Sicherheit zu finden.«

»Wie können wir dann aufhören, ›närrisch‹ zu sein? Wie können wir uns von unserem Narzissmus heilen?«, fragte Patrick.

»Durch *Askesis* natürlich.«

»Bisher, Vater Maxime, haben Sie von Hedonismus als einer der wichtigsten Leidenschaften gesprochen, die uns den Blick auf Gott verstellen. Was aber ist mit der Philodoxie?«, fragte ich.

»Oh ja, die Ruhmsucht. Normale Menschen lassen sich nur zu gerne bewundern und verherrlichen. Sie fühlen sich anderen gerne überlegen. Dies ist eine Form menschlicher Pathologie. Was wir Stolz, Egoismus, Eitelkeit, Arroganz, Unhöflichkeit und so weiter nennen, sind nach Johannes Klimakos die Kinder und Enkel der Ruhmsucht oder Philodoxie.«

»Aber so hat Gott uns geschaffen«, sagte Helen.

»Ja. Aber Gott hat uns stolz gemacht, weil wir für den Himmel geschaffen sind. Er hat uns zu Königen und Königinnen des erschaffenen Kosmos gemacht. Gott hat uns vor allen anderen Geschöpfen und Dingen seiner Schöpfung eine privilegierte Stellung zugewiesen. Für uns sind Erde und Himmel gemacht. In unserem tiefsten Kern sind wir so geschaffen, damit wir nach dem Hohen streben und nicht das Niedere und Vergängliche und Vorübergehende begehren«, sagte Vater Maximos. Seine Augen strahlten, als er darauf hinwies, dass dieser privilegierte Status mit dem Fall zu Bruch ging, ein Motiv, das er wie ein Mantra ständig wiederholte.

Vater Maximos' letzte Worte erinnerten mich an den Einwand der »Tiefenökologen« gegen diese »anthropozentrische« Sicht des Wesens der Welt. Sie behaupten, eben diese Überzeugung habe zur Verwüstung des Planeten und zur Zerstörung anderer Lebensformen geführt. Aus der Sicht orthodoxer Spiritualität ist diese Verwüstung jedoch aufgrund der Entfremdung der Menschheit von ihrem inneren göttlichen Wesen erfolgt. Sobald *Theosis* erlangt ist, ist der Friede zwischen dem einzelnen Menschen und dem erschaffenen Kosmos wiederhergestellt, und der Mensch wird nun zum Hüter der Natur statt zu ihrem Zerstörer. Das Leben der Heiligen ist, wie Vater Maximos immer wieder betont, die empirische Bestätigung für dieses Argument. Außerdem kann man diesen Anthropozentrismus so deuten, dass der Kosmos erschaffen worden ist, damit sich im ewigen Geist Gottes-Bewusstsein entwickeln kann. Es ist, als habe der Schöpfungsakt zu seinem einzigen Zweck die Selbst-Bewusstwerdung gehabt, was in der Realität bedeutet, dass die erschaffenen Wesen sich ihres Schöpfers bewusst werden. Dieser göttliche Prozess führt unwillkürlich zu wahrer Selbsterkenntnis. Das bedeutet, dass Bewusstsein innerhalb der Schöpfung einen privilegierten Status genießt.

»Mit dem Fall«, fuhr Vater Maximos fort, ist unser göttlicher Stolz zu Leidenschaft und Sündhaftigkeit verkommen. Er wurde zu Eitelkeit und Hybris gegenüber Gott. Am Ende glaubten die Menschen an sich selbst, wurden autonom und sehnten sich danach, für ihre weltlichen Errungenschaften gelobt und verherrlicht zu werden. Mit diesem falschen Selbstbild waren sie zufrieden.«

»Wenn *Philoponia* das Heilmittel gegen Hedonismus ist, was ist dann das Heilmittel gegen Philodoxie?«, fragte Patrick.

»Das Heilmittel besteht darin, wachsam zu bleiben und jene Episoden im Leben zu nutzen, die unsere Neigung zur Selbstverherrlichung untergraben. Nehmen wir einmal an, jemand sagt etwas, was eurer Meinung nach ungerecht oder erniedrigend ist. Oder nehmen wir an, jemand ignoriert euch, sodass ihr euch abgelehnt fühlt und so weiter. Für den Durchschnittsmenschen ist dies wahrscheinlich schwer zu verkraften, in Wirklichkeit aber ist es eine goldene Gelegenheit zu geistlichem Wachstum. Sie wird uns von Gott als spirituelle Übung geschickt. Wenn wir zurückschlagen und den Streit gewinnen oder was auch immer, dann sind wir in Wirklichkeit die Verlierer. Wir haben eine große Chance vertan. Wem es mit seiner geistlichen Entwicklung ernst ist, der begrüßt solche Erfahrungen als eine Form der Übung, gerade so wie ein Sportler sich einem harten Training unterzieht, ganz gleich, wie schmerzhaft es sein mag. Mit solchen Übungen entwickelt man nach und nach den Geist der Demut.

Zu mir kommen Menschen«, fuhr Vater Maximos fort, »die am Boden zerstört sind, weil sie es nicht ertragen können, wenn sie Fehler machen. Warum? Weil sie ein übersteigertes Selbstbild haben, dass sie irgendwie vollkommen sind, makellos. Sie sind nicht in der Lage, sich als schwaches Geschöpf zu begreifen, das Hilfe braucht. Dies ist Stolz, der von der zentralen Leidenschaft der Philodoxie kommt. Versteht ihr jetzt?«

Dann fuhr Vater Maximos fort: »Philodoxie ist das Produkt von Unsicherheit und Unglauben der Menschen, wodurch wir niemand anderen verherrlichen können außer uns selbst. Versteht ihr, warum wir in der Liturgie jedes Mal sagen ›Oti prepe si pasa doxa, time kai proskenisis to Patri kai to Yio kai to Agio Pneumati‹ [Herrlichkeit und Ehre und Anbetung sei allein dem Vater, dem Sohn und dem Heiligen Geist]?

Wenn wir von unserer eigenen Herrlichkeit besessen sind«, fuhr Vater Maximos fort, »befinden wir uns psychisch in ständigem

Aufruhr, sind permanent damit beschäftigt uns zu verteidigen und stecken in einem nie endenden Kampf, all jene Elemente in unserem Umfeld aufrechtzuhalten und zu kontrollieren, auf die sich unsere Herrlichkeit stützt. Wir leben in ständiger Angst und permanentem Argwohn. Wir glauben, es werde hinter unserem Rücken über uns geredet und andere wollten uns vernichten. Wir haben den Verdacht, dass unsere Feinde nur darauf warten, sich einfach über uns hinwegzusetzen, als wären wir bereits tot und so weiter. Sollen sie doch. Der befreite Mensch hat solche Ängste nicht. Es ist gut, in diesem Sinne tot zu sein und zuzusehen, wie sich alle anderen über einen hinwegsetzen.

Zu einem Altvater hat einmal jemand gesagt: ›Vater, die haben schlecht über Sie gesprochen.‹ Der Altvater hat nur gelacht und erwidert: ›Wirklich? Sie haben also schlecht über einen Toten gesprochen?‹ Seht ihr, was menschliche Leidenschaften anbelangt, ist es gut, tot zu sein. Dann können die Leute alle möglichen Abscheulichkeiten über einen verbreiten – doch dabei geschieht etwas Paradoxes. In der *Ekklesia* gibt es eine Art Wahn, eine seltsame Form der Logik. Wenn man absteigt, steigt man in Wirklichkeit auf; und wenn man aufsteigt, steigt man in Wirklichkeit ab. ›Wenn du aufsteigen willst‹, sagen die Altväter, ›dann steige ab, und am Ende wirst du entdecken, dass dein Abstieg der wahre Aufstieg ist.‹ Das ist wahre Freiheit.«

Wir machten eine kurze Pause bei Tee und Gebäck. Dann nahmen wir wieder Platz, und das Gespräch begann von Neuem. »Und was ist mit Habgier, Vater Maxime?«, fragte ich. Warum ist Habgier, im Verbund mit Hedonismus und Philodoxie, die Mutter aller Leidenschaften?«

»Habgier trägt eine verborgene Mikrobe in sich, einen sehr gefährlichen Virus«, antwortete Vater Maximos. »Sie stiehlt die Hoffnung auf Gott, weil die Menschen alle ihre Hoffnung auf ihren persönlichen Besitz setzen. Sie glauben nicht, dass Gott so mächtig ist, dass er sie nähren und schützen kann. Sie sagen sich, ›ich fühle mich sicher, wenn ich mein Anlagevermögen habe, mein Geld auf der Bank, eine gute Rente‹ und so weiter. Seht ihr, was hier passiert?« Vater Maximos sah sich um und beobachtete unsere Reaktion. »Die Hoffnung auf Gott wird aufgegeben und durch unseren materiellen Besitz ersetzt.

Eine weitere Form der Habgier ist obsessive Eigenständigkeit. Ich fühle mich sicher, weil ich einen akademischen Abschluss habe. Oder ich habe eine bedeutende Stellung in der Gesellschaft. Ich verfüge über Wissen und Fähigkeiten. Ich bin aktiv und voller Energie. Ich kann etwas und traue mir etwas zu.«

»Aber ist Eigenständigkeit denn etwas Schlechtes?« Patrick dachte wahrscheinlich daran, dass Eigenständigkeit in der amerikanischen Kultur eine Tugend ist, die von der Wiege bis zur Bahre hochgelobt wird.

»Aus der Sicht unserer endgültigen Bestimmung ist sie pathologisch, wenn sie den Glauben an Gott ersetzt und sich all unser Vertrauen entweder auf unseren Besitz oder auf unsere Fähigkeiten und Begabungen richtet. Ja, ich wage sogar zu behaupten, dass es nicht nur ein geistliches Problem darstellt, wenn unser Herz an materiellen Gegenständen und den eigenen Fähigkeiten, sondern auch, wenn es an anderen Menschen hängt.«

»An anderen Menschen?«, fragte Helen überrascht.

»Wenn ich zum Beispiel denke: ›Ich fühle mich sicher, weil meine Familie wohlhabend ist.‹ Oder, wie ich oft zu hören bekomme: ›Mein Mann ist alles für mich. Wenn ich ihn verliere, weiß ich nicht mehr weiter.‹ Oder: ›Wenn ich meine Freundin verliere, sterbe ich, weil das Leben dann keinen Sinn mehr für mich hat.‹ So etwas höre ich bei der Beichte ständig, und ich bete, dass die beiden einander, Gott behüte, nie verlieren mögen!«

In ernsterem Ton fuhr Vater Maximos fort: »Ich kann verstehen, dass man nach dem Verlust eines geliebten Menschen Trauer und Schmerz empfindet, aber warum sollte man sich dabei selbst aufgeben?«

Vater Maximos lehnte sich in seinem Stuhl zurück. »Noch einmal: Die wahre Tragödie ist, wenn Menschen all ihre Hoffnung auf etwas Vergängliches, nicht Dauerhaftes setzen. Das kann ›mein Mann‹, ›meine Frau‹, ›meine Kinder‹, ›meine Arbeit‹, ›mein Vermögen‹, ›meine Karriere‹ sein. Ich höre solche Sätze und frage mich dann: Liebes Kind, was passiert mit dir, wenn dir das, was dir ›alles‹ bedeutet, weggenommen wird? Du kannst deine Arbeit verlieren, und früher oder später wirst du deine Frau oder deinen Mann verlieren. Nichts auf dieser Welt ist von Dauer. Nichts Menschliches kann uns wahre Ruhe und wahren Trost schenken. Dies kann nur Gott, der die Grundlage ist, die nichts zu erschüttern vermag. Doch du ignorierst Gott und setzt alle deine Hoffnung auf etwas Endliches. Du gehst völlig in deinem weltlichen Streben auf.

Ich werde nie vergessen, wie es war, als ein Mann vor einigen Jahren seinem Leben ein Ende setzte«, sagte Vater Maximos mit trauriger Miene. »Er glaubte, seine Frau habe ihn betrogen und hinterließ einen Abschiedsbrief, den die zutiefst bekümmerte Frau zur Beichte mitbrachte. Er schrieb: ›Das Leben hat für mich keinen Sinn mehr. Von dem Moment an, in dem du mich betrogen hast, konnte ich dieses Leben nicht mehr ertragen.‹ Ich weinte, als ich den Brief las und erkannte, wie viel Unglück im Herzen dieses armen Kerls gewesen sein muss. Er hatte sein ganzes Dasein einzig und allein auf der Liebe seiner Frau und nichts anderem aufgebaut. Tragischer noch war, dass seine arme Frau ihn in Wirklichkeit gar nicht betrogen hatte. Aber er hatte es geglaubt aufgrund bestimmter Umstände und der üblen Nachrede anderer. Außer der Beziehung zu seiner Frau gab es in seinem Leben keinen Sinn.

Könnt ihr begreifen, wie sehr einem eine solche Einstellung die Luft zum Atmen nimmt? Und ich habe mich gefragt, kann ein Mensch, dessen Leben auf Gott gegründet ist, einem anderen sagen, ›du bist alles für mich‹ und ›wenn du nicht bei mir sein kannst, ist das Leben sinnlos‹? Die Antwort muss natürlich ein kategorisches Nein sein. Auf unserer Reise zu Gott wird alles danach beurteilt, ob es uns der Einheit mit Gott näherbringt. Nichts Materielles oder Vergängliches sollte uns auf dieser Reise in die Quere kommen.«

»Aber die Menschen brauchen materielle Dinge; sie brauchen Geld für ihren Lebensunterhalt, Vater Maxime«, protestierte Lavros. »Für uns, die wir in der Welt leben, ist es schwierig, uns das Leben der Mönche zum Maß aller Dinge zu machen. Wir wären nicht lebenstüchtig. Um in der Welt zu leben, braucht man materielle Dinge. Wir müssen an die Zukunft denken und brauchen Ersparnisse auf der Bank, weil wir nicht den allumfassenden Glauben der Heiligen haben können, die sich völlig in Gottes Hand begeben.«

»Ich gebe zu, dies ist ein sehr heikles Thema. Aber seien wir zumindest bescheiden und sagen wir: ›Leider habe ich diese Schwäche. Ich muss etwas Geld auf der hohen Kante haben, etwas, das mir ein gewisses Gefühl der Sicherheit vermittelt. Aber ich weiß, dass ich im Idealfall meine ganze Hoffnung absolut in Gott investieren sollte.‹ Diese Haltung ist zumindest besser, als Gott ganz aus seinem Blickfeld zu verbannen und seine gesamte Hoffnung auf materiellen Besitz oder die eigene Kraft oder andere Menschen zu setzen. Ihr seht, alles, was unser Herz von der absoluten Fokussierung auf Gott abbringt, ist symptomatisch für unsere existenzielle Malaise, unser Abgeschnittensein von Gott. Betrachtet dies als unumstößlichen Grundsatz und handelt danach.«

»Was Sie vorschlagen, Vater Maxime, erfordert außergewöhnlichen Glauben und gigantische spirituelle Kraft«, betonte ich.

»Nun gut, ja! Aber wem es gelingt, seine Hoffnung aufrichtig völlig auf Gott zu setzen, der wird nie enttäuscht werden. Gott wird immer bei ihm sein. Er wird bezeugen können, auf welch wundersame Weise die Vorsehung in seinem Leben wirkt, ohne dass dies zu erkennen wäre. Diese Erfahrung machen wir alle, wir müssen nur darauf achten.«

»Können Sie uns Beispiele aus Ihrer persönlichen Erfahrung nennen?«, fragte Helen, und in ihrer Stimme schwang angesichts dieser sehr persönlichen Frage eine gewisse Nervosität mit.

»Es gibt endlos viele Beispiele für das Eingreifen der Vorsehung. Ich weiß noch, als wir in *Nea Skete* waren [einer Ansammlung von Eremitagen auf dem Athos] und einige von uns eine Kapelle bauten. Wir haben Zementsäcke, die mit dem Schiff gebracht wurden, sowie Kieselsteine und Sand vom Strand mit Mauleseln den Berg hinauf zu unserer Einsiedelei getragen. Den ganzen Tag sind wir den Berg hinauf- und hinuntergegangen. Es war eine schrecklich schwere Arbeit. Normalerweise würden wir gut essen, um genug Kraft dafür zu haben. Aber es war die Große Fastenzeit, und wir aßen kaum etwas. Wir nahmen nur eine Mahlzeit am Tag zu uns und kein Öl, außer am Wochenende. Zu alledem mussten wir viele Stunden mit nächtlichen Gebetswachen sowie langen, ermüdenden Gottesdiensten und Liturgien zubringen. Wir hatten nur wenige Vorräte und befanden uns in einer unberührten, abgelegenen Region des Heiligen Berges, in der ›Wüste‹, wie wir sagten. In der Nähe gab es nichts, keinen Lebensmittelladen und kein Kloster. Nur hier und da stand eine Skite, in der ein Eremit lebte.

Unter uns war auch ein neues Mitglied, ein Novize«, fuhr Vater Maximos fort, der nach dem Abschluss seines Medizinstudiums und einer kurzen Zeit als praktischer Arzt beschlossen hatte, der Welt den Rücken zu kehren und Mönch zu werden wie wir. Er war für die Küche zuständig und kümmerte sich sozusagen um unsere Gesundheit, indem er so nahrhaft wie möglich für uns kochte. Ich weiß noch, dass wir einen Topf Orangenmarmelade hatten, den jemand uns geschickt hatte. Aber wir haben ihn schon in der ersten Woche der Fastenzeit leergegessen. Unser Altvater war gerade nicht da, deshalb wandte dieser Bruder sich eines Tages sorgenvoll an mich. ›Vater‹, sagte er, ›wir müssen Marmelade bestellen.‹ ›Marmelade in der *Skete*?‹, erwiderte ich ungläubig. ›Ist dir klar, wo wir sind? Wir sind nicht in Karyes [dem Verwaltungszentrum des Athos] oder Thessaloniki. Wir sind in der Wüste.‹ Ich sagte ihm, unser Altvater würde uns niemals erlauben, Marmelade zu kaufen.

Marmelade galt als Luxus, und wir hatten sehr wenig Geld. Das war noch nicht einmal ein Scherz. Jedenfalls sagte ich ihm: ›Vater, hier in der *Skete* kaufen wir keine Marmelade.‹ ›Aber die Väter werden krank‹, jammerte er und erzählte mir Dinge über Ernährung, die ich nicht begriff, etwa, dass es notwendig sei, etwas Zucker zu essen und so weiter. Seine medizinischen Kenntnisse waren ihm noch sehr gegenwärtig. ›Setz dich, Seliger, und sei ohne Sorge‹, beruhigte ich ihn. ›Die Heilige Jungfrau kümmert sich um uns. Wenn sie glaubt, dass wir Marmelade brauchen, wird sie uns Marmelade schicken. Mache dir einfach keine Gedanken.‹ Er schüttelte den Kopf und erwiderte, ›Vater, du machst wohl Witze, wenn du glaubst, dass die Heilige Jungfrau nichts Besseres zu tun hat, als sich um Marmelade zu kümmern!‹

Ich ermahnte ihn«, fuhr Vater Maximos fort, »es sei unklug, so zu denken. Diejenigen unter uns, die schon länger auf dem Athos lebten, hatten schon öfter miterlebt, dass die Heilige Jungfrau schicksalhaft eingreift. Ich sage dies allen Ernstes« fuhr Vater Maximos mit erhobener Stimme fort, »ich hatte meinen Satz noch kaum beendet, da klingelte das Telefon …«

»Telefon?«, fragte ich überrascht. Ein Telefon konnte ich mir in einer Eremitage auf dem Athos kaum vorstellen.

»Ja. Ein findiger Bruder hatte ein provisorisches lokales Telefonnetz eingerichtet, das die verschiedenen Eremitagen der *Nea Skete* miteinander verband. Ich bat also unseren ärztlichen Novizen, ans Telefon zu gehen und nachzusehen, wer der Anrufer war. Es war der Alte Tryfon, ein älterer Mönch von einer anderen Eremitage weiter unten am Berg. ›Väter‹, sagte er, ›ich habe eben zwei riesige Dosen Marmelade aus meinem Dorf erhalten, aber ich kann sie nicht gebrauchen. Ich darf keinen Zucker essen. Ihr seid jung, und ihr könnt so etwas essen. Kommt und holt sie euch.‹ Der Arzt erstarrte und wurde ganz blass vor Schreck. Lachend sagte ich zu ihm. ›Zur Strafe für deinen Unglauben musst du nun hinuntergehen und die Marmelade holen.‹

Ihr seht, Gott ist nicht tot. Er lebt und zeigt seine Gegenwart denen, die ihr all ihr Vertrauen und ihre ganze Hoffnung auf ihn setzen. Aus diesem Grund singen wir in der Liturgie ›*Kai pasan ten zoen emon Christo to Theo parathometha*‹ [und vor Christus legen wir unser ganzes Leben]. Wir sagen nicht ›einen Teil unseres Lebens‹, sondern ›unser ganzes Leben‹. Wenn es einem gelingt, diesen Seinszustand zu erreichen, dann erlangt man unendliche Freiheit und ist befreit von jeglicher Unsicherheit und von allen Schwierigkeiten, die einem im Moment vielleicht zu schaffen machen. Man erfährt Gottes Vorsehung ganz konkret. Dies kann man aber nur in dem Moment, in dem man all sein Vertrauen auf Gott setzt.

Wisst ihr, es gab Heilige, die so völlig gottergeben waren, dass sie sich nicht einmal die Mühe machten, Nahrungsmittel zu suchen oder zu kochen. Glaubt mir, außergewöhnliche Phänomene dieser Art gibt es tatsächlich. Gott würde solchen Menschen sogar einen Tisch voller Essen vorsetzen.«

Bei einer früheren Begegnung hatte Vater Maximos mir von einer Episode erzählt, wobei sich auf dem heiligen Altar einer Eremitage mitten im Winter Äpfel materialisierten. Es war außerhalb der Saison für dieses Obst und geschah zu einem kritischen Zeitpunkt, als die Altväter Hunger litten, weil sie durch ungewöhnlich schwere Schneefälle seit über zwei Wochen von den Klöstern abgeschnitten waren. Bei meinen Besuchen auf dem Athos hörte ich Geschichten, wonach sich in einem Kloster wie durch ein Wunder Olivenöl materialisiert hatte, als im Kloster kein Tropfen mehr aufzutreiben war und die Brüder keine Möglichkeit hatten, rechtzeitig neue Vorräte für ihren Bedarf anzulegen. Selbst in Simonopetra, wo das Bildungsniveau der Mönche sehr hoch ist (etliche sind ehemalige Wissenschaftler, die Positionen an amerikanischen und europäischen Universitäten bekleidet haben), hat man uns allen Ernstes erzählt, dass die Heilige Jungfrau unter geheimnisvollen Umständen Olivenöl für sie materialisiert hat, das für seine wundertätige Heilkraft bekannt ist. Als ich die üblichen skeptischen Fragen stellte, versicherten mir die Mönche, dass sie als ehemalige Wissenschaftler alle anderen Deutungsmöglichkeiten ausgeschlossen hatten. Die anhaltenden Wunderheilungen selbst schwerer, unheilbarer Krankheiten durch dieses heilige Öl bestätigten für sie ihre Einschätzung seiner Herkunft und bestärkten sie auf ihrem Lebensweg des Gebets.

Vater Maximos entdeckte Spuren des Zweifels in einigen Gesichtern um ihn herum. »Ja, glaubt mir, es gibt Heilige, denen Gott buchstäblich das tägliche Brot gegeben hat. Ich spreche nicht nur von Heiligen, die in früheren Jahrhunderten gelebt haben, sondern auch von Heiligen aus unserer Zeit.«

»Sie meinen, Vater Maxime«, fragte Helen skeptisch, »dass Gott Nahrung für sie materialisiert hat, gerade so wie in der Bibel steht, dass er die Israeliten beim Auszug aus Ägypten mit Manna versorgt hat?«

»Genau das meine ich. Und wie bei Adam und Eva vor dem Fall. Im Leben der Heiligen gibt es viele solche Geschichten. Aber noch einmal, damit solche Phänomene eintreten können, muss sich der Mensch vollständig Gottes Willen unterwerfen. Für uns, denen der Glaube der Heiligen fehlt, ist es verständlich, dass wir unseren Lebensunterhalt bestreiten, Geld sparen, für unsere Kinder sorgen, etwas fürs Alter zurücklegen müssen und so weiter. Beim Stand unserer Unvollkommenheit ist es jedoch wichtig, dass wir uns dabei immer vor Augen halten, dass unser Herz nicht an unserem Besitz oder anderen weltlichen Dingen hängen darf.

Außerdem dürfen wir nicht vergessen«, sagte Vater Maximos nach einigen Sekunden des Nachdenkens, »dass materieller Besitz durch Mildtätigkeit geheiligt wird. Ich habe aus persönlicher Erfahrung gelernt, dass man das Wenige, was man gibt, vielfach zurückerhält. Vor nicht allzu langer Zeit ist mir Folgendes passiert: Eines Tages, ich war noch Abt im Kloster Panagia, bettelte ein Mann um Geld, das er angeblich dringend brauchte. Er deutete sogar an, er werde sich womöglich aus Verzweiflung das Leben nehmen. Wir hatten keine Ahnung, dass er in Wirklichkeit ein Betrüger war. Wie konnten wir es also zulassen, dass er sich möglicherweise umbrächte? Ich wies Vater Arsenios an, dem Mann die achthundert zypriotischen Pfund zu geben, die noch im Tresor lagen. Das war alles, was wir hatten. Der arme Vater Arsenios lief kreidebleich an«, erzählte Vater Maximos und schmunzelte.

»Wir hatten dieses Geld gespart«, fuhr er fort, »weil wir hofften, dem Heiligen Stephan eine Kapelle errichten zu können. Am darauffolgenden Tag, einem Montag, erhielten wir Nachricht aus Nikosia, der Gauner habe alles Geld verspielt. Danach quälten mich negative *Logismoi* und Schuldgefühle. ›Warum habe ich ihm das Geld gegeben? Warum war ich so naiv? Was bin ich für ein Idiot! Welches Recht hatte ich, das Geld des Klosters diesem Mann zu geben?‹

Am darauffolgenden Samstagmorgen machte ich mich gerade bereit zum Kirchgang. Bevor ich meine Zelle verließ, machte ich eine Niederwerfung vor der Ikone des Heiligen Stephan, die ich dort hatte, und küsste sie. ›Heiliger Stephan‹, sprach ich, ›wenn du möchtest, dass ich dir zu Ehren eine Kapelle baue, dann musst du das Geld für mich auftreiben, denn ich bin ein hoffnungsloser Fall.‹«

Als sich unser Gelächter wieder gelegt hatte, fuhr Vater Maximos fort: »Ich war sogar ein wenig sauer auf Gott, der ja sagt, wenn man aus Mildtätigkeit gibt, gibt er einem ein Vielfaches davon zurück. Das Ganze war jetzt viele Tage her, und ich konnte nicht das geringste

Anzeichen in dieser Richtung erkennen. Nach der Liturgie ging ich immer in den Beichtraum und stand dort den Pilgern bis zum späten Nachmittag zur Verfügung. Eine Frau, die zur Beichte kam, legte einen Umschlag auf einen Stuhl und sagte beim Hinausgehen: ›Das ist für Sie, Vater‹. Ich nahm an, es handele sich um einen Brief mit den Namen von Angehörigen für eine *Paraklesis* [besonderes Gebet]. Vielleicht jemand, der krank war, dachte ich. Oder vielleicht bat sie um einen Gedenkgottesdienst für verstorbene Angehörige. Bis ich mit der Abnahme der Beichte fertig war, hatte ich den Umschlag völlig vergessen. Ich begab mich geradewegs in meine Zelle, um mich ein wenig auszuruhen, und ging dann zur Vesper wieder in die Kirche. Während des Gottesdienstes fiel mir der Umschlag wieder ein. Ich bat einen Novizen, ihn zu holen. Was, glaubt ihr, habe ich darin gefunden? Dreitausend Pfund!

Solche Situationen habe ich immer wieder mitbekommen. Als ich Bischof wurde, war ich verzweifelt. Aufgrund früherer Ereignisse lasteten hohe Schulden auf dem Bistum. Es gab alle möglichen Darlehen, die wir übernehmen mussten, und wir hatten kein Geld. Nach all den Misswirtschaftsskandalen durch meinen Vorgänger konnte ich schlecht in der Stadt zu Spenden aufrufen ...«

»Und doch hat es geklappt«, warf Lavros mit zufriedener Miene ein.

»Dank sehr vieler Gebete«, betonte Vater Maximos. »Gott hat mit uns ›gehaushaltet‹, wie wir zu sagen pflegen. Alles, was getan werden musste, konnte getan werden: Jugendzentren, Sommerlager, Kirchen, ein Radiosender und so weiter.

Sehr ihr«, fuhr Vater Maximos fort, »Gott schenkt uns immer dann seine Hilfe, wenn wir auf geistliche Ziele hinarbeiten und nicht darauf, unser Ego zu befriedigen. Wir haben immer noch wirtschaftliche Probleme und Schwierigkeiten, aber wir haben unsere Spenden an gemeinnützige Einrichtungen nie eingestellt. Daher hat Gott uns ein Hundertfaches dessen geschickt, was wir gegeben haben. Die Mildtätigkeit Gottes kommt in vielfältiger Gestalt, sobald die Menschen selbst mildtätig werden. Deshalb haben die heiligen Altväter gelehrt, dass Habgier mit Götzendienst gleichzusetzen ist.«

»Wie das?«, fragte Patrick.

»Habgierige Menschen beten wie gesagt Dinge an, die nicht real sind. Sie investieren ihre Hoffnungen, ihre Liebe, ihre Zukunft in Dinge, die unecht und bloß eingebildet sind. Noch einmal: Aus diesem Grund hat Jesus den Reichen im Evangelium als *afron* oder närrisch bezeichnet. Das ist ein wichtiger Aspekt. Er hat ihn nicht anders bezeichnet, etwa als Sünder, als böse oder kriminell oder schlecht oder dumm oder was auch immer, sondern als *afron*.

Interessanterweise hören wir nur zweimal, dass Jesus jemandem einen solchen Beinamen verpasst.« Vater Maximos zeigte zwei Finger. Den Habgierigen bezeichnete er als *afron* und den Atheisten, ›*afron en te kardia aftou ouk esti Theos*‹. Das ist kein Zufall. Der Atheist und der Geizhals leiden an derselben geistlichen Krankheit: Narrheit.«

»Vater Maxime«, sagte Helen, »mir scheint, es ist wesentlich einfacher, die drei Leidenschaften Hedonismus, Ruhmsucht und Habgier zu überwinden, wenn man in einer klösterlichen Gemeinschaft lebt. Was ist mit uns, die wir in der Welt leben? Wie könnte ein verheirateter Mensch mit diesen drei zentralen Leidenschaften umgehen? Zum Beispiel mit der Leidenschaft für Hedonismus?«

»Ich denke, die Antwort ist ganz einfach«, erwiderte Vater Maximos. »Wenn man den Hedonismus zum zentralen Zweck seiner Ehe macht, wenn man sich die Ehe als Möglichkeit zur Befriedigung seiner Wünsche denkt, dann wird sie unvermeidlich scheitern, sowohl auf Erden als auch im Himmel. Ziel der Ehe ist es, über die eigenen Wünsche hinaus zu gelangen. Einen Ehebund einzugehen, heißt, bereit zu sein, für den anderen Opfer zu bringen. Scheitern wird man auch, wenn man von seinem persönlichen Status und Ruhm besessen ist und die Sicht des anderen nicht akzeptieren kann; und wenn man besitzergreifend mit seinem Eigentum umgeht und nicht bereit ist, gegenüber seinen Familienmitgliedern großzügig zu sein, wird man ebenfalls scheitern.

Ich werde nie eine ganz einfache Geschichte vergessen, die ich mitbekommen habe, und die mir in aller Deutlichkeit klargemacht hat, dass der Mensch nicht nur durch ein mönchisches, sondern auch durch ein ganz normales Alltagsleben heilig werden kann. Eines Tages besuchte ich ein Sommerlager unserer Diözese, um den Teenagern die

Möglichkeit zur Beichte zu geben. Es kam ein Mann mit einem alten rostigen Pickup. Er muss wohl Steinmetz oder Zimmermann gewesen sein. Der Mann war grob gebaut und hatte von der vielen Sonne ganz dunkle Haut. Er wirkte wie jemand, der für wenig Lohn hart arbeiten muss. Er hatte zwei Töchter in dem Sommerlager. Kaum dass sie ihn sahen, rannten sie auf ihn zu. ›Papa, Papa‹, riefen sie ganz aufgeregt, ›wir brauchen Geld.‹ Der arme Kerl zog seinen Geldbeutel hervor und gab jeder zwanzig Pfund. Ich habe so etwas schon häufig gesehen, aber erst in diesem Moment kam mir der Gedanke, dass dies ein Beispiel für Selbsttranszendenz ist. Für diese vierzig Pfund musste der Vater den ganzen Tag arbeiten, noch dazu ungeschützt in der Sommerhitze. Doch man konnte ihm ansehen, welch große Freude es ihm bereitete, als er seinen Töchtern das Geld gab, ungeachtet dessen, dass er es im Schweiße seines Angesichts hatte verdienen müssen. Damals dachte ich, dies ist ein Beispiel dafür, wie Menschen anfangen können, sich auf ihrem Weg zur Wiedervereinigung mit Gott selbst zu überwinden.

Du siehst also, Helen«, schloss Vater Maximos, »für dich sind vielleicht Ehe und Familie das Feld, auf dem du darum ringen musst, deine Selbstbefangenheit zu überwinden. Deine Familie und die besonderen Umstände deines Lebens sind das Äquivalent zum Klosterleben.«

Mit dieser letzten Bemerkung entschuldigte sich Vater Maximos, da in der Bischofsresidenz, wie üblich, Menschen auf ihn warteten, um zu beichten. Es war halb elf Uhr abends.

16

Der Weg zur Metanoia

Es war Juli, und mein Freisemester neigte sich nun rasch seinem Ende zu. Deshalb hatte ich vor, so viel Zeit wie nur irgend möglich mit Vater Maximos zu verbringen. Es war unklar, wie bald ich zu weiteren Gesprächen mit ihm wieder nach Zypern würde kommen können. Vater Maximos tat sein Bestes, um mir entgegenzukommen; so ergriff er nun sogar selbst die Initiative und rief mich an, damit ich ihn bei seinen verschiedenen Außenterminen und Besorgungen auf der Insel begleiten konnte, etwa zu einer Theologen-Konferenz in Nikosia.

Ganz besonders freute ich mich jedoch, als er mich bat, ihn ins Kloster Panagia zu fahren, wo er sich die gesamte letzte Juli-Woche über aufhalten würde, ein echter Luxus für ihn. Es war die heißeste Zeit des Jahres, und in den Städten erreichten die Temperaturen oft die 40-Grad-Marke, was den Alltag für all jene, die keinen einfachen Zugang zum Meer oder zu den Bergen oder zu klimatisierten Räumen hatten, unerträglich machte. Vater Maximos, der das ganze Jahr über seinen schwarzen Talar trug und sich nicht durch regelmäßiges Baden im Meer abkühlen konnte, litt unter der Hitze des zypriotischen Sommers. Ein paar Tage in dem Bergkloster, wo er den Mönchen die Beichte abnahm und ihnen Rat erteilte, waren Vater Maximos' alljährlicher Ausweg aus dem Hitze-Inferno.

Die Tage seiner Einkehr überschnitten sich mit Emilys Besuch in Griechenland, was meinen Aufenthalt im Kloster ganz passend machte. Nach einigem Schwanken hatte Emily sich doch entschlossen, Vater Maximos' spontanem Vorschlag zu folgen und zehn Tage im Frauenkloster auf der Insel Patmos zu verbringen, nicht mehr und nicht weniger. Interessanterweise gab es, als sie ihre Entscheidung zu der Reise auf die Insel der Apokalypse traf, nur noch eine einzige Hin- und Rückfahrkarte – und die war genau zehn Tage gültig.

An dem Nachmittag, an dem wir zu unserer einwöchigen Einkehr im Kloster eintrafen, wurden Vorbereitungen für die Namenstagsfeier eines jungen Mönchs getroffen. Man versammelte sich in dem großen *Archondariki,* das solchen öffentlichen Anlässen und Empfängen vorbehalten war. Alle Mönche und ein paar Pilger hatten in dem Raum Platz genommen und warteten nun darauf, dass ihnen ihr Bruder die besondere, mit Schokolade überzogene Süßigkeit aus Mandeln anbieten würde, die eine Confiserie aus Nikosia gestiftet hatte. Dazu wurde den Mönchen ein kleines Glas Likör gereicht, der im Kloster hergestellt wurde. Anders als die *Synaxis,* bei der Vater Maximos eine Lehrrede für die Mönche hielt, war diese Zusammenkunft eher ein geselliges Ereignis und stand daher auch den gerade anwesenden Laien offen.

Zu einem bestimmten Zeitpunkt stand Vater Maximos auf, und alle Anwesenden taten es ihm nach. Er sprach das übliche kurze Gebet, und dann sangen die etwa vierzig Mönche mit ihren kräftigen Stimmen den Hymnus an die Heilige Jungfrau sowie das *Troparion* des Heiligen, dessen an diesem Tag gedacht wurde. Als alle wieder saßen, ging der Mönch, der den Namen des Heiligen trug, mit einem Tablett voller Süßigkeiten zu Vater Maximos. Hinter ihm trug ein Assistent ein zweites Tablett mit Likörgläsern. Vater Maximos bediente sich an den Süßigkeiten und am Likör und wünschte dann seinem Schüler »alles Gute im Paradies«. Danach wünschten alle Mönche, wenn ihnen ihre Leckereien gereicht wurden, ihrem Bruder reihum dasselbe Schicksal: »Alles Gute im Paradies.«

Als ich an der Reihe war, fiel es mir schwer, diese Worte zu sagen. Ich fand die Aussage trostlos, eine Art Todeswunsch. Stattdessen murmelte ich: »Auf Ihre Gesundheit.« Ich fand es einfach nicht passend, dass ein Laie wie ich jemandem Glück im Jenseits wünscht.

Sobald jeder Gelegenheit gehabt hatte, dem jungen Mönch »alles Gute im Paradies« zu wünschen, hielt Vater Maximos eine kurze Rede über die Notwendigkeit tiefer Demut und *Metanoia* als Voraussetzung für den Eingang ins Paradies. Diese Gemütsverfassung, so sagte er, hat wenig damit zu tun, wie gebildet oder kultiviert jemand ist, aber sehr viel mit der Reinheit des Herzens. Zur Veranschaulichung erzählte er mehrere Anekdoten über einfache Mönche, die er gekannt hatte und die ungebildet waren, aber dennoch über Geistesgaben verfügten.

»Einmal habe ich einen solchen Vater kennengelernt, und er fragte mich allen Ernstes: ›Ist es wahr, dass es ein Leben nach dem Tod gibt?‹ Als sich das Gelächter wieder gelegt hatte, unterhielt Vater Maximos seine Mönche mit weiteren humorvollen Bemerkungen dieser Art. »Ich habe einmal den Alten Arsenios gefragt: ›Großvater, was ist die höchste Tugend?‹ Er antwortete, ›Urteilsvermögen‹. Darauf fragte ich ihn: ›Aber was ist mit der Liebe?‹ ›Ah …‹, murmelte er, ›da war doch was … mit der Liebe.‹

Ein anderer Großvater«, fuhr er unter allgemeinem Gelächter fort, »erhielt einmal ein Schweizermesser zum Geschenk. Er besah es, schlug das Kreuzzeichen und küsste es! Wieder ein anderer wurde bewusstlos vom Athos weggebracht. Als er in einem Krankenhaus in Thessaloniki wieder aufwachte, bedeckte er das Gesicht mit seinem Leintuch. Er glaubte, er sei im Himmel, und die Krankenschwestern seien Engel. Demütig, wie er war, hielt er sich des Anblicks von Engeln nicht für würdig.

Doch«, fuhr Vater Maximos in ernsterem Ton fort, nachdem sich das Gelächter wieder gelegt hatte, »einige dieser sehr einfachen Mönche haben Wunder gewirkt. Wisst ihr, sie hatten eine unmittelbare, direkte Beziehung zu Gott, ungeachtet ihrer Bildungsstufe. Eben dies verstehen manche nicht.

A propos«, sagte Vater Maximos ganz aufgeregt, »habe ich euch überhaupt schon die Geschichte von Papa George erzählt?«

»Nein«, flöteten mehrere Mönche, die noch mehr Geschichten hören wollten.

»Das ist ein interessanter Fall. Er war ein einfacher und bescheidener Priester aus einem abgelegenen Bergdorf in Nordgriechenland. Mit einer Gruppe weiterer Pilger kam er in unser Kloster auf dem Athos, um die Beichte abzulegen und die Kommunion zu empfangen. Er wandte sich an mich und bat mich, sein Beichtvater zu sein. Ich war damals noch keine dreißig. Er war ein alter Mann über sechzig. Ich sagte ihm: ›Vater, bitte geh und suche dir einen anderen Beichtvater, denn ich bin zu jung für dich.‹ Er protestierte: ›Aber ich habe den ganzen Weg zum Athos auf mich genommen, um zu beichten. Ich bin mit meinen Leuten aus dem Dorf gekommen. Sie haben gebeichtet, da wäre es nicht recht, wenn ich nicht auch selbst die Beichte ablegen würde. Sonst denken sie, ich halte mich nicht an meine eigenen Regeln.‹ Aus irgendwelchen seltsamen Gründen bestand er darauf, dass ich ihm die Beichte abnähme, und weigerte sich, zu jemand anderem zu gehen. Mir war das unangenehm, und ich beharrte darauf, dass er sich einen anderen suchte.

Der Fall gelangte bis zu unserem Altvater«, fuhr Vater Maximos fort. »Papa George bestand darauf: ›Ich möchte, dass Vater Maximos mir die Beichte abnimmt. Kein anderer.‹ Ich erwiderte: ›Nein, das mache ich nicht.‹ Schließlich ordnete unser Altvater an, dass ich dem Alten Papa George die Beichte abnehme. Mir blieb keine Wahl, ich musste gehorchen. Mein Altvater erklärte mir, es spiele keine Rolle, dass er mehr als doppelt so alt sei wie ich. Er erinnerte mich daran, dass unser physisches Alter in geistlichen Dingen nichts zu sagen habe.

Papa George sagte mir unter anderem Folgendes«, berichtete Vater Maximos weiter. »Was ich euch jetzt sagen werde, verletzt übrigens nicht das Beichtgeheimnis, weil er vor seinem Tod selbst öffentlich darüber gesprochen hat.

›Nun ja‹, sagte er mir, ›Vater, vergib mir, dass ich ein ungebildeter Mann bin. Aber eines Tages ist mir etwas Seltsames passiert. Es war Sonntag, der Bischof besuchte unser Dorf und leitete den Gottesdienst. Ich war damals noch Laie und hatte keinerlei Absicht, Priester zu werden. Aber mir fiel auf, dass das Allerheiligste, während der Bischof den Gottesdienst hielt, in Flammen gehüllt war. Er war von Kopf bis Fuß mit diesen Flammen bedeckt. Der Bischof sagte, komm zu mir, und ich weihe dich zum Diakon. Ich ging hin, und in dem Moment, in dem er einige Gebete über mich sprach, drang eine Flamme in meinen Kopf ein. Seither sehe ich diese Flamme jedes Mal, wenn ich die Liturgie halte. Sie erscheint mir entweder zu Beginn oder am Ende oder irgendwann mitten in der Liturgie. Eines Tages‹, sagte er und brach in Tränen aus, ›ist mir etwas Schreckliches passiert.‹ ›Was ist dir passiert, Vater?‹, fragte ich ihn überrascht. Er erzählte: ›Eines Tages war ich allein in der Kirche und hielt die Vesper. Plötzlich wurde ich einen Meter vom Boden gehoben. Ich schämte mich. Ich fragte mich, was ist, wenn jetzt ein Dorfbewohner kommt und mich in diesem Zustand sieht? Was werden die Leute dann reden? Ich werde zum Gespött des Dorfes. Aber zugleich‹, sagte Papa George weiter, ›verspürte ich in mir eine so unglaubliche Freude. In irgendeinem Buch, ich weiß wirklich nicht mehr, in welchem, habe ich gelesen *Cherete kai agalliasthe oti o misthos sas einai ston Ouranon*‹ [freut euch und jubelt, denn euer Lohn ist im Himmel]. Diese Worte stehen natürlich im Evangelium, aber das wusste er einfach nicht mehr. Tatsächlich wusste und verstand Papa George sehr wenig vom Evangelium.

Er war großartig, ein echter Wundertäter«, fuhr Vater Maximos fort. »Der Alte Papa George heilte Kranke und hatte die Gabe der prophetischen Schau. Aber er konnte kaum die Liturgie halten, ohne tausend Fehler zu machen. Doch er war ein Heiliger mit einem hochverfeinerten Gewissen und ganz ohne psychische Komplexe.«

Den ganzen Abend über erzählte Vater Maximos weitere Anekdoten aus seinem Leben auf dem Athos und vermittelte dabei zugleich geistliche Lehren über die Bedeutung von Demut und *Metanoia* als Voraussetzungen für ein Leben im Paradies.

Am darauffolgenden Nachmittag begleitete ich Vater Maximos auf einer seltenen Wanderung zur *Skite Johannes der Täufer*, eine Eremitage, die er selbst noch als Abt des Klosters Panagia eingerichtet hatte. Sie lag etwa eine Stunde Fußweg vom Kloster entfernt, erbaut exakt auf dem Rand eines Felsvorsprungs mit Blick über eine wunderbare Schlucht. Dies war der perfekte Ort für eine geistliche Einkehr der Kontemplation, des Gebets und der Meditation. Die einzigen Geräusche waren das beruhigende Rauschen der Kiefern und der gelegentliche Gesang einer Nachtigall.

Wir saßen auf dem Balkon über der Schlucht. Ich glaubte, dies sei wahrscheinlich meine letzte Gelegenheit, mit ihm allein zu sein, bevor wir aus Zypern abreisen würden. So erzählte ich zunächst von meinem Unbehagen, dem jungen Mönch, der Namenstag hatte, »alles Gute im Paradies« zu wünschen.

Vater Maximos lachte schallend. »Als wir ihm ›alles Gute im Paradies‹ gewünscht haben, haben wir an dieses Leben gedacht und nicht an das Glück nach dem Tod.« Da erkannte ich meinen Fauxpas. »Wir wünschen ihm, dass er das Paradies hier in seinem jetzigen Leben erlangt, nicht erst, wenn wir unter der Erde sind. Dies ist ein grobes Missverständnis der Lehre der *Ekklesia*.«

»Vater Maxime«, sagte ich nach einiger Zeit, »in wenigen Tagen reise ich ab, und ich habe ein paar Fragen im Hinblick darauf, was man Menschen sagen kann, die keine Mönche, nicht orthodox und noch nicht einmal Christen sind. Dies sind die Menschen, mit denen ich es meistens zu tun habe. Was sagen Sie ihnen über Erlösung und Paradies? Wenn man behauptet, sie müssten zuerst zur Orthodoxie konvertieren, hat man die sicherste und schnellste Methode erwischt, um sie zu verprellen und dafür zu sorgen, dass sie nichts mehr mit einem zu tun haben wollen. Manche Christen und manche orthodoxen Glaubenseiferer sagen so etwas, und die Folgen sind so vorhersehbar wie peinlich, darf ich hinzufügen.« Als Beispiel nannte ich die Positionen einiger Theologen und Geistlicher auf der Konferenz, an der ich mit ihm zusammen teilgenommen hatte.

»Das größte Wunder«, antwortete Vater Maximos vorsichtig nach einem Seufzer, »ist doch, dass die Menschen immer noch an Gott glauben.« Er zögerte einen Moment und fuhr dann fort: »Wir haben wirklich ein großes Personalproblem. Jede andere Organisation hätte längst den Betrieb einstellen müssen.«

Weiter sagte Vater Maximos, der größte Beweis für Gottes Gegenwart sei, dass Menschen trotz alledem immer noch Erlösung erlangen. »Und das können sie, auch wenn sie noch nie vom Evangelium gehört haben. Jeder Mensch kann seine Beziehung zu Gott wiederherstellen und wieder so werden wie Adam und Eva vor dem Fall, weil Gott und das Paradies im Inneren eines jeden Menschen sind. Manche in der *Ekklesia* können das einfach nicht verstehen.«

»Das ist ein altbekanntes Problem, Vater Maxime«, bemerkte ich.

»Was genau ist denn nun nach der Lehre der heiligen Altväter das Instrument zur Erlösung eines jeden Menschen, ungeachtet seines religiösen Hintergrunds oder Glaubens?«

»Das Gewissen natürlich.« Vater Maximos hob die Schultern, als verstünde sich das von selbst.

»Aber wie funktioniert das Gewissen?«

»Schau. Jedem Menschen ist von Gott ein Gewissen gegeben. Wenn man etwas Schlechtes oder Böses tut, dann sagt einem dies das Gewissen, es reagiert darauf. Es sagt einem dann, ›was du da machst, ist nicht gut‹, ›was du gerade gesagt hast, ist nicht richtig‹, ›es ist gewissenlos, wenn du so weitermachst‹. Wenn man dann lernt, auf sein Gewissen zu hören und zu sagen ›ja, wirklich, was ich getan habe, ist inakzeptabel‹, dann stellt man fest, dass das Gewissen immer feiner wird. Es ist wie Metall.«

»Metall?«

»Ja. Genau wie ein Messer rasiermesserscharf wird, wenn man es durch ein Schleifgerät zieht, wird auch das Gewissen mit zunehmendem Gebrauch immer schärfer. Wenn wir auf unser Gewissen hören, wird es jedes Mal schärfer, feiner, lebendiger. Wenn wir uns weigern, auf unser Gewissen zu hören, und wenn unsere egoistischen Wünsche die Messlatte für unser Tun und Verhalten abgeben, dann stumpft unser Gewissen immer mehr ab. Unser Verhaltenskriterium lautet dann ›wie es mir gefällt‹ und nicht ›was mir mein Gewissen sagt‹.«

»Aus der Sicht des egoistischen Selbst ist das Erwünschte auch das ›Gute‹«, sagte ich. »Andererseits sagt uns unser Gewissen normalerweise Dinge, die uns nicht gefallen.«

»Ja natürlich. Welcher normale Mensch lässt sich schon gerne demütigen? Wer hält schon gerne den Mund, wenn er provoziert wird? Gibt es viele Idioten, die sich freiwillig zurückhalten, wenn andere ihnen Unrecht tun? Die andere Wange hinhalten? Machst du Witze? Wenn dir einer ins Gesicht schlägt, schlag ihm die Zähne aus! *Das* ist normal«, sagte Vater Maximos und lachte.

»Immer wenn du gegen dein Gewissen handelst«, fuhr er fort, »ist es, als ob du das Messer nicht schärfst, sondern genau das Gegenteil tust. Nach einiger Zeit hat es keine einzige scharfe Stelle mehr und wird nutzlos. Wenn du also regelmäßig deinem eigenen Gewissen zuwiderhandelst, ist seine Stimme eines Tages kaum noch hörbar. Wer hingegen in aller Regel auf sein Gewissen hört, der erreicht nach und nach einen Punkt echten inneren Friedens. Der kann in sich hineinschauen und entdeckt nichts, was Schuldgefühle oder Angst auslösen würde.«

»Was ist, wenn der Mensch Fehler macht oder sein Gewissen falsch deutet?«

»Fehler passieren immer. Es ist allerdings etwas anderes, ob wir aus Unwissenheit Fehler machen oder ob wir Unrecht tun, obwohl wir genau wissen, dass es falsch ist. Aber ein Mensch, der für gewöhnlich auf sein Gewissen hört, erlangt früher oder später die Gnade des Heiligen Geistes.«

»Trotz seiner Fehler?«

»Genau. Dieser Mensch wird ein wahres Gotteskind und erlangt inneren Frieden. Egal in welchen Umständen ein Mensch sich befindet, er hat ein Gewissen. Wenn man regelmäßig auf sein Gewissen hört, fällt alles Grobschlächtige von einem ab. Gott hat seine Mittel und Wege, mit dem Herzen eines jeden Menschen zu kommunizieren, ungeachtet seines religiösen Hintergrunds oder seines Glaubens.«

»Aber, Vater Maxime, ist es nicht möglich, dass das Gewissen verfälscht wird? Dann glauben die Leute vielleicht, sie handelten nach ihrem Gewissen, folgen tatsächlich aber ihren niederen Leidenschaften und Wünschen.«

»Auch das trifft zu. Es gibt auch den Fall, dass jemand an extremer Übersensibilität leidet. Diese Menschen sind obsessiv schuldgeplagt und machen sich gern zum Opfer. Daher finden sie keinen inneren Frieden. Es gibt also zwei Extreme. Das eine ist die völlige Gleichgültigkeit gegenüber der Stimme des Gewissens und das andere ist obsessive Übersensibilität. Beide Extreme sind nie von Gott. Satan hat Mittel und Wege, ins Gewissen der Menschen einzugreifen, indem er versucht, sie zu einem der beiden Extreme zu drängen. Er wird entweder versuchen, einen unsensiblen Menschen noch unsensibler zu machen, oder jemanden, der ohnehin schon übersensibel ist, noch sensibler werden zu lassen, was zu Verzweiflung und Schuldgefühlen führt, dem Betroffenen die innere Ruhe raubt und ihn zwingt, auf alle möglichen Beruhigungsmittel, Drogen oder sogar Suizid zurückzugreifen.

Altvater Paisios«, fuhr Vater Maximos fort, »riet übersensiblen jungen Menschen stets, ›gute Unsensibilität‹, ›gute Gleichgültigkeit‹ zu entwickeln, wie er zu sagen pflegte. Ich glaube, dass alles, was innere Unruhe und Ängste auslöst, nicht von Gott kommt.«

»Das Gute ist der Mittelpunkt zwischen zwei gleichermaßen unerwünschten gegensätzlichen Extremen«, sagte ich und formulierte damit das bekannte aristotelische Axiom.

»Unbedingt.« Eine Zeit lang schwiegen wir. »Die Erzväter sind ein gutes Beispiel dafür, wie man sein Gewissen schützt«, sagte Vater Maximos.

»Wie meinen Sie das?«

»Ich meine Abraham, Isaak und Jakob. Sie haben vor dem mosaischen Gesetz gelebt, das Verhaltensregeln aufgestellt hat. Dennoch waren sie Menschen, die ihr Gewissen gehütet haben. Und diese Erzväter hatten eine unmittelbare Beziehung zu Gott. Sie waren makellos, treu und gerecht. Sie waren wachsam.«

»Dennoch bleibt die Frage, wie wir sicher sein können, dass unser Gewissen auf der richtigen Spur ist«, sagte ich und verschwieg, dass mich Abraham, der bereit war, seinen Sohn zu opfern, weil er glaubte, Gott verlange dies von ihm, nie besonders beeindruckt hat. Dies ist sicher kein Beispiel, das sich zur Nachahmung empfiehlt. Heute gälte so etwas als eine Form vorübergehender geistiger Umnachtung, und ein Erzvater, der so etwas täte, würde wahrscheinlich lebenslang weggesperrt. Aber diese Gedanken behielt ich für mich und hörte zu, was Vater Maximos weiter zu dem Thema zu sagen hatte.

»Wenn ein Mensch«, fuhr er fort, »im Bann seiner Leidenschaften steht und bisher immer wieder entgegen seinem Gewissen gehandelt und gedanklich alles durcheinandergebracht hat, dann weiß er vielleicht gar nicht mehr, was sein Gewissen beruhigt und was nicht. Sein Urteilsvermögen ist wahrscheinlich beeinträchtigt. Er tut etwas aufgrund seiner Leidenschaften und glaubt doch, es stünde im Einklang mit seinem Gewissen. Deshalb hat Gott uns, zunächst durch

Moses und dann durch die Menschwerdung von Christus dem Logos, als Handlungskriterien objektive Gebote gegeben. Das heißt, dies sind Kriterien jenseits unseres subjektiven Empfindens, das unserem Gewissen entspringt. Wir haben die Gebote, die wir als Messlatte unseres Handelns nutzen können. Wenn wir also verwirrt sind und nicht wissen, was wir tun sollen, müssen wir im Evangelium nachschlagen und unser Handeln auf der Basis von Gottes objektiv erteilten Geboten analysieren, unabhängig von unserem subjektiven Empfinden.«

»Was, wenn man zu einem solchen Rechercheprojekt gar nicht in der Lage ist?«

»Dann sollte man sich im Idealfall an jemanden wenden, der das kann. Suche dir einen geistlichen Berater und Führer. Suche dir einen Altvater.«

Ich wollte nicht über die Logistik diskutieren, wie die über sechs Milliarden Menschen, die heute auf der Welt leben, einen geistlichen Führer finden sollen, aber ich stellte eine Frage, die damit zusammenhing: »Vater Maxime, neulich haben Sie darüber gesprochen, dass ›Trauer‹ als ein Schritt auf dem geistlichen Weg notwendig ist. Ich frage mich, ob eine solche Auffassung Menschen, die nicht Mönch, Nonne oder Asket sind, nicht befremdet.«

»Vielleicht ja«, erwiderte Vater Maximos. »Wir dürfen jedoch nicht vergessen, dass der Weg zu Gott kein Spaziergang ist. Er erfordert Anstrengung, Tränen, Hingabe, geistliches Ringen. In der zweiten Seligpreisung spricht Christus von der entscheidenden Rolle der Trauer: ›Selig sind die Trauernden, denn sie sollen getröstet werden‹. Mit Trauernden hat er natürlich nicht Menschen gemeint, die ihr Geld an der Börse verloren oder eine persönliche Tragödie erlebt haben, sondern Menschen, denen ihre Entfremdung von Gott bewusst geworden ist. Wenn dies geschieht, ist Trauer unvermeidlich. Die heiligen Altväter bezeichnen es sogar als ›freudiges Trauern‹.«

»Warum?«

»Weil uns nicht das Trauern als solches interessiert, sondern der göttliche Trost und die Heilung, die uns erwartet. Unser Interesse gilt dem Tröster, Christus selbst, nicht dem Trauern.

Unsere Therapie«, fuhr er fort, »beginnt in dem Moment, in dem uns bewusst wird, dass wir ein Problem haben. In dem Moment, in dem wir erkennen und betrauern, dass wir Gott, unserem Archetyp, sehr fern sind, bringen wir die Energie und die Anstrengung auf, zu werden wie er. Wie? Indem wir so mitfühlend werden, wie die Evangelien es von uns verlangen. Mit dieser Erkenntnis erfahren wir die freudige Trauer, von der die Altväter sprechen. Wir werden uns der Schönheit unseres wahren Wesens bewusst, wir werden uns bewusst, wie Gott uns erschaffen hat und welche Verzerrungen wir durch unsere Leidenschaften und weltlichen Obsessionen verursacht haben.«

»Es scheint also, als gehöre Trauer zu unserem Dasein.«

»Genau wie die Freude«, fügte Vater Maximos rasch hinzu. »Das eine gibt es nicht ohne das andere. Man kann keine wahre Freude empfinden, wenn man nicht zuvor den Trauerprozess durchlebt hat. Deshalb sind die Trauernden selig. Menschen, die nicht trauern, die nicht weinen können, können auch nicht lachen und sich freuen.«

»Ich nehme einmal an, soweit es den orthodoxen Weg betrifft, findet dieser Trauerprozess im Rahmen der Beichte statt.«

»Natürlich. Die Beichte spielt eine entscheidende Rolle. Sie ist ein Angriff auf das Götzenbild, das wir von uns erschaffen haben. Und dieses Götzenbild muss zerschlagen werden. Gott duldet keine Götzenbilder. Die Beichte ist nichts anderes als eine Methode, die uns hilft, uns selbst schonungslos ins Gesicht zu sehen. Die Beichte führt uns zur Wahrheit darüber, wer wir sind, aber auf menschenfreundliche Art, um unserer Erlösung willen. Auf jeden Fall versuche ich, so vorzugehen, wenn ich Menschen die Beichte abnehme.«

»Und unser Götzenbild von uns selbst beruht auf …?«

»Auf unserem Wissen, unserer Vornehmheit, unseren guten Werken, unserem guten Namen, unserer Bedeutung in der Gesellschaft und so weiter. Siehst du, aus diesem Grund können es religiöse Menschen wie der Pharisäer in dem Gleichnis im Evangelium Gott nicht recht machen. Eher finden Steuereintreiber, Prostituierte und Sünder Gott als jene, die als moralisch und religiös einwandfrei gelten. Erstere haben kein Götzenbild von sich. Sie sind völlige Versager und eine Katastrophe für sich selbst, und sie wissen es. Aber Gott hat die

Macht, sie wieder zusammenzusetzen, wenn sie zerrissen sind. Dies kann aber natürlich nur dann geschehen, wenn sie die Kraft aufbringen, die Scherben Gott zu übergeben, damit er sie wieder zusammensetzen kann. Glaube mir, die Scherben des Steuereintreibers und der Prostituierten sind sehr viel wertvoller als das Götzenbild desjenigen, der stolz ist auf seine religiösen Tugenden. Unter der Voraussetzung, dass Leute wie Steuereintreiber und Prostituierte echte Demut und *Metanoia* entwickeln, können sie durch Gottes Gnade Erlösung erlangen. Dies sehen wir deutlich am Leben vieler Heiliger, etwa dem von Maria von Ägypten, die von einer Prostituierten zu einer führenden Heiligen der *Ekklesia* wurde.«

Wir schwiegen ein paar Minuten und hörten dem Rauschen der Kiefern zu. Dann wiederholte Vater Maximos, was ich ihn schon oft hatte sagen hören. »Im Gegensatz zum stolzen Menschen sind Heilige demütig. Sie glauben nicht an sich selbst und verlassen sich nicht auf ihr eigenes Urteil. Sie suchen die Konsultation mit anderen und sichern so ihre Arbeit und ihre Meinung ab. Wer ständig sagt, ›ich glaube‹, ›ich weiß‹, ›ich habe herausgefunden‹, ›ich habe entdeckt‹, signalisiert damit, dass etwas mit ihm nicht stimmt. Weißt du, wie schwierig es ist, mit jemandem zu sprechen, der sich in Bezug auf sein Wissen und seine Wichtigkeit etwas vormacht, einen Zustand, den die Ältesten als *plani* bezeichnen? Man kann sich besser mit einem amoralischen, unethischen Menschen unterhalten als mit jemandem, der von so einem Leiden befallen ist.«

»Warum das?«

»Weil es besser ist, wenn der Mensch sündigt, als wenn er von dämonischen Energien beherrscht wird.«

»Das verstehe ich einfach nicht«, sagte ich und machte aus meinem Unbehagen über das, was Vater Maximos da sagte, kein Hehl.

»Wer sich sündigem Handeln hingibt, den stößt dies früher oder später selbst ab«, erklärte Vater Maximos. »So ist es dem Wesen unserer Seele einprogrammiert. Wenn sich aber jemand Wahnvorstellungen, *plani*, hingibt, dann ist es wesentlich schwieriger, sich davon zu befreien. Es ist schrecklich. Ein solcher Mensch hört auf niemanden, nur auf seine eigene Meinung. Wer unter einem solchen Bann steht, hat Ohren, kann aber nicht hören. Er steht unter dem Einfluss von Taubstummengeistern, wie es im Evangelium heißt.«

»Wie helfen Sie einem solchen Menschen, Vater Maxime?«

»Meiner Meinung nach kann nur Gott einem solchen Menschen helfen. Bete einfach für ihn, denn mit einem Menschen im Bann von *plani* kann man kein Gespräch führen.«

»Wie kann man sich dann vor diesem Zustand schützen?«

»Wie ich schon oft gesagt habe: Nur durch die Entwicklung von Demut können wir uns vor diesem schrecklichsten aller geistlichen Leiden schützen. Um herauszufinden, ob wir auf der richtigen Spur sind, sollten wir uns angewöhnen zu fragen. Wir sollten uns mit einem geistlichen Führer beraten und unsere Meinung überprüfen. Das kann man tun.« Unvermittelt schmunzelte Vater Maximos: »Ich musste gerade an eine Geschichte im *Gerontikon* denken. Ein Altvater, der bereits Gotteserkenntnis erlangt hatte, wollte einen bestimmten Aspekt der heiligen Schrift ergründen. Er sagte sich: ›Ich werde fasten, und im Gebet wird Gott mir die Wahrheit in dieser Frage offenbaren …‹«

»Dieser Ansatz des Wissenserwerbs ist etwas, wovon wir Akademiker keine Ahnung haben«, sinnierte ich. »Tatsächlich empfänden ihn die meisten Akademiker wohl als haarsträubend, selbst wiederum als eine Art *plani*.«

»Aber Altväter wie er wussten, wie Gottes Energien wirken. Jedenfalls, so innig dieser Altvater auch betete, es geschah nichts. Gott offenbarte ihm seinen Willen nicht. ›Das ist merkwürdig‹, sagte er sich, während er es eine ganze Weile immer wieder probierte, doch vergeblich. Gott blieb stumm. Schließlich beschloss er, einen anderen Eremiten in der Nähe zu fragen, einen Altvater wie er einer war. Noch in dem Moment, in dem er die Tür hinter sich abschloss und den Schlüssel in die Tasche steckte, sprach Gott zu ihm und offenbarte ihm die Antwort auf seine Frage. Als der Altvater fragte: ›Warum jetzt und nicht vorher?‹, erwiderte Gott: ›Weil du dich jetzt gedemütigt hast. Du warst bereit, zu deinem Bruder zu gehen und dich mit ihm zu beraten.‹«

»Demut als Erkenntnisweg.«

»Demut ist eine Form großer Sicherheit für den Menschen. In der Schrift gibt es irgendwo eine Zeile, in der es heißt, der Mensch, der Beratung ablehnt, ist sich selbst ein Feind.«

»Dass man um Rat fragt, heißt aber noch lange nicht, dass man auch bereit ist, diesem Rat zu folgen«, wandte ich ein.

»Das stimmt. Ich erinnere mich, dass der Alte Paisios sich oft beklagt hat, viele Pilger kämen zwar zu ihm, um ihn zu diesem und jenem zu befragen, seien dann aber nicht bereit, auf das zu hören, was er ihnen sagte, wenn es ihren eigenen Meinungen und Vorstellungen widersprach. ›Mein Sohn‹, erwiderte er eines Tages verzweifelt einem jungen Mann, ›warum kommst du her und stellst mir solche Fragen, wenn du deinen *Logismos* ohnehin nicht ablegen kannst?‹ Diese Neigung finde ich auch bei manchen Menschen in der Beichte vor. Sie kommen, um über ihr Problem zu sprechen. Dann gebe ich ihnen meinen Rat, stoße aber auf taube Ohren. Ein so veranlagter Mensch hört nur auf seinen eigenen *Logismos*. Es ist praktisch unmöglich, ihn zu heilen oder ihm irgendwie zu helfen.«

»Was tun Sie in solchen Fällen?«

»Wie gesagt, ich lasse ihn einfach in Ruhe und bete zu Gott, er möge seinen Geist erhellen. Deshalb halte ich es für weniger schädlich und gefährlich, wenn ein Mensch sich sündhaftem Handeln hingibt, als wenn er in einen Zustand des *plani* verfällt. Aus der Sicht der orthodoxen Spiritualität ist *plani* das schlimmste Übel, das einem Menschen widerfahren kann.«

»Das ist eine sehr schwerwiegende Feststellung, Vater Maxime. Ich glaube, dass sie für die Menschen in der heutigen Welt nicht leicht zu verstehen, geschweige denn zu akzeptieren ist.«

»Die Altväter betrachten *plani* als sehr schwerwiegendes Problem, weil es einen Menschen vom Weg zu Gott abbringen kann.«

»Dann gilt *plani* strenggenommen nur in geistlichen Dingen?«

»Nein, nicht ganz. Die Altväter sprechen von *plani* als einer Art des Daseins in der Welt. Es bezieht sich auf alle Bereiche, seien sie nun geistlich, politisch, national, pädagogisch oder was auch immer. *Plani* ist immer dann gegeben, wenn ein Mensch sich seiner so sicher ist, dass er keinerlei Interesse hat, irgendeinen Rat einzuholen.«

»Das kann ein Problem außergewöhnlich intelligenter Menschen sein.«

»Ja. Oft begegnen wir hochgebildeten Menschen, die so stolz auf ihre eigenen Erfolge sind, dass es sie überhaupt nicht interessiert, was ihr Gegenüber zu sagen hat, und sie es auch nicht annehmen können. Sie wissen alles. Dies ist ein ernstes geistliches Leiden, ein echtes dämonisches Syndrom, glaube mir. Der Teufel akzeptiert keinen Rat. Seine Meinung und seine Wahrnehmung gibt er nicht auf. Er zweifelt nie an sich.«

Wir gingen zurück zum Kloster und kamen vor der Vesper dort an. Auf einer Bank vor dem Außentor saß Vater Chariton, ein vierzigjähriger Mönch aus Südafrika. Er wartete auf uns und streckte Vater Maximos einen Brief entgegen. »Der ist von David«, verkündete er ganz aufgeregt.

Ich war überrascht, als ich diesen Namen hörte. Vater Maximos bat Vater Chariton, ihm den Brief vorzulesen. Da er fließend Englisch sprach, übersetzte Vater Chariton den dreiseitigen handgeschriebenen Brief während des Vorlesens.

»Ich antworte ihm morgen«, versprach Vater Maximos. »Am Nachmittag habe ich den Brief für dich fertig.« Damit war klar, dass Vater Chariton den Brief ins Englische übersetzen und David schicken sollte, einem zum Tode verurteilten Insassen in einem Hochsicherheitsgefängnis in Arizona.

An Davids Fall war ich unmittelbar beteiligt. Vor einigen Jahren hatte mir David einen Brief aus seiner Gefängniszelle geschrieben, in dem er fragte, ob ich für ihn den Kontakt zu einem geistlichen Führer herstellen könnte. Ich schickte ihm Vater Maximos' Adresse. Seither korrespondierten die beiden regelmäßig miteinander. In Briefen erteilte Vater Maximos David geistlichen Rat und schickte ihm Bücher über die Lehren der heiligen Altväter. Darüber hinaus rief Vater Maximos seinen Freund und ehemaligen Kollegen vom Athos, den Abt des Klosters St. Anthony in Arizona, an und bat ihn, David zu besuchen. Nach neunmonatigen Bemühungen erteilte die Gefängnisverwaltung endlich die Erlaubnis, und eine Gruppe von Mönchen stattete David regelmäßige Besuche ab. Sie erlegten ihm ein anstrengendes asketisches Programm zu Buße und *Metanoia* auf, leiteten ihn zum Jesus-Gebet an, zeigten ihm, wie man Niederwerfungen macht und erteilten ihm geistlichen Rat.

Diese Form geistlicher Bildung hatte dramatische Auswirkungen auf Davids Leben, so sehr, dass er beschloss, selbst orthodoxer Mönch zu werden. Die Brüder vom Kloster St. Anthony in Arizona vollzogen die Taufe direkt in seiner Zelle im Hochsicherheitsgefängnis und rasierten ihm dort auch die Tonsur. Seither verbringt David seine gesamte Zeit im Gebet, wie jeder Eremit auf dem Athos auch.

Eines Tages erhielt ich einen Brief von ihm, in dem er schrieb, das einzig Gute an seinem früheren Leben sei, dass er inhaftiert und zum Tode verurteilt worden sei. Dies habe dazu geführt, dass er Gott entdeckt habe, behauptete er. In einem anderen Brief schrieb er, er habe nie eine größere Liebe erlebt als die, die er in den Briefen von Vater Maximos verspüre.

»Das Problem, vor dem er jetzt steht und das ihn sehr traurig macht«, sagte Vater Chariton und steckte dabei den Brief in seine Tasche, »ist, dass seine Verwandten sehr verärgert sind über seine Konversion zum Mönchtum und sich weigern, ihn zu besuchen. Seine einzigen Sozialkontakte sind die zu den Mönchen des Klosters St. Anthony.«

»Davids Geschichte«, sagte Vater Maximos, »ist ein klassischer Fall von *Metanoia,* dieser radikalen Wandlung von Herz und Sinn. Genau darüber haben wir heute gesprochen. Sein Gewissen war immer noch lebendig. Deshalb hat er überhaupt erst diesen Brief an dich geschrieben. Durch die geistliche Bildung und asketische Übungen hat er dann die Trauer über seine missliche Lage erlebt, verbunden mit tiefer Reue. Sein Fall ist archetypisch und ähnelt dem des Schächers, der kurz vor seinem Tod am Kreuz einen radikalen Wandel seines Denkens und seines Herzens erfuhr. Deshalb ging er ins Paradies ein. Ein Altvater hat einmal gewitzelt, dieser Schächer im Evangelium habe sein Leben lang Leute ausgeraubt und sich am Ende sogar noch ins Paradies gestohlen!«

»Ich vermute, Sie sind sich sicher, dass Davids *Metanoia* echt ist.«

»Oh ja, so echt und authentisch wie König Davids *Metanoia* im

Alten Testament. Was König David in Psalm 51, dem Psalm der *Metanoia,* empfunden und geschrieben hat, ist genau dasselbe, was auch der Insasse des Todestrakts in Arizona empfunden und erlebt hat. Daran habe ich keinerlei Zweifel. Wir kommunizieren nun seit etlichen Jahren, und ich vertraue dem Urteilsvermögen der Väter in Arizona, die ihm ausgeholfen haben und im direkten Kontakt mit ihm stehen. Dies ist eine außergewöhnliche Geschichte, die Gottes unendliches Mitgefühl und seine grenzenlose Vergebung zeigt. Der Staat mag ihn exekutieren, aber in den Augen Gottes ist er eine gerettete Seele. Er ist bereits im Paradies.«

Vater Maximos hat verschiedentlich gesagt, dass sich »die Tür zur *Metanoia*« niemals schließt und jedem Menschen allezeit offensteht. Selbst die schrecklichsten Verbrecher können Erlösung erlangen, wenn sie eine aufrichtige und tiefe *Metanoia* durchlaufen.

Wie wir so vor dem Klostertor standen und auf den Beginn der Vesper warteten, sagte ich Vater Maximos, ich fände Psalm 51 äußerst ergreifend, insbesondere wie er in der byzantinischen Musik vergangener Jahrhunderte vertont worden ist und in der Kirche zu Beginn jedes Gottesdienstes gesungen wird.

»Oh ja«, erwiderte er, »das ist ein sehr wirkmächtiges Gebet. König David hat es nach seinem großen geistlichen Fall geschrieben, nachdem er die doppelte Sünde des Ehebruchs und des Mordes begangen hatte. Sein Fall ist in mehrfacher Hinsicht wirklich sehr lehrreich. Wie sehr er gefallen und zur Geißel seiner Leidenschaften geworden war, hat er rasch erkannt. Doch er ist dabei nicht stehengeblieben. Eben dies ist der Wert der Psalmen. Sie zeigen uns, wie man aus Sünde, Verzweiflung und Hoffnungslosigkeit wieder herausfindet. Deshalb können wir sie jeden Tag singen: Um uns Gottes unendliches Mitgefühl zu vergegenwärtigen und uns bewusst zu machen, dass wir niemals verzweifeln dürfen, sondern unsere Hoffnung auf Gottes Gnade richten müssen. In tiefer *Metanoia* und Sorge hat der Prophet folgende Worte geschrieben: ›Errette mich von Blutschuld, Gott, der du mein Gott und Heiland bist, dass meine Zunge deine Gerechtigkeit rühme‹ [Psalm 51, 16]. Die Schuld des Blutvergießens lastete schwer auf seinem Gewissen.«

»Eine solche Schuld könnte für jeden Menschen psychisch verheerend sein.«

»Ja. Aber hier sind es nicht nur Schuldgefühle, die auf solche Sünden folgen.«

»Was meinen Sie damit?«

»Schuldgefühle sind lediglich ein psychisches Phänomen, das aus dem Gewissen hervorgeht und das der Mensch womöglich sogar zu seinem Vorteil einsetzen kann. Das Bewusstsein der Sündhaftigkeit geht tiefer als bloße psychische Schuldgefühle. Wenn ein Mensch solche abscheulichen Taten begeht, besteht in der Tiefe seines Wesens, seines menschlichen Wesens, eine grundsätzliche Verzerrung.«

»Und die Beichte«, fügte ich hinzu, »ist eine Möglichkeit, das Geschehene zu bereinigen.«

»Ganz so einfach ist es nicht.«

»Wie meinen Sie das?«

»Nun, wenn Menschen ihre Sünden beichten, kommen sie oft sehr erleichtert aus dem Beichtgespräch. Sie erfahren inneren Frieden.«

»So ging es mir als Kind nach der Beichte.«

»Aber das ist nicht immer so. Zum Beispiel kann man nicht jemanden umbringen und dann zur Beichte gehen und hinterher wieder fröhlich sein, weil sich die Schuldgefühle noch an Ort und Stelle aufgelöst haben. Ja, man hat seine Sünde vor Gott gebeichtet, aber die Wiederherstellung der geistlichen Gesundheit erfordert einen harten Kampf. Eine Sünde wie das Töten eines Menschen ist ein Akt, der unsere gesamte Existenz, Psyche und Verstand, in ihrem Kern traumatisiert. Eine einfache Beichte wäscht die Schuld nicht von uns ab.«

»Was muss man dann tun?«

»Wahre *Metanoia* erfordert beständiges Ringen, beständige *Askesis*, um seine geistliche Gesundheit wiederherzustellen, genau wie bei David, dem Todestrakts-Insassen.«

»Man muss also darum ringen, sich Gottes Vergebung zu verdienen«, schloss ich.

»Nein, nein. So darf man das nicht sehen.« Vater Maximos' Antwort überraschte mich. »Gott hegt gegen niemanden einen Groll. Er ist nicht rachsüchtig. Es ist ein weit verbreitetes Missverständnis, dass man lediglich zur Beichte gehen oder geistlich mit sich ringen muss, um Gottes Vergebung zu erlangen, und schon ist alles wiedergutgemacht. Gottes Vergebung ist eine Tatsache. Gott ist nicht gekränkt oder wütend, wenn wir Sünden begehen. Es ist ein falsches Verständnis von Sünde und Beichte, wenn wir glauben, wir bräuchten nur zur Beichte zu gehen und Buße zu tun, damit er nicht mehr sauer auf uns ist. Das Problem der Sünde liegt in unserem Inneren. Es ist nicht Gottes Problem. Deshalb bezieht sich *Metanoia* ausschließlich auf uns, nicht auf Gott. Es ist nicht notwendig, gegenüber einem wütenden Gott irgendwo da draußen Buße zu tun. Gott ist direkt neben uns. Gott ist der barmherzige Samariter, der uns zu Hilfe kommt, der jedem Menschen zu Hilfe kommt. Er führt uns zur Herberge, damit wir geheilt werden können.«

»Und dies ist nach den Lehren der heiligen Altväter der Weg zur *Metanoia*.«

»Es ist der einzige Weg. Er beginnt in dem Moment, in dem uns bewusst wird, dass wir in unserer Beziehung zu Gott ein Problem haben, und er erstreckt sich bis in alle Ewigkeit. Wir müssen kämpfen und uns plagen und uns einer heilsamen Bildung unterziehen, wie sie etwa die *Ekklesia* anbietet, bevor wir unsere ursprüngliche Schönheit in unserem Inneren wiederherstellen können, den Zustand vor unserem Vergehen. Wenn wir diesen Zustand tiefer *Metanoia* erreichen, dann erfahren wir ein unglaubliches Wohlgefühl, die Erkenntnis der Gegenwart des Heiligen Geistes in der Tiefe unseres Herzens. Dies ist keine Frage des bloßen Loswerdens von Schuldgefühlen, sondern der Erkenntnis der liebevollen Beziehung zwischen uns und Gott. Deshalb sagt der Prophet im nächsten Vers: ›Herr, tue meine Lippen auf, dass mein Mund deinen Ruhm verkünde‹ [Psalm 51, 17]. Auf eben diese Weise erlangt der Mensch schließlich Gerechtigkeit in seinem innersten Wesen. Von da an liegt keine Spur eines Makels mehr über der sündigen Vergangenheit eines Menschen. Alles ist ausgelöscht. Dies ist die vollendete Macht der *Metanoia*.«

Das *Symantron* mit seinem scharfen metallischen Klang kündigte den Beginn der Vesper an. Wir gingen durch das Außentor in Richtung Kirche. Aber mir war noch eine letzte Frage eingefallen, eine

Frage zu den Psalmen. Ich wollte sie noch stellen, bevor wir die Kirche betreten würden.

»Was meint König David, wenn er sagt: ›Tue wohl Zion nach deiner Gnade, baue die Mauern zu Jerusalem‹ [Psalm 51, 20]?«

»Man kann sagen, dass dies dem Wunsch König Davids Ausdruck verlieh, einen bestimmten Ort zu sehen, Zion oder Jerusalem, die Stadt Gottes, die wiederaufgebaut werden sollte«, sagte Vater Maximos und blieb vor der Kirchentür stehen. »Aber man kann auch davon ausgehen, dass die Stadt Gottes über den historischen Verweis auf Jerusalem hinaus unser Herz ist, und dass es unser tiefster Wunsch ist, unser Herz in rechter Weise wiederaufzubauen, damit wir zur Stadt Gottes werden, in der er herrscht. Es ist der Wunsch zu spüren, dass Gott wieder dauerhaft in uns Wohnung nimmt. Dies hat Gott uns versprochen: Das Herz des Menschen wird zum Tempel Gottes und zur Wohnstatt des Heiligen Geistes.«

Mit diesen Worten betrat Vater Maximos die Kirche, hinter ihm Vater Chariton und ich. Die Vesper, die mit den Psalmen beginnt, hatte bereits angefangen.

17
Nachgedanken

Emilys Besuch auf Patmos, der Insel der Apokalypse, den Vater Maximos ihr spontan empfohlen hatte, entfaltete tiefgreifenden Einfluss auf sie. Strahlend kehrte sie nach zehn Tagen bei den Ordensschwestern im Kloster Mariä Verkündigung nach Zypern zurück. Auf Patmos hatte sie eine Spiritualität erlebt, die, nach ihren Erzählungen zu urteilen, ebenso tief war wie die, die ich erfahren hatte, als ich vor zwölf Jahren zum ersten Mal einen Fuß auf den Athos setzte. Vor allem aber lernte sie Mutter Christonyphe (Braut Christi) kennen, zu der sie eine tiefe geistliche Verbindung aufbaute.

Schon die Pilgerreise an sich war für Emily eine Offenbarung gewesen, da sie dabei ein anderes als das bisher gewohnte Gesicht der *Ekklesia* entdeckte. Als westlich gebildete Frau und Feministin hatte sie ein ambivalentes und widersprüchliches Verhältnis zur Kirche. Wie die meisten modernen gebildeten Frauen fühlte sie sich vom kirchlich-kulturellen Leben ausgeschlossen und als »Bürgerin zweiter Klasse« behandelt. Ein triviales Beispiel, das aber das größere Problem widerspiegelt: Unser Sohn Constantine war Ministrant gewesen. Unsere Tochter Vasia konnte dieses Amt hingegen nicht übernehmen, weil es ein traditionelles Tabu gibt, wonach Frauen den Altarraum nicht betreten dürfen. Vor allem aber stehen Frauen bei allen Entscheidungen, die das Leben der *Ekklesia* betreffen, am Rande, von der Neigung der klerikalen Hierarchie zu einer meist streng konservativen Haltung in gesellschaftlichen Fragen gar nicht erst zu reden.

Doch wie ich fühlte sich auch Emily zur geistlichen Weisheit der Altväter hingezogen, wie Vater Maximos sie beispielhaft verkörperte, und sie war durchaus verzaubert von der Schönheit der Gottesdienste. Das Problem der Nichteinbeziehung von Frauen lag allerdings als ein ständiger Schatten über ihrer Beziehung zu der religiösen Tradition, in die sie hineingeboren worden war. So geht es heute den meisten modernen Frauen, die die traditionelle Rolle, die ihnen eine antiquierte, männlich dominierte, patriarchale Welt auferlegt, nicht mehr akzeptieren können. Emilys Bedenken hinsichtlich der Rolle der Frau sind offenbar das Standard-Problem, dem ich jedes Mal begegne, wenn ich über den Athos spreche, auf dem nicht einmal weibliche Tiere zugelassen sind.

Ihr Erleben auf Patmos hat diese Gefühle und Bedenken beträchtlich gemindert. Dort lernte sie ein stärker frauenorientiertes Christentum kennen. Es war klar, dass Vater Maximos ein solches Resultat im Hinterkopf gehabt haben musste, als er ihr vorschlug, Patmos zu besuchen. Für Emily war die Verbindung zu diesem Kloster hilfreich, weil viele Ordensschwestern beruflich ehemals sehr erfolgreiche Frauen mit höchst unterschiedlichem ethnischen und kulturellen Hintergrund waren.

Dennoch, das Problem der Gendergerechtigkeit in der orthodoxen Ostkirche muss von ihren ausschließlich männlichen, Bart tragenden Kustoden unbedingt in einem umfassenden Sinne angegangen werden. Für jeden, der auf die Lebensweise in der modernen Welt eingestellt ist, zeigt sich überdeutlich, dass die Kirche und insbesondere die orthodoxe Kirche bedauerlicherweise den Bezug zu heutigen gesellschaftlichen Realitäten verloren hat. Offenbar gibt es wenig Verständnis oder Sympathie für die weltweite Forderung der Frauen nach Gleichbehandlung und gleicher Teilhabe an allen Facetten gesellschaftlicher Institutionen, sei es im Staat oder in der Kirche. So etwas zu akzeptieren, fällt alteingeführten traditionellen Autoritäten immer schwer, unabhängig von ihrer Religionszugehörigkeit.

Was die Orthodoxie anbelangt, so wird diese paradoxerweise weitgehend von den Frauen am Leben erhalten. Frauen gehen öfter in die Kirche, halten die Riten und Rituale gewissenhafter ein, gehen zur Beichte und zur Kommunion und geben die Beteiligung am religiösen Leben an die jüngere Generation weiter. Darüber hinaus steht ja die Heilige Jungfrau, neben Christus, im Mittelpunkt der Verehrung. Die

Heilige Jungfrau wirkt Heilungswunder und erscheint in den Visionen großer Altväter wie Paisios und Porphyrios. Die Heilige Jungfrau ist es, die sowohl Männer als auch Frauen in Zeiten der Krise instinktiv anrufen, und es ist die *Theotokos*, die Mutter Gottes und »Königin des Heiligen Berges«, die in allen Klöstern innerhalb und außerhalb des Athos verehrt wird. Vor ihrer wundertätigen Ikone werfen sich die Mönche in Ehrfurcht nieder, und ihre Ikone tragen sie bei Wechselgebeten und besonderen Zeremonien auf den Schultern. Wenn wir einmal von der männlich dominierten Hierarchie der Kirche absehen, verbleibt paradoxerweise ein kulturelles Arrangement, das frauenfreundlich und eher auf das weibliche als auf das männliche Temperament abgestimmt ist. Aus meiner Kindheit in Zypern weiß ich noch gut, dass viele Männer am Sonntagmorgen lieber ins Café gingen, um Backgammon zu spielen, Zeitung zu lesen und türkischen Mokka zu trinken, während ihre Frauen nebenan bei der Eucharistie in der Kirche knieten. Meine Tanten besuchten den Vespergottesdienst oder entzündeten zu Hause den Weihrauch, während ihre Männer in ihrem Lieblings-Fußballclub Karten spielten oder zu Hause blieben und die Abendnachrichten sahen.

Die widersprüchliche Stellung der Frau in der Kirche war das Thema, über das wir vor unserer Abreise aus Zypern gegen Ende des Sommers 2003 gemeinsam mit unseren Freunden Stephanos und Erato nachdachten. Wir verbrachten ein paar Tage mit ihnen in ihrem Häuschen in den Bergen in der Nähe des Klosters Panagia, um der anhaltenden Sommerhitze zu entfliehen und noch etwas Zeit füreinander zu haben. Dabei berichtete Emily mit der ihr eigenen ansteckenden Begeisterung von ihrer Offenbarung auf Patmos. Erato, die Emily nicht nur als eine ihrer engsten Freundinnen, sondern auch als ihre langjährige geistliche Führerin betrachtet, erinnerte uns daran, dass es viele »Wüstenmütter« und weibliche Heilige gibt, die heutigen Frauen, die sich zum geistlichen Leben hingezogen fühlen, als Vorbild dienen können. Als leuchtendes Beispiel hielt sie uns den außergewöhnlichen Fall der ehemaligen Podologin Mutter Gavrilia vor Augen, einer Lieblingsheiligen von Emily, die als Laiin ihren Beruf in der schweren Zeit des Zweiten Weltkriegs in London ausgeübt hatte.

Danach verbrachte sie viele Jahre in Indien im Dienst an Leprakranken und Menschen mit Behinderungen. Dort hatte sie ein mystisches Erlebnis, bei dem Gott sie aufforderte, in ihre Heimat Griechenland zurückzukehren und Nonne zu werden. Im Alter von sechzig Jahren gab sie ihren Beruf auf und trat in ein Kloster ein. Bald danach wurde sie als charismatische Mutter von außergewöhnlicher geistlicher Kraft anerkannt. Bis zu ihrem Tod, Ende der 1990er Jahre, war Mutter Gavrilia vielen Frauen in der Athener Region eine geistliche Führerin. Die wunderbaren Homilien über Liebe und Mitgefühl, die sie hinterließ, boten Tausenden Frauen und Männern geistliche Stärkung.[1] »Das Patriarchat«, bemerkte Erato, »hat sie nicht davon abgehalten, eine gottverwirklichte Seele zu werden, eine emanzipierte Frau, die in jeder Hinsicht Befreiung erlangt hat.«

Erato ergänzte, dass es in Griechenland alles in allem mehr Frauen- als Männerklöster gibt, und dass man die Spiritualität, die Männer auf dem Athos finden, auch außerhalb des Heiligen Berges in Frauenklöstern wie dem auf Patmos und in Ormylia antrifft, dem großen Frauenkloster südlich von Thessaloniki, nicht weit vom Athos.

Doch ungeachtet dieser Überlegungen und ungeachtet außergewöhnlicher Fälle wie Mutter Gavrilia, war es uns westlichen Menschen klar, dass sich die orthodoxe Ostkirche und vielleicht die christlichen Kirchen insgesamt früher oder später mit der großen kulturellen Kluft zwischen dem heutigen Denken gebildeter Frauen und dem Verständnis der Kirchenväter in Genderfragen auseinandersetzen müssen. Ich werde nie einen Vorfall vergessen, der sich vor einigen Jahren bei einem meiner Workshops ereignet hat. Als das Thema Gender im Christentum aufkam, polterte eine Teilnehmerin und ehemalige Katholikin aus den hinteren Reihen: »Deshalb werden wir alle Hindus!«

Auf unserem Rückflug nach Maine musste ich Emily zustimmen, als sie meinte, es sei kein überzeugendes Argument, wenn einige konservative Theologen und Kleriker behaupteten, Männer müssten deshalb in der Kirche immer die Vorherrschaft haben, weil Jesus ein Mann war und auch alle seine Apostel Männer waren. Für Frauen von heute machen solche Argumente das Ganze nur noch schlimmer;

ihnen erscheinen sie als bloße eigennützige Rechtfertigung sowie falscher Mythos zur Wahrung der männlichen Vorherrschaft und zum Erhalt eines historisch veralteten und diskreditierten Patriarchats. Jesus selbst war alles andere als ein Patriarch, rief Emily mir ins Gedächtnis. Tatsächlich stand er den Frauen nahe, und Frauen waren es, denen die Nachricht von der Auferstehung zuerst offenbart wurde. Christus erschien zuerst Maria Magdalena und verlieh damit ihr und ihrem Geschlecht die Ehre, die gute Nachricht an die zu Tode erschrockenen männlichen Jünger weiterzugeben.

Es war eine erfreuliche Entdeckung, dass Bischof Kallistos Ware in einem Interview mit einer Frauenzeitschrift anerkennt, dass die Bräuche und Regeln, die den Bezug zur heutigen Realität verloren haben, Frauen in großer Zahl der Kirche entfremden und für die grundlegende Botschaft und Lehre der *Ekklesia* nicht wesentlich sind, kritisch überprüft werden müssen. Er schlug vor, die Wiedereinführung der Weihe zur Diakonin, die im frühen Christentum, als Frauen uneingeschränkt am kirchlichen Leben teilhatten, völlig üblich war, ernsthaft zu prüfen.[2]

Solche Entwicklungen könnten die Kirche in eine Richtung führen, die mit der gesellschaftlichen Realität des 21. Jahrhunderts besser im Einklang stünde und doch zugleich die Kraft ihrer mystischen Wege zu Gott, des Dreifachen Weges, bewahren und erhalten würde.

Die Konsequenzen des Dreifachen Weges für heutige Männer und Frauen, die nicht unbedingt orthodox oder überhaupt Christen sind, waren ein Thema, das ich nach unserer Rückkehr nach Maine ausgiebig mit meinem Freund und Kollegen, dem Künstler Michael Lewis, erörterte. Er verfolgt meine Arbeit seit Jahren aufmerksam und hat auch dieses Buch im Vorfeld sorgfältig gelesen und kritisiert. Wie Emily mit ihren Bedenken in Genderfragen hat auch Michael mich immer wieder hinterfragt und mir damit geholfen, bei meiner Bearbeitung des Materials, das ich im Zuge meiner Erforschung orthodoxer Spiritualität gesammelt hatte, die Notwendigkeit einer umfassenden und inklusiven Perspektive nicht aus den Augen zu verlieren.

Michael ist zwar kein praktizierender Angehöriger einer religiösen Tradition, hat aber ein lebhaftes Interesse an Spiritualität entwickelt, was sich in der Kunst zeigt, die er im Laufe der Jahre geschaffen hat, und wie ich in unseren Gesprächen miterlebte. Dass sein Atelier praktischerweise – und vielleicht auch durch einen Fingerzeig des Schicksals – direkt über meinem Büro lag, ist eine Fügung, die häufigen Gesprächen über unsere Arbeit sehr förderlich war. Wenn wir in den Pausen durch den Wald auf dem Universitätsgelände spazierten, half er mir, jene Elemente der östlichen Orthodoxie ausfindig zu machen, die für das moderne Denken und für heutige spirituell Suchende unabhängig von ihrem kulturellen und religiösen Hintergrund relevant sind. Was kann uns die orthodoxe Spiritualität, wie sie von den Mönchen und Nonnen des Ostchristentums praktiziert wird, über das Wesen der Wirklichkeit und unseren Platz in der Welt sagen? Welche spirituellen Lektionen könnte jemand wie er, der kein orthodoxer Christ ist, durch die eingehende Beschäftigung mit der orthodoxen geistlichen Tradition lernen? Um diese Themen drehte sich unser Gespräch an einem Spätnachmittag im August 2004, zwei Tage vor Semesterbeginn. Ich stand unmittelbar vor der Abgabe meines Manuskripts an den Verlag, und er hatte gerade eine Bilderserie für eine bevorstehende Kunstausstellung in New York fertiggestellt. An diesem Nachmittag brauchten wir beide eine lange Pause.

Bei unserem Spaziergang auf unseren Lieblingswegen durch den Universitätswald, der häufig auch die Inspirationsquelle für Michaels Bilder war, kamen wir überein, dass der Dreifache Weg der Reinigung, Erleuchtung und Gotteserkenntnis (*Katharsis, Fotisis, Theosis*) ein archetypisches Muster der Bestimmung des Menschen sein könnte. Wenn die heutige Welt diesen Prozess annehmen sollte, könnte er sie zu einem Verständnis des menschlichen Wesens in seiner tiefsten Tiefe und vielleicht zur grundlegendsten Struktur der Wirklichkeit führen. Die Vorstellung, dass die Menschen nach dem Bilde Gottes geschaffen sind, und die Tatsache, dass sie über das Potenzial und die Fähigkeit zur Vereinigung mit Gott verfügen, ist ein lebensbejahendes Motiv, das eine Landkarte zur Daseinsorientierung abgibt, mit deren Hilfe die Menschen durchs Leben navigieren können. Die innere Botschaft, die aus dem christlichen Osten kommt, lautet: Trotz aller unvermeidlichen Tragödien und Anfechtungen auf dem Weg steht am Ende der Seelenreise die glückliche Wiedervereinigung mit Gott. Um diese Vergöttlichung zu erreichen und zu unserem endgültigen Bestimmungsort zurückzukehren, müssen wir uns – so führen es uns die Heiligen immer wieder vor Augen – in einen heroischen und systematischen geistlichen Kampf zur Überwindung unserer egoistischen Leidenschaften begeben. Auf dem Weg dorthin gibt es keine Abkürzungen.

Der Dreifache Weg impliziert ein evolutionäres Verständnis des Selbst in Bezug zu Gott. Damit ist jedoch keine blinde, mechanistische und automatische evolutionäre Bewegung hin zur Vergöttlichung gemeint. Das Selbst muss den starken Wunsch nach der Seligkeit in Gott verspüren. Ein solches Ziel zu erreichen – die Befreiung aus dem Würgegriff der niederen Leidenschaften – erfordert Anstrengung und viele Opfer. Es erfordert *Metanoia*.

Ein weiterer Aspekt der evolutionären Perspektive, die die Lehren der heiligen Altväter implizieren, ist das Motiv der drei verschiedenen Stufen der Beziehung des Menschen zu Gott, nämlich die »Sklaven Gottes«, die »Angestellten Gottes« und die »Gott Liebenden« (siehe Kapitel Sieben). Dies ist der Kern, so meinte ich zu Michael, der Entwicklungstheorien in der Psychologie. Es ist interessant, sagte ich, dass im Kern der Weltsicht der christlichen Altväter eine allgemeine Evolutionstheorie liegen könnte. Selbstverständlich haben sie das Wort *Evolution* nicht ausdrücklich gebraucht, weil ja dieses Konzept zu ihrer Zeit noch gar nicht existiert hat.

Es könnte sehr gut sein, dass Evolution das Narrativ der Schöpfung auf allen Ebenen ihrer Manifestation ist – auf physischer, biologischer, psychischer, sozialer und spiritueller Ebene. Auf der physischen Ebene heißt es, dass nach der ursprünglichen Explosion im »Urknall« sich homogene Staubpartikel über Milliarden Jahre hinweg zusammengeballt haben, bis ein unendlich komplexes und heterogenes Universum entstanden ist. Das Leben hat sich von einfachen homogenen Zellen zu komplexen Zellen entwickelt. Wie Herbert Spencer im 19. Jahrhundert betonte, ist Evolution eine Bewegung von der Homogenität zur Heterogenität, von der Einfachheit zur Komplexität, von geringerer Integration zu höherer Integration. Auf der biologischen Ebene ist die

Evolution eine Tatsache, die heute von der überwältigenden Mehrheit der Biologen akzeptiert wird. Sogar der Vatikan räumte vor nicht allzu langer Zeit ein, dass die Evolutionstheorie in der Biologie mehr als eine bloße Theorie ist.

Wir brauchen keine strengen Naturwissenschaftler zu sein, um die Realität ständiger evolutionärer Veränderung zu erkennen. Eine Eichel entwickelt sich zur Eiche, ein Spermium vereinigt sich mit einer Eizelle, und ein Menschenwesen beginnt seinen Entwicklungsweg ins Leben. Auf der psychischen Ebene haben Developmentalisten wie Jean Piaget Wachstumsstufen vom sensomotorischen Stadium, in dem der Mensch die Welt nur durch seine Sinne wahrnimmt, bis zum formal-operationalen Stadium beschrieben, in dem der Mensch zu abstraktem und kritischem Denken fähig ist. Soziologen haben die Entwicklungsstadien, die Gesellschaften durchlaufen, sehr detailliert kategorisiert: Von der einfachen Stufe der Jäger und Sammler über die Stufe von Gartenbau und Weidewirtschaft bis zur landwirtschaftlichen, industriellen und postindustriellen Stufe. Als Gemeinschaft haben wir uns vom Clan zum Stamm, zu antiken Weltreichen, zu modernen Staaten und weiter zu Superstaaten und globalen institutionellen Gebilden wie der Europäischen Union und den Vereinten Nationen entwickelt.

Bei unserem Spaziergang meinte ich zu Michael, diese Evolutionsgeschichte trage die Handschrift der Vorsehung, wie der Jesuitenpater und berühmte Biologe und Paläontologe Pierre Teilhard de Chardin (1881-1955) vor über einem halben Jahrhundert in seinem Klassiker *Der Mensch im Kosmos* mit beredten Worten ausgeführt hat.[3] Dies ist anscheinend die Art und Weise, wie Gott in der Schöpfung wirkt. Der Fehler, den die meisten Evolutionsbiologen gemacht haben, besteht in der Annahme, Evolution gebe es nur auf der biologischen Ebene, während Darwin tatsächlich nur eine Facette des vollständigen Bildes entdeckt hat, womit sie den Teil fälschlicherweise für das Ganze nahmen. Am fatalsten aber ist, dass die Materialisten Gottes Hand in der Evolution weggewischt haben.

Entwicklungspsychologen wie Piaget haben außerdem den Fehler gemacht anzunehmen, die Evolution ende auf der formal-operationalen Stufe, auf der der Mensch abstrakt und kritisch denkt. Transpersonale Psychologen erschließen jedoch allmählich Bewusstseinswelten, die das rationale Denken übersteigen. Sie lehren, dass es transrationale Wahrnehmungsebenen gibt, die die Schulpsychologie aufgrund ihrer materialistischen reduktionistischen Thesen über die Welt nicht anzuerkennen vermag.[4]

Allerdings stützen transpersonale Psychologen ihre Theorien ausschließlich auf den Buddhismus und östliche Praktiken wie Yoga und Zen. Auch ihnen ist der Dreifache Weg der christlichen Altväter entgangen, die ebenfalls von Bewusstseinsstufen sprechen, die über die Vernunft hinausgehen. Dies sind Stufen, die eine gereinigte Seele durch *Askesis* erreichen kann, Bereiche, die zur geistigen Welt gehören. Dieses Verständnis ist seit Jahrhunderten implizites Grundmotiv der Lehren der Heiligen des Ostchristentums.

Die Vorstellung von geistlichen Entwicklungsstufen ist bei westlichen Christen kaum bekannt und wird noch weniger verstanden, insbesondere bei christlichen Fundamentalisten, die einen erbarmungslosen Abwehrkrieg gegen den »Evolutionismus« führen. Dabei übersehen sie, dass nicht die Evolution, sondern der Reduktionismus das Problem ist, die Neigung materialistischer Naturwissenschaftler, die Evolution und die gesamte Wirklichkeit auf die physische Ebene zu reduzieren und daraus zu schließen, der Mensch sei nichts weiter als ein Tier, erschaffen nicht nach dem Bilde Gottes, sondern nach dem Bilde von Affen. Dieses »Nichts weiter als« ist das Problem, nicht die Evolution als solche. Der Dreifache Weg der christlichen Altväter kann Klarheit in dieses Durcheinander und Sinn ins Dasein des Menschen bringen, indem er eine Sicht der Evolution bietet, wie Weise wie Teilhard de Chardin sie verstehen – als göttliches Spiel innerhalb von Gottes liebevoller Vorsehung.

Die Evolution, so sagte ich Michael an jenem Nachmittag, ist vielleicht ein kosmischer Prozess zu dem dynamischen Zweck, dass die Geschöpfe durch mystische Vereinigung ihren Schöpfer erkennen. Ich glaube, so hätten die heiligen Altväter in dieser Sache wohl argumentiert, hätten sie sich des modernen Vokabulars des Evolutionismus bedient. Für sie hätte die Evolution zu ihrem primären Zweck die

Möglichkeit gehabt, dass ihrer selbst bewusste Wesen wie wir entdecken können, wer sie wirklich sind. Das höchste Ziel ist die Vergöttlichung oder Gottwerdung der Schöpfung. Es ist, als würde durch das Ringen des Menschen um die Entdeckung seines wahren Ursprungs und seiner wahren Bestimmung die Schöpfung sich ihrer selbst bewusst. Alles, was wir tun, zielt offenbar in diese Richtung. Um noch einmal Vater Basilios zu zitieren, den Abt des Athos-Klosters Iveron: »*Ta epegia gegonen ouranos*« – weltliche Dinge werden verwandelt in himmlische Dinge.

»Du sprichst von der Evolution, als wäre sie ein unumkehrbarer, einseitiger Prozess«, betonte mein Freund. »Aber ist sie das wirklich?«

Auf Michaels Einwand hin ergänzte ich, dass Freiheit und Wille des Menschen diesen evolutionären Prozess sehr wohl umkehren oder stören können. Unsere Eingriffe in die biologische Evolution könnten uns auf unvorhergesehene und vielleicht katastrophale Wege führen. Wir können das Leben auf der Erde durch nukleare Vernichtung zerstören, oder wir können uns bis zur Auslöschung vergiften. Außerdem wissen wir aus der Geschichte, dass große Kulturen zerstört worden sind. Athen war im 4. Jahrhundert v. Chr. eine herrliche, hochentwickelte Stadt, degenerierte aber bis zum 19. Jahrhundert zu einem schlichten Bauerndorf und erwachte erst nach dem griechischen Unabhängigkeitskrieg 1821 zu neuem Leben.

In ähnlicher Weise können wir auf der Ebene des geistlichen Bewusstseins aus der Gnade fallen. Dies ist die primäre Angst der großen heiligen Altväter. Es gibt viele Beispiele für hochspirituelle Menschen, die jäh aus großen Höhen abgestürzt sind. Deshalb hat man die christlichen Wüstenväter und -mütter als *nyptisch* bezeichnet, also als wachsam, hochkonzentriert und bewusst. Sie haben darum gekämpft, sich vor der Sünde zu hüten, vor einer Rückentwicklung auf niedrigere Stufen. Spirituell hochentwickelte Menschen können zu Schwarzmagiern verkommen, wenn sie nicht *nyptisch* oder geistlich wachsam sind.

»Neulich sagtest du, Evolution fände auf zwei Ebenen statt, auf der persönlichen und auf der kollektiven. Dazu solltest du in deinem Nachwort noch einmal Stellung nehmen«, empfahl mir Michael und zog ein Blatt Papier hervor, auf dem er sich bei unseren früheren Gesprächen Notizen gemacht hatte.

Ich versuchte, ein Paradoxon zu lösen. Mir ist oft eine Diskrepanz zwischen dem Entwicklungsstand einer Kultur und Gesellschaft im Ganzen und dem Entwicklungsstand einzelner Persönlichkeiten aufgefallen. Einige geistlich fortgeschrittene Altväter sind anscheinend sehr weit weg vom Entwicklungs- oder Evolutionsstand, den die allgemeine Weltkultur und Zivilisation erreicht hat. So ist der Feminismus meiner Meinung nach eine sehr positive historische Entwicklung, die der Menschheit hilft, die einengenden Fesseln patriarchaler Vorherrschaft und Gewalt zu überwinden. Diese weltweite Bewegung entspricht früheren Kämpfen um die Abschaffung der Sklaverei und ist in der kulturellen Evolution ein Sprung nach vorne. Heute würde es jeder als grotesk empfinden, wenn man Sklaven riete, sich in ihren Sklavenstatus zu fügen und sich stattdessen auf das jenseitige Leben zu konzentrieren. In ähnlicher Weise hat sich die moderne Kultur im Hinblick auf die Beziehungen zwischen den Geschlechtern auf ein Niveau weiterentwickelt, das ein Einsiedler auf dem Athos wohl nicht versteht, da er in einem System der Geschlechterbeziehungen lebt, das vielleicht vor tausend Jahren gegolten hat. Dennoch kann eben dieser Eremit, der keine Ahnung von den Beziehungen zwischen den Geschlechtern hat, Wunder wirken, weil er im Himmel verankert ist. Eine solche geistlich fortgeschrittene Seele muss unweigerlich aus der Kultur heraus sprechen, in der sie lebt, und diese Kultur kann bei Themen wie etwa Genderfragen durchaus auf einem niedrigeren Stand sein. Ein Problem entsteht, wenn ein solcher, in anderer Hinsicht heiliger Mann das Relative verabsolutiert und dabei häufig das, was außerhalb seines eigenen kulturellen Milieus liegt, dem Wirken Satans zuschreibt. So kann ich zum Beispiel nicht erwarten, dass ein Eremit auf dem Athos, der die insulare, homogene, orthodoxe, rein männliche Welt des Heiligen Berges nie verlassen hat, die Komplexität von Genderfragen in einer Stadt wie New York versteht oder sich für die dringende Notwendigkeit des interreligiösen Dialogs in einer zunehmend multikulturellen und vernetzten Welt begeistert.

Zugleich haben eben diese Altväter, die sehr weit weg sind von der modernen Kultur, uns wichtige Dinge über das geistliche Leben zu sagen, Dinge, die entscheidend sind für unsere Erlösung und für das Überleben der Menschheit auf der Erde. Die geistlichen Praktiken und Methoden des Dreifachen Weges und Homilien über Liebe und Mitgefühl, die uns hinterlassenen wurden, sind Wegweiser für die spirituelle Weiterentwicklung aller Menschen, ungeachtet der Kultur, aus der sie kommen, und des Entwicklungsstandes der Gesellschaft, in der sie leben. Auch die umgekehrte Situation ist möglich. Ein moderner Mensch kann in seinem Denken auf der Höhe des aktuellen Stands der kulturellen Evolution sein, sich in seiner spirituellen Evolution zugleich aber auf einem niedrigeren Stand befinden. Ein Philosophie-Professor an einer Eliteuniversität kann auf dem kulturellen Entwicklungsstand der ihn umgebenden Gesellschaft sein, sich als spiritueller Mensch jedoch auf einer erheblich niedrigeren Bewusstseinsebene befinden. Ein solcher Mensch befürwortet vielleicht lauter richtige Dinge – Geschlechtergerechtigkeit, die internationale Einhaltung von Recht und Frieden, Menschenrechte und so weiter – wird dabei aber womöglich von Narzissmus und Egoismus beherrscht. Andererseits kann ein ungebildeter Kleinbauer in einem unterentwickelten kulturellen Milieu in spiritueller Hinsicht weiter fortgeschritten sein, weil er »reinen Herzens« ist.

Michael und ich vertieften das Thema Evolution und ihre Paradoxa noch etwas und wandten uns dann einer weiteren wichtigen Lektion zu, die der christliche Osten der Welt zu bieten hat, wie wir übereinstimmend fanden. Gotteserkenntnis und der Erwerb von Wissen über höhere Daseinswelten erfordern idealerweise die Ausbildung und Beratung durch einen erfahrenen Führer als sichere Methode beim Beschreiten des spirituellen Weges. So wie Studierende der Astrophysik Anleitung von ihren Professoren und Tutoren brauchen, um Kenntnisse über den physischen Himmel zu erwerben, brauchen auch spirituell Suchende und Forschende Anleitung von erfahrenen Lehrern, um spirituell voranzukommen und Wissen über Wirklichkeiten jenseits dieser Welt zu erlangen. Natürlich stützt sich dieses Argument auf die Prämisse, dass es tatsächlich Wirklichkeiten jenseits dieser physischen gibt, die mit geeigneten spirituellen Methoden erforscht werden können. Das Problem unserer universitären Bildung ist, dass unser ganzer Fokus auf der Anhäufung von Wissen über die natürliche, sinnlich wahrnehmbare Welt liegt. Das Jenseits haben wir in den Bereich des »bloßen Glaubens« verbannt und es praktisch aus den Lehrsälen vertrieben. Tatsächlich haben wir damit die rationalen Fähigkeiten des Verstandes zur Problemlösung überbetont. Die intuitive Empfindungsseite wird vernachlässigt und verkümmert, da wir unsere Anstrengungen zumeist sehr stark auf die Verbesserung unserer Fähigkeit zur Lösung mentaler Probleme richten. Weil die vorherrschende Überzeugung besagt, dass die physische Welt die einzig reale ist, besteht wenig Interesse daran oder Veranlassung dazu, sich mit einer Form des Wissenserwerbs zu befassen, die den Verstand übersteigt, mit eben jener Form der Ausbildung und des Lernens also, die wir in Klöstern vorfinden. Die christlichen Altväter fordern uns auf, über den Verstand und die Grenzen unserer fünf Sinne hinauszugehen. Michael und ich waren uns einig, dass die Zukunft der Menschheit tatsächlich davon abhängen könnte, wie schnell es uns gelingt, in unser Verständnis des Lernens auch einige Sichtweisen der heiligen Altväter mit einzubeziehen. Führende Denker unserer Zeit sind zunehmend der Auffassung, dass das alleinige Streben nach empirischem, rationalem Wissen unter Vernachlässigung des »inneren« Wissens die Menschheit in die Selbstzerstörung führt. Unsere Wissenschaftler haben die Geheimnisse der äußeren Natur entschlüsselt, ohne diesen Fortschritt – und den damit einhergehenden Zuwachs an Macht in ihren Händen – mit gleichwertigen Anstrengungen auszugleichen, die Weisheit zu erlangen, die tief im menschlichen Bewusstsein verborgen liegt. Unsere Universitäten haben es versäumt, eine systematische Strategie zur Entwicklung einer Psychologie im eigentlichen Wortsinne zu entwerfen – oder auch nur Interesse daran zu zeigen – die uns die verborgenen spirituellen Dimensionen unseres Daseins erschließen würde.

»Pass auf, was du sagst«, warnte mich Michael. »Schlägst du allen Ernstes vor, Religion an die Universität zu bringen?«

Angesichts der Multireligiosität der modernen Gesellschaften und der Gesetze zur strikten Trennung von Kirche und Staat wäre ein solcher Vorschlag natürlich inakzeptabel, erwiderte ich meinem Freund. Meiner Meinung nach wäre es spirituell noch nicht einmal wünschenswert, wenn eine einzelne Religion Gott monopolisierte und so dominant würde, dass alle anderen ausgeschlossen wären. Das wäre in etwa so, als wenn man alle Sprachen abschaffen wollte außer Englisch. Der unendliche und unaussprechliche Gott lässt sich nicht auf bestimmte kulturelle Grenzen, auf eine historisch entstandene Religion beschränken. Das wäre in etwa so, als wollte man die Sonne in einer Glühbirne fassen. Außerdem wissen wir aus der Geschichte, dass es, wenn eine Religion durch Verschmelzung mit dem Staat dominant wird, meist zu religiöser Intoleranz und Verstößen gegen die Bürgerrechte kommt, eine unmenschliche und gottlose Entwicklung.

Die kulturellen Besonderheiten des Dreifachen Weges wurden in einer relativ homogenen Zivilisation entdeckt und entwickelt, in der die Menschen weitaus überwiegend orthodoxe Christen waren und der kaiserliche Staat das religiöse Establishment kontinuierlich unterstützt hat. Deshalb haben die kulturellen Eigenheiten dieser Zivilisation, nämlich der byzantinischen, auf den Dreifachen Weg abgefärbt. Natürlich können wir nicht erwarten, dass Byzanz als die vorherrschende religiöse Kultur eines modernen, multi-ethnischen und multi-religiösen Amerikas neu auflebt. Ich bin kein Prophet und kann daher nicht wissen, wie sich der Dreifache Weg, den ich für kulturübergreifend und archetypisch halte, in den nächsten paar Jahrhunderten oder gar Jahrtausenden in einer zunehmend globalen und immer stärker vernetzten Kultur ausgestalten wird. Ich bin jedoch der Meinung, dass wir unsere Erforschung der Wirklichkeit in den Kontext einer erweiterten Sicht der Dinge stellen müssen, die den Dreifachen Weg mit einschließt. Diese Sicht stützt sich auf die Prämisse, dass die Wirklichkeit nicht auf die konkrete physische Materie begrenzt ist, wie unsere Wissenschaftler uns glauben machen wollen. Dies ist eine Lektion, die wir der Beschäftigung mit dem Leben der großen Heiligen und ihren mystischen Erfahrungen entnehmen können. Künftige Generationen werden sich mit der Frage befassen müssen, wie der Geist wieder in unser Bildungssystem Einzug halten kann. Heutige Generationen tragen schwer an der Last strikter Vorstellungen von einer Trennung von Kirche und Staat, die angesichts des heutigen Standes unserer kulturellen Evolution vielleicht notwendig ist, um unsere schwer erkämpften Bürgerrechte zu wahren. Wir können hier nur den Weg weisen. Wir müssen die relevanten Methoden der Universität mit den relevanten Methoden des Klosters verbinden. Dieser Prozess könnte zur Entstehung von etwas völlig Neuem führen. Dieser Prozess wird komplex und schwierig, das lässt sich gar nicht vermeiden. Im Moment ist es noch zu früh, als dass man wissen könnte, wie er sich entwickelt. Aber er erinnert mich an das, was André Malraux, ein führender französischer Schriftsteller des 20. Jahrhunderts, einmal gesagt hat: Das 21. Jahrhundert wird entweder ein spirituelles sein oder es wird nicht sein. Ich möchte hinzufügen, dass diese Spiritualität auf der der »Gott Liebenden« beruhen muss, wie Vater Maximos sie bezeichnet, und nicht auf der der »Sklaven« oder »Angestellten« Gottes, mithin also eine reife und offene Beziehung zum Göttlichen sein muss. Man könnte auch argumentieren, dass ein Überwiegen eines Glaubens jenes Typs, den Vater Maximos als den der »Sklaven« Gottes bezeichnet, sowie in geringerem Ausmaß auch eines Glaubens vom Typ der »Angestellten« Gottes die Menschheit in die endgültige Katastrophe führen könnte. Eine Spiritualität solcher Art, die auf autoritären gesellschaftlichen Strukturen aufbaut, fördert die fundamentalistische Religiosität, die das andere tendenziell dämonisiert und damit zum Kampf der Kulturen führt, was keinen Platz lässt für Verständnis, Toleranz, Mitgefühl und friedliche Koexistenz.

Wir brauchen die Sicht der »Gott Liebenden«, die uns einen Gott vorstellt, der liebevoll, mitfühlend und allumfassend ist. Ich glaube, dass die christlichen Altväter in ihrem Ringen um *Theosis* in der Wüste uns Möglichkeiten eröffnet haben, Erkenntnisse über das Wesen des Herzens Gottes zu erlangen, soweit dies dem begrenzten Menschenverstand überhaupt möglich ist.

Es war leicht, diese Gedanken Michael mitzuteilen und mit ihm zu besprechen. Er verstand, was ich meinte. Er nutzt die Intuition selbst ausgiebig für seine künstlerische Arbeit. Damit versucht er, über die

Kunst die Kluft zu überwinden, die die physische von der geistigen Welt trennt.

»Vergiss die Macht des Denkens nicht«, rief Michael mir noch einmal ins Gedächtnis, als wir bereits auf dem Rückweg in mein Büro und sein Atelier waren.

Auf der Grundlage von Leben und Lehre der heiligen Altväter des Ostchristentums kann man schließen, dass das Denken nicht auf das Gehirn begrenzt, sondern »nichtlokal« ist. Ihre »Reisen außerhalb des Körpers« oder, wie sie solche Erfahrungen nennen, ihr »Sehen durch den Heiligen Geist (*en pneumati Agio*) stellen das vorherrschende materialistische Weltbild, wonach Geist und Gehirn identisch sind und der Geist nicht außerhalb des physischen Gehirns existieren kann, infrage. Den Lehren der christlichen Altväter zufolge kann konzentriertes Denken nicht nur auf der geistigen Ebene, sondern auch auf der Ebene der konkreten physischen Realität tiefgreifende Auswirkungen haben. In diesem Sinne kann Gebet auch als konzentrierte Gedankenenergie verstanden werden, die ausgesandt wird, um Körper, Geist und Seele zu heilen. Eben dies behaupten heute einige medizinische Forscher wie Dr. Larry Dossey.[5]

Gebet und Gedanken im Allgemeinen sind nicht bloß Abstraktionen, sondern konkrete Energien, die für die Betenden und für diejenigen, für die gebetet wird, spirituelle und praktische Folgen haben können. Die heiligen Altväter wissen dies aufgrund ihrer persönlichen Erfahrungen seit Langem. Sie sind die Meister und wissenschaftlichen Experten par excellence nicht nur für das Gebet, sondern auch für die Gesetze, die die übersinnliche, geistige Welt regieren. Ihr Vermächtnis in Gestalt des Dreifachen Weges ist eigentlich ein Geschenk für die Menschheit, ein Geschenk, das sie an Orten wie der ägyptischen Wüste und dem Berg Athos zur Welt gebracht haben. Diese »Geschenke der Wüste« sind in unserer säkularisierten Kultur unbeachtet geblieben, doch unser Überleben könnte sehr wohl davon abhängen, wie schnell es uns gelingt, diese Geschenke in unseren Alltag zu integrieren.

Anmerkungen

Alle Bibelzitate sind der Lutherbibel 2017 entnommen, Deutsche Bibelgesellschaft 2016 und https://www.die-bibel.de/.

Kapitel Eins: Reise nach Sedona

1 Kyriacos C. Markides, *Riding with the Lion: In Search of Mystical Christianity*, Viking Penguin 1995; deutsch: *Auf dem Löwen reiten: eine Suche nach dem mystischen Christentum*, aus dem Amerikanischen von Malte Heim, Droemer Knaur 1995; *The Mountain of Silence: A Search for Orthodox Spirituality*, Doubleday 2001; deutsch: *Der Berg des Schweigens: Begegnung mit einem christlichen Meister*, aus dem Englischen von Astrid Ogbeiwi, Aquamarin 2015.

2 Siehe Robert C. Fuller, *Spiritual but Not Religious: Understanding Unchurched America*, Oxford University Press 2001.

3 Paul Davis, »E.T. and God: Could Earthly Religions Survive the Discovery of Life Elsewhere in the Universe?«, *Atlantic Monthly*, September 2003, S. 112; siehe auch Paul Davis, *The Mind of God: The Scientific Basis for a Rational World*, Simon & Schuster 1992; deutsch: *Der Plan Gottes: die Rätsel unserer Existenz und die Wissenschaft*, aus dem Englischen von Anita Ehlers, Insel Verlag 1995.

4 Kyriacos C. Markides, *The Magus of Strovolos: The Extraordinary World of a Spiritual Healer*, Penguin 1985; deutsch: *Der Magus von Strovolos: die faszinierende Welt eines spirituellen Heilers*, aus dem Amerikanischen von Karl Friedrich Hörner, Droemer Knaur 1988. *Hommage to the Sun: The Wisdom of the Magus of Strovolos*, Penguin 1987; deutsch: *Heimat im Licht: die Weisheit des »Magus von Strovolos«*, aus dem Amerikanischen von Karl Friedrich Hörner, Droemer Knaur 1988. *Fire in the Heart: Healers, Sages and Mystics*, Penguin 1991; deutsch: *Feuer des Herzens: Heiler, Weise und Mystiker*, aus dem Amerikanischen von Karl Friedrich Hörner, Droemer Knaur 1991.

5 John Chryssavgis, *Soul Mending: The Art of Spiritual Direction*, Holy Cross Orthodox Press 2000, S. 1.

6 Jonathan Montaldo und Bernadette Dicker (Hrsg.), *Merton and Hesychasm: The Prayer of the Heart*, HarperSanFrancisco 2003.

7 H. Middleton, *Precious Vessels of the Holy Spirit: The Lives and Counsels of Contemporary Elders of Greece*, Protecting Veil Press 2003; siehe auch Markides, *Mountain of Silence*; deutsch: *Der Berg des Schweigens*.

8 Paramahansa Yogananda, *Autobiography of a Yogi*, Self Realization Followship 1987; deutsch: *Autobiographie eines Yogi*, aus dem Englischen von Ursula von Mangoldt und Fritz Werle, O. W. Barth 1950.

Kapitel Zwei: Geschenke der Wüste

1 Siehe Jacob Needleman, *American Soul*, Jeremy P. Tarcher 2002.

2 Constantine Cavarnos, *Anchored in God: An Inside Account of Life, Art, and Thought on the Holy Mountain of Athos*, Athen 1959, S. 183, zitiert in Graham Speake, *Mount Athos: Renewal in Paradise*, Yale University Press 2002, S. 206.

3 Peter France, *Hermits: The Insights of Solitude*, St. Martin's Press 1996, S. 31.

Kapitel Drei: Pilgerreise in der Ägäis

1 Keith A. Roberts, *Religion in Sociological Perspective*, Wadsworth 1995, S. 169.

Kapitel Fünf: Ein anderes Krankenhaus

1 N. Michael Vaporis und Evie Zachariades-Holmberg (Übers.), *The Akathist Hymn and Small Compline*, Themely Publications 1992. Die deutsche Version der Verse aus dem *Hymnos Akathistos* wurde der Übersetzung von Eberhard Zumbroich auf Wikipedia.de entnommen: https://de.wikipedia.org/wiki/Hymnos_Akathistos#Hymnos_Ak%C3%A1thistos, abgerufen am 23. Juli 2019.

2 Siehe Markides, *Riding with the Lion*, S. 327-332; deutsch: *Auf dem Löwen reiten*, S. 387-392.

3 Joannes E. Chliaoutakis et al., »Greek Christian Orthodox Ecclesiastical Lifestyle: Could It Become a Pattern of Health-Related Behavior?« in *Preventive Medicine* 34, 2002, S. 428-435.

4 Markides, *Mountain of Silence*, S. 99-114; deutsch: Der Berg des Schweigens, S. 155-179.

Kapitel Sechs: Anwandlungen der Seele

1 Michael Harner, *The Way of the Shaman: A Guide to Power and Healing*, Bantam Books 1982; deutsch: *Der Weg des Schamanen: das praktische Grundlagenwerk zum Schamanismus*; aus dem Amerikanischen von Agnes Klein und mit neuem Vorwort von Heinrich F. Tophinke, Hugendubel 1999 (Erstausgabe 1983).

Kapitel Acht: Konvertiten

1 Kallistos Ware, *The Orthodox Church*, Penguin 1964; *The Orthodox Way*, Mow-

bray 1979; deutsch: *Der Aufstieg zu Gott: Glaube und geistliches Leben nach ostkirchlicher Überlieferung,* mit einer Einführung von Emmanuel Jungclaussen, aus dem Englischen von Irene Hoening, Herder 1983.

2 Sophrony (Sakharov), *The Monk of Mount Athos: Staretz Silouan, 1866-1938,* aus dem Russischen ins Englische übersetzt von Rosemary Edmonds, St. Vladimir's Seminary Press 1975. Auf Deutsch erschienen als *Starez Siluan, Mönch vom heiligen Berg Athos: Leben, Lehre, Schriften.* Dargestellt und herausgegeben von Archimandrit Sophronius. Bearbeitet und übersetzt von Josephine Kolander, Patmos 1959.

3 Robert Thurman hat etwas Ähnliches im Hinblick auf den Tibetischen Buddhismus und die westliche Aufklärung vorgeschlagen. Robert Thurman, *Inner Revolution: Life, Liberty, and the Pursuit of Real Happiness,* Riverhead Books 1998; deutsch: *Revolution von innen: die Lehren des Buddhismus oder das vollkommene Glück,* aus dem Amerikanischen von Dagmar Ahrens-Thiele, Econ 1999.

4 Kallistos Ware, *The Inner Kingdom,* St. Vladimir's Seminary Press 2000.

5 Eine Abhandlung über das Jesus-Gebet finden Sie in dem russischen, von einem anonymen Autor verfassten Klassiker aus dem 19. Jahrhundert, dessen deutsche Ausgabe lautet: *Aufrichtige Erzählungen eines russischen Pilgers. Die vollständige Ausgabe,* Verlag Herder 1974.

6 Kallistos Ware selbst hat die *Philokalia* zusammen mit Philip Sherrard und G. E. H. Palmer ins Englische übersetzt. Siehe Kallistos Ware (Hrsg.), *Philokalia: The Complete Text, Compiled by St. Nikodimos of the Holy Mountain and St. Makarios of Corinth,* Vol. 4, Faber & Faber 1999. Eine deutsche Ausgabe der Philokalie ist erschienen als: Gregor Hohmann (hrsg.), Dietmar Süssner, *Philokalie der heiligen Väter der Nüchternheit,* 6 Bände, Verlag »Der christliche Osten« 2004-2016.

Kapitel Neun: Gerissenheit

1 Kyriacos C. Markides und Joseph S. Joseph, »The Cypriots« in Jean S. Forward, *Endangered Peoples of Europe,* Greenwood Press 2001, S. 49-69.

2 Heiliger Johannes vom Sinai, *Klimax oder die Himmelsleiter,* Übersetzung von Mönch Georgios Makedos. Mit einem Vorwort des Erzbischofs des Sinai. St. Katharinen-Kloster und Erzbistum des Sinai. Hrsg. von der Berg-Sinai-Stiftung, Athen, Verlag Der christliche Osten 2000.

Kapitel Elf: Der Glaube der Heiligen

1 John Shelby Spong, *A New Christianity for a New World,* Harper Collins 2001; deutsch: *Warum der alte Glaube neu geboren werden muss: ein Bischof bezieht Position,* aus dem Englischen von Gerhard Klein, Patmos 2006.

Kapitel Zwölf: Tod und Nahtod

1 Raymond Moody, *Life After Life*, Mockingbird Books 1975; deutsch: *Leben nach dem Tod: die Erforschung einer unerklärlichen Erfahrung*. Mit einem Vorwort von Melvin Morse und Elisabeth Kübler-Ross. Aus dem Englischen von Hermann Gieselbusch, Lieselotte Mietzner und Thorsten Schmidt, Rowohlt Taschenbuchverlag, zahlreiche Auflagen zuletzt 2011.

2 Seraphim Rose, *The Soul After Death: Contemporary »After-Death« Experiences in the Light of the Orthodox Teaching on the Afterlife*, Saint Herman of Alaska Brotherhood 1980; deutsch: *Die Seele nach dem Tod: heutige »Nach-Todes«-Erfahrungen im Licht der orthodoxen Lehre vom Leben nach dem Tod*, aus dem Englischen von Johannes A. Wolf, Kloster des Hl. Hiob von Počaev, München 1999.

3 Sophrony (Sakharov), *The Monk of Mount Athos*, S. 100-101; deutsch: *Starez Siluan, Mönch vom heiligen Berg Athos: Leben, Lehre, Schriften*. Dargestellt und herausgegeben von Archimandrit Sophronius.

4 Eine Darstellung der Lehren des Heiligen Siluan in mehreren Sprachen (leider nicht auf Deutsch) findet sich auf der folgenden, diesem modernen russischen Heiligen gewidmeten Website: http://silouan.narod.ru/linksil2.htm und http://silouan.narod.ru/indexe.html.

5 Joseph the Hesychast, *Monastic Wisdom: The Letters of Elder Joseph the Hesychast* (Monastery of Saint Anthony Press 1998), zitiert in Graham Speake, *Mount Athos: Renewal in Paradise*, Yale University Press 2002, S. 202.

6 Huston Smith, *Why Religion Matters*, HarperSanFrancisco 2001, S. 269-270.

7 Als eine der besten englischsprachigen Quellen für die Weisheit des Heiligen Siluan gilt Rosemary Edmonds Übersetzung von Archimandrit Sophronius', *Saint Silouan the Athonite*, St. Vladimir's Seminary Press 1999. Wer Griechisch lesen kann, dem sei die ausgezeichnete Übersetzung aus dem Russischen von Father Zacharias of Essex, *O Agios Sylouanos Oh Athonites*, Monastery of Saint John the Baptist 1990 empfohlen. Auf Deutsch gibt es außer dem bereits genannten Werk eine neuere Zusammenfassung von Leben und Lehre Siluans: Archimandrit Sphoronius (Hrsg.), *Starez Siluan. Mönch vom Berg Athos. Sein Leben und seine Lehre*, Patmos 2007. Der Verlag schreibt zum Buch: »Der Band legt die Übersetzung der Schriften Siluans durch Josephine Kolander, herausgegeben von Archimandrit Sophronius und bearbeitet von Hieromonk Symeon, Patmos, Düsseldorf, 2. Aufl. 1981 zu Grunde. Einleitung von Manfred Baumotte.«

Kapitel Dreizehn: Gedenken Gottes

1 Robin Amis, *A Different Christianity: Early Christian Esotericism and Modern*

Thought, University of New York Press 1995.

2 Richard Smoley, *Inner Christianity: A Guide to the Esoteric Tradition*, Shambhala 2002, S. 165.

3 Basilios Gontikakis, *Fos Christou Fainei Pasi* [Das Licht Christi erleuchtet jedermann], Amos Press Athen 2002, S. 25.

4 Als ich dieses Kapitel schrieb, habe ich versucht, eine gute Übersetzung dieses ursprünglich in byzantinischem Griechisch verfassten Gedichts zu finden. Am Tag meiner Recherchen fand ich in meinen E-Mails unter dem Datum des 6. April 2003 die Nachricht eines orthodoxen Bischofs aus dem US-Bundesstaat New York namens Vater Christodoulos (dem ich bis dahin noch nie begegnet war), in der er seine Gemeindemitglieder an den bevorstehenden Heiligen Dienstag erinnerte. In diese Ankündigungsmail hatte er das *Troparion* der Kassiana in einer schönen englischen Übersetzung aufgenommen. Für diese wundersame Synchronizität bin ich sehr dankbar.

Die deutsche Übersetzung ist einem Beitrag von Theresia Kraienhorst für Deutschlandfunk Kultur entnommen (https://www.deutschlandfunkkultur.de/kassia-die-frau-die-zu-klug-war-um-kaiserin-zu-werden.1124.de.html?dram:article_id=177075) sowie in den dort nicht zitierten Teilen nach der von Markides verwendeten englischen Version übertragen. (Anm. d. Ü.)

Kapitel Vierzehn: Synaxis

1 Graham Speake, *Mount Athos: Renewal in Paradise*, Yale University Press 2002, S. 265. Eine wunderbare Darstellung des Athos in Bildern findet sich in Douglas Demetrios Lyttle, *Miracle on the Monastery Mountain*, Greenleaf Bookgroup 2002. Bei mehr als zwanzig Besuchen im Laufe der letzten dreißig Jahre hat der Fotograf Professor Lyttle seltene Farbaufnahmen vom Leben auf dem Athos zusammengetragen. In seiner überwältigenden Präsentation berichtet er auch von seinen persönlichen Erfahrungen in diesen Jahren.

2 Gerontos Porphyriou Kavsokalyvetou, *Vios kai Logoi* [Leben und Worte], Holy Monastery of Chrysopege 2003, S. 282-283.

Kapitel Fünfzehn: Grundlegende Leidenschaften

1 Markides, *Riding with the Lion*, S. 336-338; deutsch: *Auf dem Löwen reiten*, Schirner Taschenbuch 2005, S. 396-398.

2 Three Initiates, *The Kybalion: A Study of the Hermetic Philosophy of Ancient Egypt and Greece*, Yogi Publication Society 1912; deutsch: Drei Eingeweihte, *Das Kybalion. Die 7 hermetischen Gesetze*, hrsg., bearbeitet und übersetzt von Robert B. Osten, Überarbeitete Neufassung, Aurinia 2007.

3 Robert Bellah et al., *Habits of the Heart,* University of California Press 1985; deutsch: *Gewohnheiten des Herzens: Individualismus und Gemeinsinn in der amerikanischen Gesellschaft,* aus dem Amerikanischen von Ingrid Peikert. Mit einem Vorwort von Hermann Scheer, Bund-Verlag 1987.

Kapitel Siebzehn: Nachgedanken

1 Nun Gavrilia, *Mother Gavrilia: The Ascetic of Love,* Series Talanton 1999.

2 Teva Regule, »An Interview with Bishop Kallistos Ware«, *Saint Nina Quarterly* (11. Juni 1997) Eine weitere, ebenfalls sehr klare Stellungnahme von Kallistos Ware zur Weihe von Diakoninnen in der Orthodoxen Kirche findet sich hier: https://orthodoxdeaconess.org/events/2017-conference/message-from-kallistos-ware-on-the-diaconate-conference/ (Anm. d. Ü.).

3 Pierre Teilhard de Chardin, *Der Mensch im Kosmos,* aus dem Französischen von Othon Marbach, Beck 1959; der Verfasser zitiert aus *The Phenomenon of Man,* Harper 1959.

4 Ken Wilber, *A Brief History of Everything,* Shambhala 2001; deutsch: Eine kurze Geschichte des Kosmos, aus dem Amerikanischen von Clemens Wilhelm, Fischer 1997.

5 Larry Dossey, *Prayer Is Good Medicine: How to Reap the Healing Benefits of Prayer,* HarperSanFrancisco 1997.

Glossar

Agrypnia Gebetswache, die die ganze Nacht über andauert.

Altvater oder Mutter Geistlicher Führer bzw. geistliche Führerin.

Archondariki Refektorium. Das Gästezimmer, in dem Pilgern im Kloster Erfrischungen gereicht werden.

Askesis Methode geistlicher Übung wie Fasten, immerwährendes Gebet, nächtliche Gebetswachen, Beichte, Kommunion, das Studium heiliger Schriften sowie des Lebens und der Lehre von Heiligen und Mildtätigkeit. Die Prüfungen und Versuchungen im Leben gelten als fortwährende Form der *Askesis*.

Charisma Gottesgabe. Als charismatisch gilt jemand, dem Geistesgaben wie Prophetie, Heilung, Hellsichtigkeit und andere mediale Fähigkeiten verliehen wurden. Diese Gaben sind natürliche Fähigkeiten des Selbst und zeigen sich, wenn die Seele von egoistischen Leidenschaften gereinigt ist.

Christos Logos Der Christus, der im Herzen eines jeden Menschen wohnt. Er übersteigt Zeit und Raum. Jesus ist die historische Manifestation des Logos.

Diakonia Bestimmte Aufgabe, die einem im Kloster zugewiesen wird. Der Begriff bezeichnet auch die durch die Vorsehung bestimmte Lebensaufgabe.

Dreifacher Weg Die Stufen, die eine Seele durchlaufen muss, um zu Gott zu gelangen: *Katharsis, Fotisis, Theosis.*

Efche Das Jesus-Gebet: »Herr Jesus Christus, Sohn Gottes, erbarme dich meiner.«

Ekklesia Die Gesamtsumme kirchlicher Praktiken, Methoden und heiliger Schriften sowie die Zeugnisse und Lehren der Heiligen über die Gotteserkenntnis. Dazu gehört auch die Organisationsstruktur der Kirche. Die *Ekklesia* wird als geistliches Krankenhaus zur Heilung der Krankheiten des Herzens betrachtet, die unserer Gottesschau im Wege stehen.

Eros Maniakos Begriff des heiligen Maximus Confessor als Ausdruck des »wahnsinnigen Eros« des Gott Liebenden. Zustand der ekstatischen Gottesliebe.

Fotisis Die Erleuchtung der Seele. Die Gabe des Heiligen Geistes, nachdem die Seele ihre Reinigung durchlaufen hat. Jetzt wird ihr göttliches Charisma verliehen.

Gerontikon Mehrbändige Sammlung biographischer Geschichten über das Leben der heiligen Wüstenväter und Wüstenmütter.

Hesychasmus Stille. Die stille, immerwährende Form der Gebetsmeditation, das Erkennungszeichen athonitischer Spiritualität.

Hesychast Praktizierender des Hesychasmus oder der Stille. Ein christlicher Eremit.

Hieromönch Zum Priester geweihter Mönch. Ein Hieromönch kann die Sakramente spenden, etwa Beichte und Kommunion.

Ikonostase Die Ikonenwand, die den Altarraum von der übrigen Kirche trennt.

Katharsis Reinigung des Herzens und des Verstandes von egoistischen Leidenschaften und Süchten. Die erste Entwicklungsstufe der Seele auf ihrem Weg zu Gott.

Komboskini Gebetsschnur aus Wolle, Knoten an Knoten geknüpft. Wird beim Sprechen des Jesus-Gebets (siehe *Efche*) verwendet.

Logismos (Logismoi) Gedankenform(en). Negative *Logismoi* blockieren unsere Gottesschau. Katharsis bedeutet, dass Herz und Verstand von solchen *Logismoi* gereinigt werden.

Metanoia Die grundlegende Wandlung von Herz und Verstand durch tiefe Reue und Umkehr. Der Beginn des Prozesses, und eine notwendige Stufe, der Wiedervereinigung der Seele mit Gott.

Nous Herz und Geist eines Menschen. Zentrum und Gesamtheit der geistigen und seelischen Kräfte des Einzelnen.

Orthros Gottesdienst am sehr frühen Morgen vor Liturgie und Eucharistie.

Panagia Die Allerheiligste (Muttergottes).

Paraklesis	Anrufung der Heiligen Jungfrau oder Christi im Gebet mit der Bitte um Heilung. Eine Gebetssammlung zu diesem Zweck.
Philodoxie	Obsessive Liebe zu Ruhm und Herrlichkeit.
Philoponie	Liebe zu Arbeit und Mühen.
Plani	Täuschung, Wahn. Wahrnehmungs- und Erkenntnisfehler in geistlichen Dingen, der den Aufstieg zu Gott unterminiert. Produkt menschlicher Unvollkommenheit.
Pneumatikos	Geistlicher Führer, Beichtvater. Siehe auch *Altvater.*
Skite	An ein Kloster angeschlossene Einsiedelei zur intensiveren geistlichen Arbeit. In einer Skite können ein einzelner Eremit oder mehrere Mönche mit ihrem geistlichen Altvater leben.
Theotokos	Gottesgebärerin. Muttergottes. Ein Name der *Panagia,* der Allerheiligsten.
Theoria	Gottesschau im Zustand der Ekstase. Sie folgt auf die Reinigung des Herzens von Egoismus.
Theosis	Vergöttlichung. Vereinigung mit Gott. Die endgültige Bestimmung und eigentliche Heimat der Menschenseele.
Trapeza	Das gemeinschaftliche Mahl in Klöstern.
Troparion	Hymnus, Lobgesang.
Typikon	Vorgeschriebene Regel für Mönche und Nonnen.
Ungeschaffenes Licht	Gotteslicht. Mystische Erleuchtung.

Literaturverzeichnis

Amis, Robin; *A Different Christianity: Early Christian Esotericism and Modern Thought*, State University of New York Press 1995.

Anonymous; *The Way of the Pilgrim and the Pilgrim Continues His Way*, Ballantine Books 1974. In einer deutschen Fassung erschienen als: Emmanuel Jungclaussen (Hrsg.), *Aufrichtige Erzählungen eines russischen Pilgers. Die vollständige Ausgabe*, Herder 2000.

Bellah, Robert N.; Madsen, Richard; Sullivan, William M, Swidler, Ann und Tipton, Steven M.; *Habits of the Heart*, University of California Press 1985; deutsch: *Gewohnheiten des Herzens: Individualismus und Gemeinsinn in der amerikanischen Gesellschaft*, aus dem Amerikanischen von Ingrid Peikert. Mit einem Vorwort von Hermann Scheer, Bund-Verlag 1987.

Cavarnos, Constantine; *Anchored in God: An Inside Account of Life, Art, and Thought on the Holy Mountain of Athos*, Athen 1959 (ohne Verlag).

Chardin, Pierre Teilhard de; *Der Mensch im Kosmos*, aus dem Französischen von Othon Marbach, Beck 1959; der Verfasser zitiert aus *The Phenomenon of Man*, Harper 1959.

Chliaoutakis, Joannes E; Drakou, I.; Gnardellis, C.; Galariotou, S.; Carra, H.; Chliaoutaki, M.; »Greek Christian Orthodox Ecclesiastical Lifestyle: Could It Become a Pattern of Health-Related Behavior?« in *Preventive Medicine* 34, 2002, S. 428-435.

Chryssavgis, John; *Soul Mending: The Art of Spiritual Direction*, Holy Cross Orthodox Press 2000.

Climacus, Johannes; siehe *Johannes vom Sinai, Heiliger*

Davis, Paul; *The Mind of God: The Scientific Basis for a Rational World*, Simon & Schuster 1992; deutsch: *Der Plan Gottes: die Rätsel unserer Existenz und die Wissenschaft*, aus dem Englischen von Anita Ehlers, Insel Verlag 1995.
—»E.T. and God: Could Earthly Religions Survive the Discovery of Life Elsewhere in the Universe?«, *Atlantic Monthly*, September 2003.

Dossey, Larry; *Prayer Is Good Medicine: How to Reap the Healing Benefits of Prayer*, HarperSanFrancisco 1997.

Drei Eingeweihte; *Das Kybalion*, siehe *Three Initiates; The Kybalion.*

France, Peter; *Hermits: The Insights of Solitude*, St. Martin's Press 1996.

Fuller, Robert C.; *Spiritual but Not Religious: Understanding Unchurched America*, Oxford University Press 2001.

Gavrilia, Nun; *Mother Gavrilia: The Ascetic of Love*, Series Talanton 1999.

Gontikakis, Basilios; *Fos Christou Fainei Pasi* [Das Licht Christi erleuchtet jedermann], Amos Press Athen 2002.

Goritschewa, Tatiana; *Die Kraft der Ohnmächtigen*, R. Brockhaus Verlag 1987; griechisch: E. *Atheate Plevra tes Rossias* [Die unsichtbare Seite Russlands], Akritas Press Athen 1987.

Greeley, Andrew; *The Sociology of the Paranormal: A Reconnaissance*, Sage Publications 1987.

Harner, Michael; *The Way of the Shaman: A Guide to Power and Healing*, Bantam Books 1982; deutsch: *Der Weg des Schamanen: das praktische Grundlagenwerk zum Schamanismus*; aus dem Amerikanischen von Agnes Klein und mit neuem Vorwort von Heinrich F. Tophinke, Hugendubel 1999 (Erstausgabe 1983).

Johannes vom Sinai, Heiliger; *Klimax oder die Himmelsleiter*, Übersetzung von Mönch Georgios Makedos. Mit einem Vorwort des Erzbischofs des Sinai. St. Katharinen-Kloster und Erzbistum des Sinai. Hrsg. von der Berg-Sinai-Stiftung, Athen, Verlag Der christliche Osten 2000.

Joseph the Hesychast, *Monastic Wisdom: The Letters of Elder Joseph the Hesychast*, Monastery of Saint Anthony Press 1998.

Lyttle, Douglas Demetrios; *Miracle on the Monastery Mountain*, Greenleaf Bookgroup 2002.

Markides, Kyriacos C.; *The Magus of Strovolos: The Extraordinary World of a Spiritual Healer*, Penguin Arkana 1985; deutsch: *Der Magus von Strovolos: die faszinierende Welt eines spirituellen Heilers*, übersetzt von Karl Friedrich Hörner, Schirner 2004 (Erstausgabe Droemer Knaur 1988).
—*Homage to the Sun: The Wisdom of the Magus of Strovolos*, Penguin Arkana 1987; deutsch: *Heimat im Licht: die Weisheit des »Magus von Strovolos«*, übersetzt von Karl Friedrich Hörner, Schirner 2004 (Erstausgabe Droemer Knaur 1988).
—*Fire in the Heart; Healers, Sages and Mystics*, Penguin Arkana 1991; deutsch: *Feuer des Herzens: Heiler, Weise und Mystiker*, übersetzt von Karl Friedrich Hörner, Schirner 2004 (Erstausgabe Droemer Knaur 1991).
—*Riding with the Lion: In Search of Mystical Christianity*, Penguin Arkana 1996; deutsch *Auf dem Löwen reiten: eine Suche nach dem mystischen Chris-*

tentum, übersetzt von Malte Heim, Schirner 2005 (Erstausgabe Droemer Knaur 1995).
—*The Mountain of Silence: A Search for Orthodox Spirituality*, Doubleday 2001; deutsch: *Der Berg des Schweigens: Begegnung mit einem christlichen Meister*, aus dem Englischen von Astrid Ogbeiwi, Aquamarin Verlag 2015.
—und Joseph, Joseph S.; »The Cypriots« in Jean S. Forward, *Endangered Peoples of Europe*, Greenwood Press 2001, S. 49-69.

Middleton, H.; *Precious Vessels of the Holy Spirit: The Lives and Counsels of Contemporary Elders of Greece*, Protecting Veil Press 2003.

Montaldo, Jonathan und Dicker, Bernadette (Hrsg.); *Merton and Hesychasm: The Prayer of the Heart*, HarperSanFrancisco 2003.

Moody, Raymond; *Life After Life*, Mockingbird Books 1975; deutsch: *Leben nach dem Tod: die Erforschung einer unerklärlichen Erfahrung*. Mit einem Vorwort von Melvin Morse und Elisabeth Kübler-Ross. Aus dem Englischen von Hermann Gieselbusch, Lieselotte Mietzner und Thorsten Schmidt, Rowohlt Taschenbuchverlag, zahlreiche Auflagen zuletzt 2011.

Needleman, Jacob; *American Soul*, Jeremy P. Tarcher 2002.

Porphyriou, Gerontos Kavsokalyvetou; *Vios kai Logoi* [Leben und Worte], Holy Monastery of Chrysopege 2003.

Regule, Teva; »An Interview with Bishop Kallistos Ware«, *Saint Nina Quarterly* (11. Juni 1997)

Roberts, Keith A.; *Religion in Sociological Perspective*, Wadsworth 1995.

Rose, Seraphim; *The Soul After Death: Contemporary »After-Death« Experiences in the Light of the Orthodox Teaching on the Afterlife*, Saint Herman of Alaska Brotherhood 1980; deutsch: *Die Seele nach dem Tod: heutige »Nach-Todes«-Erfahrungen im Licht der orthodoxen Lehre vom Leben nach dem Tod*, aus dem Englischen von Johannes A. Wolf, Kloster des Hl. Hiob von Počaev, München 1999.

Siluan, der Athonit, Heiliger; Darstellung der Lehren des Heiligen Siluan in mehreren Sprachen (leider nicht auf Deutsch) mit Ikonen und Fotos auf den Websites: http://silouan.narod.ru/linksil2.htm und http://silouan.narod.ru/indexe.html.

Smith, Huston; *Why Religion Matters*, HarperSanFrancisco 2001.

Smoley, Richard; *Inner Christianity: A Guide to the Esoteric Tradition*, Shambhala 2002.

Sophrony (Sakharov), *The Monk of Mount Athos: Staretz Silouan, 1866-1938*, aus dem Russischen ins Englische übersetzt von Rosemary Edmonds, St. Vladimir's

Seminary Press 1975. Auf Deutsch erschienen als *Starez Siluan, Mönch vom heiligen Berg Athos: Leben, Lehre, Schriften.* Dargestellt und herausgegeben von Archimandrit Sophronius. Bearbeitet und übersetzt von Josephine Kolander, Patmos 1959.
—*Saint Silouan the Athonite,* aus dem Russischen ins Englische übersetzt von Rosemary Edmonds, St. Vladimir's Seminary Press 1999.

Speake, Graham; *Mount Athos: Renewal in Paradise,* Yale University Press 2002.

Spong, John Shelby; *A New Christianity for a New World,* Harper Collins 2001; deutsch: *Warum der alte Glaube neu geboren werden muss: ein Bischof bezieht Position,* aus dem Englischen von Gerhard Klein, Patmos 2006.

Three Initiates; *The Kybalion: A Study of the Hermetic Philosophy of Ancient Egypt and Greece,* Yogi Publication Society 1912; deutsch: Drei Eingeweihte; *Das Kybalion. Die 7 hermetischen Gesetze,* hrsg., bearbeitet und übersetzt von Robert B. Osten, Überarbeitete Neufassung, Aurinia 2007.

Thurman, Robert; *Inner Revolution: Life, Liberty, and the Pursuit of Real Happiness,* Riverhead Books 1998; deutsch: *Revolution von innen: die Lehren des Buddhismus oder das vollkommene Glück,* aus dem Amerikanischen von Dagmar Ahrens-Thiele, Econ 1999.

Vaporis, N. Michael und Zachariades-Holmberg, Evie (Übers.), *The Akathist Hymn and Small Compline,* Themely Publications 1992.

Ware, Kallistos; *The Orthodox Church,* Penguin 1964.
—*The Orthodox Way,* Mowbray 1979; deutsch: *Der Aufstieg zu Gott: Glaube und geistliches Leben nach ostkirchlicher Überlieferung,* mit einer Einführung von Emmanuel Jungclaussen, aus dem Englischen von Irene Hoening, Herder 1983.
—*The Inner Kingdom,* St. Vladimir's Seminary Press 2000.
—(Hrsg.), *Philokalia: The Complete Text, Compiled by St. Nikodimos of the Holy Mountain and St. Makarios of Corinth,* Vol. 4, übersetzt von Kallistos Ware, Philip Sherard und G. E. H. Palmer, Faber & Faber 1999.

Wilber, Ken; *Eye to Eye: The Quest for a New Paradigm,* Anchor 1983; deutsch: *Die drei Augen der Erkenntnis. Auf dem Weg zu einem neuen Weltbild,* aus dem Amerikanischen von Josef Wimmer, Kösel 1988.
— *A Brief History of Everything,* Shambhala 2001; deutsch: *Eine kurze Geschichte des Kosmos,* aus dem Amerikanischen von Clemens Wilhelm, Fischer 1997.

Yogananda, Paramahamsa; *Autobiography of a Yogi*; Self Realization Followship 1987; deutsch: *Autobiographie eines Yogi,* aus dem Englischen von Ursula von Mangoldt und Fritz Werle, O. W. Barth 1950 und zahlreiche nachfolgende Auflagen.

Über den Autor

Kyriacos C. Markides ist international anerkannter Experte für das esoterische Christentum. Er hat mehrere Bücher über christliche Mystik verfasst, darunter *Der Berg des Schweigens, Mit dem Löwen reiten* und *Der Magus von Strovolos,* der erste Band einer Trilogie über Heiler und Mystiker. Dr. Markides ist Professor für Soziologie an der University of Maine, wo er mit seiner Frau Emily auch lebt.

»Das Glück liegt in den einfachen Dingen!«

Ein Züricher Anwalt zieht sich für einige Tage in die Berge zurück und trifft dort vor einer Almhütte völlig unerwartet auf eine ungewöhnliche Frau. Er erkennt allmählich, dass er es mit einer Meisterseele zu tun hat, die ihn in die großen Geheimnisse des Lebens einweiht.
Was diese Wesenheit, die sich ihm gegenüber ?Elision? nennt, ihm über Verzeihen und Güte, über Glück und den Sinn des Lebens, über Tiere und Pflanzen, über die Geistige Welt und das innere Erwachen oder über das Geheimnis der Liebe erzählt, lässt ihn zu einem neuen Menschen reifen.
›Elision‹ ist ein Werk erfüllt von tiefer Weisheit, einer fast poetischen Sprache und einer Botschaft der Hoffnung und der Liebe.
Ein Buch, das in den Tag ein LICHT fallen lässt und jedes Herz berührt!

»Das größte Glück jedoch ist, überhaupt die Fähigkeit zu haben, glücklich zu sein. Vielen Menschen begegnet das Glück, aber sie sind nicht in der Lage, es zu erkennen. Andere wiederum suchen es an Orten, wo es sich niemals aufhalten wird. Das Glück liegt in den einfachen Dingen!«

Peter Allmend
Elision
Begegnung mit einer Weisen
ISBN 978-3-89427-625-6

Professor Markides lehrt Soziologie an einer amerikanischen Universität, als er eines Tages wieder in seine alte Heimat Zypern reist. Auf wundersamen Wegen lernt er dort einen Mönch vom heiligen Berg Athos kennen – und findet seinen Meister!

Ein einzigartiges Buch über die außergewöhnliche Begegnung eines intellektuellen Westlers mit einem Mönch der Orthodoxen Kirche, der auf dem Pfad des Herzens wandelt.

Es entfaltet sich ein wahres Feuerwerk des Geistes, voller Spiritualität, mit wunderbaren Erlebnissen, außergewöhnlichen Heilungen, mitreißendem Humor und unbeschreiblich tiefer Weisheit und Menschlichkeit.

Erstmals wird in diesem Dialog zwischen Kyriacos Markides und seinem Meister Vater Maximos das innerste Geheimnis jener einzigartigen mystischen Welt enthüllt, die sich auf dem Athos Jahrhunderte lang weitgehend unbehelligt von der Außenwelt entfalten konnte.

Es drängt sich fast der Vergleich zwischen Tibet und dem Athos auf – zwei verborgene Welten, die ganz im Einklang mit dem Göttlichen leben. So könnte Vater Maximos auch ein erleuchteter tibetischer Lama sein; aber er ist ein erleuchteter christlicher Mönch!

Ein bewegender, zutiefst fesselnder Einblick in das innerste Herz des Christentums, der so noch nie enthüllt worden ist!

Kyriacos C. Markides
Der Berg des Schweigens
Begegnung mit einem christlichen Meister
ISBN 978-3-89427-859-5